세계사 속 여인들의 당당한 외침
나는 꽃이 아니다

세계사 속 여인들의 당당한 외침

나는 꽃이 아니다

지은이 ｜ 신금자
발행일 ｜ 초판 1쇄 2012년 2월 1일
발행처 ｜ 멘토프레스
발행인 ｜ 이경숙
기획 ｜ 서광철
교정 ｜ 유인경
본문디자인 ｜ 김정욱
표지 · 일러스트 ｜ 장혜진
인쇄 · 제본 ｜ 한영문화사
등록번호 ｜ 201-12-80347 / 등록일 ｜ 2006년 5월 2일
주소 ｜ 서울시 중구 충무로 2가 49-30 태광빌딩 302호
전화 ｜ (02)2272-0907 / 팩스 ｜ (02)2272-0974

나는 꽃이 아니다

신금자 지음

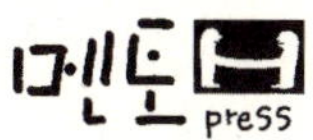

글을 쓰는 일은 자신을 벗는 일이다. 그러나 내 스스로도 훌훌 벗기가 어려운데 하물며 다른 이의 명예나 치부를 들추려 했으니 그것은 그리 명쾌한 일도 아니려니와 명확한 답도 내릴 수 없었다. 사실 남성이 여성들 위에 군림하던 시대여서 역사적으로 여성에 대한 이야기나 기록이 제대로 해명되어 있지도 않았다. 더불어 정통성을 오롯이 이어받은 왕권일지라도 여성이 제위에 오르면 주변국들이 전쟁을 일으켜 곤궁에 빠지곤 했다. 단지 여성이라는 이유로 일말의 융통성도 없이 수난의 역사를 고스란히 감내해야 했다. 그런 역사 속 여인들을 재해석한다는 것 역시 내겐 부담스러운 일이었다.

가령, 마리 앙투아네트의 경우 그녀는 철부지 왕비에 사생활이 문란했던 악녀 이미지로 알려졌을 뿐, 그 배경에 프랑스 혁명군이 있었다는 사실을 떠올리는 사람은 별로 없다. 그녀를 단두대에 세우려면 그에 걸맞은 무거운 죄과가 필요했던 당시 정황의 이면을 들여다봐야 하는데도 말이다. 희대의 악처로 이름난 소크라테스의 아내 크산티페의 경우도 크게 다르지 않았다. 이른바, 그녀가 악처를 자처한 데는 일차적으로 가정을 돌보지 않은 소크라테스의 무능함도 한몫했다.

《나는 꽃이 아니다》는 바로 그런 시대를 풍미한 여인들의 삶에 왜? 라는 의문을 던진 책이다. 역사의 큰 줄기마다 사라질 줄 모르는 의혹과 음모, 거기다 야사라곤 하지만 야사로만 볼 수 없는 작위적인 일들이 정말 많았다. 따라서 세계사 속 행간

에 감춰진 남성 못지않은 정치적 감성과 사랑으로 시대를 뛰어넘은 걸출한 여인들의 삶에 사사로운 내 감정을 이입해보았다. '왜 그녀는 그럴 수밖에 없었고, 어떤 사정으로 그 과정을 묵과하면서 정당화시키지도 못했나?' '왜 그녀는 그런 원망을 자청했었나?' 등, 이 책에 등장하는 여인들의 변 아닌 변을 귀담으려 노력했다.

그래서 무조건 그 인물의 반경을 넓고 깊게 파헤치는 수밖에 없었다. 무엇보다 학술적인 지식이나 세계역사를 체계적으로 알지 못하더라도 이해하기 쉽고 재미있게 기술해보리란 마음을 앞세웠다. 이를 위해 등장인물과 관련된 역사적인 배경은 물론 그와 관련된 사건과 사진, 그 인물에 대한 영화와 서적, 연극 등을 기꺼이 소개해 친절한 길라잡이로 삼았다.

그러나 자칫 객관성이 떨어질까 우려스럽고 그렇잖아도 아물지 않은 그들의 상처를 덧내는 일이 될 수도 있기에 조심스러웠다. 다만 역사의 굴레에서 마치 숙명처럼 부정적인 이미지로만 각인되어 있는 여인들의 삶을 다른 각도에서 바라볼 수 있는 여유를 부여했다고 믿으며 독자들의 이해를 구하고자 한다. 그리고 마지막까지 연재를 위한 격려와 충고를 아끼지 않은 〈독서신문〉과 지인들, 좋은 책으로 태어나기까지 고심하고 수고해준 멘토프레스 여러분에게도 심심한 감사를 드린다.

2012년 1. 27. 목련의 겨울눈을 섬기다

제1장 나는 여왕이로소이다

제2장 황금빛 드레스에 비극을 잉태하다

제3장 누가 나를 꽃이라 하는가

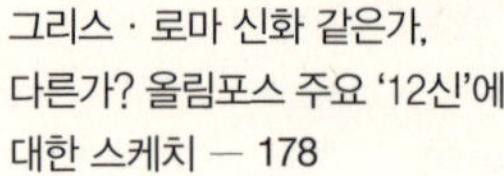

또다른 시선

제4장 죽어도 사랑이라 말하리라

나는 여왕 이로소이다

이집트 제국을 꿈꾼 클레오파트라
콜럼버스의 신세계를 귀담은 이사벨 1세 여왕
에르미타주 박물관의 태동 예카테리나 2세
국민을 구해낸 유럽의 어머니 마리아 테레지아
남편을 거부하고 영국과 결혼한 엘리자베스 여왕
두 황제를 치마폭에 담고 중국을 손에 넣은 측천무후
이화원과 권력을 사랑한 서태후

클레오파트라

"카이사르와 안토니우스를 품고 나아가리라"

클레오파트라 7세 (Cleopatra VII BC 69~BC30 재위 BC 51~BC 30) 여왕

BC 69	이집트에서 프톨레마이오스 12세의 셋째딸로 출생
BC 59	카이사르, 폼페이우스, 크라수스에 의한 제1차 삼두정치 시작(~BC 54)
BC 51	프톨레마이오스 12세 사망. 남동생 프톨레마이오스 13세와 결혼 및 공동집권
BC 48	프톨레마이오스 13세와 권력투쟁 도중 카이사르의 개입 시작
BC 47	권력투쟁 종결. 출산(카이사리온, 훗날 프톨레마이오스 15세)
	프톨레마이오스 14세와 공동집권
BC 46	로마로 건너감(~BC 44)
BC 44	프톨레마이오스 15세(아들)와 공동집권. 카이사르, 브루투스 일파에 의해 사망
BC 43	옥타비아누스, 안토니우스, 레피두스에 의한 제2차 삼두정치 시작
BC 37	안토니우스와 결혼
BC 31	악티움 해전 패배
BC 30	클레오파트라, 안토니우스 사망

카이사르와 안토니우스를 품고 나아가리라

이집트 제국을 꿈꾼 클레오파트라

▲**클레오파트라** 3세기 초 로마 역사가인 디오 카시우스(150?~235?)는 클레오파트라를 두고 이렇게 말했다. "그녀는 매우 아름다웠고 인생의 꽃을 피울 줄 알았다. 음색이 매우 사랑스러워 그녀 목소리의 마법에 걸려들지 않을 자는 아무도 없었다. 외모와 말하는 기품은 깊은 인상을 주었는데, 아무리 냉혈한이나 여성을 싫어하는 자라도 절대 그녀의 품안을 빠져나갈 수 없을 정도였다." 로마의 통치자 카이사르 또한 예외는 아니었다. 당시 로마의 속국이었던 이집트 여왕 클레오파트라는 자신의 온몸을 던져 카이사르를 유혹했고, 카이사르는 그녀의 덫에 걸리고 만다. 그림은 장 레옹 제롬의 1866년작 〈카이사르 앞의 클레오파트라〉로, 클레오파트라와 카이사르가 처음 대면하는 장면을 묘사하고 있다.

이집트 문명의 흐름은 넓은 사막을 가로지르는 나일 강에서 비롯되었다. 나일 강을 하늘에서 내려다보면 사막 가운데를 한 마리 거대한 뱀이 소용돌이를 일으키며 지중해로 미끄러져 들어가는 형상이다. 그야말로 고대 이집트의 문명 발상지로 6,700킬로미터의 장구한 용틀임이 아닐 수 없다. 이 강변을 따라 농경도시를 형성하며 이집트는 잘사는 부국이 되었다. 그래서 이집트 문명을 '나일 강의 선물'이라 했고, 나일 강을 '이집트의 젖줄'이라 여겼다.

감히 이집트 파라오 투탕카멘(이집트 제18왕조 제12대 왕. 재위 BC 1361~BC 1352)의 왕관 앞머리 장식이 뱀이었던 것과 클레오파트라가 자신의 마지막 숨을 거두어줄 대상으로 뱀을 찾았던 것 역시 우연이 아닌 듯싶다. 이는 지리적 환경을 벗어나지 못한 은밀히 예고되었던 내적 연결이 아니었을까.

카이사르를 만나다　정적인 **폼페이우스**(BC 106~BC 48)가 이집트로 숨어들자 로마의 카이사르(시저)가 그와 그 잔당을 추격하다 이집트에 머물게 되면서 클레오파트라의 역사는 시작된다. 클레오파트라는 남동생과 공동으로 왕위를 잇고 있었지만 사실상 왕국의 실권은 없었다. 이른바 무능한 아버지의 유산이었다. 게다가 흉작으로 민심마저 흉흉해졌고, 밖으로는 로마에 조공을 바치는 속국이 될 형편에 놓여 있었다. 그 첫 시험대가 눈엣가시인 내시內侍의 좌장 포티누스(제50대 교황 아나스타시오 2세 당시의 부제副帝)와 장군 아킬라스를 해치우는 일이었다.

그러나 자칫 이 두 신하에게 쫓겨날 수도 있었던 클레오파트라는 상황을 뒤집고 빠져나올 묘안에 골몰하던 중 마침내 기회가 왔다. 이집트 왕궁에 머무는 카이사르에게 도움을 요청해보기로 한 것이다. 그러나 포티누스와 아킬라스에 의해 철저히 감시당하는 그녀가 내시를 따돌리고 카이사르를 찾아간다는 것이 어디 그리 쉬운 일인가. 그것도 단번에 카이사르를 내 편으로 만들 수 있는 파격적인 방법을 써야 하는데 말이다.

클레오파트라는 숨이 막힐 정도로 조급해졌다. 순하게 흐르던 강물이 산골짜기 협곡으로 접어들면서 급류라도 탈 셈인가.

미모를 겸한 타고난 외교능력 고대 이집트에서는 남녀가 공동으로 왕위에 오를 수 있었다. 따라서 클레오파트라도 당시로선 놀랄 만한 제왕학帝王學을 공부하며 자랐다. 정치는 물론 예능교육과 승마, 문학, 천문학, 의학수업 등을 다양하게 배우고 익힐 수 있었다. 특히 외국어는 주변 7개국 언어를 두루 구사할 수 있는 끼와 재능을 보였다. 그래서 그녀는 라지드 왕가에서 이집트 민중

▲**폼페이우스(BC 106~BC 48)**
로마 공화정 말기에 법무관과 집정관을 지낸 장군이다. 기원전 73년에는 검투사 출신의 스파르타쿠스가 주동이 되어 일으킨 '스파르타쿠스 반란'을 크라수스와 더불어 겨우 진압한다. 당시 6천명이나 되는 포로들을 학살했는데, 훗날 두 사람은 서로 비밀협약을 맺고 원로원을 압박하여 집정관에 당선된다.
폼페이우스는 히스파니아에서 돌아온 카이사르, 크라수스와 함께 제1차 삼두정치 협약을 맺고 카이사르의 딸 율리아와 결혼하여 정치적 입지를 굳힌다. 그러나 기원전 54년 율리아가 아이를 낳다가 죽자 카이사르와의 사이에 금이 가기 시작했고, 크라수스 또한 파르티아를 상대로 싸우다가 전사하여 실질적 제1차 삼두정치는 막을 내린다. 기원전 51년 카이사르에게 군대를 해산하지 않으면 집정관 직을 그만둘 것을 명하고 "이탈리아에 한 발자국만 들여놓으면 군대를 모아 격퇴시키겠노라" 큰소리쳤다. 그러나 기원전 49년 카이사르가 루비콘 강을 건너 진격해오자 폼페이우스는 로마를 포기하고 서둘러 이집트로 도망가다 암살된다.

의 언어인 이집트어를 할 줄 아는 유일한 통치자였다고 한다. 그
만큼 라지드 왕가는 그리스 문화전통을 이은 왕가였지만, 그녀가
이집트계 사람들에게도 관심을 쏟았고 궁전 바깥 세상에 두루 밝
았다는 증거도 된다.

당시는 여자가 능력으로 세상과 맞설 수 있는 시대가 아니었다.
그러니 아무리 뛰어난 외국어 실력을 타고났다 해도 무용지물이
되기 일쑤였다. 굳이 탓을 해보자면 세계역사에 심심찮게 등장하
는 **팜므파탈** 그 탓일 게다. 똑똑하고 아름다운 여자가 남자를 유
혹해서 소기의 목적을 이루거나 파멸로 치닫는 경우가 심심찮게
있었잖은가.

그보다 세상에 두려울 것 없는 영웅호걸들은 왜 이 아름다운 여
자들 앞에선 심약하고 단순해지는 걸까? 그것은 아마도 그들이
세상을 호령하듯 아름다운 여자 또한 소유하고픈 강한 유혹이 되
리라. 그래서 호쾌하게 사랑을 위해 자기의 전부를 걸기 때문이
다. 이 맹점은 남자들이 더 잘 알고 더 많이 애용해왔다. 이를테면
전쟁 중에도 미인계를 써서 군주의 귀와 눈을 흐려놓는 빤한 계략
을 썼다. 월나라 구천이 오나라 왕 부차에게 서시라는 미녀를 보
내 오왕을 멸망시킨 것이 그 좋은 예다.

실제 미인계의 어원이 육도 병법서에 자세히 기록되어 있다.
'상대방을 무너뜨리려 할 때 단지 무기와 칼로 하는 것이 아니라,
먼저 그 신하를 포섭해 군주의 눈과 귀를 막아버리고 미인을 바쳐
서 군주를 유혹하라.'

그랬다. 클레오파트라도 이 병법서를 읽은 모양이다. 자신이 비

밀리에 궁으로 쳐들어가는 방법밖에 달리 길이 없다고 생각했다. 어쩌면 우리 풍습인 보쌈의 원조는 클레오파트라가 아니었을까. 곧 그녀는 심복을 시켜 자기를 자루에 담아 묶고 작은 배에 실어 알렉산드리아 항으로 향하게 했다. 이어 심복은 자루를 둘러메고 '카이사르에게 드리는 선물'이라며 경비를 슬쩍 따돌린 뒤 왕궁에 있는 카이사르 앞에 그녀를 내려놓았다. 의뭉스런 자루를 풀자 허를 찔린 카이사르도 한동안 입을 다물지 못했다.

"이집트의 여왕 클레오파트라입니다. 마음에 드시거든 받아주시옵소서."

자루 속에서 왕관을 쓴 미녀가 홀연히 나오니 모두가 어리둥절했다. 아아, 엷은 천 뒤로 드러난 고운 미소와 자태에 카이사르도 감복하여 말을 더듬적거리며 그녀에게 매료되고 말았다.

어찌하여 연극이 이리 싱겁단 말인가. 카이사르는 이제까지 그와 함께 했던 그저 예쁘기만 한 여인들과는 다른, 정치를 알고 남자를 아는 그녀의 당찬 면에 눈이 멀어 기쁨을 감추지 못했다. 클레오파트라 역시 세계 최고의 강자인 카이사르가 충분히 매력적인 사내로 느껴져 내심 좋았다.

그러나 동상이몽이라!　　카이사르는 클레오파트라의 정적을 몰아내고 그녀의 왕좌를 찾아주되, 이집트의 실권은 자기가 틀어쥐고자 한다. 그리고 이집트의 부富를 업고 세계를 제패해야겠다는 야심을 품는다. 클레오파트라 또한 그의 힘을 빌려 실권을 가진 내시 포티누스와 장군 아킬라스를 몰아내는 것은 물론, 카이사르를 사로잡아 그가 쥐고 있는 로마를 이집트의 것으로 만들 기회로 보았다. 그 전쟁 중에 같이 왕좌에 있던 남동생이 죽자 클레오파트라는 다시 막내 남동생과 혼인했다. 그리고 카이사르와의 사이에 아들 카이사리온을 낳았다.

로마로 돌아가 독재관으로 추대된 카이사르는 이제 로마의 최고 권력자가 되

▲브루투스(BC 85~BC 42) 로마 공화정 말기의 카이사르를 암살한 정치인이자 장군. BC 44년 카이사르가 종신 독재관이 되어 왕위를 노린다고 의심하여 반대파들과 함께 카이사르를 칼로 찔러 죽인다. 그때 허둥대는 탓에 서로를 찌르기도 했고 그도 손에 상처를 입었다고 전해진다.

었기에 이집트에 두고 온 클레오파트라와 아들 카이사리온을 불러들였다. 그 호화찬란한 로마 입성은 그녀에게 있어 행복의 절정이었다. 최소한 행복이 넘칠 때는 한번쯤 자신을 되돌아봄직도 한데 말이다.

카이사르는 물론 클레오파트라도 로마인들의 마음은 안중에도 없었던 것일까. 카이사르는 로마에 신전을 세우고 그곳에 자신과 클레오파트라의 조각상을 안치했다. 로마인들이 볼 때 기가 찰 노릇이다. 혹여 카이사르가 왕이 되고 클레오파트라는 왕후, 카이사리온을 그 후계자로 삼을 수도 있어 브루투스가 반역을 저지른다. 브루투스가 누구인가? 결국 카이사르는 정적政敵이던 브루투스를 키워서 충복으로 믿었지만 그에게 암살당하고 만다.

안토니우스와 악티움 해전　급류를 타고 흐르던 클레오파트라! 결국 격류의 위험에 휩쓸리면 헤어나기 어렵다고 했던가. 암살당한 카이사르를 떠나 허겁지겁 이집트로 돌아온 클레오파트라는 남편이자 남동생인 프톨레마이오스 14세를 죽인 뒤 세 살짜리 아들 카이사리온과 결혼한다. 이는 이집트가 여자와 남자를 내세워 통치하되 순수혈통을 잇기 위한 결혼 풍습이다. 클레오파트라가 정식 결혼한 것은 안토니우스뿐, 모두 왕위를 잇기 위해 서열대로 맺어진 셈이다. 이에 앞으로 험준한 산골짜기를 오르내릴 아들을 위해 아직 경험하지 못한 정치력을 보여줄 필요가 있었다.

한편, 그녀는 로마의 후계 구도에도 눈을 떼지 않았다. 생전에 카이사르가 친자인 카이사리온 대신 양자 옥타비아누스(BC

63~AD 14 고대 로마의 초대 황제)를 승계자로 정해놓았다는 사실은 뭘 의미하는가? 즉, 클레오파트라의 아들이자 카이사르의 친자인 카이사리온이 로마인들에 의해 온전할 수 있을지 알 수 없는 노릇 아닌가. 자칫 그들의 급류에 휩쓸려 비명횡사할 수도 있는 일. 마침내 클레오파트라는 이집트의 미래를 안토니우스에게 걸어보기로 한다.

사실 안토니우스는 카이사르를 모시고 있을 때부터 클레오파트라를 짝사랑해왔다. 그가 카이사르와 클레오파트라를 보필하며 그녀를 흠모했지만 드러내지 못한 채 가슴앓이를 한 여인이 아니던가. 어쩌면 그녀는 이를 진작부터 눈치챘던 것일까. 그들은 빠르게 사랑과 정치적 연대를 같이했다.

클레오파트라는 자신을 동경하던 그를 카이사리온의, 즉 이집트의 든든한 바람막이로 여겼으리라. 안토니우스도 클레오파트라의 지원으로 아르메니아 원정에서 승리한 뒤 그 정복지를 뚝 떼어 결혼선물로 주었다. 그녀와의 사이에서 세 아이를 더 낳았고 로마의 부인 옥타비아(옥타비아누스의 누이)와는 이혼했다. 이 때문에 또다시 로마인들이 분노했다. 설상가상으로 안토니우스가 자신의 무덤을 이집트에 만들어달라는 유언장까지 공개되는 바람에 로마와 이집트, 두 진영의 전쟁이 불가피해졌다. 안토니우스와 클레오파트라의 사랑은 시꺼멓게 타들어가고 악티움 해전에서 패하자 두 사람은 자결한다. 그들은 이 전쟁에서 옥타비아누스에게 참패하고 결국 이집트는 로마에 귀속되었다.

▲안토니우스(BC 83~BC 30) 로마의 집정관 안토니우스는 BC 41년 타르수스를 내방하던 중 삼두정치의 반대파 카시우스를 도와준 클레오파트라를 문책하려 했으나 그녀가 선뜻 소환에 응하지 않자 발길을 돌리려던 참이었다. 이때를 틈탄 클레오파트라는 카드누스 강에서 벌이는 선상 파티에 안토니우스를 초대한다.
아름다운 꽃으로 장식되어 있는 배 안. 안토니우스가 바라보는 앞에서 화려한 귀금속 장식을 한 클레오파트라는 시녀로 하여금 술잔에 식초를 담아오게 한다. 그리고 보란듯이 귀에 걸고 있던 진주귀걸이를 잔속에 넣으며 진주가 녹아가는 장면을 지켜보다가 단번에 들이켠다. 그리고 다른 귀걸이를 마저 술잔에 담으려는 순간 안토니우스는 그 행위를 멈추게 했고, 클레오파트라의 대범함에 감탄한 그는 그녀를 문책하기는커녕 사랑의 포로가 되었다는 얘기다.
이 이야기는 로마학자 플리니우스(23~79)가 기록한 《박물지》에 담긴 내용이다. 그림은 장 레옹 제롬의 〈안토니우스와 클레오파트라〉로 안토니우스의 마음을 사로잡고자 클레오파트라가 대기하고 있는 모습을 담고 있다.

▲악티움 해전 BC 31년 9월 2일 옥타비아누스(훗날 아우구스투스 황제)가 그리스 악티움 앞바다에서 안토니우스와 클레오파트라의 연합군을 격파한 전투. 그림은 로렌조 카스트로가 1672년에 그린 〈악티움 해전〉.

▲카이사르도 안토니우스도 세상을 뜨고 이제 악티움 해전에서 승리한 옥타비아누스를 상대해야 하는 난처한 상황이다. 그러나 클레오파트라는 여왕인 자신을 일개 '창녀' 취급하는 옥타비아누스를 자기편으로 만들 수 없다는 판단을 내리고 자살했다는 것인데, 이에 대해서는 의견이 분분하다. 옥타비아누스가 먼저 죽여놓고 뱀에 물려 자살했다고 무마했을 가능성도 배제할 수 없다. 독가스를 사용했다는 설도 있고, 최근 자료에 의하면 아편이 사망원인이라는 새 주장도 나왔다. 어떤 게 진실일까? 그림은 레지널드 아서의 1892작 〈클레오파트라의 죽음〉이다.

그녀의 꿈과 사랑　아무렴, 그녀를 옥타비아누스가 로마를 짓밟는 요부로 취급한 것도 무리는 아닐 것이다. 하지만 클레오파트라는 로마의 속국으로 전락할 이집트가 막막해서 차마 버리지 못한, 자기를 온전히 던져서 이집트를 구할 정도의 미련퉁이 아닌가. 최소한 현실적인 외교 감각으로 그녀의 자존감마저 내놓고 로마제국을 이용해 나라를 보전할 수 있었던 것은 그녀만이 할 수 있는 전략의 전부였을 것이다.

당시 이집트는 세계 제일의 부자 나라였다. 하지만 로마와 비교해서 정치와 군사력 수준은 그야말로 게임이 되지 않았다. 그녀가 악티움 해전에서 승산이 없자 안토니우스를 버리고 뱃머리를 돌려 도주한 것만 봐도 그렇다. 이는 사랑에 대한 배신일 수도 있다. 그러나 크게 보면 그 와중에도 클레오파트라는 꺼져가는 나라의 희망을 보려 했다. 그러니 달리 어떤 선택을 하겠는가. 금세 로마의 실세가 된 옥타비아누스와 모종의 연합을 모색하며 나라에 대한 미련을 버리지 못했지만, 그녀에게 되돌아온 것은 멸시와 조롱이었다. 언감생심 연합이라니. 옥타비아누스는 클레오파트라를 로마 개선환영식에 끌어내 구경거리로 삼을 작정이었다. 이를 안 그녀는 마지막 불씨를 살려내지 못하고 힘없이 꺼져갔다.

급류로부터 벗어나 비교적 평온한 웅덩이에서도 그녀는 늘 긴장하고 살았던 것이 아닌가. 이제는 더 이상 넓은 강물에서 느긋하게 표류하고 있는 다른 동물을 부러워하지 않으리라. 다만 그녀는 키 잡는 기술을 알고 있었다. 이를 악물고 온 신경을 집중해 뗏목을 타야 하는 사람은 물에 빠진 사람의 비명이나 남을 안쓰

럽게 여길 여유가 없다고 하지 않던가. 안토니우스는 전장에서도 클레오파트라를 향한 눈물겨운 사랑을 보여주다 마침내 자결했다. 그러나 클레오파트라가 마지막까지 놓지 못한 사랑은 이집트였다. 그렇다. 그녀는 분출하는 에너지를 나라와 사랑에 쏟았다. 그 분출의 힘은 나라가 위태로울 때, 혹은 규율에서 벗어나 그 제어가 힘들 때 과감하게 자신의 파괴를 초래하는 사랑을 선택했을 수도 있다. 이는 결국 그녀가 나라와 사랑을 같은 선상에 놓은 증거가 되겠다.

로마의 역사가인 **플루타르코스**는 클레오파트라의 본성에 대해 이렇게 썼다.

▲플루타르코스(46?~120?) 아폴로 신전의 성직자로 고대 그리스 시대의 철학자이자 정치가 겸 작가. 아폴로 신전에서 신관으로 있던 그는 로마제국의 유명인사가 되어 그의 집에는 늘 로마 전역의 유명인사들이 찾아들었다고 한다. 하여 그들과의 대화를 꼼꼼히 기록해두었다가 책으로 출간했는데, 그 에세이가 총 78편에 이르렀으며 대표작으로는 《플루타르코스 영웅전》과 《도덕론》이 있다. 《플루타르코스 영웅전》에는 페리클레스, 디온, 술라, 폼페이우스, 안토니우스, 브루투스, 카이사르, 키케로 등 역대 위인들의 전기가 실려 있어 더욱 유명해졌다. 그림은 1566년 발간된 《플루타르코스 영웅전》에 실린 저자의 초상화.

> 그녀는 자신의 모든 일을 헌신적으로 했다.
> 그녀는 사랑할 때 온전한 사랑을 바쳤다.
> 그녀는 미워할 때 정열적으로 증오했다.
> 그녀는 슬퍼할 때 온 마음을 다해 비탄에 빠졌다.

이런 변호 역시 격정적으로 살다간 그녀 인생의 옹호라면 옹호다. 그 옹호의 앞뒤에는 또 다른 진실과 편견 그리고 오해의 시각이 가로놓일 것이다. 역사는 산자의 몫이다. 아울러 승자의 몫이기도 하다. 클레오파트라는 사실 미인이 아니었다는 주장도 있다. 최근에 밝혀진 사진을 보아 사실인 듯하다. 물론 빼어난 몸매와 화장술이 무기일 수도 있겠다. 그러나 심성 깊은 곳에서 솟아나는 맑은 목소리와 타고난 외국어 실력, 나라를 사랑하는 마음이 외교전략을 수행하기에 잘 맞았던 것은 아닐까. 오늘만이라도 그녀 편을 들어주고 싶다.

어쨌든 잘 발달된 물질문명이 주변국끼리의 이해관계로 갈등을 부른 것은 예나 지금이나 별반 다르지 않았을 테고, 이집트도 이웃한 고대 로마 사이 어딘가에서 이런 기류가 있어왔고 늘 감지됐으리라. 그리하여 클레오파트라는 독립과 식민의 복잡한 미로 속에서 길을 찾아야 하는 어려운 숙제를 하다갔다.

인류 역사에서 주인공을 맡은 사람은 많다. 하지만 훌륭한 키잡이는 그리 흔치 않다. 옛 파라오들과 알렉산드로스 대왕의 영광을 길이 보전하고자 했던 그녀의 열망이 새삼 안타까운 것은 왜일까. 지금도 나일 강과 이집트는 클레오파트라를 기억해내고 있다. 지친 클레오파트라를 영원히 잠재웠던 독사의 교태 또한 지중해로 도도히 흐르고 있다.

"주사위는 던져졌다" "브루투스 너마저"라는 명언을 남긴
로마의 영웅 카이사르를 문학과 예술에서 만나본다

만약 카이사르(BC 100~BC 44)가 이집트 왕위계승 싸움에 휘말리지 않았다면 로마공화정을 계속 유지할 수 있었을까. 일찍이 크라수스와 폼페이우스와 맺은 제1차 삼두동맹은 무너지고, BC 49년 1월 그는 이탈리아의 국경인 루비콘 강을 건너 로마로 진격, 폼페이우스와 정면대결에 나섰다. 그러나 폼페이우스는 카이사르에게 쫓겨 이집트로 달아났다가 거기에서 암살당했다. 결국 카이사르는 이집트 왕위계승에 휘말리며 알렉산드리아 전쟁이 유발된다.(BC 48년 10월~BC 47년 3월). 이 전쟁에서 승리한 카이사르는 클레오파트라 7세를 이집트 왕위에 오르게 한 뒤, 그녀와의 사이에 아들 카이사리온(프톨레마이오스 15세)을 낳았다. 이후, 로마의 최고 권력자가 되어 율리우스력을 사용하는 등 역서를 과감히 개정하고 간척, 도로, 항만 등 각종 사회정책을 단행했다. 그러나 이 같은 종신적 독재 권력을 자신에게 집중시키자, 그것을 경계하며 공화정을 옹호하던 브루투스는 기다렸다는 듯 원로원 회의장에서 그에게 칼을 휘둘렀고, 결국 카이사르는 비극적 최후를 맞는다(BC 44년 3월 15일).

그는 한마디로 서양사에 커다란 영향을 끼친 인물이다. 웅변술에 뛰어났던 그는 고도의 전략가이자 민심을 헤아릴 줄 아는 민중적 정치가이기도 하며 또한 문인이기도 했다. 그가 저술한 《갈리아 전기》는 라틴문학의 걸작으로 손꼽힐 만큼 작품이 뛰어나다. 또한 아들(양자) 브루투스의 손에 의해 비극적 죽음을 맞이하는 최후는 셰익스피어의 《줄리어스 시저》를 비롯해 문학, 연극, 영화의 소재로 많이 쓰이고 있다. 특히 시오노 나나미가 쓴 《로마인 이야기》 시리즈 중 4, 5권에 해당하는 《로마인 이야기-율리우스 카이사르》는 전체 15권에서 가장 비중 있게 다루어지고 있는 부분이기도 하다. "주사위는 던져졌다" "브루투스 너마저"라는 명언을 남긴 로마 최고의 영웅 카이사르의 삶을 《갈리아 전기》를 비롯하여 시오노 나나미의 《로마인 이야기》를 통해 음미해보자.

카이사르의 《갈리아 전기》
"주사위는 던져졌다"

《갈리아 전기》는 BC 58~BC 51년 그가 갈리아 총독으로 있을 때 군사활동을 적은 기록이다. 제7권까지는 그가 직접 집필한 것이고, 제8권은 부하 히르티우스가 쓴 것이다. 내용은 간결하고 객관적으로 기술되어 역사적 진실성이 매우 높다. 그 문장은 후세에 라틴어 문장의 모범으로서 사전의 예문 및 초보 교과서로 널리 애용되었다. 그는 문인으로서도 탁월한 능력을 지니고 있었다.

책에는 루비콘 강을 건너 진격하는 장면을 묘사한 부분이 있다. 이 강은 이탈리아 북부에서 아드리아 해로 흐르는데, 당시 군대가 이 강을 건너 이탈리아로 들어갈 때는 공격의 뜻이 없다는 의미로 반드시 무장을 해제해야만 했다. BC 49년 갈리아 주州의 장관이었던 그는 이 금기를 깨고 "주사위는 던져졌다"고 외치며 군대를 이끌고 강을 건너 폼페이우스와의 전쟁에 들어갔다. 이 일화에서 유래하여 중대한 결단을 내려 사태에 대처할 때 "주사위는 던져졌다" "루비콘 강을 건넜다"라는 표현을 쓴다. 간혹 이중적인 사람 중에는 인생의 주사위가 던져져도 주저하는 사람이 있다. 대개의 경우 기회가 사라지면 즉시 위기의 거센 바람이 불게 되어 있다.

시오노 나나미가 본 로마는 영원의 도시이며 카이사르는 그 도시의 상징코드

시오노 나나미는 자타가 공인하는 최고의 로마역사 스토리텔러다. 특히 그녀가 생각하는 팍스 로마나 시대의 가장 멋지고 탁월한 인물인 카이사르를 《로마인 이야기》 두 권에 걸쳐 심층 분석한다. 비록 비극적인 최후였지만 그만큼 드라마틱하고 열정적이

며 신념에 찬 인물은 없었다는 것이다. 그녀가 본 로마는 영원의 도시이며 카이사르는 그 도시의 상징코드인 셈이다.(사진은 시오노 나나미의《로마인이야기-율리우스 카이사르》한길사 출간)

"브루투스 너마저"에 담긴 비극 〈카이사르의 죽음〉

이 그림은 빈첸초 카무치니의 《카이사르의 죽음》이란 작품으로 이탈리아 카포몬테 미술관에 소장돼 있다. 카이사르의 독재를 두려워한 공화파들은 암살음모를 꾀하기 시작하고 브루투스는 모임의 대표가 된다. 측근을 전혀 의심하지 않던 카이사르는 수많은 칼날을 받고 죽어가면서 "브루투스 너마저……"란 말을 남기고 숨을 거둔다. 이 사건 이후로 브루투스는 유다와 더불어 배신자의 상징으로 사용된다. 흔히 브루투스는 민주주의의 신념에서 은인의 암살에 가담한 것으로 나오지만, 후일 연구에 따르면 공화파의 회유공작에 넘어간 것으로 판명되고 있다. 아마도 브루투스는 귀가 얇은 사람이었을 것이다. 인생에서 브루투스 같은 사람이 되어선 안 된다. 설사 정의라 할지라도. 인생에서 정의와 불의는 신만이 아는 것이다.

알함브라 궁전에서
콜럼버스의 신세계를 귀담은

이사벨 1세 여왕

이사벨 1세 (Isabella I of Castile 1451~1504 재위 1474~1504) 여왕

1451	4월 22일 카스티야의 후안 2세와 포르투갈의 이사벨의 장녀로 현재 스페인의 마드리갈에서 출생
1453	이사벨 왕후와 전처의 아들인 엔리케 왕자의 합심으로 정변 발발, 후안 2세 사망
1454	엔리케 왕자가 엔리케 4세(1454~1474)로 즉위 이사벨과 이사벨 1세 그리고 동생 알폰소가 아레발로로 추방당함
1464	알폰소 즉위식 거행, 한 나라에 두 명의 왕이 존재하여 국론분열이 일어남
1467	알폰소 사망
1468	이사벨의 왕위계승자 지정
1469	아라곤 왕국의 페르난도 왕자와 결혼
1474	엔리케 4세 사망, 이사벨 1세 즉위
1475	카스티야 왕위계승전 발발(~1479)
1476	토로 전투에서 승리
1479	카스티야 왕위계승전 종료
1492	그라나다 왕국을 복속시키며 이슬람 세력에게 빼앗겼던 땅을 되찾는 국토회복운동(레콩키스타 718~1492)이 막을 내림 카스티야–아라곤 연합왕국이 탄생하며 실질적 에스파냐(오늘날 스페인) 왕조가 시작됨, 크리스토퍼 콜럼버스의 제1차 항해가 시작됨
1493	콜럼버스 제2차 항해가 시작
1496	교황 알레한드로 6세로부터 가톨릭왕국 칭호를 받음
1498	콜럼버스의 제3차 항해가 시작(~1500)
1502	콜럼버스의 제4차 항해가 시작(~1504)
1504	11월 26일 메디나 델 캄포에서 사망

알함브라 궁전에서 콜럼버스의 신세계를 귀담은

이사벨 1세 여왕

알함브라 궁전의 추억　지중해의 푸른 바람이 간지럽다. 그럼에도 알함브라 궁전은 입을 굳게 다문 듯했다. 에스파냐(스페인) 그라나다의 성벽 안팎에서 바라본 알함브라 궁의 희끗희끗한 외벽이 주는 느낌은 사뭇 의미심장했다. 이슬람군과 가톨릭군이 첨예하게 대립하며 수많은 총포와 대적했을 흙벽돌, 보초병이 불침번을 서며 감시의 끈을 조였을 높은 망루들, 그리고 미로 속의 미로로 요새화된 궁전의 내부까지 종교뿐 아니라 군사적 관점에서 봐도 아득히 바라보이는 알함브라 궁전은 이 도시의 수호신이었음을 대번에 알 수 있었다.

사실 이사벨 1세(1451~1504)에게 함락되기 전까지만 해도 이곳은 이슬람 신전이나 다름없었다. 현재 궁전 안팎에 남아 있는 그 자취, 도통 해득할 수 없는 아라비아 문양만큼이나 이슬람 성지의 영광과 좌절은 크고도 절절했으리라는 짐작이다.

알함브라 궁전의 붉은 성벽을 따라 걷다 둥그렇게 유도화가 엮인 꽃길터널 속에 잠시 들었다. 문득, 아랍풍의 기타반주가 섞인다. 나나 무스쿠리의 곱고 애잔한 목소리《알함브라 궁전의 추억》이다. 이 곡은 에스파냐의 전설적인 기타리스트 프란시스코 타레

▲**알함브라 궁전**　말 그대로 '붉다'라는 뜻을 지닌 궁전으로 스페인 남부의 그라나다 지역에 위치해 있는 유네스코가 지정한 세계문화유산. 현재는 이슬람건축 박물관으로 쓰이고 있다. 수세기 동안 이슬람 지배를 받으면서 무어인과 스페인 미술의 양상을 복합적으로 띠게 되었다. 1821년 지진으로 피해를 입었지만 1830년도부터 페르난도 7세에 의해 본격적인 복구가 이루어졌다. 무어예술의 극치를 보여주는 궁전으로 평가받고 있으며 훗날 예술, 건축에 지대한 영향을 끼쳤다. 음악으로는 타레가의 기타곡 〈알함브라 궁전의 추억〉이 있으며, 건축으로는 영국의 브래드포드에 있는 알함브라 극장이 유명하다.

가(1852~1909)가 떠난 연인을 못 잊어 방황하던 때 이곳에 왔다가 작곡한 탓에 사뭇 더 슬프게 와닿는다. 아무리 그래도 알함브라 궁전을 탐하고 사랑하다 여기 묻히기를 소원한, 결국 이곳에 조용히 묻힌 이사벨 1세 여왕의 애착이 더 애절했으리라.

카스티야의 날개 잃은 천사   15세기 이베리아 반도는 포르투갈, 카스티야, 아라곤, 그라나다 등으로 분할된 왕국이었다. 그 중 가장 큰 나라가 카스티야다. 이사벨 1세는 카스티야 왕 후안 2세와 그의 두 번째 왕비 이사벨 사이에서 태어났다. 당시 국왕 후안 2세는 나약하고 무능해 백성들에게 신임을 받지 못하고 있던 터라 나라는 그 수하의 권력에 휘청거렸다. 이즈음 포르투갈에서 시집온 이사벨 왕후가 나라의 기틀을 바로 세우고자 첫 왕비가 낳은 엔리케 왕자와 힘을 합쳐 안하무인으로 부정부패한 수상을 처단하기에 이른다.

이 일로 국왕은 마치 자신이 저격당한 듯 충격을 받고 시름시름 앓다 죽으니 1454년 엔리케 4세가 카스티야의 왕이 되었다. 그러나 카스티야 왕국은 엔리케 4세에게도 신뢰를 보내지 못했고, 차라리 이사벨 왕후가 나라를 다스려주길 바랐다. 이를 눈치채고 불안해진 엔리케 4세는 그녀를 이사벨 1세 공주, 갓난쟁이 알폰소 왕자와 함께 어느 시골마을로 보내버렸다. 그곳에서 어린 이사벨 공주는 어머니와 교회에 나가 오직 천주를 의지하며 기도로 소일했다. 이는 훗날 그녀가 종교재판이란 것을 만들어 이교도를 무참히 처단했던 빗나간 믿음이 되기도 한다.

▲엔리케 4세(1425~1474) 이사벨 1세의 이복오빠로 아버지 후안 2세가 사망하자 새어머니와 이복동생인 이사벨과 알폰소를 아레발로라는 시골마을로 추방한다. 1464년 이슬람세력의 수중에 있던 지브롤터를 재정복했으나 그의 휘하에 있던 귀족들이 반목하며 싸움을 벌였다. 첫 부인에게서 아이가 없자 이혼했으며, 포르투갈의 공주와 재혼하여 딸 후아나를 얻었다. 이복동생 알폰소가 죽자 엔리케 4세는 어린 딸 후아나의 왕위계승권 문제에 관해 주저하기 시작했으며, 적대세력들은 그의 이복누이 이사벨(훗날 이사벨 1세)의 왕권을 인정했다. 1469년 이사벨은 아라곤의 황태자 페르난도 2세와 결혼하여 힘을 키운 뒤 엔리케 4세와 충돌하게 되고, 시민의 지지마저 잃은 엔리케 4세는 오래 버티지 못하고 파국을 맞는다.

그녀가 꿈꾸는 왕국　　현재 에스파냐에 남아 있는 서고트족은 게르만족의 일파로 410년 로마를 침공해 함락시켰으며, 갈리아와 히스파니아에 걸쳐 거대왕국을 건설했던 고트족의 한 분파이다. 서로마제국이 멸망한 후에도 서고트 왕국은 약 2세기 반에 걸쳐 서유럽에서 중요한 위치를 차지했다. 711년 북아프리카에서 지중해를 건너온 무어인(이베리아 반도를 정복한 아랍계 이슬람교도를 지칭)이 정복전쟁에 박차를 가하자 유럽 대부분이 이슬람교의 지배하에 놓이게 되었다. 그러자 이를 지켜보고만 있을 수 없었던 로마가 에스파냐로 군을 파견하고, 여기에 가톨릭교도들까지 총 합세해 저항하기 시작했다. 이렇게 불을 지핀 전쟁이 에스파냐의 국토회복운동으로 15세기에 이르러 최남단 그라나다만 남기고 모든 영지를 되찾을 수 있었다. 당시 그라나다는 에스파냐를 점령했던 이슬람 세력이 가톨릭교의 총공세로 밀리면서 마지막까지 버티던 곳이다. 문제는 무능한 엔리케 4세가 그 성을 칠 힘도 없으려니와 관심조차 없다는 사실이 참 답답한 형국이었다.

그러니 귀족과 천주교 사제단마저 국왕을 알게 모르게 무시하기 일쑤였고, 엔리케 4세에게 후사가 없어도 걱정은커녕 즉위 후 17년이 지나 겨우 왕후가 후아나 공주를 낳았는데도 모두들 시큰둥했다. 외려 친딸이 아니라는 소문만 무성했다. 그녀가 신하와 내통해서 낳은 아이라며 귀족과 영주들은 전혀 인정하는 분위기가 아니었다. 뿐만 아니라 자기들의 이권에 따라 이사벨 1세 공주와 엔리케 4세로 편가르기를 하는 등 나라 안팎이 어수선하기만 했다. 이때 이사벨 공주가 나섰다. "오빠가 살아 있는 한 나는

▲에스파냐의 국토회복운동
718~1492년까지 약 7세기 반에 걸쳐 에스파냐의 가톨릭교도가 이슬람교도에 대해 벌인 실지失地 회복운동을 뜻한다. 이슬람의 세력이 이베리아 반도를 정복할 당시, 에스파냐 귀족들은 북쪽의 칸타브리아 산맥, 동쪽의 피레네 산맥으로 도피한다. 이 지역을 거점으로 서부에서는 718년 서고트족 귀족이 이슬람 군을 격파하고 아스투리아스 왕국을 건설했다. 그리고 10세기에는 레온 왕국과 카스티야 왕국이 성립되었다. 한편, 동부 방면에서는 피레네산맥 주변에서 활동을 시작하여 10세기에 나바라가 독립하고, 11세기에는 아라곤이 독립하여 세력을 넓혔다. 이어 아라곤은 코르도바(1236), 세비야(1248), 알헤시라스(1343) 등을 잇달아 회복했다. 여기에 카스티야의 이사벨 1세와 아라곤의 페르난도 2세가 결혼함으로써 에스파냐 통일국가가 탄생하기에 이른다. 1492년 페르난도와 이사벨은 이슬람 최후의 거점인 그라나다를 함락시켜 드디어 국토회복운동을 완성했다. 에스파냐 종교통일운동은 이같은 독립운동 속에서 이루어진 것이다. 그림은 국토회복운동을 통해 에스파냐의 국민적 영웅이 된 엘 시드(1043~1099) 장군의 모습.

오빠의 폐위를 단호히 거부한다"고 선을 그어 공포함으로써 주변을 진정시켰다. 그제야 이복오빠이자 국왕인 엔리케가 왕후와 함께 쫓아냈던 그녀를 기꺼이 궁으로 불러주었다.

때가 이르러 1474년 엔리케 4세가 병으로 세상을 떠나자 이사벨 공주는 상복을 입은 채 말을 달려 단숨에 세고비아 성(월트디즈니 영화 〈백설공주〉에 나오는 성의 모델이 되었다고 해서 '백설공주 성'이라 불리기도 한다)으로 갔다. 강력한 에스파냐를 위한 그녀의 기도는 이제 현실이 되어 나타날 수 있을 것인가.

조용히 정치적 꿈을 키워온 그녀이기에 엔리케의 후계자 후아나 공주의 세력에 밀려서도 안 되겠지만 왕권다툼 따위에 휘말려서도 안 되었다. 그러니 그녀에게 희망을 거는 호의적인 국민들의 세력을 바탕으로 왕위 계승자로서의 이미지를 완벽하게 심어야 했다. 절벽 위의 세고비아 성은 이미 그녀가 점찍어 두었던 곳, 여왕 등극의 때가 온 것이다. 즉, 세고비아 성에서 이사벨 1세는 여왕 즉위식을 서둘러 끝냈다. 그리고 은밀히 이웃나라 아라곤의 후계자인 페르난도 왕자(포르투갈의 왕자)에게 청혼을 했다. 그것은 곧 두 왕국의 연합을 의미한다. 동시에 역대 왕들이 주저했던 알함브라 궁전을 함락시키고 말겠다는 포부를 다진 것이다.

시샘 받는 집은 무너진다?　이사벨 1세 여왕은 어린 시절부터 왕권다툼의 소용돌이 속에 있었다. 예컨대 귀족들의 지나친 권력행사와 정치간섭은 두고 볼 수 없었다. 이를 뿌리째 뽑아버리지 않는다면 나랏일과 올바른 정치를 할 수 없다고 판단했다. 그래서 귀족들의 권한을 대폭 축소한 중앙집권 체제로 특히 왕권을 강화해 나갔고, 귀족이나 봉건영주들의 반발을 우려해 그녀의 남편인 아라곤의 페르난도 왕에게 도움을 요청하여 그의 군대를 카스티야에 주둔시켰다. 덕분에 이사벨은 거침없이 봉건영주들의 성을 빼앗고 그들이 차지하고 있던 왕실의 토지와 화폐주조권, 조세징수권 등의 특권을 하나하나 회수할 수 있었다.

더불어 그들의 숙원사업인 **그라나다** 정벌을 핑계로 특수부대까지 창설했다. 수백 년 전부터 이곳 통치자들이 이베리아 반도에서 이슬람 국가들을 몰아내고 가톨릭과 옛 땅을 거의 회복했지만, 에스파냐의 남부 끄트머리로 쫓겨난 그라나다의 알함브라 궁전은 그때까지도 건재했다.

바야흐로 카스티야와 아라곤 두 왕국을 합쳐 보다 강력해진 이사벨 1세 여왕에게 절호의 기회가 왔다. 역대 제왕들이 못한 일이지만 그녀는 용기백배했다. 이사벨 여왕은 나라 안의 이교도를 죄 몰아내고 이베리아 반도를 온전히 천주의 품으로 인도하는 것과 동시에 통일 에스파냐의 그림을 그리고 있었다. 그 원대한 꿈을 위해 상비군과 경찰부대까지 확대하고 강력한 왕권국가로 빠르게 전환했던 것이다.

이슬람의 알함브라 궁전은 아름답기도 했지만 그 누구도 헤어나기 힘든 미로에다 최대 요새인지라 여왕의 비책은 우선 식량보급로 차단에 두었다. 궁전으로 개미 한 마리 들고나지 못하는 상태의 장기전이라면 백기를 들 것이라 보았다. 그 작전은 주효했다. 장장 8개월에 걸친 굶주림의 공포로 이슬람 최후의 왕조 나스르(1231~1492)의 마지막 왕 **보아브딜**은 백성들을 구하고자 자진 항복했다. 이때 이사벨 여왕은 그들의 종교와 성전을 그대로 보전케 해준다고 했으나 그것은 항복을 받기 위한 허울 좋은 약속이었다. 결국 이슬람 왕은 모로코로 내쫓기고 수많은 이교도들은 소위 종교재판에 의해 성에 갇히거나 처형되었다.

▲**그라나다 정벌** 에스파냐 남부 안달루시아 지방의 도시로, 11세기에는 베르베르인의 알모라비드 왕조(1056 ~1147 무라비트 조라고도 함)에서 시작해 모하드 알 왕조(1130~1269 므와히드 왕조라고도 함)가 지배했다. 나스르 왕조(1232~1492) 시대에는 코르도바가 함락(1236)되어 이베리아 반도에 잔존했던 이슬람 세력을 중심으로 번영했으나, 1492년 드디어 그라나다도 기독교도 손에 넘어가 안달루시아의 이슬람교도 지배는 종말을 고했다. 그림은 백마 위에 올라탄 이사벨 1세의 모습.

▲**보아브딜 왕(1460~1533)** 공식명칭은 모하메드 12세. 756년 아랍인에 의해 고대도시 일리베리스 근처에 건설된 나스르 왕조의 마지막 왕이다. 수도가 그라나다여서 그라나다 왕국이라고도 한다.

이사벨 1세 여왕과 콜럼버스　그녀는 세고비아 성 대관식에서 백성들의 더 나은 삶을 약속했다. 실제 여왕은 그 약속을 지키기 위해 늘 동분서주했다. 그녀는 임신 중에도 결코 쉬는 일 없이 황폐한 나라를 재건하기 위해 지방순회를 일삼다가 다섯 자녀를 궁전이 아닌 지방 곳곳에서 출산했을 정도였다.

그뿐인가. 여왕은 참으로 담대했다. 카스티야와 아라곤, 그리고 그라나다까지 전 국토를 회복하자 이번에는 신대륙 모험에 나섰다. 당시는 모두들 코페르니쿠스의 '지동설'을 믿지 못하던 때였고, 설상가상 에스파냐는 그라나다와의 오랜 전쟁으로 재정난마저 심각했던 터였다. 해서 신하들의 만류는 대단했고 그것은 어쩌면 당연한 일이었다. 그러나 여왕은 콜럼버스의 신대륙 탐험을 지지했고, 그의 말을 경청하고 수용했다. 지동설을 신봉하던 콜럼버스가 세 척의 배로 대서양 서쪽으로 나아가 인도에서 황금을 찾아 예루살렘을 수복하겠다는 말을 떠들고 다녔을 때, 이웃나라 왕들은 그를 정신병자 취급했지만 이사벨 여왕은 대담한 투자를 했다.

결국 그녀의 막대한 재정지원을 받아 콜럼버스는 인도와 아메리카 탐험에 성공했다. 이로써 그녀의 모험은 포르투갈과 쌍벽을 이룬 에스파냐의 대항해 시대를 열었고, 라틴 아메리카(남북 아메리카 대륙 중 라틴민족의 지배를 받아 라틴적인 전통배경을 지닌 지역의 총칭) 탄생과 함께 세계에 군림하는 제국으로 우뚝 서게 되었다. 그들의 노예가 된 인디언들에게는 심히 불행한 일이었으나, 세계사에서는 다시 한 번 입지전적인 여왕으로 등극한 셈이다.

알함브라 궁전을 사랑하다　그녀의 유언장이 참 근사하다. '수의는 수수하게 하되 그 남은 비용으로 가난한 사람들과 교회에 기부토록 하라.' 특히 자신의 시신을 알함브라 궁전의 발길 뜸한 곳에 묻어줄 것과 오직 작은 묘석 하나만 남겨달라고 썼다. 그래서 그녀는 죽은 후 알함브라 궁전 교회 지하실에 페르난도 왕과 함께 나란히 묻혀 있다. 대신 온통 아라비아 문양이 가득한 궁전의 정원 뒤꼍에, 눈여겨보지 않으면 지나칠 정도의 작은 묘비 하나가 쓸쓸히 서 있다. 대리석 묘비에는 묘비명이 새겨져 있었다. 그랬다. 그녀는 어떤 식으로든 속죄가 필요했으리라. 빗나간 종교관으로 이교도라면 무조건 종교재판과 처형을 일삼던 무시무시한 통치자였다는 회한이 결국 그녀를 외롭게 했을 것이다.

다행히 그녀는 알함브라 궁전을 넘보고 탐했던 만큼 이 궁전을 정복한 뒤로 뜯어고치는 일 따위는 전혀 하지 않았다고 한다. 아마도 그녀는 아라베스크 양식(이슬람 사원의 벽면이나 공예품 장식에서 볼 수 있는 아라비아풍 무늬)의 이 아름다운 궁전을 있는 그대로 사랑했던 것 같다. 어디로도 옮겨놓을 수 없는 무한한 애착이 죽어서까지 이어진 걸 보면 말이다.

이슬람의 무어인이 북아프리카에서 지중해를 건너 유럽에 상륙한 지 어언 8백년! 어느 왕도 건드리지 못했던 이슬람의 마지막 보루 알함브라 궁전을 함락시킨 이사벨 1세 여왕. 그 피비린내 나는 가톨릭과 이슬람 간의 종교전쟁을 고스란히 목격한 알함브라 궁전은 여전히 말이 없다. 다만 태생적으로 이슬람의 영광을 지키지도, 세인들과 어울리지도 못한 알함브라 궁전 나름대로의 회한이 오늘날 많은 사람들을 불러들여 이리 허물없이 대하고 더러 혼을 빼놓는지도 모를 일이다.

▲알함브라 궁전에서 콜럼버스를 맞이하고 있는 페르난도 왕과 이사벨 1세. 알함브라 궁전 내부의 아라베스크 무늬가 돋보인다.

▲〈이사벨 1세 카스틸라의 통치〉
이 음반은 스페인의 '음악적 자료(Musicas Reales Vol. Ⅲ)' 시리즈 중 카를로스 5세, 알퐁스 5세 CD 출시에 이어 3번째로 발매된 앨범이다. 스페인왕국 음악의 진미를 보여주는 작품으로, 이 귀한 자료는 에스파냐 출신의 고음악 거장 조르디 사발(Jordi Savall 1941~)에 의해 전세계적으로 알려지게 되었다. 이런 면에서 조르디 사발은 에스파냐 역사의 살아 있는 학구파 음악가라 할 수 있다. 신비감이 감도는 기악과 무곡이 음반을 장식하고 있다.

원주민에게 집단학살을 감행했던 콜럼버스를 단순히 신대륙 발견자로 찬양해야 하는가

'대항해 시대'는 15세기 초부터 17세기 초까지 유럽의 배들이 세계를 돌아다니며 항로를 개척하고 탐험과 무역을 하던 시기를 말한다. 그 과정에서 해상무역이 발달하고 아메리카 대륙과 같은 지리적 발견이 이루어졌다. 그러나 이러한 용어의 밑바탕에는 다분히 유럽 중심적인 사고가 깔려 있다. 당시에도 해상무역은 빈번했던 일이고, 단지 그들은 다른 대륙에 있는 '그 무엇'을 찾아 먼 길을 떠난 것이다. 그 시대 유럽 귀족들에게 황금과 같은 가치를 지녔던 향신료, 특히 후추와 같은 물건도 그 중 하나다. 결국 대항해 시대는 그들의 욕망을 더욱 부추기는 계기가 되었고, 이는 식민지 확대와 노예무역 그리고 종국에는 전쟁마저 부르는 결과를 초래했다.

포르투갈의 항해왕인 엔리케 왕자가 대항해 시대를 열었다고 알려져 있다. 그러나 누구보다 이 시대의 상징적인 인물은 신대륙을 발견한 크리스토퍼 콜럼버스(1451~1506)였다. 그는 이탈리아 제노바 출신의 탐험가이자 대항해 시대를 대표하는 인물로서 매우 박식하며 일찍부터 항해에 종사했다고 전해진다. 1477년 그가 리스본에 나타나기 전까지의 행적은 명백하지 않다. 1479년 결혼했고, 선장이던 그의 장인의 영향으로 해도海圖제작에 종사할 수 있었다. 이 무렵부터 수학자 P.토스카넬리에게서 지도를 구해 연구한 결과, 서쪽으로 항해해도 인도에 도달할 수 있다는 확신을 갖게 된 것으로 보인다.

콜럼버스는 신대륙 발견이라는 큰 꿈을 안고, 1484년 포르투갈의 왕 주앙 2세에게 대서양 항해를 지원해달라고 요청한다. 하지만 왕이 허락지 않자 에스파냐로 건너갔고 그 곳에서도 거절당한다. 그가 내건 조건들 때문이었다. 즉, 기사와 제독 작위, 발견한 땅을 다스리는 부왕의 지위와 얻은 총 수익의 1/10 등을 달라는 것이었다. 당시 해외진출에 관심이 컸던 이사벨 1세에 의해 해군제독에 임명된 그는 3척의 배를 받았으나 실질적인 지원이 있기까지는 무려 6년의 세월이 걸렸다. 이후 잘 알려진 것처럼 1492년 8월 3일 첫 항해를 시작으로 총 4차례에 걸쳐 아메리카 대륙 원정탐험에 성공한다.

콜럼버스는 죽을 때까지 자기가 발견한 땅을 인도라고 믿었지만, 그의 서인도 항로 발견으로 유럽인들이 아메리카를 그들의 활동무대로 삼았던 것도 사실이고, 현재의 미국이 탄생할 수 있었던 근본 토대를 제공해준 중요한 의의를 지닌다. 그러나 일부 다른 시각에선 그의 신대륙 발견을 침략적 행위로 간주하고 있다. 그로 인해 대규모 살상과 노예무역 등이 시작되었기 때문이다. 예컨대 그는 1493년 9월 두 번째 항해에서 부하들과 함께 '집단학살'을 감행한다. 이때 원주민들이 조직적으로 노예화되고 살해되었는데, 수백 명이 유럽으로 팔려갔고, 나머지 인디언들은 금을 내놓지 못하면 수족이 잘리는 등 온갖 수모를 당해야 했다. 게다가 유럽에서 옮아온 전염병이 그들을 파괴하여, 원주민들은 절망 속에서 자식을 동반한 집단자살을 감행하기도 했다. 실제로 신대륙 발견 이후 60년 만에 타이노 원주민은 불과 수백 명으로 줄어들었고, 100년이 더 흐른 뒤에는 손에 꼽을 정도의 인구만 남았다고 하니 콜럼버스를 단순히 신대륙 발견자로 찬양할 수만은 없지 않을까.

그러나 무엇보다 유럽인들에게는 새로운 대륙을 인식시켰다는 점에서 그의 발견이 가져온 의미를 찾을 수 있을 것이다. 아메리카의 발견은 카카오나 옥수수, 감자 등 여러 가지 새로운 과일과 채소를 전 세계로 퍼뜨렸다. 더불어 금과 은을 비롯한 대량의 귀금속이 유입되면서 물가를 2~3배 폭등시키는 가격혁명을 초래했다. 이는 자본주의적 대규모 경영이 확산되는 계기가 되었다.

향신료 후추 대신 고추를 들여왔던 콜럼버스

그렇다면 당시 이사벨 1세는 무엇 때문에 값비싼 대가를 치르며 이를 실행했던 것일까? '기독교 전파 및 복음지역의 확대' 같은 명분도 있었지만, 실제로는 인도와의 직접 교역을 통해 얻을 수 있는 새로운 부의 축적이라고 보는 게 타당하다. 그리고 그 출발점은 금과 은 등 귀금속과 향신료였다. 오늘날에도 귀금속은 여전히 최고의 가치를 지니며 빛을 발한다. 하지만 당시 향신료의 가치는 대단했다. 특히 유럽 대륙에서 그 존재가치가 지금과는 비교할 수 없을

정도였다. 귀족들에게는 돼지 15마리나 승마용 말 3마리보다 값어치가 있었던 것이 바로 후추 한 줌이었다. 이렇게 값나가는 것을 직접 교역한다는 것은 막대한 부가 생긴다는 것을 의미했다. 학자들은 이 교역로를 스파이스 루트(향신료의 길)라 부른다. 그런데 아이러니하게도 후추를 찾아 떠난 탐험에서 고추를 대신 발견했다는 것이다.

콜럼버스는 신대륙에 도착해 온갖 노력을 기울였지만 결국 후추를 찾을 순 없었다. 그 대신 색다른 맛을 내는 고추를 발견해 유럽으로 가져가 널리 보급하는 데 큰 역할을 했다. "오 하나님, 향신료를 발견해냈습니다. 향신료!" 이는 인도에 도착한 바스코 다가마의 선원들이 기쁨에 들떠 했던 말이다. 리스본을 떠난 지 10개월 만에 '황금의 땅'이라 생각하던 인도에 도착한 것. 지중해 무역이 발달한 근본적인 이유 역시 이러한 향신료나 동방의 물품들을 활발히 교역하게 되면서부터였다.

이러한 특수에 힘입어 이탈리아에서 르네상스가 태동할 수 있었는데, 대항해 시대 탐험가들의 발견에 의해 서서히 지중해에서 인도양과 대서양으로, 이탈리아에서 영국, 에스파냐 등으로 그 중심축이 옮겨가는 결과를 가져왔다. 하여 유럽대륙은 복잡한 계산을 해야 했고 결국에는 네덜란드, 영국, 프랑스 등이 동인도회사를 경쟁적으로 세우고 치열한 주도권 다툼으로 이어지면서 아시아 및 아메리카 대륙은 점점 서구열강의 검은 손아귀에서 헤어나기 힘들어지게 되었다.

예카테리나 2세

나는 창녀가 아니라 문화와 예술을 사랑한 여왕이다!

예카테리나 2세 (Yekaterina II 1729~1796 재위 1762~1796) 여제

1729	5월 2일 알할트 체르프스트의 공작 크리스티안 아우구스테와 요한나
	엘리자베트의 장녀로 프로이센 왕국 포메른 슈체친(현재 독일)에서 출생
	본명은 조피 프레데리케 아우구스테
1740	오스트리아 왕위계승 전쟁(~1748) 발발
1744	러시아 정교회에서 세례를 받고 예카테리나로 개명
1745	카를 울리히(훗날 표트르 3세)와 결혼
1756	7년전쟁 발발(~1763). 오스트리아—프로이센 간의 전쟁으로 유럽열강이
	모두 참여하여 아메리카 대륙과 아시아 지역에까지 확대
1762	1월 5일 엘리자베타 여왕이 사망하자 예카테리나의
	남편 표트르 3세가 즉위함. 남편의 무능으로 예카테리나는
	황실근위대를 이끌고 쿠데타를 일으켜 표트르 3세를 폐위시킴
	예카테리나 2세가 여왕으로 등극하며 표트르 3세는 투옥된 지 8일 만에 사망
1767	법전편찬위원회를 구성(일명 입법회의)하지만
	이익집단 간의 충돌로 인해 해산(1768)
1768	제1차 러시아—투르크 전쟁(~1774)에서 러시아가 승리하며,
	크추크 카이나르디 조약을 체결함(1772) 프리드리히 2세의 제안으로
	프로이센, 러시아, 오스트리아 등이 폴란드 분할에 가담함.
1773	푸가초프의 반란 발생(~1775)
1787	2차 러시아—투르크 전쟁(~1791)에서 러시아가 승리하며 야시 조약을 체결
1788	러시아—스웨덴 전쟁(~1790)에서 스웨덴이 승리
1789	프랑스대혁명 발생(~1794)
1796	11월 17일 러시아 상트페테르부르크에서 67세로 사망

러시아—투르크 전쟁 보통 18세기 후반(1768)에서 19세기 후반(1878년 종전)에 벌어진 5회의 전쟁을 말한다. 하지만 그 전에도 3회(1568~1570, 1676~1681, 1686~1700) 충돌했던 적이 있다

나는 창녀가 아니라 문화와 예술을 사랑한 여왕이다!

에르미타주 박물관의 태동 예카테리나 2세

▲예카테리나의 소녀시절과 성장된 모습 예카테리나는 프로이센의 포메른에서 독일제후이던 아버지와 스웨덴의 홀슈타인 왕가의 친족인 어머니 사이에서 태어났다. 집안은 가난했지만 교양을 중시하던 어머니 덕분에 2세 때부터 가정교사에게 프랑스어를 배웠고, 공부는 물론 독서를 많이 하는 소녀로 성장했다. 승마도 능숙했던 조피는 나이를 먹을수록 아름다운 외모를 갖춘 요염한 숙녀로 자라났다.

여걸시대로 가다 어떤 경우든 자기에게 주어진 역할은 스스로 수행해야 한다. 그래야 미덥다. 그러나 세계사의 큰 줄기가 되는 역사는 사가史家들 아니, 민중들에게 한숨과 탄식을 안겼던 게 사실이다. 특히 황실의 왕좌는 끊이지 않고 일어난 음모와 반란의 역사였다. 그것도 수많은 사람들이 희생된 피로 얼룩진 역사였다.

그 중심에는 늘 기득권을 누린 기존 세도가들이 있었다. 그들은 정권이 바뀌어도 계속 권세를 이어갈 목적으로 반란을 꾀하기도 했다. 또는 물려받은 왕권을 지킬 수조차 없는 강보에 싸인 아이를 왕으로 등극시키니, 어머니나 할머니가 섭정을 함으로써 꼭두각시 정치를 불러왔다. 더군다나 조금 우둔한 승계자에게 바늘만한 틈이라도 생기면 기다렸다는 듯이 냉큼 비집고 들어가 할퀴고 부스럼을 내서 엉뚱한 사람이 왕좌를 꿰차버리기도 했다. 그래서 더러 역사를 퇴보시켰다. 황족과 그 주변인물들이 공적인 책임 없이 정견政見을 갖는 것 자체가 불안한 노릇이 아니고 무엇이랴.

러시아의 왕실 또한 예외가 아니었던 듯, 한 치 앞을 가늠할 수 없는 안개정국이 이어졌다. 바로 표트르 1세(1672~1725 로마노프 왕조 제4대 황제)가 죽은 후 16여 년 동안 왕권이 실종되었던 것이다. 표트르 대제가 유약한 첫째 왕비의 아들 대신 둘째부인의 아들을 승계자로 지명하고 죽었다. 그러자 엘리자베타 공주(1709~1762 로마노프 왕조 제6대 황제)가 전면에 나서 왕궁을 점령하고 아우들 대신 섭정을 하다 마침내 어린 황제 이반 6세를 폐위시키고 여황제의 지위에까지 올랐다. 그리고 자그마치 20여 년간 러시아는 그녀의 통치 아래 있었다.

오랜 왕좌에서 아쉬울 것 없던 그녀도 대를 이을 자식이 없어 후사後嗣가 큰 걱정이었다. 일점혈육一點血肉이라면 독일공국 프로이센으로 출가했으나 일찍 세상을 떠난 언니에게 카를 울리히 라는 아들이 하나 있었다. 엘리자베타는 그 조카를 양자로 데려다 제위 계승자로 삼았다. 그가 곧 예카테리나(재위 1762~1796 로마노프 왕조 제8대 황제) 여제에게 쫓겨나게 되는 우둔한 황제 **표트르 3세**(1728~1762 로마노프 왕조의 제7대 황제)다. 친프로이센 성향으로 무능하고 방탕한 생활을 하여 민중의 지지를 잃은 그는 결국 황후 예카테리나의 쿠데타에 의해 즉위 6개월 만에 폐위되었다.

쿠데타로 등극한 예카테리나 여제　예카테리나가 표트르 3세를 공연히 황제의 자리에서 물러나게 했던 것은 아니다. 그녀에게 남편은 온전한 사람이 아니었다. 만일 온전했더라면 그녀는 절대 여제가 되려고 광폭해지진 않았을 것이다. 본래 그녀는 높은 귀족의 신분도 아니었다. 감히 황족이 되는 것은 꿈에도 생각 못할 일이었지만, 그녀의 어머니 요한나가 공작가문 출신으로 엘리자베타

▲표트르 3세와 예카테리나 부부

조피는 1745년 러시아로 건너가 러시아 정교회 세례명인 예카테리나란 이름을 받고 러시아 왕위계승권자인 카를 울리히(뒷날 표트르 3세)와 결혼한다. 러시아 생활에 익숙해지고자 예카테리나는 러시아어를 습득함은 물론 그 역사와 문화, 예술을 익히는 데 여념이 없던 반면, 지능이 떨어지고 독일풍의 문화에 심취하던 표트르는 주위로부터 반감을 샀다. 1762년 1월 5일 엘리자베타 여제가 세상을 뜨자 남편이 표트르 3세 황제로 등극한다. 그러나 예카테리나는 통치 반년 만에 그를 폐위시키고, 스스로 제위에 오른다. 그림은 1762년에 그려진 표트르 3세와 예카테리나 2세의 모습.

여제와 잠시 인연이 닿아 있었다. 예전에 어머니 요한나의 오빠가 엘리자베타 여제와 약혼을 한 적이 있는데, 안타깝게도 오빠가 갑자기 죽는 바람에 결혼까지 이르진 못했다. 그 친분을 놓치지 않고 그녀의 어머니가 딸에 대한 야망을 품은 채 넌지시 혼담을 넣었던 것이다. 사실 엘리자베타 여제도 첫눈에 반할 만큼 미남이던 그녀의 오빠를 못 잊어하던 터라, 그 약혼자의 여동생 딸인 예카테리나를 흔쾌히 대공비로 받아들였다.

그리고 이듬해 둘의 결혼식을 올려주었다. 정말 가능하다면 왕비가 되고 싶었던 예카테리나! 그 소망이 이제 손에 잡힐 듯하다. 한데 어찌된 일인가? 그녀의 결혼생활은 엉뚱하게 흘러가고 있었다. 남편인 카를 대공(훗날 표트르 3세)은 완고한 아이처럼 지능이 낮고 신경질적이었다. 게다가 거의 매일 술에 절어 사는 알코올중독자인 데다 심약하여 그녀에게 무관심하면서 무서워하기까지 하는 등 전혀 곁을 주지 않았다. 대신 자기보다 지능이 떨어지는 이웃 공주를 사랑하여 침실에 불러들여 지냈다. 아무렴, 예카테리나도 남편이 싫다고 밀어내는 데엔 방법이 없다. 그녀 또한 구차하게 사랑을 구걸하는 일 따위는 하지 않았다.

결국 그들은 명목상의 부부일 뿐, 결혼기간 18년 내내 애정 없이 각자 정부情夫를 두고 살았던 셈이다. 이 사실을 시어머니인 엘리자베타 여제도 알고 있었지만 모르는 체했다. 그녀에게 중요한 것은 러시아 왕권을 안정시킬 수 있는 후사일 뿐, 혈통이야 누가 되든 특별히 문제될 게 없었다. 어차피 지금의 황제 표트르 3세도 언니의 아들을 양자로 맞이한 판국이 아닌가.

문제는 엘리자베타 여제와 독일 북동부의 프로이센이 적대관계로 7년 동안 전쟁 중이라는 것. 그런데 황태자로 세운 표트르(카를 울리히)를 프로이센에서 양자로 들여온 탓에 그가 고향 프로이센을 버리지 못하고 있었다. 아니, 오히려 늘 향수에 젖어 지냈다. 더 나아가 프로이센의 황제 프리드리히 2세(1712~1786)를 떠받드는 숭배자였다. 엘리자베타가 이 사실을 몰랐던 것일까? 아니면 단지 모험심 때문이었을까? 위험한 선택이 아닐 수 없다.

한편, 예카테리나 역시 프로이센 출신이다. 그러나 그녀는 상황판단이 빨랐다. 러시아의 대공비로 간택되기 전인 1744년 그녀는 러시아 정교회에서 세례를 받은 뒤 조피라는 이름을 버리고 러시아식 '예카테리나'로 개명했다. 게다가 러시아어까지 배워가며 러시아인이 되기 위한 노력을 아끼지 않았을 뿐더러 제국의 황태자비로서 필요한 소양을 쌓아갔다. 한편, 민중의 눈에서 벗어나면 안 된다는 생각에 정치력에도 눈을 떴다. 남편 표트르가 자기를 믿지 못하는 만큼 정계와 군대의 유력인사를 자기편으로 끌어들였다. 이런 과정에서 친위대 장교이자 훗날 그녀의 연인이 된 그레고리 오를로프와 그 네 명의 형제들 모두가 그녀를 보위하게 된다.

이런 사실을 표트르 역시 눈치를 챘다. 그렇다면 엘리자베타 여제는 몰랐을까? 생각건대 예카테리나의 이 같은 처신을 경험자인 엘리자베타 여제가 눈치 채지 못했을 리 없지만, 은근히 그녀에게 힘을 실어줬던 것이리라. 어쩌면 많은 난관에 직면한 엘리자베타 여제가 고심하다 내놓은 전략일 수도 있고 말이다.

훗날 황태자비 예카테리나의 방종한 행동은 도를 넘는다. 황태자가 무기력하다 하여 그녀마저 정부情夫를 두고 아들을 셋이나 낳았다. 아버지가 각기 다르다는 설도 있지만 장남만은 표트르 3세의 친자라는 설도 있고, 실제로 그녀의 아들(파벨)이 표트르의 친자라는 것을 공공연히 드러내기도 했는데, 그 때문에 어머니인 예카테리나 여제에게 극심한 반항을 한 것이 아닐까. 이를테면 어머니를 이어 파벨이 제위에 오르자마자 여자는 절대 황제가 되지 못하도록 법과 제도를 뜯어 고쳤을 정도다.

이런 외중에도 엘리자베타 여제는 예카테리나를 앞으로 황후가 될 사람으로 슬며시 눈감아줬다. 오히려 아이를 못 낳을지도 모르는 황태자 때문에 부추겼다는 설도 있다. 아마도 여제는 무능한 조카 대신 예카테리나에게 많은 기대를 했던 것 같다.

1762년 엘리자베타가 죽자 이듬해 카를 황태자가 표트르 3세로 황제의 자리에 올랐다. 그는 먼저 "러시아와 프로이센과의 전쟁을 중단하라"고 명하고 동시에 프로이센을 동맹국으로 선포했다. 이 소식을 들은 러시아인들은 분개했다. 그러나 표트르 3세는 프로이센과의 동맹을 자축하는 연회까지 베풀었다. 염려했던 대로, 사건이 터지고 만다. 러시아의 귀족과 백성들이 불만을 품고 예카테리나를 앞세워 쿠데타를 일으킨 것이다. 군대들은 속속 예카테리나, 그녀 편에 섰다. 예카테리나는 피 한 방울 흘리지 않은 채 규합된 군대를 이끌고 수도 상트페테르부르크에 입성하자마자 러시아정교회 카잔 대성당에서 러시아의 여제이자 전제군주로 선포되었다.

예카테리나에 대한 러시아인들의 기대는 여기서 그치지 않는다. 쿠데타를 일으킨 그녀가 대관식을 치르고 있을 때 표트르 3세는 감옥에서 숨을 거두었다. 복통을 일으켜 숨진 것으로 기록되어 있으나, 예카테리나 심복들에 의한 암살 등 의문의 죽음이라 전해지고 있다. 심증은 가지만 딱히 확인할 방법은 없다.

통치 능력보다는 염문으로 더 유명하다?　어쩌면 예카테리나는 음탕하고 문란한 여제란 혹평이 당연할지도 모른다. 그녀의 사생활은 분명 많이 어긋나 있었다. 여북하면 손자인 니콜라이 1세마저 왕관을 쓴 창녀라고 불렀으랴. 하지만 사생활은 어디까지나 사생활인 것이다. 러시아인들은 그녀를 여전히 좋아하고 칭송했다.

그들이 독일 프로이센 출신에 황위까지 빼앗고, 여러 정부를 두어 염문을 뿌려대는 예카테리나에게 열광하는 이유는 정말 간단했다. 이른바 민족의 자긍심을 높여주었기 때문이다. 그 무렵 서구 열강들은 은근히 러시아인들을 괴롭혔다. 한마디로 문화를 모르는 국민이라고 늘 무시했던 것이다. 그러나 예카테리나 여제의 통치하에서 러시아 문화는 오히려 강국들을 위협할 정도로 급성장했다. 서, 남, 북으로의 영토확장, 프랑스 계몽주의와 자유주의를 베낀 문예부흥, 도시건설과 지원 등을 열정적으로 이루어냈다. 그리고 상트페테르부르크에 에르미타주 박물관을 지어 예술가들을 키우고 보호했다. 마침내 문예부흥시대를 활짝 열었던 것이다. 훗날 이 에르미타주 박물관은 영국의 대영 박물관, 프랑스의 루브르 박물관과 더불어 세계 3대 박물관으로 손꼽히게 된다.

　어쨌든 거침없이 치고 들어오는 예카테리나 여제의 정책에 서구 열강들은 대놓고 질시했다. 그녀에게 '가혹할 정도로 파렴치한 지배자'라는 꼬리표가 붙은 것도 분명 이 과정에서였으리라. 유럽은 여전히 그녀를 무시하고 상종하지 않겠다면서 예카테리나를 러시아의 화신으로 불렀다. 그러나 훼방꾼들의 입방아에 놀아날 그녀가 아니었다. 하여 영국의 엘리자베스 1세와 빅토리아 여왕에 버금가는 러시아 역사를 새롭게 열고 세계사에 남겼음이라! 동토의 러시아에 봄을 부른 문예부흥을 일으켰음이라!

영원히 머무를 답안은 없는가　예카테리나의 민족문화에 대한 열망은 식을 줄 몰랐다. 그녀는 서구 계몽사상을 표방하고자 온 정성을 쏟았다. 모든 분야에 전문가적인 안목이 필요했다. 그럴 요량으로 자신이 먼저 읽고 챙겼다. 그녀의 일대기 영화에서 오래

▲훌륭한 군주를 꿈꾸던 예카테리나는 이미 여제가 되기 전부터 '어떻게 하면 러시아를 발전시킬 수 있을까' 온갖 계획을 머리에 담고 있었다. 여왕이 되자 그녀는 서유럽 계몽사상가들에게 편지를 쓰거나, 강대국 군주들과 서신교환을 통해 러시아의 정치, 경제, 사회, 문화, 교육 등 전 분야에 걸친 개혁을 단행했다. 당시 새벽 5시에 일어나 하루에 15시간씩 일하는 예카테리나의 열정을 타성에 젖은 게으른 귀족들은 감당해낼 재간이 없었으리라. 그림은 마치 "공은 루소를 읽어보았소?"라고 질문하듯, 예카테리나 여제가 책으로 둘러싸인 서재에 앉아 귀족들과 담소하고 있는 모습이다.

도록 긴 여운을 준 짧은 대사가 생각난다. "공은 루소를 읽어보았소?" 자신의 측근에게 루소의 사상을 읽어보았는지 묻는 것이다. 당시 그녀의 관심사를 대번 느낄 수 있는 대목이 아닌가.

그녀는 루소의 자유주의 계몽사상에 푹 빠져 지내는 듯했다. 그 것은 나라 안팎으로 굳게 닫힌 빗장을 풀고 사회를 개혁하기 위해서였다. 민중의 생각을 알아야 사회개혁을 할 수도, 막을 수도 있을 테니 말이다. 전 유럽을 휘젓고 다닌 프랑스의 나폴레옹도 볼테르(1694~1778)와 루소(1712~1778)를 읽고서야 비로소 정치적 변화의 필요성을 느꼈다고 한다.

사실 러시아의 정치나 군대는 어느 나라와 대적해도 손색이 없을 만큼 초고속으로 성장했다. 딱한 것은 러시아를 비롯한 동유럽 국가들이 아주 보수적이었던 탓에 자유주의와 산업혁명이 서유럽에 비해 한참 뒤처져 있었다. 그 때문에 서유럽 사람들에게 늘 조롱당하며 살았다. 예카테리나 여제도 그들의 자유사상을 접함과 동시에 적잖은 충격을 받았다. 특히 프랑스 문화에 마음을 빼앗기다시피 했다. 그리고 그녀는 프랑스를 모방한 계몽주의의 사회개혁을 지휘했다.

봉건사회로 돌아가다　그 무렵 그녀가 방향을 수정할 수밖에 없는 사건이 줄줄이 터졌다. 러시아-투르크 전쟁(1768~1774 러시아와 오스만 사이에 벌어진 충돌)과 푸가초프의 반란(1773~1775), 프랑스대혁명(1789년 7월부터 1794년 7월에 걸쳐 발생한 시민혁명)을 거치면서 정신이 번쩍 들 정도로 자극을 받고 황급히 현실주의자로 되돌아가

▲카잔을 방문하고 있는 예카테리나
군대 탈영죄로 카잔에 수감되었던 한 사나이가 도망쳐, 1773년 6월 볼가 강 동편의 초원지대에 나타났다. 그리고 황제 표트르 3세라 자칭하며 예카테리나를 폐위시킬 역모를 꾸미고 있었으니 그가 바로 푸가초프다. 드디어 1774년 7월 카잔으로 진격하여 도시를 불태우며 증원군을 규합할 생각으로 볼가 강을 건넌 그는 결국 모스크바로 압송되어 처형되었다. 그림은 볼가 강 중류에 자리잡은 도시 카잔을 방문하고 있는 예카테리나의 모습이다. 혹시 반란자 푸가초프의 문제로 찾은 것은 아닐까?

버린다. 그녀가 장려한 농노제는 지주들의 배만 불리고 농민들의 어려움은 날로 커져갔다. 이를 견디다 못한 백성들이 들고 일어난 러시아 최대 규모의 농민반란이 푸가초프의 난이다. 잇달아 자유주의 물결을 타고 절대군주를 무너뜨린 프랑스대혁명도 그녀에게는 큰 충격이었다.

그뒤 예카테리나는 중앙정부의 강력한 통제권과 농노제를 더욱 채근한다. 열정을 쏟던 자유주의 이념을 모두 거둬들이고 이에 반발하는 자들을 탄압하기에 이르렀다. 그 결과 그녀 자신은 늘 공화주의자라고 부르짖었으나 러시아의 지배계층은 그 어느 때보다 더 강력한 권력을 틀어쥐고 말았다. 당연히 그들의 그늘에서 시름할 하층민들이 늘어났다. 이로써 개혁사회를 팽개치고 계몽주의의 봉건사회로 회귀하고 말았다. 11~13세기 **신성로마제국**, 프랑스와 영국에서 실시한 노예사회와 자본주의 사회의 중간 단계쯤 된다.

그녀는 개인 중심적 현대사조를 버리고 옛날식 케케묵은 폐쇄적 사상을 다시 고집하게 되었다. 어쩌면 이 극심하게 조여진 불행한 사회현실이 러시아의 문학과 음악, 기타 여러 분야의 예술인들에게 큰 자극제가 되었을지도 모른다. 때때로 문학, 더 나아가 예술의 거장들이 탄생되는 저변에는 이런 역사의 오류들이 깔려 있지 않던가. 러시아 소설에서만 맛볼 수 있는 방대한 리얼리즘과 휴머니즘 또한 그래서 탄생된 것이 분명하다.

다행히 예카테리나가 봉건사회로 돌아갔음에도 외국의 많은 예술가와 문화인들을 변함없이 러시아로 초청했다. 프랑스 계몽사

▲**신성로마제국** 962년 독일의 오토 1세가 로마 교황으로부터 대관을 받은 때부터 1806년 프란츠 2세가 나폴레옹에 패하고 제위에서 물러날 때까지의 독일제국의 정식명칭. 18세기에는 지금의 독일, 체코, 오스트리아, 리히텐슈타인, 슬로베니아, 벨기에, 룩셈부르크를 포함해서 폴란드의 대부분과 네덜란드의 일부에 해당하는 영토를 유지했으며 한때는 스위스 전역과 프랑스, 이탈리아의 일부까지도 포함했었다. 844년간 지속된 1000년 국가로 유명하다. 그림은 신성로마제국 국기.

상가인 볼테르와 디드로(1713~1784)는 서신을 주고받으며 서로에게 도움을 주었고, 수많은 인재를 배출한 상트페테르부르크의 마린스키 극장과 에르미타주 궁을 넓혀 미술관과 학술 도서관 및 박물관을 건립하며 문화국민의 꿈은 포기하지 않고 이어갔다. 이러한 그녀의 문화애호 정책에 힘입어 후일 러시아의 국민적 시인 푸슈킨(1799~1837), 러시아의 대표적 소설가 고골리(1809~1852), 도스토예프스키(1821~1881), 투르게네프(1818~1883), 톨스토이(1828~1910) 등 세계적인 문인과 음악인들을 속속 탄생시켰다. 누가 뭐래도 그들의 열광적인 후원자는 그녀, 예카테리나 여제였다.

고립무원孤立無援이로소이다!　　예카테리나 여제를 거친 애인이 스무 명쯤은 족히 되었다고 한다. 하지만 그 중 일부는 신임이 두터운 조언자나 절친한 친구였기에, 그녀가 지나친 성적 유희를 즐겼다는 얘기들은 별로 근거가 없어 보인다. 그것은 아마도 십대 시절 러시아 궁에 들어와 남편이 황제에 오르기까지 18년 동안 그저 명목상 부부였을 뿐 서로 어긋난 길을 걸었던 탓이 클 것이다. 결혼 초기 남성 능력이 없었던 표트르 3세는 나이가 들면서 광적으로 변했고, 그의 관심 밖으로 멀어진 그녀 또한 외로움에 애써 무너지기도 했으리라. 그러나 그녀는 국정에 관한 사무와 개인적 쾌락을 혼동하지는 않았으니 얼마나 다행한 일인가.

　다만 말년에 아들 파벨(재위 1796~1801 로마노프 왕조의 제9대 황제)과의 잦은 불화야말로 어머니와 아들로서 여간 불행한 일이 아니다. 다소 모자라는 아들을 두고 손자 알렉산드르(재위 1801~1825 로

▲**에르미타주 박물관** 정식명칭은 '국립 에르미타주 미술관'이다. 상트페테르부르크에 위치한 이 박물관은 보통 영국의 대영 박물관, 프랑스의 루브르 박물관과 함께 세계 3대 박물관으로 꼽는다. 전체가 5개의 건물로 구성되어 있으며, 본관인 겨울궁전은 로마노프 왕조 시대의 황궁이다. 1764년 예카테리나 2세에 의해 설립된 이곳에는 그녀가 미술품을 수집하면서 그것을 은밀한 곳에 보관,관람했다고 하여 프랑스어로 '은둔처'를 의미하는 '에르미타주'라는 명칭도 함께 유래되었다. 1,050개의 방이 있는 총 연장길이 27Km의, 소장품이 300만 점이 넘는 그야말로 최대의 콜렉션 중 하나다.

마노프 왕조의 제10대 황제)를 편애하여 그에게 제위를 물려주려 한 것이 제일 큰 이유였다. 다행히 손자가 아버지(파벨)를 위해 정중히 거절했기에 예카테리나 여제 사후 파벨이 황제로 즉위했다. 그러나 곧 그녀의 염려는 괜한 노파심이 아닌 현실로 나타났다.

그가 황제에 올라 지배한 5년간은 누가 보더라도 철저히 불행한 시기였다. 아버지 표트르 3세의 의문의 죽음과, 정치성향의 차이로 어머니를 불신한 나머지 그녀가 이뤄놓은 개혁정책을 모두 뒤집어버렸다. 법과 제도를 마음대로 바꾸어버린 것이다. 이는 교회와 귀족들의 이익에 반하는 것이었기에 그들의 반발을 샀다. 결국 귀족들의 음모에 의해 살해당한다. 이리하여 그녀가 황제의 재목으로 믿고 교육시켰던 세손이 다시 할머니의 정책을 복구시키고 나섰다. 훗날 무적의 나폴레옹을 무너뜨려 이름을 드높인 알렉산드르 1세이다.

어쨌거나 "더 많이 알면 더 많이 용서하게 된다"고 했던 자신의 명언을 뒤로한 채 말년의 여제는 제 스스로 주변 사람들로부터 고립을 자초했다. 하긴 그녀가 그토록 감탄해 마지않던 장 자크 루소의 《사회계약론》에도 "인간은 자유롭게 태어났으나 모든 곳에서 사슬에 묶여 있다"는 말이 나온다. 그러나 루소는 이 유명한 문장을 파기하고 인간이 사슬에 묶여 있을 필요가 없다는 주장으로 나아간다. 더불어 사회 속의 인간은 결코 만족을 모르기 때문에 가난한 자 못지않게 부자도 행복하진 않다고 역설하고 있다.

모스크바 역에서 시작되는 상트페테르부르크의 네프스키 대로는 그야말로 시원하게 뻗어 있다. 검푸른 네바 강을 출렁출렁 건너오는 바람과 닿아 있다. 근대에 이르러 그곳은 파리와 함께 유럽의 중심지가 되었다. 러시아인들이 가장 사랑하는 거리이기도 하다. 그리고 톨스토이의 소설 《안나 카레니나》에서 주인공 안나가 마지막에 투신자살하는 바로 그 기차 정거장도 이곳에 있었다.

　　그보다 눈여겨볼 것은 네프스키 대로와 이어진 알렉산드리아 광장에 있는 예카테리나 2세의 동상이다. 그 아랫부분에는 아홉 명의 늠름한 장성들이 호위하고 있다. 생전 그녀의 통치를 보필하던 애인이자 신하였던 충복들이 여전히 충성을 다하며 떠받들고 있어, 얼핏 관광객들의 질투어린 부러움을 사고 있었다.

　　그런저런 역사로 인해 네프스키 대로는 예술인들의 애환이 서린, 혹은 음모와 피로 물든 로맨스의 거리로 남았다. 그 긴 내력을 이곳의 겨울궁전 에르미타주는 몽땅 기억하고 있으리라. 나름대로 그녀의 속정을 헤아리고 있으리라. 역사의 도시에 미로 같은 슬픔이 내린다.

러시아 역사상 가장 복잡한 왕위계승이 표트르 1세(대제)～예카테리나 2세(여제)까지이며 이를 간략히 요약한다. 괄호 안은 가족관계와 재위기간이다.

모스크바 러시아, 차르Tsar의 시대
표도르 3세 (표트르 1세의 이복형 1676～1682)
이반 5세와 표트르 1세 공동 차르 (이복형 1682～1696 / ～1721)

러시아제국, 황제의 시대
표트르 1세 황제 (본인 1721～1725)
예카테리나 1세 (부인 1725～1727)
표트르 2세 (아들 1727～1730)
안나 이바노브나 (이복형 이반 5세의 딸 1730～1740)
이반 6세 (안나의 외조카의 아들 1740～1741 즉위 당시 나이 1세로 부모가 섭정)
엘리자베타 (표트르 대제의 딸 1741～1761 이반 6세 때 귀족들의 혁명으로 즉위)
표트르 3세 (엘리자베타의 조카 1762)
예카테리나 2세 (엘리자베타의 조카며느리 1762～1796 황실근위대의 후원으로 즉위)

외아들 알렉세이를 죽음으로 몰고 가면서 그는 무엇을 이루려 했던가?

상트페테르부르크에 서구화된 도시건설을 꿈꾸었던 표트르 대제(1세)

오늘날의 러시아를 만들었고 상트페테르부르크에 서구화된 도시건설을 꿈꾸었던 표트르 대제(1세). 진정 그가 외아들 알렉세이를 죽음으로 몰고 가면서까지 이루려 했던 것은 무엇일까? 탐욕인가, 집착인가, 애국인가, 헌신인가.

굳이 러시아 역사에서 가장 뚜렷하게 남을 세 사람을 꼽으라면 아마도 표트르 대제와 예카테리나 여제, 그리고 그 유명한 레닌이 아닐까 생각된다. 하지만 여기서 분명히 해둘 것은 역사에 남는다고 했지 그들이 선하다고 한 것은 아니다. 대개의 경우 역사에 큰 획을 그은 사람치고 선한 사람은 거의 없다고 봐도 틀림없다. 아니, 선한 것만 가지고는 큰일을 하지 못한다고 해야 할 것이다. 그런 의미에서 오늘날의 러시아를 만든 표트르 대제도 대표적인 다중모드의 인간형이다.

1672년 5월 30일, 표트르 대제는 로마노프 왕조를 세운 미하일의 손자이자 2대 차르 알렉세이 1세의 셋째아들로 태어난다. 그러나 불과 3살의 나이에 아버지가 세상을 떠나고, 첫째형인 표도르 3세마저 일찍 죽자 정신지체 장애인인 둘째형 이반 5세와 함께 공동 차르가 된다. 하지만 당시 실권은 누이 소피야 공주가 틀어쥐고 있었다. 해서 그는 할 수 없이 크렘린 밖의 외인촌에서 한가로이 지내게 된다.

천만다행인 것은 그곳이 도시에서 멀리 떨어진 바다 가까운 곳이라는 점이었다. 그는 이곳에 살면서 자연스럽게 왕실의 엄격한 격식과는 거리를 둘 수 있었다. 덕분에 영국이나 네덜란드의 앞선 기술을 익히고 한층 과학적이고 실리적인 사고 속에서 소년기와 청년기를 보낼 수 있었다. 그러다가 1689년 대귀족의 딸 예브도키아 로푸히나와 결혼하지만 국사에는 끼어들지 않았다.

오히려 영국이나 네덜란드의 선장들로부터 항해술이나 선박에 관한 지식들을 배우는 데 열중한다. 프로이센에서는 포병하사관으로 가장하여 대포조작 기술을 익히고, 네덜란드에서는 선박건조 기술을 익히는가 하면, 영국에서는 수학과 기하학을 배우는 등 그 열정이 대단했다.

사실 17세기의 유럽은 아직도 중세의 암흑이 그 그림자를 거두어가기 전이었다. 그런데도 불구하고 한 제국의 황제가 현대 과학기술을 배우러 신분을 속이고 외국에 나간다는 것 자체가 파천황破天荒적이다. 아니, 오늘날의 시점에서 봐도 이건 쇼킹할 일이다. 바로 그런 사람이 표트르 대제였다.

1695년 그는 흑해로 진출을 노리던 러시아군의 포병장교로 있었다. 하지만 바다와 인접한 '아조프'에서 러시아 육군은 무기력했다. 해서 주도적으로 러시아 해군을 창설하고, 함대를 구성한 그는 이듬해 막강한 투르크의 함대를 격파하는 쾌거를 이룩한다.

그리고 당시 북유럽의 강자인 스웨덴과의 전쟁 준비에 들어갔다. 러시아는 지정학적으로 스웨덴을 물리치지 않고서는 미래를 그려볼 수가 없었다. 바로 발트 해 때문이었다. 이 바다는 러시아와 스웨덴 모두에게 생명줄 같은 것. 곧 발트 해의 주인이 북유럽의 주인인 셈이었다.

표트르 대제는 먼저 스웨덴을 고립시키기 위해 덴마크, 폴란드와 동맹을 맺고, 1700년 스웨덴의 칼 12세에 맞서 북방전쟁을 일으킨다. 이후 전세는 엎치락뒤치락하며 반전에 반전을 거듭한 끝에 1718년 칼 12세가 죽자, 스웨덴은 러시아에 무릎을 꿇게 된다. 이때부터 러시아는 유럽의 강국으로 떠오른다. 이로써 모스크바 대공국은 러시아 제국으로 선포되고 표트르는 '황제'가 된다.

전쟁 중에도 그는 쉼없이 서구화 개혁과 중앙집권적인 정책에 박차를 가했다. 아울러 행정기구를 개편하고 문자를 간소화하기도 했다. 그리고 만년에는 새 수도 상트페테르부르크 건설에 주력했다. 하지만 무리한 건설욕심으로 많은 사람들이 죽고 물자의 손실도 만만치 않았다.

마침내 토목공사에 지친 민중들이 곳곳에서 반란을 일으키니 그럴 때마다 표트르 대제는 비밀경찰을 동원해 가차없이 이들을 처형했다. 심지어 첫 부인과의 사이에서 낳은 외아들 알렉세이 황태자가 반란에 가담하자 그도 제거하기에 이른다. 알렉세이는 아버지가 리투아니아 출신의 여성 예카테리나(예카테리나 1세)와 1721년 정식으로 결혼하자 반감을 갖기 시작했다. 결국 알렉세이는 반역죄로 1718년 투옥되어 옥중에서 죽어갔다.

아들이 죽자 그토록 강인하던 표트르는 몸과 마음이 시들기 시작했다. 이에 따라 옛 귀족들이 다시 득세하기 시작했고 그의 개혁도 방향을 잃어갔다. 게다가 1724년 말 그가 사랑하던 예카테리나의 부정不貞사건이 불거지자, 그 상대에게 애먼 죄목을 붙여 처형시키고 그로부터 두 달 뒤인 1725년 1월 28일 죽음을 맞이한다.

그는 죽어가면서 이렇게 말했다고 한다. "내가 이룩했던 이 모든 것들을… 나는…." 과연 그는 무슨 말을 남기고 싶었던 걸까. 이쯤에서 독자의 상상에 맡긴다. 자랑스럽게 여겼거나 후회하거나.

예카테리나 2세 치하 속 러시아 대규모 농민반란
'푸가초프의 반란'을 작품 《대위의 딸》에서 보다

러시아에서 가장 걸출한 제왕을 꼽으라면 대개 표트르 대제와 예카테리나 여제를 든다. 이에 반해 민중의 수호신으로 지금까지 전설과 신화와 민요에 끊임없이 거론되는 두 인물이 있다. 바로 러시아 농민전쟁의 지도자인 스텐카 라진과 푸가초프다. 표트르와 예카테리나가 태양빛에 바랜 신화라면, 라진과 푸가초프는 달빛에 젖은 전설이다.

푸가초프의 반란은 1773년에서 1775년 사이 예카테리나 2세 치하의 러시아에서 일어난 대규모 농민반란으로 푸가초프(1742~1775)가 그 주동자다. 그가 농노해방이라는 메뉴를 들고 나오자 반란은 들불처럼 번져갔다. 우랄에서 불붙기 시작해 순식간에 각지로 퍼져나가 카잔, 펜자, 사라토프 등의 도시까지 무너뜨렸다. 그야말로 라진의 반란 이래 최대의 농민전쟁이 되었다. 하지만 승승장구하던 반란군의 기세는 보급과 훈련에서 앞선 정부군의 반격으로 차례차례 무너지기 시작해, 1774년 카잔에서 급파된 정부군에 대패했다. 이후 푸가초프는 재기의 기회를 노렸지만 내부의 배반으로 체포되어 1775년 1월 모스크바에서 처형되었다. 이로써 러시아 전 대륙을 진동시켰던 푸가초프의 반란은 막을 내리게 되었다.

그러나 푸가초프의 난은 민중의 꿈과 소망을 담아 문학과 신화와 전설에 오래도록 남았다. 특히 푸슈킨의 소설 《대위의 딸》은 실패한 영웅 푸가초프를 인간적으로 복권시켜준 불후의 명작이다.

《대위의 딸》에 녹아든 푸가초프의 반란, 귀족장교와 대위의 딸의 사랑이야기

리얼리즘의 대가 막심 고리키(1868~1936)는 알렉산드르 푸슈킨(1799~1837)에 대해 '시작의 시작'이며 러시아 근·현대문학에 가장 큰 영향을 미친 인물이라고 했다. 러시아 민담을 담은 《루슬란과 류드밀라》를 발표하면서 문단에 알려지기 시작한 푸슈킨은 말년에 푸가초프의 반란을 소재로 글을 쓴다. 이것이 바로 《대위의 딸》이다.

이 소설은 젊은 귀족장교 그리뇨프와 요새를 지키는 대위의 딸 마샤의 사랑을 다룬 연애물이다. 그리뇨프가 요새로 가는 동안 길 안내를 자처하는 푸가초프를 만나 대화를 나누는 것으로 이야기가 시작된다.

당시 주인공 그리뇨프는 푸가초프에게 토끼가죽옷을 주는데, 훗날 푸가초프는 반란군 수령으로 장교들을 사로잡아 처형할 때 그리뇨프가 예전의 그 가죽옷을 준 사람임을 알아채고 풀어주게 된다. 이 부분은 푸가초프의 인간적 면모를 보여주는 장면으로, 저자 푸슈킨의 의도도 엿볼 수 있는 대목이다. 푸가초프는 이렇게 말한다. "까마귀처럼 300년 동안 썩은 고기를 먹느니 단 한 번이라도 산 짐승의 피를 마시는 매가 낫다"고. 이것이야말로 진정 새 세상을 꿈꾸던 푸가초프가 하고픈 말이 아니었을까?

마리아 테레지아

"내 심장에 남성이 흐르고 있소!"

마리아 테레지아 (Maria Theresia 1717~1780 재위 헝가리 여왕 1740~1780,
보헤미아 여왕 1740~1741, 1743~1780, 신성로마제국 프란츠 1세 황후 1745~1765,
신성로마제국 요제프 2세 모후 1765~1780) 여제
합스부르크 왕가의 마지막 군주, 유일한 여성 통치자. 통치국가는 오스트리아, 헝가리, 크로아티아,
뵈멘, 만토바, 밀라노, 갈리치아와 로도메리아, 오스트리아령 네덜란드와 파르마

1717	5월 13일 신성로마제국 카를 6세의 장녀로 출생
1736	로트링겐 공국의 프란츠 슈테판(훗날 프란츠 1세)과 결혼
1740	오스트리아 왕위계승 전쟁(~1748)과 제1차 슐레지엔 전쟁 발발
1741	아들 요제프 출산(훗날 요제프 2세), 헝가리 여왕으로 즉위
1745	남편 프란츠 슈테판이 왕위에 오름(프란츠 1세). 프랑스와의 대립을 막고자 영국과 프로이센의 힘을 빌려 드레스덴 조약을 체결
1748	오스트리아 왕위계승 전쟁이 종결되면서 아헨 조약을 체결
1756	7년전쟁 발발(1763), 프로이센–오스트리아 간에 슐레지엔 지역을 두고 영토분쟁이 일어남
1762	궁정 군사청을 군사기구 총괄로 군사체제 개편
1763	7년전쟁이 종결되며 오스트리아는 패배를 인정하고 후베르투스부르크 조약 체결에 따라 프로이센이 슐레지엔을 점유함
1765	남편 프란츠 1세 사망하고 아들 요제프 2세가 왕으로 즉위함
1772	프로이센, 러시아, 오스트리아가 참가한 가운데 폴란드가 분할됨
1773	예수회 탄압. 의무교육 실시
1776	고문법과 사형제 폐지
1780	11월 29일 오스트리아 빈에서 63세로 사망

내 심장에 남성이 흐르고 있소!

위태로운 전쟁에서 국민을 구해낸 '유럽의 어머니' 마리아 테레지아

언제부턴가 오스트리아 빈에 가서 《빈이 사랑한 천재들》을, 그리고 그들의 예술적 시공간을 체득하고 싶었다. 사실 다른 도시는 모르되, 빈만큼은 더 일찍 와보지 못한 소회所懷가 일었다. 예술을 잘하진 못해도 늘 이해하고픈 욕심이 앞서서 문제다. 수년 전 나는 그토록 꿈꾸던 빈 여행길에 올랐다. 이미 프로이트, 하이든, 모차르트, 베토벤, 슈베르트의 옛집들은 모두 현재 박물관이 되어 있었다.

마리아 테레지아 여왕의 체취를 따라　그 중에서도 마리아 테레지아(1717~1780) 여왕에 대한 나의 관심은 거의 취재 차원이었다. 잔뜩 기대에 부풀어 빈 서쪽에 있는 쇤부른 궁전을 찾았다. 프랑스 부르봉 왕가(1589~1792, 1814~1830)에 버금가는 이 궁전은 마리아 테레지아 시대로부터 합스부르크 왕가(500년에 걸쳐 오스트리아 황제를 배출했던 유럽 제일의 명문가)의 역사를 아는 데 중요한 곳이다. 그래서 나는 이 도시와 궁전 안의 사소한 것까지 놓치고 싶지 않았다.

실제로 마리아 테레지아 여왕의 일거수일투족은 물론 나폴레옹

▲1717년 5월 13일, 신성로마제국 카를 6세의 장녀로 태어난 마리아 테레지아. 아버지 카를 6세는 왕위를 계승할 아들이 없자 1713년 국사조서를 반포하여 아들이 없는 경우, 장녀가 상속할 수 있도록 법을 개정. 영국과 프랑스, 네덜란드 등 여러 나라에 이를 승인해줄 것을 요청한다.
그러나 처음 약속과는 달리 카를 6세 사후 프랑스와 스페인을 비롯한 여러 나라가 마리아 테레지아의 계승을 인정할 수 없다며 전쟁을 일으킨다(1740년~1748년에 있었던 오스트리아 왕위계승 전쟁). 그림은 아버지 카를 6세의 보호 아래 아름답게 자라고 있는 마리아 테레지아의 어린 시절 모습을 담고 있다.

이 빈을 점령했을 때 그가 사용한 침실마저 그대로 보존되어 있었다. 또한 신성로마제국의 마지막 황제가 된 프란츠 2세(1768~1835 마리아 테레지아의 손자)의 치욕스런 과거도 그림자처럼 어른거린다. 사실 나폴레옹은 프란츠 2세에게 굴욕적인 퇴위조서에 서명하게 한 것도 모자라, 사랑하는 딸을 뺏어가 사위가 된 자신에게 항복하고 무릎을 꿇게 했던 것이다. 그후 나폴레옹이 워털루 전쟁에서 패하고 유뱃길에 오르자 이곳에 억류된 그의 아들 '로마왕(라틴어 Rex Romanorum 신성로마제국에서 황제로 선출되었으나 아직 정식으로 대관식을 치르지 않은 사람에게 붙여진 칭호)'이 외가外家에서 암울한 나날을 보내다 죽기도 했다. 잠시 그들의 뒤엉킨 과거사가 떠올라 그 무거운 분위기에 현기증이 일기도 했다.

그러나 마리아 테레지아 여왕이 유럽 열강의 외압 속에서도 오스트리아 왕위를 계승하고 해체된 신성로마제국에 버금가는 음악, 건축, 문화, 예술에 쏟은 업적은 그야말로 그녀에 의한 그들만의 빈이 아닌, 세계인들의 빈이라는 말을 실감할 수 있었다. 특히 그녀가 궁정 음악가들을 양성해 친히 그 천재들의 후견인이 되어준 덕분에, 그 시절 유럽에서 재능 있는 음악가나 예술가는 죄다 빈으로 모여들 수밖에 없었다. 이는 부와 영토만이 아닌 진정 예술을 사랑한 합스부르크 왕가의 위상으로 존경받을 만했다. 바야흐로 그 전통은 지금껏 이어져 쉰브룬 궁전 곳곳에 흐르는 음악 역시 여기가 전통 클래식의 고향임을 금방 깨닫게 해주었다.

문득, 환청인가? 잘 계산된 아름다운 바로크 정원 숲 사이로 어린아이의 웃음소리가 들렸다. 그것은 이 궁전에서 어린 시절

▲마리아 테레지아는 당시 유럽에서 가장 아름다운 용모를 자랑하며 사람들에게 인기가 많았다. 그녀는 1722년 빈에 유학 온 로트링겐의 프란츠 슈테판과 사랑에 빠진다. 그리고 밤마다 프란츠를 생각하며 꿈을 꾼 그녀는 낮이 되면 사랑의 마음을 참지 못하고 궁녀들에게 자신의 꿈이야기를 즐겨 했다고 전해진다. 그녀의 아버지 카를 6세는 딸의 신랑감으로 프로이센이나 스페인의 왕세자를 고려하고 있었다. 하지만 당시 로트링겐 공국을 둘러싸고 프랑스와 미묘한 정치적 이해관계가 얽혀 있던 상황이다보니 딸에게 선택권을 준다. 결국 1736년 2월 12일 두 사람은 결혼식을 올린다. 그림은 당시의 결혼식 장면을 묘사한 것이다.

을 보낸 마리아 테레지아의 귀여운 막내딸 마리 앙투아네트의 것으로 들렸다가, 역시 여섯 살 어린 나이에 마리아 테레지아 황후 앞에서 놀라운 연주실력을 보인 음악신동 모차르트의 것이 되기도 했다.

"나는 여인이지만 내 심장에 남성이 흐르고 있다"던 그녀의 말을 되뇌며 자신감에 찬 탁월한 정치외교가의 살벌하고도 번창했던 역사를 돌아보고 나오는데, 마리아 테레지아의 벽화와 황금색 궁전 안팎이 어찌나 도도하고 우아한지 짧은 만남이 못내 아쉬웠다.

합스부르크 왕가의 후계자　신성로마제국의 12번째 황제인 카를 6세는 그의 형 요제프 1세의 뒤를 이어 황제가 되었다. 그런 그가 이 거대한 제국의 대를 잇는 일에 불안감을 보였다. 자신이 아들 없는 형의 뒤를 이었으면서도 그가 첫 아들을 잃은 것은 적잖은 고민거리였다. 그는 만약 아들을 못 낳는다면 자신의 딸에게라도 왕좌를 물려줄 심산으로 기회를 만들었다.

1713년 스페인과의 지루한 전쟁 끝에 시실리와 나폴리 등 비옥한 땅을 얻게 된 카를 6세는 승리를 축하하는 연회를 베풀면서 의도적으로 제국의 왕들을 빈으로 초청했다. 그리고 한창 제후들이 연회를 즐기고 있을 때, 준비한 '국사조서國事詔書'를 내놓았다.

그 내용은 크게 두 가지였다. 첫째는 전통적으로 왕족들에게 적당히 나누어주던 신성로마제국의 영토를 더 이상 임의로 분할할 수 없다는 것이었고, 둘째는 왕위계승 제도의 개혁이었다. 기

▲마리아 테레지아는 첫사랑 프란츠 슈테판과 결혼에 성공하여 평생 금실 좋은 부부로 살다갔다. 오늘날까지도 결혼하기 4일 전 그녀가 프란츠에게 보낸 연정의 마음이 담긴 편지가 남아 있을 정도다. 프랑스 국경 주변의 로트링겐 공국 출신인 남편 프란츠 1세 (1708~1765)는 신성로마제국의 황제(1745~1765)로 있었지만 정치에는 관심이 없었고, 실질적인 권한은 합스부르크 군주국의 마리아 테레지아에게 있었다. 1765년 남편이 사망하자 1780년 자신이 죽을 때까지 15년간 상복을 벗지 않았다고 전해진다. 그녀의 시신은 사랑했던 남편 프란츠와 함께 합스부르크 가의 묘소인 카푸치나 예배당에 매장되었다. 그림은 남편 프란츠 1세와 마리아 테레지아의 모습을 담고 있다.

존 합스부르크 가의 왕위는 오로지 남자에게만 계승권이 있었으나 앞으로는 왕에게 직계 아들이 없을 경우 딸도 계승할 수 있도록 했다. 다시 말해 합스부르크 가 영지를 영구 분할하지 못하도록 통합 관리하고, 왕위계승권은 아들은 물론 여자상속제를 도입하여 오스트리아 대공, 보헤미아(체코의 서부) 및 헝가리 국왕, 합스부르크 가문이 이어온 신성로마제국의 황제 직위까지 물려받을 수 있도록 바꾼 것이다.

이에 각국 제후들은 합스부르크 관할 영지에 대해서는 크게 반발하지 않았으나 딸의 왕위계승에는 거세게 항의했다. 전통적으로 유럽에선 그 유래가 없는 조칙이었다. 그러나 반발하던 제후들도 왕궁 수호대의 압력에 의해 결국에는 모두 서명하지 않을 수 없었다. 당시 카를 6세의 위세가 어느 정도인지 알 수 있는 대목이다. 그는 곧 이 사실을 온 유럽사회에 공포했다.

마리아 테레지아를 위하여　1716년 어렵사리 아기를 가진 황후는 이듬해 초조함 속에서 마리아 테레지아를 낳았다. 이는 첫아들을 잃은 카를 6세에게 다소 위안은 되었으나 그리 경사스러운 일은 되지 못했다. 당장 황후의 건강이 좋지 않아 더 이상 황제의 직계자손을 기대할 수 없는 데다, 당시 유럽의 관례대로라면 딸에게는 온전히 물려줄 수 있는 게 아무것도 없었기 때문이다.

이미 공포한 국사조서는 이렇게 딸을 낳을 경우를 대비한 카를 6세의 빅 카드였다. 즉, 딸이든 아들이든 오스트리아가 분할되지 않은 채 고스란히 자신의 직계자손에게 상속되기를 원한 개혁이었다. 이 때문에 카를 6세는 통치 말년의 병석에서조차 제후들의 의중을 모으느라 무던히 애를 썼다. 그 결과 유럽 열강들의 반대는 잦아들었으나 그가 죽자 그 약속은 이내 흐지부지되었다. 서슬 퍼런 합스부르크 왕가의 위세는 온데간데없고 여기저기서 마리아 테레지아의 황위계승에 반기를 들었다. 억눌러서 만든 조칙의 부작용이 이토록 빨리 나타날 줄이야. 그녀는 본의 아니게 전 유럽 정치판의 볼모로 잡혔고, 이제 겨우 스물셋의 나이에 초미의 관심사인 정치의 중심에 서게 되었다.

황녀, 사랑에 눈뜨다　마리아 테레지아는 열아홉 살인 1736년 로렌(로트링겐)의 프란츠 슈테판과 결혼했다. 프란츠가 열다섯 살 때 빈으로 왔고 그때 둘은 처음 만났다. 당시 여섯 살 꼬마 숙녀였던 마리아 테레지아는 그를 통해 점차 사랑에 눈을 뜨게 되었다. 그리고 6년 후 그들에게 이별이 찾아왔다.

　프란츠 슈테판은 **로렌 공국**을 통치하던 공작의 아들이었다. 스물한 살 되던 1729년 그는 아버지의 뒤를 이어 공작(로렌의 귀족작위 가운데 첫 번째)에 봉해졌고 로렌으로 돌아가야만 했다. 그가 떠나자 마리아는 아무것도 할 수 없는 열병으로 우울해하다가 무작정 그를 찾아 로렌 궁으로 갔다. 신성로마제국의 쇤브룬 궁에서 자란 그녀에게 로렌 궁은 작고 보잘것없었지만 먼 길 달려온 보람은 말할 수 없이 컸다. 잘생기고 품 넉넉한 프란츠가 따뜻하게 맞아주자 낯선 곳의 피로가 봄눈 녹듯 사라졌다. 그도 마리아를 무척 기다린 듯 반겨주었으니 이보다 더한 행복이 어디 있으랴!

　아버지 카를 6세도 프란츠와 딸의 청을 흔쾌히 들어주었다. 정략결혼이 판을 치던 유럽 왕가에서 좀처럼 볼 수 없었던, 진정한 사랑에 의한 연애결혼인지라 모든 사람들의 부러움을 사기에 충분했다. 다만 합스부르크의 왕위계승권을 가진 마리아 테레지아와 로렌 공국의 통치권자인 프란츠가 어떻게 합치며 누가 무엇을

▶ **로렌 공국** 로렌(프랑스어로는 로렌, 독일어로는 로트링겐)은 카롤링거 왕조 로타르 1세의 왕국으로 탄생했으며, 서프랑크 왕국(프랑스)과 동프랑크 왕국을 동생들에게 분할하고 남은 로타르 왕국의 중심지였다. 로타르 왕국이 사라진 뒤 로렌은 다시 분할되었다가 결국 신성로마제국의 로렌 공국이 되었고, 1766년 프랑스에 양도되었다.

얼마만큼 포기하느냐가 문제였다. 우선 프랑스가 로렌 지방과 합스부르크의 영토 통합을 반대하고 나섰다. 이에 프란츠는 마리아 테레지아의 왕위계승권을 인정받게 하려고 장장 6세기에 걸쳐 조상 대대로 내려온 자신의 로렌 공작령을 포기할 수밖에 없었다. 사랑을 위해 로렌을 폴란드에 넘기고 자신은 토스카나 대공(재위 1737~1765 토스카나 공국의 군주)으로 남는 길을 택했다.

카를 6세는 아들도 없는 딸 곁에 이리 미쁜 사위가 있어 얼마나 다행이었을까? 짐작건대 황제는 그 사위를 믿고 그나마 눈을 감을 수 있었으리라. 당시 카를 6세는 왕실 성당 대신 빈의 대성당에서 성대하게 결혼식을 올려주었다. 이후 이들 부부는 16명의 자녀를 낳았을 정도로 금슬이 좋았다지만, 병으로 자식을 먼저 보내는 아픔을 여섯 차례나 겪었다.

▲ 1740년과 1744년에 그려진 〈마리아 테레지아〉 두 그림을 비교하는 재미가 있다. 위쪽 그림에선 딸만 내리 셋을 낳은 상태여서인지 아직 여성적이고 아름다운 자태가 넘쳐흐르지만, 1741년 3월 요제프 왕자를 낳고 3년 후 그려진 작품에선 좀 더 위풍당당하고 힘찬 풍모가 엿보인다.

여자이기 때문에 초래된 시련　　　이미 예견된 일이지만 이토록 빨리 닥칠 줄이야. 마치 카를 6세가 죽기를 기다린 듯 황제가 세상을 떠나자마자 어린 황녀 주위로 전운이 감돌았다. 그러니 마리아는 슬퍼할 겨를도 없이 아버지가 남긴 왕위 상속문제에 매달려야 했다. 그가 만든 국사조서대로 자신이 우선 제국의 오스트리아 대공, 헝가리, 보헤미아의 국왕에 취임했음을 선언하고 그 조칙을 유럽 각국에 발송했다. 그러나 빈에 답지한 각국의 의견은 최악이었다. 영국, 네덜란드, 러시아만이 지지를 하고 나머지 온 유럽이 합스부르크의 거대한 제국을 나눠먹기라도 할 듯 불같이 덤벼들었다. 특히 프로이센과 작센, 바이에른은 현재 바이에른의 선제

▲프리드리히 대제(2세)(1712~1786)
프로이센 왕국의 제3대 국왕(재위 1740~1786). 국가를 통치하고 인재를 기용하고 군대를 조직하고 이끌며 정복전쟁을 직접 지휘하는 등의 역할을 모두 빈틈없이 해냈다. 뛰어난 군사적 재능과 합리적인 국가경영을 이루어 프로이센을 당시 유럽 최강의 군사대국으로 성장시켰을 뿐 아니라 플루트 연주 같은 예술적 재능까지 겸비한 계몽전제군주의 전형이었다. 또한 신·구교 간의 갈등이 극심했던 다른 공국들과 달리 종교에 관용적인 정책을 폈으며, 보통교육을 확대하고 성문헌법 제정작업의 기초를 다졌다. 샤를마뉴, 나폴레옹과 함께 유럽의 위대한 지도자 중 한 사람으로 꼽는다. 후세에 독일인들은 그 공적을 기리기 위해 '프리드리히 대제(왕)' 혹은 '영광의 프리드리히'로 명명한다. 테레지아는 숙적이었던 그를 가리켜 'that evil man'으로 불렀다고 한다. 굳이 번역하자면 '지옥에서 온 인간' 정도.

후 카를 알베르트(1697~1745 카를 7세)가 신성로마제국의 황제가 되어야 한다고 들썩였다.

이제 마리아 테레지아도 어떤 방책을 내놓아야 했다. 그러자니 전쟁을 피해갈 수 없게 되었다. 결국 그녀는 선대로부터 늘 골칫거리이던 프로이센을 먼저 치기로 한다. 그러나 프로이센의 프리드리히 대제가 그리 호락호락한 인물인가. 이를 증명이라도 하듯 그가 친히 이끈 대군은 화력과 보병을 앞세우고 그녀보다 먼저 공격을 퍼부으며 슐레지엔 성을 포위했다. 마리아 테레지아는 눈물을 삼키며 그 성을 내주고 말았다.

그녀가 슐레지엔 성을 되찾을 방책에 고심하는 사이 프랑스와 바이에른, 그리고 에스파냐는 이미 오스트리아를 치기 위한 연합전선을 모색해놓았다. 더구나 전쟁이 끝나면 오스트리아를 어떻게 나눠 가질지에 대한 님펜부르크성 조약(독일 뮌헨 교외의 이궁離宮에서 맺은 조약)을 맺기까지 했다. 뿐만 아니라 프로이센, 작센, 스웨덴, 사르디니아, 나폴리, 쾰른 등의 왕국이 한꺼번에 이 조약에 가입하고 나섰다. 영국이 중재에 나섰지만 오스트리아는 점점 더 깊은 수렁 속으로 빠져들 뿐이었다.

마침내 오스트리아와 보헤미아에 프랑스와 바이에른 연합군이 쳐들어왔다. 이 틈을 타고 국내에선 귀족들이 카를 알베르트를 황제에 등극시키려는 반란을 일으켰다. 원래 '남성 계승권제'대로라면 그가 마땅히 후계자라는 것이다. 어쩌랴, 그해 5월 카를 알베르트가 카를 7세로 황제에 즉위했다. 카를 6세가 자신의 장녀 마리아 테레지아를 위해 만든 국사조서는 허공 속 기억 저편으로 사라지고 있었다.

오스트리아 왕위계승 전쟁　4개 동맹국인 프랑스, 바이에른, 에스파냐, 프로이센에 둘러싸인 오스트리아로선 헝가리의 도움이 전적으로 필요했다. 그런데 합스부르크 가의 지배를 받던 헝가리조차 터키와 연합해서 오스트리아로부터 독립하려던 차에 카를 6세가 죽었으니, 마리아 테레지아는 헝가리 왕좌를 순순히 넘겨받을 수 있을지 위태로웠다.

　진퇴양난에 사방팔방 적이었으나 '궁하면 통한다'고 했던가. 제왕에 대한 공부나 정치수업을 받지 못한 어린 황녀였지만 총체적인 정국의 윤곽을 제법 읽어냈다. 일테면 무조건 헝가리 현지를 찾았다. 그곳에서 그녀는 헝가리 사람들이 좋아하는 승마를 배웠다. 헝가리 여왕에 등극할 대관식을 성공리에 치르기 위해 그들과 소통할 수 있는 여러 방법을 모색했던 그녀의 일면이다.

　드디어 경사가 났다. 딸만 내리 셋을 낳고 그마저 둘을 잃은 그녀가 1741년 3월, 아들 **요제프**(훗날 요제프 2세)를 낳았다. 일단 몸을 추스른 그녀는 어린 요제프를 안고 바람처럼 말을 달려 헝가리 귀족들 앞에 섰다. 그리고 미래의 이 황제를 위해 자신을 지지해줄 것을 호소했다. 아름답고 당찬 황녀의 용기에 감동한 헝가리 국민들은 열렬히 환호해주었고 덕분에 대관식을 무사히 마칠 수 있었다. 어리다고 얕보기만 했던 유럽 열강들이 이 소식을 듣고 족히 당황할 만했다.

　한편 마리아 테레지아 여왕은 프로이센에 빼앗긴 자원 풍부한

▲요제프 2세(1741～1790) 신성로마제국의 황제이자 계몽전제군주. 모친인 테레지아의 섭정 때문에 많은 부분에서 의견이 충돌했다고 한다. 1780년 그녀 사후 종교 및 세제개혁 등 중앙집권화를 꾀했다. 그러나 이웃나라의 반란과 성직자들로부터 반대에 부딪혔으며, 투르크 전쟁에서도 패하는 등 실패가 많았다. 하지만 그의 진보적인 개혁정책은 19세기로 이어졌다. 학자들은 마리아 테레지아와 숙적 프리드리히 대제 그리고 요제프 2세를 계몽주의 사상에 입각해 근대화 개혁을 시도했던 대표적인 계몽전제군주로 꼽는다.

슐레지엔을 포기하지 못하고 있었는데, 프로이센의 프리드리히 대제가 영국과 동맹을 맺자 3개월 후 그녀도 프랑스와의 동맹을 발표한다. 중세 말기로부터 2백년에 걸쳐 양대 가문의 라이벌 관계를 이어온 프랑스의 부르봉 왕가와 오스트리아 합스부르크 왕가의 동맹은 온 유럽의 일대 사건이었다. 이 동맹을 위해 그녀는 막내딸 마리 앙투아네트(1755~1793 프랑스 루이 16세의 왕비)와 프랑스 루이 15세(1710~1774 루이 14세의 증손으로 프랑스 부르봉 왕조의 왕)의 손자인 황태자(훗날 루이 16세)의 정략결혼을 성사시켰다.

또한 그녀는 프랑스, 러시아 및 독일의 여러 연방과 이리저리 연합하며 7년 동안 전쟁을 벌였지만 서로 물고 물리면서 결국 1748년 맺은 아헨 조약으로 그 종지부를 찍었다. 이에 따라 오스트리아는 프로이센을 비롯한 주변 열강으로부터 마리아 테레지아의 왕위계승권을 인정받는 대신 슐레지엔 성을 프로이센에 넘겨주었다. 슐레지엔은 마리아 테레지아가 그토록 아끼던 성이었다. 한편 즉위한 지 4년밖에 안 된 카를 7세는 1754년 사망했고, 이후 그녀의 남편 프란츠 슈테판에게 제위가 돌아갔다. 여자가 황제가 될 수 없는 법률 탓이었다. 비로소 합스부르크—로렌 왕조가 신성로마제국을 통치하게 된 것이다.

황후이지만 여제로 군림하다　　마리아 테레지아는 프란츠와의 사이에서 열여섯 명의 아이를 낳았다. 그 중 사망하지 않고 어른으로 성장한 자녀는 열 명이다. 이들은 합스부르크 가의 명예와 부를 위해 정략결혼을 했고, 그 중 11녀인 마리 앙투아네트를 적대

▲마리아 테레지아는 프란츠와의 사이에서 열여섯 명의 아이를 낳았다. 그 중 살아서 어른으로 오롯이 성장한 자녀는 열 명이다. 그녀는 합스부르크 가의 명예와 부를 위해 자식들에게 정략결혼을 시켰다. 그 중 11녀인 마리 앙투아네트를 적대적인 프랑스와의 관계를 회복하기 위해 루이 16세와 정략결혼을 시킨다. 그림은 1754년작 〈테라스에서 마리아 테레지아와 그 가족들〉

적인 프랑스와의 관계를 회복하기 위해 루이 16세와 정략결혼을 시킨 것으로 유명하다. 마리아 테레지아는 죽기 직전까지 프랑스 왕비가 된 앙투아네트를 염려했던 것으로 알려져 있다.

그녀의 남편 프란츠 슈테판(프란츠 1세)도 왕위에 오르긴 했으나 그는 원래 정치에 관심이 없는 인물이었다. 그랬다. 그에게 황제는 지위에 불과했고 대신 여왕에서 황후로 등극한 마리아 테레지아가 군주역할을 도맡아 했다. 오스트리아 대공이자 보헤미아(체코)와 헝가리 여왕을 겸했던 그녀는 당장 중앙집권제로의 개혁에 박차를 가했다. 그리고 오스트리아 사회제도 전체를 개혁해나갔다. 농노제 폐지에 이어 관료선발제도 개선에 따른 그들의 건의를 수용하고 제국을 위한 인재등용과 반대의견 수렴 및 협의, 특히 평민들에게 쏟은 의무교육제도 설립 및 민법을 만들어 부당한 법률조항과 잔혹한 형벌을 없앴다. 더 나아가 공무원 심사제도 도입과 납세제도 개선으로 공공설비와 사회복지제도는 물론, 각종 학교를 세워서 정부조직을 정비해나갔다.

이는 오스트리아를 절대주의적 현대국가로 도약시킨 그녀의 빛나는 업적이다. 훗날 폴란드 분할에도 참여하여 갈라시아(폴란드의 남부) 지방까지 영토를 넓혔다. 그런 가운데 빈은 유럽 최고의 음악가, 화가, 건축가들이 몰려들었고 그들의 로망이 된 살아 있는 도시로 급부상했다. 평소 문화예술을 가까이하였던 바, 예술에 역점을 둔 그녀의 진두지휘는 오스트리아를 일약 유럽 속의 음악, 건축, 문화, 예술의 도시로 탈바꿈시켰다.

이때부터 빈은 음악과 예술의 유서 깊은 도시로서 모차르트, 베토벤, 슈베르트, 하이든, 요한 슈트라우스 등 역사상 유명한 천재 음악가들을 탄생시켰다. 이는 섬세한 여제였기에 가능한, 또 다른 세계로의 영역 넓히기가 아니었겠는가. 아마도 이때가 마리아 테레지아에게 가장 안정되고 행복한 시기였을 것이다.

'유럽의 어머니'로 통했던 마리아 테레지아　　18세기까지도 유럽 여성들의 지위는 형편없었다. 영국이나 러시아에선 간혹 여왕을 등극시키기도 했지만, 프랑스나 독일을 비롯한 서유럽은 남성이 여성 위에 군림했다고 해도 과언이 아니다. 오래된 법률로 당연히 차별을 받았고, 그러다보니 영토나 군주마저 남성계로만 상속되었다.

실로 그랬다. 단지 마리아 테레지아가 여자라는 이유로 전 유럽 열강들이 오스트리아 왕위계승 전쟁에 개입한 것이다. 이처럼 그녀의 존재 자체가 감당할 수 없는 최대 위기였다. 하지만 누가 있어 황녀로서 다친 자존심과 합스부르크 가의 위신을 위탁한단 말인가. 그녀가 대체 어찌해야 했는가. 여북하면 아들로 태어나지 못한, 그래서 자신에게 지워진 짐이 하도 버거워 떠난 아버지 카를 6세를 한없이 원망했다고 한다.

오스트리아는 1차 세계대전 이전까지만 해도 유럽의 중심에 위치한 강대국이었다. 지금은 비록 작은 나라이지만 당시 오스트리아의 영토는 독일에서 발칸 반도에까지 이르는 넓은 나라였다. 유럽에서 로마노프 왕조와 더불어 오스트리아 합스부르크 왕가만이 20세기까지 명맥을 유지한 명실상부한(입헌군주제가 아닌) 왕조였으니, 당시 오스트리아의 위세는 가공할 수준이란 짐작이다. 그러니 역사에서 그녀만큼 힘든 상황에서 여제로 등극한 경우도 드물 것이다.

한데 그녀의 타고난 흡인력이랄까? 어쨌든 마리아 테레지아는 자신의 능력을 이웃 열강에 검증해보여야 했다. 그런 어려운 숙제를 떠맡고도 그녀는 뭇 위정자들이 쉬 저지르는 철권정치를 펴지 않았다. 오직 국민들의 마음을 얻고 움직이는 데 주력했다. 그 결과 그들이 염려한 어리고 나약한 여자의 모습은 온데간데 없고, 타고난 정치감각만이 순간순간 빛을 발했다. 그녀는 열강들과 이리저리 연합하며 전쟁을 이끌기도 하고 피해갈 줄도 알았다. 사뭇, 국가를 재정비하고 새

로운 동맹을 찾아야 했을 때 자신의 많은 딸들을 왕가에 시집보
내는 정략결혼도 서슴지 않았다. 그래서 한때 그녀는 '유럽의 어
머니'로 통했다. 온 유럽과 사돈관계로 동맹을 맺은 이유도 있지
만, 터질 듯 위태로운 전쟁에서 국민을 구해낸 그녀는 곧 만인의
어머니였던 것이다.

　나라의 어머니를 자초한 마리아 테레지아. 그녀는 학교를 세워
서민층에서부터 서서히 일깨웠고, 오래된 도시다운 문화와 낭만
을 가진 나라로 안정을 가져다준 여왕이자 황후였으며 여제였다.
무엇보다 정치에 무관심하던 황제를 가장으로 존중해주고, 그가
좋아하는 일을 할 수 있게 배려하고 순종하여 이승을 하직하는 날
까지 그의 사랑을 독차지하며 많은 자녀를 두어 전 유럽 황실의
부러움까지 살 만큼 현명한 여인이었다.

　아둔한 사람들이여! 그녀가 여자라고 지레 겁먹고 어찌 그리 시
련을 주었더란 말인가. 하물며 사람 마음을 꿰뚫어 움직일 줄 알
았던 그녀를 말이다.

▲1780년 11월 29일, 64세의 나이로
세상을 떠난 마리아 테레지아. 사진은
합스부르크 왕가의 묘소인 카푸치나
예배당에 남편과 함께 안장되어 있는
마리아 테레지아 무덤.

남편을 거부하고 영국과 결혼한
엘리자베스 여왕

엘리자베스 1세 (1533~1603 재위 1558~1603) 여왕
별칭 처녀여왕 또는 훌륭한 여왕 베스

1533	9월 7일 헨리 8세와 앤 불린의 장녀로 영국 그리니치에서 출생
1536	모친 앤 불린이 간통죄로 몰리며 마녀재판에 의해 참수형을 당함
	공주 칭호를 박탈당했으며, 왕위계승에서 제외됨
1547	헨리 8세 사망. 이복동생 에드워드 6세 즉위
1553	에드워드 6세 사망. 이복언니 메리 1세 즉위, 로마가톨릭 복고정책을 펴며
	기독교와 성공회를 철저히 탄압했던 메리 1세를 두고 '블러디 메리'라 칭함
1558	메리 1세 사망, 엘리자베스 1세 즉위
1559	수장령(왕위지상권)이 의회에 통과됨. 로마가톨릭의 정치간섭이 배제된
	가운데 영국 성공회를 국교화. 일명 중용(Via Media) 정책을 폄
1564	윌리엄 셰익스피어 출생(~1616)
1568	스코틀랜드에서 장로교의 반란이 일어남. 가톨릭교도인 메리 스튜어트 여왕이
	잉글랜드로 망명함
1587	배빙턴 사건이 발생. 엘리자베스 1세 암살음모로 인해 메리 스튜어트 참수형을 당함
	구빈법 또는 튜더구빈법으로 불리는 사회복지정책을 폄
	네덜란드의 독립전쟁에서 네덜란드를 적극 지원함
1588	에스파냐 펠리페 2세의 대 잉글랜드 선전포고로 칼레해전 발생
	스페인의 무적함대를 물리치고 영국이 승리. 이후 에스파냐가 쇠퇴함
	버지니아 식민지를 개척, 동인도회사를 창설하고 의회조종법을 실시
1601	에섹스 백작 로버트 데버루가 반역죄를 저질러 참수형에 처해짐
1603	3월 24일 런던에서 70세를 일기로 사망

남편을 거부하고 영국과 결혼한

엘리자베스 여왕

공주로 태어난 왕자   영국의 엘리자베스 1세(1533~1603)가 살다간 당시 역사의 소용돌이 속에서 나는 인간에 대해, 여성에 대해 처음부터 다시 고민해야 했다. 그녀는 어려움을 인내와 슬기로 이겨내고 종국에는 영특한 지도자로 최고의 찬사를 받으며 왕좌를 지켰다. 대신 그녀가 여자로서 누린 행복은 없었다. 평생을 결혼하지 않고 아니, 이루지 못한 사랑 때문에 국민들에게 더 큰 사랑을 받았을지라도 연민은 인지상정이다.

엘리자베스의 어린 시절은 참으로 불행했다. 아버지는 부왕인 헨리 7세(1457~1509 튜더 왕가 출신의 첫 잉글랜드 국왕)를 이어 튜더 왕가의 두 번째 왕이면서 여섯 번이나 결혼한 영국의 절대군주 헨리 8세다. 그가 정비인 캐서린과 이혼하고 만난 첫 계비 앤 불린(1507?~1536)과의 사이에서 태어났으며, 그녀가 갓 세 살 되던 해이 어머니를 여의었다.

본래 그녀의 어머니 앤 불린은 캐서린 왕비의 시녀였다. 그런데 그녀의 아버지 헨리 8세가 앤 불린을 마음에 두고 그녀와 결혼하기 위해 들인 공은 눈물겨울 정도였다. 앤 불린에게 이미 애인이 있었음에도 왕은 그녀의 환심을 사기 위해 백방으로 노력했

▲ 헨리 8세(1491~1547) 잉글랜드의 국왕(재위 1509~1547)이자 아일랜드의 영주(재위 1541~1547)로 1509년 4월 21일부터 서거할 때까지 아일랜드와 프랑스의 왕위소유권을 주장했다. 그의 아버지 헨리 7세의 뒤를 이어 튜더 왕가 출신으로는 두 번째로 등극했다.

고, 앤 불린은 초지일관初志一貫 냉담했다. 헨리 8세는 하는 수 없이 앤을 궁궐로 불러들였다. 그렇게 그녀는 궁에서 캐서린 왕비의 시중을 들게 되었고, 힘과 권력의 중심에 있는 왕의 매력에 차츰 미혹되어 간다. 마침내 앤은 그와의 결혼을 승낙하는 대신, 자신을 영국의 왕비로 해줄 것과 장차 아들을 낳으면 왕위계승을 해달라는 약속을 받아낸다. 초조하게 청혼을 했던 왕인지라 덜컥 승낙해버린 것이다.

문제는 앤과 결혼하기 위해선 먼저 교황청의 허락을 받는 것이 선결과제였다. 당시 교황청은 에스파냐를 따르고 순종하는 수족이나 다름없었다. 무엇보다 현재 왕비 **캐서린**이 바로 그 에스파냐 출신이다. 이런 위치에 있는 교황청이 캐서린과의 이혼을 허락해줄 리 만무했다. 진퇴양난이던 헨리 8세는 교황청을 무시하고 구교인 가톨릭을 기독교로 개종하면서 반대파를 모조리 숙청했다. 이렇듯 어마어마한 괴력으로 앤 불린과 치른 결혼도 금이 가는 데는 그리 오래 걸리지 않았다. 결국 앤이 낳은 엘리자베스 공주가 왕자가 아니라는 데서 비롯된 일이라고.

사실 부왕 헨리 8세는 후사 때문인지 아들 욕심이 대단했던 것 같다. 그가 초조했던 만큼 정비 외에 다섯 명의 계비를 들였지만 병약한 아들 하나가 고작이라니. 어쩜 예측이라도 했던 것일까.

첫째 왕비 캐서린을 내친 것도 따지고 보면 아들을 못 낳은 탓이 크다. 캐서린이 딸 하나 낳고 습관적으로 유산을 하자 앤에게 큰 기대를 걸었으리라. 그러나 숙명인 것을 어찌하랴. 그녀도 그의 바람대로 아들을 안겨주지는 못했다. 뿐만 아니라 앤은 엘리자

▲**캐서린(1485~1536)** 헨리 8세의 형 아서 왕세자와 결혼했으나 얼마 후 남편 아서가 세상을 뜨자 시동생 헨리 왕자와 재혼했다. 둘 사이에 6명의 자녀를 두었지만, 그 중 딸 메리만이 유일하게 살아남아 훗날 '피의 메리'라 불리는 메리 1세가 된다. 헨리 8세는 캐서린 왕비의 시녀인 앤 불린과 결혼하고자 가톨릭과 결별하고 영국국교회를 설립했다. 1533년 두 사람은 정식 이혼한다.

▲**헨리 8세와 그의 가족들** 가운데 헨리 8세를 중심으로 보이는 왼쪽에 메리 여왕과 남편인 스페인의 필립, 오른쪽에 에드워드 6세와 엘리자베스 1세가 보인다.

베스 공주를 왕위계승자로 올리기 위해 걸림돌이 되는 부하들을 끊임없이 죽였다. 이 사실을 알게 된 왕은 앤을 간통죄로 몰아 딸과 함께 런던탑에 가두었다. 나중에 재판에서 무죄를 선고받았지만 그녀를 끝내 참수했다. 천만다행으로 그녀가 죽는 순간까지 딸만은 살려달라고 간곡히 부탁해 엘리자베스 공주는 살아남았다.

훗날 이 사건은 화가 난 왕이 아들을 못 낳은 그녀를 죽이기 위해 간통죄로 몰았다는 설도 있고, 왕이 그토록 아들에 집착하자 앤 불린이 아들을 얻기 위해 자기 오빠와 내통했다는 얘기도 있다. 헨리 8세의 두 번째 계비가 된 시모어도 에드워드 6세를 낳고 12일 만에 산욕열로 죽었고, 세 번째 계비는 자식 없이 헤어졌으며, 네 번째 계비 역시 과거에 대한 밀고로 참수당했고, 다섯 번째 계비마저 딸을 출산하다 죽었다.

그러니까 헨리 8세의 슬하에는 캐서린 왕비가 낳은 메리 공주(엘리자베스의 이복언니)와 엘리자베스, 그리고 병약한 아들 에드워드 6세(잉글랜드 및 아일랜드의 국왕으로 재위 1547~1553)뿐이었다. 역시 헨리 8세는 여섯 왕비 중 왕자를 낳아준 셋째 부인을 줄곧 그리워했고 죽어서도 그녀 옆에 묻혔다고 한다. 그 에드워드 6세는 헨리 8세를 이어 왕위에 올랐지만 곧 죽었다. 병 때문에 16세의 나이에 요절했다.

한편, 귀족혈통의 존 더들리(1504~1553)는 에드워드 6세가 병약한 것을 알고 일을 꾸민다. 메리 공주와 엘리자베스 공주는 둘 다 어머니가 이혼과 참수를 당했다. 그러니 출생배경에 문제가 있어 왕위계승이 힘들 것이라고 판단했다. 더 큰 이유는 에드워드 6세마저 두 이복누나를 무서워하며 싫어한다는 것을 누구보다 잘 알았기에 더들리는 이 사실을 이용할 셈이었다. 고심 끝에 그는 헨리 7세의 외증손녀인 제인 그레이(1537~1554)를 며느리로 맞아들였다.

그리고 자신들과 신교도의 권력을 계속 이어가기 위해 제인 그레이로 하여금 병석에 있는 튜더 왕가 출신의 에드워드 6세를 설득하여 왕위승계 유지를 받아내게 한다. 마침내 에드워드 6세가 죽자 더들리는 기다렸다는 듯이 정치에 뜻이 없어 한사코 마다하는 제인 그레이를 여왕자리에 앉혔다.

이에 장녀 **메리 공주**(훗날 메리 1세)가 크게 분노했다. 이해할 수도 없거니와 그냥 두었다간 당장 메리 자신이 요주의 인물로 유폐될 위기가 아닌가. 그녀가 살길을 모색하다 곧 군대를 이끌고 왕궁으로 돌진했다. 제인은 엘리자베스의 이복언니 메리 공주에 의해 9일 만에 왕좌를 내놓고 18세 꽃다운 나이에 참수되었다. 이는 아버지 헨리 8세가 어머니 캐서린을 내치고 앤 불린을 왕비로 맞으며 그 계비 밑에서 불행한 어린 시절과 청년기를 보낸 메리 공주를 응원해준 국민들의 힘이 컸다.

따라서 사실상 메리가 적법한 왕위계승자의 자격으로 왕위에 오른 영국 최초의 여왕이라 볼 수 있다. 그러나 예상대로 메리 1세는 헨리 8세의 신교도를 박해하며 가톨릭 부활에 힘썼고, 그로 인해 신교도 수백 명을 처단했다. '피의 메리'라 불린 것도 이 때문이다. 이 무시무시한 종교적, 정치적 처단에서 살아남으려다보니 엘리자베스는 가톨릭을 인정하는 척했으나 결국은 부왕의 영향을 받은 신교도에 가담했다. 그 탓에 메리 여왕은 이복동생인 엘리자베스를 대놓고 미워했다. 하마터면 엘리자베스의 치세는커녕 그녀의 시대가 오지도 못할 뻔했다. 하긴, 메리 여왕 자신이 왕권을 도둑맞을 뻔했던 과거의 안 좋은 기억 때문이었을까. 그 탓일 것이다. 메리 여왕은 이승을 떠나는 마지막 순간, 비로소 죽도록 미워하던 동생에게 왕위계승을 인정하고 눈을 감았다.

▲**메리 1세**(1516~1558) 메리 1세는 아버지(헨리 8세)가 어머니(캐서린)와 헤어지기 전까지만 해도 헨리 8세의 외동딸로 그 사랑을 독차지했다. 그러나 앤 불린이 자신의 엄마를 내몰고 왕비 자리에 앉은 후로 그녀의 딸 엘리자베스를 평생 미워했다. 사실 메리는 엘리자베스의 세례성사가 있던 날 서자로서 이복동생을 보좌해야 했고, 앤 불린이 처형되는 그날까지 엘리자베스의 하녀로 봉사하는 슬픔을 감내해야 했다. 이런 원한이 그녀로 하여금 엘리자베스를 런던탑에 3달 동안 가두는 사태를 빚기도 했던 것이다.
1547년 에드워드 6세가 불과 10세의 나이로 즉위하지만 6년 만에 병사한다. 그 뒤를 이어 메리와 5촌 사이인 제인 그레이가 여왕으로 즉위하나 메리의 군사에 의해 재위 9일 만에 폐위되고 5일 뒤 처형당한다.
1554년 메리는 주위의 반대를 무릅쓰고 자신보다 11세나 연하인 에스파냐의 펠리페 2세와 결혼을 단행하지만, 원하는 아이는 낳지 못했다. 그녀의 불행은 영국이 프랑스와 에스파냐 간의 전쟁에 휘말리게 되면서 많은 손실로 이어진다. 그리고 재위한 지 5년이 지난 1558년 11월 17일 여동생 엘리자베스를 자신의 후계자로 지명하고 세인트 제임스 궁전에서 사망했다.

가부장적 시대의 처녀 통치자　궁정의 왕위계승 다툼으로 메리 여왕 못지않게 사랑하는 어머니를 비롯하여 주변사람들의 처형과 죽음을 지켜봐야 했던 극히 혼란스런 어린 시절을 보낸 엘리자베스. 가까스로 목숨을 건지고 마음을 다잡은 그녀이지만 잠시 사랑에 빠지기도 했다. 그녀를 사랑한 탐험가 월터 롤리의 열렬한 고백을 뒤로한 채 더 큰 포부를 품고 그녀는 영국이라는 '위대한 나라 건설'을 택했다.

　방년 스물다섯에 여왕에 등극하여 그로부터 무려 45년간 영국을 통치했다. 그러니 결혼하지 않은 여왕으로서 느낀 고뇌는 엄청났을 것이다. 당시 이웃한 에스파냐는 가톨릭과 기독교 간의 분쟁을 빌미로 호시탐탐 영국을 노렸다. 숱한 정치적 음모 속에서 고독하면서도 강건하고자 노력했던 그녀. 누구보다 영국을 사랑했던 그녀가 명실상부한 국왕임은 틀림없는 사실이다. 그러나 한 치 흠도 없는 깨끗한 지도자? 업적은 있고 사랑이 없었다니 유감이다.

　무릇 국왕의 자리는 늘 왕비 외에 후궁과 궁녀들로 헤아릴 수 없는 서열을 세우지 않았던가. 왕좌를 물려줄 자손이 튼실해야 한다고 부르짖지 않았던가. 물론 여왕 스스로 나라와 결혼했다지만 단지 그 이유뿐이었으랴. 혹여 모계로 이어지는 왕실을 환영하지 않은 알 수 없는 힘이 작용한 것은 아니었을까? 아니 어쩌면 여섯 아내를 두었던 아버지 헨리 8세와 다섯 명의 남자와 간통했다고 알려진 어머니 앤 불린의 영향 때문이었을 수도 있다. 어린 나이에 겪은 혼란스런 사건들이기에 결혼에 대한 환상조차 거부하게 만들었는지도 모를 일이다.

　용케 그녀에겐 신념이 있었다. 이루지 못할 사랑을 치유하는 법 정도는 가뿐히 터득했으리라. 다만 국민들의 칭송에 보답코자 자신의 사랑을 하찮게 버렸거나 무한히 절제한 것이 아니기를 빌었다. 결과적으로는 그리할 수밖에 없었으리라 생각하면서도 말이다.

종교문제와 외교적 줄다리기　　당시 영국은 강력한 에스파냐의 억압에서 벗어나야 했다. 그래서 엘리자베스 여왕은 오로지 홀로 서기 위해 노력했다. 우선 펠리페 2세의 청혼을 거절하고 네덜란드의 독립을 도와 우방국으로 만들었다. 유럽의 골칫거리는 구교인 가톨릭과 개신교인 기독교의 대립이었다. 그녀는 먼저 이 신·구 두 파의 대치상황을 풀기 위해 양쪽을 모두 압박하여 국교확립을 꾀했다. 종교를 통일하기에 이르렀다. 당시 유럽의 종교문제는 여차하면 나라간 전쟁도 불사했으므로 국제적인 외교와 맞물려 돌아갔다.

그녀의 아버지 헨리 8세의 정비 캐서린도 원래 헨리 8세의 친형 아서와 정략결혼을 한 사이였다. 그러나 5개월 만에 그가 병으로 죽고 헨리가 즉위하자, 영국은 에스파냐와 맺어진 연이 끊길세라 교황 율리오 2세가 나서서 이전 혼인을 무효화시켰다. 그리고 에스파냐 출신인 캐서린이 그때까지 처녀였다는 어이없는 명분을 내세워 헨리 8세를 형수인 캐서린과 결혼시킨 것이다.

이처럼 영국의 신세는 볼품없고 가련했다. 거기다 부계서열이 끊기고 서녀였던 엘리자베스 1세가 등극하자, 에스파냐와 프랑스는 영국을 좌지우지할 수 있는 기회로 여겼다. 곧바로 에스파냐 합스부르크 왕가 출신의 펠리페 2세(1527~1598)와 프랑스 발루아 왕가 출신의 앙리 2세(1519~1559)가 동시에 엘리자베스에게 청혼했다. 참으로 결정하기 어려운 이웃나라 권력자들의 요구다. 누굴 택하든 그 나라의 그늘에서 벗어나긴 글렀으니 말이다. 어찌하겠는가. 엘리자베스 1세의 답은 자명하다. 최대한 시간을 끌다가 그들의 청혼을 거절할 수밖에. "나는 영국과 결혼했다"는 말도 그래서 나왔다. 나라를 선택했다는 뜻이다.

이룰 수 없었던 여왕의 사랑　　아무렴, 여인 엘리자베스에게 사랑하는 남자가 없었겠는가. 이유야 어찌되었건 주변의 권유도 많았고 즉위 내내 혼담이 오갔다. 실제 여러 명의 애인도 있었다고 한다.

　1928년 영국에서 출간되어 화제를 모았던《엘리자베스와 에섹스》에서 저자인 리튼 스트래치는 엘리자베스의 행적에 초점을 맞추면서 여왕보다 무려 34년 연하의 청년 **에섹스**와의 사랑과 갈등을 면밀히 다루고 있다. 결국 이 청년은 여왕의 사랑을 너무 믿은 나머지 무분별한 모반사건에 연루되어 서른셋의 나이에 참수되는 비극을 맞는데, 권력욕이 지나친 애인을 런던탑에 가두고 단두대로 보내는 엘리자베스 1세의 단호한 면모를 볼 수 있는 책이다. 에섹스 백작 말고도 자신이 진정 사랑했던 남자로 **레스터 백작**을 손꼽고 있다는데, 엘리자베스 1세는 당시 결혼만은 절대 불가라는 단서를 붙이며 여러 애인과 은밀한 사랑을 나누었던 게 분명하다. 그러나 고독한 여왕의 길을 걸으며 한때 아이를 낳을 수 없음을 스스로 인정하고, 같은 시기 불같은 사랑으로 세 번이나 결혼하고 아들까지 낳은 스코틀랜드 여왕 **메리 스튜어트**를 부러워하기도 했다고.

　왕의 딸로 태어나고도 서출이라 갖은 우여곡절 끝에 왕위에 오른 엘리자베스 1세. 이복 남동생과 언니가 왕으로 군림할 때는 목숨만이라도 부지하기 위해 숨죽여 살아야 했다. 누가 봐도 한 개인으로서의 그녀 일생은 참 불행하다. 다소 우유부단해 보이는 사생활은 이와 무관하지 않은 것 같다. 어머니를 잃은 후 줄곧 고독 속에서 헤어나지 못한 경직된 정서와 불안. 이것이 진짜 그녀의 내면일지도 모른다. 이 모든 것이 그녀가 아들로 태어났더라면 겪지 않았을 노여움이어서 더욱 그렇다.

▲엘리자베스 1세가 사랑했던 두 남자 에섹스 백작과 레스터 백작. 에섹스는 공교롭게도 레스터 백작의 양자로 엘리자베스가 노년에 사귀었으나 여왕의 권세를 믿고 너무 방만한 나머지 참수형을 당했다. 한편, 엘리자베스 1세가 진정으로 사랑했던 사람은 끊임없는 충성심을 보였던 레스터 백작이었다고.

장점은 약점이 될 수 있다　당시 펠리페 2세가 편성한 에스파냐의 무역선을, 이른바 대적할 배가 없으니 '무적함대'라 불렀다. 에스파냐는 그 무적함대를 믿고 지중해를 낀 유럽대륙, 더 나아가 전 세계를 위협하고 있었다. 그 어떤 나라도 에스파냐에 맞서지 못했다. 그러나 엘리자베스 1세는 달랐다. 누구의 힘도 아닌 스스로 일어설 수 있다고 자부했다. 에스파냐 왕 펠리페 2세의 청혼을 거절한 것도 에스파냐의 그늘에 안주하기 싫어서였다. 역병과 열악한 병력으로 홀로 서기란 결코 쉬운 일이 아니지만 속국의 설움은 이제 끝내야 한다고 본 것이다. 그녀는 정면승부로 담판 지을 계획을 짰다.

그야말로 해적인 드레이크와 호킨스를 시켜 에스파냐 무역선이 영국 해안에 접근하기 전 요소요소에서 기습공격을 퍼붓게 했다. 군사도 군함도 모두 열세였으나 주변국의 우려를 잠재우고 여왕은 보란듯이 전쟁을 승리로 이끌었다. 하느님도 그녀 편에 섰던 것일까. 때마침 폭풍우까지 가세하여 에스파냐의 무적함대는 영국 앞바다에 수장된 채 쩔쩔매다 퇴각하고 말았다. 그러자 펠리페는 엘리자베스에게 드레이크 처형을 요구했다. 설마 영국이 어제의 그 영국이 아니란 것을 잊었을까. 여유가 생긴 여왕은 펠리페에게 형식적으로 사과했을 뿐 해적 드레이크를 선장으로, 더 나아가 기사 작위까지 수여하며 그 공로를 치하했다.

이에 몹시 자존심이 상한 펠리페는 그녀를 폐위시키고 가톨릭파의 메리 스튜어트를 옹립하려 했다. 그러나 실패했다. 이제 양국관계는 수습이 불가능할 정도로 치달았다. 천하의 펠리페라지

▲메리 스튜어트(1542~1587)

엘리자베스 여왕을 논하면서 절대로 빠트려선 안 될 인물이 바로 스코틀랜드 여왕 메리 스튜어트다. 잉글랜드의 16세기는 바로 이 두 여자의 삶의 스토리라고 해도 과언이 아니다. 세 번의 결혼과 왕비, 여왕, 망명, 그리고 처형…. 그녀는 태어난 지 9개월밖에 안 되어 스코틀랜드의 여왕이 되는 기구한 운명에 처한다.

메리의 아버지 제임스 5세는 서자가 여럿 있으나 적자는 메리뿐이므로 그녀는 요절한 아버지 뒤를 이어 여왕이 된다. 그러자 스코틀랜드 땅을 손에 넣으려는 야심으로 가득찬 잉글랜드의 헨리 8세는 메리를 며느리 삼겠다고 난리를 쳐댔다. 프랑스 또한 가만히 있을 리 없었다. 잉글랜드가 스코틀랜드를 침략하자 프랑스는 잉글랜드를 격퇴한 후, 메리를 프랑스로 데려간다. 우여곡절 끝에 그녀는 프랑스 왕 프랑소와 2세와 결혼을 한다. 이로써 메리는 스코틀랜드 여왕에 프랑스 왕비에 잉글랜드 왕위계승권 영순위자가 되었다.

그러나 이러한 영광도 잠시뿐, 그녀가 왕비가 된 지 불과 1년 만에 남편 프랑소와 2세가 죽고 만다. 게다가 그녀의 시어머니는 그 무서운 카트린 드 메디치, 바로 성 바르톨로메오 대학살의 주범으로 의심받던 그 여자다. 결국 메리는 남편 없는 시댁에서 무서운 시어머니와 함께 살기보다 스코틀랜드 여왕이 되기로 마음먹는다. 당시 그녀의 나이 불과 19세. (76쪽으로 이어짐)

그녀의 남편 헨리 단리는 귀족은 모자란 데다가 투기까지 극심했다. 결국 메리의 두 번째 결혼도 파경에 이른다.

이어서 해군제독 출신의 보스웰 백작과 결혼하는데 그는 유폐되어 있는 헨리 단리의 집에 불을 질러 죽인 뒤 메리와 함께 던바 성으로 밀월여행을 떠났던 위인이다. 아마도 메리는 그와 공모하여 전남편을 죽였던 게 틀림없다. 그러자 스코틀랜드 전국이 메리를 용서할 수 없다며 들고 일어났다. 메리의 패륜을 용서할 수 없다는 것이다. 반란은 삽시간에 들불처럼 퍼져나갔다. 결국 여왕자리를 포기한 메리는 이제 갓 한 살이던 자신의 아들 제임스에게 왕위를 물려주고 영국으로 망명한다.

그녀와 평생의 숙적이었던 엘리자베스는 가까운 친척사이인 메리를 무작정 내칠 수 없었다. 그래서 연금도 주고 시종도 붙여주면서 넉넉한 삶을 살도록 배려했다.

그러나 영국 여왕의 꿈을 끝내 버리지 못한 메리는 수차례 엘리자베스 암살음모를 꾸미다 결국 처형된다. 망명한 지 19년 만의 일이었다. (아래 그림은 엘리자베스1세와 메리 스튜어트의 모습)

만 무모하게 공격할 수도 없는 노릇이다. 딱 한 번 패했으나 그것이 무적함대라는 이유로 에스파냐의 사기는 바닥에 떨어져 있었다. 반면에 영국은 사방으로 숨통을 죄던 주변국들로부터 해상에서 유리한 입지를 점하고 유럽을 장악해나갔다. 이로써 그녀는 조그만 섬나라에 불과하던 영국이 해가 지지 않는 대영제국으로 도약할 수 있는 발판을 마련한 것이다.

그 올곧은 치세 덕분인가. 자의든 타의든 그녀는 결혼마저 외면하고 영국을 황금시대로 이끈 탁월한 지도자로 오늘날까지 인구에 회자되고 있다. 당시 프랑스와 에스파냐의 눈치를 보며 지내던 영국이 유럽의 중심에서 절대주의의 전성기를 누렸기에 국민들은 그녀를 일컬어 '훌륭한 여왕 베스'라고 칭했다.

"그대들은 나보다 더 좋은 리더를 만날 수 있을지 모르나,
　나보다 더 그대들을 사랑하는 리더는 만날 수 없을 것이다."

그녀는 이렇게 화답했다. 엘리자베스 여왕만이 남길 수 있는 명언이 아닌가.

엘리자베스 1세의 어머니, 헨리 8세와의 천일간의 사랑이 담긴 영화를 감상해본다면 어떨까

영화 〈천일의 앤〉의 한 장면

엘리자베스 1세의 어머니 앤 불린의 비운의 일대기를 다룬 영화는 일찍이 1969년에 만들어져 화제가 되었던 〈천일의 앤〉이다. 이후 만들어진 영화로는 2008년에 개봉된 〈천일의 스캔들〉이 있으며, 영국TV에서 2007년 제작된 미니시리즈 〈튜더스, 천일의 연인〉이 있다. 그러나 올드팬이라면 누구나 폴 모리아(1926~2006)가 작곡한 1969년작 〈천일의 앤〉의 주제곡 '내 사랑 안녕Farewell My Love'을 기억하고 있을 것이다. 미천한 궁녀의 신분으로 왕비가 된 지 천일 만에 결코 비굴하지 않게 당당히 단두대에 올랐다는 비운의 여인, 앤 불린. 그녀 또한 대를 이을 왕자를 낳지 못하자 불안한 나머지 반대파 인물들을 숙청하는 잔악성을 보였던 점에서 단순히 폭군 헨리 8세의 희생물이 되었다고 평가하기에는 무리가 따른다.

총 37편의 희곡을 남긴 셰익스피어도 《헨리 8세》란 작품을 남기고 있지만, 오늘날까지 헨리 8세와 앤 불린에 관한 해석은 실로 다양하다.

헨리 8세의 첫 번째 부인 캐서린도 헨리 8세에게 버림받은 여인이었다는 점에서 비운의 왕비가 아닐 수 없다. 게다가 자신의 시녀인 앤 불린이 헨리 8세와 열렬한 사랑에 빠졌으니 오히려 앤 불린이 왕에게 치명적 유혹을 던진 팜므파탈에 가깝지 않은가. 마음이 급해진 헨리는 1527년 캐서린과의 이혼을 시도하나 교황청의 반대로 벽에 부딪히자 급기야 종교개혁을 일으키면서까지 성공회를 로마가톨릭에서 분리시켜 자신의 이혼을 성립시키고, 1533년 앤 불린과 결혼식을 올린다. 이어서 같은 해 딸 엘리자베스 1세를 낳는다. 그리고 불행을 예고하는 사건이 터지는데, 바로 1536년 대를 이을 왕자를 사산하게 된 것. 결국 간통 및 반역혐의로 몰린 앤은 런던탑에 감금되며 그해 5월 19일 참수형에 처해진다. 단번에 시녀에서 왕비로 등극한 여인 앤 불린, 왕과의 짧았던 천일간의 사랑을 담은 영화를 이쯤에서 한번 감상해보는 것도 좋을 것이다.

중국을 치마폭에 담은 **측천무후**

나는 두 황제를 사로잡은 절대적 여인!

측천무후 (則天武后 624~705 재위 690~705)

무주武周의 초대 황제, 중국역사상 최초의 유일무이한 여황제, 일명 무측천武則天

624	무사확과 양씨 사이의 둘째로 현재 사천四川에서 출생
	본명은 조曌, 아명은 미랑媚娘
636	당 태종 이세민의 황후 장손씨 사망
637	당태종의 후궁으로 입궐
649	당 태종 사망. 9남 이치 고종 황제 즉위
650	비구니가 되어 감업사로 들어감(선왕의 후궁은 비구니가 되어야 함)
651	고종과 황후 왕씨의 요청으로 재입궁
654	친딸을 살해한 후 황후 왕씨를 모함하여 폐위시킴
655	정식 황후가 되어 승상 장손무기 등 반대파들을 숙청
656	황태자 이충을 모함하여 폐위시킴
659	태종과 고종을 보필하던 장손무기를 유배지로 보내 자결케 함
664	황후폐위 조서를 꾸미던 고종의 재상 상관의를 숙청함
	태자이던 이충 사약을 받고 사망
667	새 황태자로 무황후의 장남 이홍을 책봉
674	고종에게 개혁정책 건언12사建言十二事를 제안
675	신망이 두텁던 황태자 이홍을 독살하고 2남 이현賢을 태자로 책봉
680	무황후의 모함으로 황태자 이현을 폐위시키고 3남 이현顯을 태자로 책봉
683	고종 사망
684	3남 이현이 중종으로 즉위하지만 1개월 뒤 폐위(여릉왕)되어 연금되었음
	4남 이단이 예종(~690)으로 즉위. 자객을 보내 황태자이던 이현을 암살
	'서경업의 반란'을 40일 만에 평정
690	중양절(9월9일)에 예종 이단 폐위. 국호를 당→대주大周로 변경하며
	초대황제로 등극. 자신을 측천금륜대성신황제則天金輪大聖神皇帝로 칭함
	도읍을 장안→신도 낙양으로 이전. 역사가들은 서주,
	동주와 구분하기 위해 무주武周로 호칭
699	유폐시켰던 여릉왕 이현을 다시 태자에 책봉
705	12월 16일 당唐 황조 복원되면서 중종 복귀. 장안長安에서 82세로 측천무후 사망

나는 두 황제를 사로잡은 절대적 여인

중국을 치마폭에 담은 측천무후

▲측천무후(則天武后 624~705)
중국에서 유일하게 여성으로 황제가 되었던 인물. 당고종의 황후였으나 스스로 남편과 아들을 제압하고 전권을 장악했다. 오랜 세월 무소불위의 권력을 휘두르다가 드디어 690년 국호를 주周로 고치고 스스로 황제가 되었다. 중국 역사상 가장 막강한 권력을 지닌 여성으로 평가받고 있다.

한때 텔레비전 주말극 〈대조영〉에서 측천무후의 인기는 대단했다. 당시 공포정치로 권력을 휘두른 여제 무측천의 리더십을 실감나게 연기한 배우의 카리스마가 보태진 덕분이기도 했다. 실제 역사를 배경으로 하는 사극도 사전에 역사고증을 거친다고는 하지만, 연출가의 그럴 듯한 극적 연출이 있기 마련이다.

예컨대 사극물의 재미를 위해, 혹은 더 많은 이야기의 연계를 위해 사실을 다소 과장시키거나 변형시키기도 한다는 것이다. 이는 사극 자체를 멀리하던 사람들의 관심을 끌어 모으기엔 제격이다. 마찬가지로 역사도 누가 어떤 상황에서 어떻게 기록하느냐에 따라 미화나 오류가 있었던 것 또한 부인하지 못할 것이다.

무측천은 당시 여자로서 시대를 앞서간, 그래서 권력에 집착하고 또한 그 권력을 휘두른 여제로서 유명하다. 이 여제의 철권 앞에 스러져간 사람들의 고통은 아직도 무뎌지지 않았다. 그것은 어쩌면 그녀의 정치와 역사적 행보가 순수기록에 의했다기보다 거의 사람들의 뒷담화에 의존했던 탓이 크다고도 한다. 말하자면 그녀는 악녀, 교활하고 악랄하여 두 군주를 농락한, 피도 눈물도 없는 냉혹한 여제로만 인식되어 왔다.

그런데 현대 들어 무측천이란 — 그녀가 황제임을 인정하는 — 호칭과 함께 그녀의 통치력에 대한 재평가가 이루어지고 있다. 어찌된 일일까. 늦었지만 그녀를 새롭게 조명한 《무측천 평전》도 세상에 나왔다니 다행한 일이다.

실제 그녀가 인면수심人面獸心으로 극악을 저질러 욕을 먹을 수밖에 없었던 것은 황후 왕씨(제10대 황제 원제의 비로 아들 성제를 낳음)를 몰아내기 위해 강보에 싸인 자신의 딸을 죽였기 때문이다. 아무 죄 없는 왕씨를 꼼짝없이 모함하기 위해 택한 계략이었다.

또한 자신이 섭정하고 황제에 오르기 위해 두 아들마저 독살한다. 그러니 그녀에 대한 억측이 난무하는 것도 무리는 아니다. 어째서 그토록 가뭄에 마른 바람 일으키듯 자기 살을 도려내는 아픔을 선택해야 했는지 그녀가 걸었던 길을 곰곰 되짚어보자.

당 왕가의 역사에서 측천무후가 등장한 이래, 그래서 그녀의 영향력 아래 놓인 시기가 3분의 1쯤 된다. 실제로 무려 40년 이상을 그녀가 통치한 셈이다. 한때 태종의 후궁이면서도 베일에 싸여 지냈던 사람이 아니던가. 그랬던 그녀가 국사의 전권을 도맡으면서 타고난 영리함으로 변화무쌍한 사람들 간의 이해관계를 잘 예측하여 적재적소에 적합한 인재를 끌어들이는 능력이 탁월했다고 전해진다. 실례로 자신을 권력에서 밀어내려 하는 고종의 유지를 대신들 앞에 낱낱이 공개해버렸다.

이는 뒷날 황후가 아닌 황제가 되려는 측천무후의 포석이었다. 대신들은 이런 그녀의 차분한 대응에 오히려 두려움을 느꼈던 것일까? 당태종 이세민(599~649 당의 제2대 황제)을 섬겼던 많은 공신들

▲대조영(?~719 재위 699~719년)

668년 고구려가 멸망하자 그곳에 살던 유민들은 당나라 영주로 옮겨간다. 이후 696년, 이진충과 손만영이 이끄는 거란족의 반란을 틈타 무예와 지략이 뛰어났던 고구려 유민출신의 대조영과 만주지역의 말갈추장 걸사비우는 여타 부족을 모아 대세력을 이루면서 당나라와 전쟁을 치른다. 이에 당은 이이제이以夷制夷 전략에 따라 그들에게 항복한 거란족 출신의 장군 이해고를 앞세워 걸사비우의 말갈족을 대파한다. 수세에 몰린 대조영은 휘하의 고구려 유민들과 말갈족을 끌어모아 결사항전에 들어갔고, 결국 대조영은 천문령에서 당군을 맞아 싸워서 크게 격파했다. 그 뒤 계속 동부 만주 쪽으로 영토를 확장하니 지금의 길림성 돈화현敦化縣인 동모산東牟山에 성을 쌓고 도읍을 정했다. 국호를 진震이라 하고, 연호를 천통이라 했는데 대략 699년 무렵의 일이다. 최근 중국의 동북공정으로 대조영의 국적이 다시금 중시되고 있는데, 우리가 그를 당연히 고구려 유민으로 생각하는 것처럼, 중국에서는 그를 당나라의 변방장수 정도로 생각하고 있다. 이는 중국이 고구려를 자신의 변방사로 편입하려는 음모 때문이다. 사진은 지난 2006년부터 1년 이상 안방에서 사랑받았던 TV드라마 134부작 〈대조영〉의 포스터다.

▲**당나라의 개국공신** 당태종은 개국 공신의 공적을 기리고자 능연각凌煙閣을 세워 공신의 초상을 걸어두었다. 이를 능연각 공신이라고 하는데, 여기에는 장손무기, 이효공, 두여회 등 24명의 덕을 기렸다.
태종의 성품이 드러나는 일화 가운데 24인 중 한 명인 장손순덕과 얽힌 이야기가 있다. 유능한 장수지만 탐욕스러웠던 그가 뇌물을 받은 일이 드러나자 태종은 벌을 주지 않고 오히려 비단을 내려 그를 깨우치게 했다고. 한편, 이 공신들은 측천무후가 집권했을 때 거의 대부분 숙청당했다. 그림은 당태종 시절 '정관의 치'의 기초를 닦은 명재상 두여회.

이 이 사태를 지켜보고도 아무런 반항이 없었으니 말이다. 더불어 태종의 신임이 두터웠던 두여회(杜如晦 585~630 당나라 초기의 재상)와 고종이 황후 왕씨를 폐하고 무소의(武昭儀 측천무후를 일컫는 말)를 들이려는 데 반대했다가 측천무후의 눈총을 사 죽게 된 장손무기(長孫無忌594~659 중국 당나라의 개국공신)를 위해 누구도 나서서 말 한 마디 못한 것은 결국 측천무후를 도와준 꼴이 되고 말았다.

그들이 간신이었단 말인가. 아니면 그 옛날 한나라 **여태후**(呂太后 ?~BC 180 전한의 시조 유방의 황후)가 권력을 휘두를 때 진평이나 주발처럼 기회를 노리고 있었을까? 그렇다고 해도 당시 뛰어난 무장이던 이적(李勣 594~669)을 어찌 이해해야 하는가. 그 자신이 일평생을 당태종 이세민에게 바쳤고, 측천무후가 권력을 잡았을 때 이미 그의 나이 팔순이 넘었다.

이는 기회를 노리기보다 측천무후 쪽 사람이 되어버렸다고 해야 옳을 것이다. 그녀가 그만큼 인재를 끌어들이는 데 능했단 뜻도 된다. 자신이 여자임을 최대한 이용하면서도 실제로는 남자 뺨치는 냉철한 판단과 뛰어난 수완으로 국가를 다스린 통 큰 이 여제에게 그야말로 경의를 표하지 않을 수 없다.

후궁에서 황후로　측천무후의 본명은 무조이고 무후, 무측천 등의 별칭이 있다. 그녀는 나이 열세 살에 당나라 태종의 후궁으로 궁에 들어왔다. 당태종 이세민은 무후의 용모가 뛰어나다는 말을 듣고 재인(가무로써 황제를 섬기는 아주 낮은 등급의 후궁)으로 삼았다. 그러나 입궁한 지 13년이 되도록 태종과의 사이에 자식이 없듯 후궁으로서 이렇다 할 사랑을 받지 못했다.

만년에 태종이 병석에 누워 있을 때의 일이다. 후궁들이 대기하며 병시중을 들고 있던 어느 날, 그곳으로 병문안을 왔던 태종의 아들(훗날의 고종)의 눈에 들어 은밀히 가슴 뛰는 사랑을 받았다. 그리고 곧 태종이 세상을 뜨자 무후는 궁녀로서 왕가의 법도 — 왕이 죽으면 후손이 없는 후궁은 비구니가 되어야 함 — 에 따라 절로 들어가 비구니가 되었다.

태자는 선제先帝의 뒤를 이어 고종황제에 즉위했고, 이듬해 아버지의 기일을 맞아 장안의 감업사感業寺에 갔다가 이곳에서 쓸쓸히 지내는 무후를 보고 측은히 여겨 궁으로 불러들였다. 어쩌면 그녀가 황궁으로 다시 돌아올 수 있었던 데는 고종의 황후 왕씨와 후궁 소숙비의 암투가 더 크게 작용했다고 볼 수 있다.

당시 고종은 황후 왕씨보다 소숙비라는 후궁을 더 총애하고 있었다. 이를 질시한 왕씨는 고종의 마음을 돌려놓기 위해 고심하다 그가 태자 시절 좋아했던 '무후'를 떠올리고 서둘러 그녀의 입궁을 황제에게 슬며시 귀띔했다. 이에 파격적으로 궁에 돌아온 무후는 황제와 황후가 감싸준 덕에 정이품까지 승승장구했다.

당나라의 후궁제도에는 황후 밑에 네 부인이 있었고 그 부인 다음에 9빈, 다시 그 아래 27세부가 있었으며, 또 그 밑으로 81어처가 있었다. 모두 합하면 122명이다. 흔히 삼천궁녀라 함은 그 각각의 후궁들이 거느린 시녀들을 다 포함해서 수를 불린 탓이다. 이렇듯 황제는 아름다운 궁녀들에 둘러싸여 지내게 된다.

결국 황후일지라도 황제의 총애를 받지 못하면 언제 후궁에게 밀

▲여태후(? ~ BC 180) 정식으로는 고황후 여씨이며 본명은 여치呂雉이다. 전한을 통일한 한고조 유방의 부인으로 중국 최초의 황후 측천무후, 그리고 서태후와 더불어 중국 천하를 휘둘렀던 3대 여걸에 속한다. 한나라의 개국공신 '한신'과 '팽월'을 반역죄로 몰아 제거하는 데 앞장섰는데, '토사구팽'이란 말도 여기서 비롯되었다.

유방이 죽자 아들 유영을 한나라의 2대 황제(혜제)로 앉히고 여태후는 어린 아들을 대신하여 16년간 한제국을 통치했다. 평소 유약했던 혜제는 술독에 빠져 살다가 즉위 7년 만인 23세에 사망한다. 이후 여태후는 "유씨 외에는 누구도 왕이라 칭해서는 안 된다"는 유방의 유언을 어기고 많은 여씨 일족들을 왕으로 삼음으로써 대신들의 불만을 자초했다. 기원전 180년 7월 병을 얻어 시름하던 여태후는 62세를 일기로 장안 미앙궁에서 사망했다. 원로들은 기다렸다는 듯 여씨 일족을 멸했다.

사마천의 《사기》-〈여태후본기〉에서는 "혜제와 여태후 시절에는 백성들이 고통에서 벗어날 수 있었으며, 군신들은 모두 무위 경지에서 안식을 얻으려 했다. 그러므로 혜제는 태평하게 아무 일도 하지 않았으며, 여태후는 여성으로서 황제의 직위를 대행하여 모든 정치를 방안에서 이루었으나 천하는 태평하고 안락했다. 형벌을 가하는 일도, 죄짓는 사람도 드물었다, 백성들이 농사에 힘을 쓰니 의식은 나날이 풍족해졌다"라고 평가했다.

▲**자식들도 나의 적이다** 본문에서처럼 일단 소숙비와 왕황후를 자신의 친딸 살해범으로 몰아 폐서인(일반인 신분으로 돌아감)시키고, 그것도 모자라 고문을 가해 죽인다. 그리고 자신의 뜻에 반대하는 개국공신들을 처단한다. 이어 당시 황태자를 폐위시키고 자신의 아들 이홍을 앉힌다. 이를 놓고 고종이 은밀히 무측천의 폐위를 논하자 가담했던 대신들을 반역죄로 몰아 처형시키고 황태자 이충에게는 사약을 내린다.
새로운 황태자 이홍이 대신들의 신임을 얻자 위기감을 느낀(?) 무측천은 아들에게도 사약을 내려 죽인다. 그리고 둘째아들 이현賢을 황태자에 책봉하지만 그 역시 총명하고 대소 신료들에게 신임을 얻자 여색을 밝혔다는 모함을 씌워 귀양을 보내고 훗날 자객을 보내 암살한다. 셋째 이현顯은 유약하여 순종하니 고종 사후 중종으로 즉위한다. 하지만 중종 황후일가의 영향력이 생기자 바로 폐위시키고 막내아들 이단므을 즉위시킨다.
그러나 이도 성에 차지 않았는지 폐위시키고 새로운 왕조인 주周나라를 창건하기에 이른다. 이 끝없던 욕망은 죽기 직전 황후로 남겠다는 것과 자신 때문에 죽은 왕황후를 사면복권하라는 유언으로 막을 내렸다.

리고 말지 모르는 일이다. 미모가 뛰어나다거나 정숙하다고 해서, 또는 지금 황제의 총애를 받고 있다고 해서 언제까지 그러리란 보장도 없었다. 그러니 황후와 후궁들은 서로 알게 모르게 경계하며 물밑 암투를 벌이면서도 겉으로는 애써 고요한 척했으리라.

실제로 9빈 중에서도 으뜸이 된 무후는 이때부터 환관과 궁녀들을 자기편으로 만들었다. 이어 황후와 함께 소숙비를 몰아내는 일을 도모했다. 둘이 뜻을 합하면 그녀를 모함하는 일쯤은 식은 죽 먹기 아닌가. 그런데 이것이 황후 자신의 앞날이 될 줄을 왜 모르는가. 눈엣가시였던 소숙비를 몰아내는 일이었기에 황후는 방심하고 있었던 것이다.

그리고 무후는 계획대로 원하던 아들을 낳았다. 고종은 그녀에게 '소의'라는 비의 지위를 내렸다. 이리되자 황후는 슬슬 그녀가 두려워졌는데, 무후는 즉각 마수를 뻗친다. 때마침 무후가 둘째아이로 딸을 낳았고, 자식이 없던 황후 왕씨가 아이를 무척 좋아해 자주 내방하는 것을 이용하기로 한다.

그 날도 황후 왕씨가 딸을 보러 온다는 전갈을 받고 미리 자기 딸의 목을 졸라 죽여 강보에 싸둔 뒤 그녀는 고종과 함께 산책을 다녀온다. 그리고 태연히 고종에게 딸을 보여주려다 실신하듯 쓰러져 대성통곡을 했다. 이에 고종이 격노하여 방문한 황후 왕씨를 문책하니, 그녀는 속절없이 폐위되고 무후는 뜻하던 바 황후로 등극한다.

고종황제의 총애　고종의 총애로 4남 1녀를 둔 무후의 권세는 날로 커져만 갔다. 그에 힘입어 그녀는 자신이 황후에 봉해지는 것을 반대했던 대신들을 모두 숙청했다. 황족인 고종의 숙부마저 죄를 물어 죽였으며 그 삼대까지 유배를 보내거나 몰락시켰다.

때를 같이하여 고종이 중병으로 오랫동안 병석에 누워 정사를 돌볼 수 없게 되자, 이 또한 무후에게 빌미가 되어 그녀가 전권을 장악했다. 천성이 나약한 데다 몸져누워 심약해진 고종은 무후에게 전적으로 의지했고, 고종이 죽기까지 23년간 실질적인 통치를 그녀가 했다.

다른 한편, 어떤 일이 벌어질 가능성이 단 1퍼센트만 보여도, 마치 그 일이 당장이라도 일어날 듯 그녀는 끊임없이 정적들을 제거해나갔다. 설사 그 자가 자신의 피붙이일지라도 주저없이 숙청했다. 반란, 아니 뜻을 거스를 기미만 보여도 그 삼대까지 제거했던 무후는 거짓이든 참이든 밀고를 독려하고 상으로 벼슬까지 내려주었다.

때는 바야흐로 인재가 넘쳐나던 시절, 그녀는 원로대신들을 과감히 처형하고 관료들의 세대교체를 이뤄냈다. 과거제를 비롯하여 인재등용 시험에 호명제도(응시자 이름을 아무도 모르게 하는 제도)를 실시했으며, 도시와 지방을 가리지 않고 인재를 발굴했다. 또한 군신과 백성의 관리추천제(지금의 인턴제)를 도입하는 한편, 철저히 자신에게 충성하는 사람, 도전세력이 있을 때 자신의 뜻에 따르고 지원한 사람들 중 인재를 등용하여 제국의 행정을 효율적으로 운영해나갔다. 이러한 무후의 뛰어난 행정수완과 용기, 과단성으로 인해 당 제국의 영향력은 신라에까지 미치기도 했다.

때로는 그녀의 포악한 성격을 강조하여 측천을 부정적 인물로 평

▲측천무후의 남자들 역사에서 위대한 족적을 남긴 여성들의 공통점은 남편복이 없다는 것이다. 그 점에서 측천무후도 예외는 아닌 듯하다. 우선 첫 번째 남자인 당태종의 사랑을 받지 못하면서 그의 아들인 고종과 두 번째 남녀의 연이 이어진다. 원래 제왕의 윤리와 철학에는 삼강오륜이란 것이 존재하지 않았다. 태종이 죽자 측천은 당제국의 율령에 따라 감업사란 절에 가서 비구니로 살게 된다. 살아생전 사랑받지 못한 것도 억울한데 비구니라니. 감업이란 뜻도 자신의 인생업장에 감사하고 죽어살라는 뜻이다. 그렇게 절치부심하던 측천 앞에 풍소보라는 중이 나타난다. 이 중은 불쌍한 측천의 앞뒷일을 잘 보살펴주니 이 인연으로 그는 측천의 세 번째 남자가 된다. 측천은 그에게 설회라는 이름을 하사하고 극진히 총애하지만, 그는 측천의 위세를 빌어 엄청난 재물을 축적하기 시작했다. 결국 많은 적을 만든 끝에 측천의 지시로 궁녀들에게 몽둥이로 맞아 죽었다고 한다.

측천 못지않은 천하의 요사한 딸 태평공주는 어머니에게 자신의 정부이자 당대 최고의 꽃미남인 장역지 형제를 은밀히 남총으로 삼도록 천거한다. 이들은 이제 겨우 나이 20안팎이었다고. 당시 70대였던 측천은 이들 꽃미남 형제들과 꿈같은 잠자리를 했다고 하니 아연실색할 뿐이다. 게다가 수많은 미소년들이 측천의 총애를 받기 위해 줄을 섰다는데, 이를 믿어야 할지 의문이다.

당고종 이치(李治 628~683)는 당나
라의 제3대 황제로 당태종의 9남이다.
4세에 진왕에 봉해졌으며, 큰형 이승
건, 넷째형 이태가 황태자에 올랐으나
폐위되어 적자 중 막내인 그가 황태
자에 등극했다. 649년 당태종이 죽자
21세의 나이에 황제가 된 그는 처음
에는 아버지의 '정관의 치'를 이끌던
가신들을 옆에 두고 강경정책을 폈다.
그리하여 660년에 백제, 668년에 고
구려 등을 멸망시키며 당의 영토를 넓
혔다.
아버지의 재인이던 무측천을 총애하
여 나중에 황후로까지 봉했다. 무황후
가 되자 폐황후 왕씨를 지지했던 장손
씨 등 개국공신 집단을 가차없이 처형
했고, 이후로도 자신에게 반대하는 신
하들은 모두 죽였다. 이를 계기로 당
시 관료집단의 구성이 개국공신에서
산둥 출신의 새로운 관료로 바뀌었다.
그후 이치가 병들자 무황후가 정치를
대행했고, 재위 34년째인 683년 56세
의 나이로 일생을 마쳤다.

가하기도 한다. 그러나 당시 출신을 따지지 않고 유능한 인재를 과
감히 등용하는 등 그녀의 개혁적인 정책으로 주周나라를 세웠고,
체제가 안정되자 더 이상 폭압정치는 없었다. 특히 그녀의 장점은
놀라울 정도로 의견을 잘 들어주는 군주라는 것이다.

무측천은 그야말로 2천년 중화제국 역사상 당 태종과 현종 때 누
렸던 태평성세에 버금가는 안정적인 대제국으로 이끈 여걸이었다.
하지만 그 평가는 당 태종과 현종의 그것과는 비교 자체가 어려울
정도로 인색했던 게 사실이다. 아마도 집권 초의 가혹한 정치와 불
교중흥을 위해 혹세무민惑世誣民한 탓이 크다 하겠다.

말년에 "나를 고종의 왕비인 측천대성황후로 불러다오"

창업이수성난創業易守成難이라 했던가. 일을 시작하기는 쉬우나
이룬 것을 지키기는 어렵다고 했는데, 그토록 잔혹하게 정적을 숙청
하고도 무측천은 82세까지 천수를 누리고 갔다. 세계역사를 다 뒤져
도 보기 드문 일이다.

그녀의 유언을 보면 피도 눈물도 없는 듯했던 삶과 달리 여자의 통
한을 정히 두고 갔다. 그토록 오르려 했던 황제의 자리도, 첫 남자도
다 버리고, 고종의 비였던 태후에 애착을 보이며 자신을 '측천대성황
후'로 불러달라 했다고. 더불어 자신의 묘비에 아무런 글자도 새기지
말라 하더니, 다만 고종의 무덤인 건릉에 합장해달라고 했단다. 12
년 동안 모셨던 첫 남자(태종) 대신, 자신에게 여섯 명의 자녀를 안겨
준 고종과 함께 유하고자 했음이라. 어찌하여 야누스의 두 얼굴인가.
사랑하는 아들에게 사약을 내릴 정도의 냉정한 이면에 한 남자를 지

극히 사랑하는 지고지순한 모습을 간직해, 듣는 이로 하여금 더러 가슴을 쓸어내리게 한다. 비천한 궁녀에서 황제가 되기까지 분명 그녀 안에서 울부짖었을 또 다른 속내가 새기지 못한 비문이 아니겠는가.

◀세계 유일의 황제합장묘 건릉

건릉은 중국 섬서(산시)성의 서안(시안)에서 서북쪽에 있는 선양(셴양)에 위치해 있다. 현재 건릉 일대는 섬서성 관중關中 지구라고 지정되어 있는데 이곳엔 당나라 때 18명의 왕릉이 있었다. 하지만 그 가운데 17개가 도굴되었고, 오직 건릉만 남아 있을 뿐이다. 그 초입에는 양 옆에 석상들이 수려한 모습으로 진을 치고 손님을 맞이한다. 또 앞에는 두 개의 비가 우뚝 솟아 있다. 하나는 측천무후의 남편 고종 이치를 기리는 '술성기비述聖記碑'이고, 다른 하나는 특이하게도 아무런 글자가 없다 하여 '무자비無字碑'로 이름 붙여진 비석인데 무측천의 유언에 따라 아무 글자도 새겨넣지 않았다. 이에 대해 관광 가이드들은 공적이 많아서라고 하는데 사실과는 다르다. 한편, 2005년에는 건릉 발굴에 대한 논란이 있었다. 무측천 사망 1300주년을 맞이하여 그 발굴작업을 해야 한다는 쪽과 반대쪽의 대립이 있었으나, 이듬해 중국정부는 '능동적으로 발굴하지 않는다'라는 원칙을 세워 논란을 종식시킨 바 있다. 그림은 무자비無字碑.

최고의 절, 낙양의 백마사白馬寺▶

하남(허난)성의 낙양(뤄양)에는 삼국지의 맹장 관운장의 머리를 묻어 보존한 관림關林과 당나라 때의 시인 백거이의 묘지 백원白園, 그리고 무덤박물관과 중국에서 가장 오래된 절 백마사가 있다. 후한의 명제가 꿈 속에서 정수리로 빛이 나는 거대한 사람을 보고 의문이 들어 신하에게 묻자 '부처'일 거라고 가르쳐준다. 이에 불교를 받아들이려 인도로 사신을 보내는데, 도중에 인도의 두 고승을 만나니 중국어 최초로 경전을 번역한 축법란과 가섭마다. 마침 중국에 불교를 전파하러 가던 길이란다. 이들이 백마의 등에 경전을 싣고 와서 백마사로 이름 붙여졌다. 한편, 무측천이 총애했던 설회의가 이 절의 주지가 된다. 저잣거리에서 가짜 약을 팔던 그에게 뭔가 그럴 듯한 신분이 필요했을 때 불교중흥에 힘을 쏟던 무측천이 백마사를 떠올리고 주지로 내려보냈던 것이다. 755년 안사의 난 때 전소됐지만 송대와 명대에 수리를 거쳐 현재의 틀을 갖췄으며, 중국정부에서도 여러 차례 복원사업을 펼쳐 현재의 모습이 되었다.

측천무후 시대의 지평을 열었던 당태종
그는 누구인가?

당태종 이세민(李世民 599~649)은 당제국의 창업자인 당고조 이연(李淵)의 둘째아들로 태어났다. 그의 이름을 풀어보면 이른바 제세안민(濟世安民 세상을 구하고 백성을 편안케 하라는 뜻)이란 사자성어에서 두 자를 따와 지은 것임을 알 수 있다. 이미 그의 운명은 이름 석 자에서 보듯 범상하지 않음을 예고하고 있었던 것이다.

당태종의 스토리는 수제국과 당제국의 교체기, 천하대란의 시기와 맞물려 있다. 이때 당이 천하통일을 하는 과정에서 여섯 번의 대전쟁을 치르는데, 가장 뛰어난 공을 세운 사람이 바로 당태종 이세민이다. 하지만 그는 두 번째 아들이다. 왕조시대에 맏아들로 태어나 태자가 되지 못한 나머지 아들들의 운명은 바람 앞의 등불과 같았다. 이미 태자 자리는 맏형 이건성에게 돌아갔고 그는 제후왕인 진왕에 봉해졌을 따름이다. 자리가 위태롭기는 태자도 마찬가지였다. 하여 그는 넷째 이원길을 끌어들여 대사를 도모하고자 했다. 둘째 이세민을 죽이는 것이었다. 하지만 여러 번의 암살음모가 실패로 끝났다. 이때 운명의 화살은 기회를 놓친 자에게 돌아가게 되어 있는 법이다.

이미 궁내에 치밀한 정보망을 가지고 있던 이세민은 태자측의 일거수일투족을 손금 보듯 훤히 꿰뚫고 있었다. 반격의 시기가 다가오고 있었다. 건성과 원길은 사병을 거느리고 있었기에 정공법은 쓸 수가 없었으니, 이들이 무장해제를 하는 경우란 황궁으로 들어올 때뿐이었다. 바로 이 순간을 노려 격살하는 수밖에 없었다.

이세민은 장안성의 북문인 현무문玄武門에 암살대를 매복시켰다. 건성과 원길이 곧 현무문을 지나 황궁으로 들어오게 되어 있었기 때문이다. 이미 이세민은 아버지에게 건성과 원길이 아버지의 후궁들과 그렇고 그런 사이라고 농간을 부려놓았다. 이에 격분한 이연이 자식들을 불러들인 것이다. 그런 사실을 까맣게 몰랐던 건성과 원길은 무장을 해제한 채 궁문을 들어서다 암살대와 맞닥뜨렸다. 아차, 이미 때는 늦었던 것이다. 원길이 이세민에게 화살 3대를 날렸으나 맞히질 못했다. 그러나 이세민의 화살은 그대로 태자 건성의 목을 꿰뚫었다. 맏형의 죽음을 본 원길은 달아났으나 울지경덕의 화살에 맞아 죽는다.

이어 즉시 반란군을 이끌고 황궁으로 쳐들어간 이세민은 부왕 이연에게 형과 아우가 반란을 일으켜 먼저 처형하고 아뢰노라며 고한 뒤, 이 모든 사태는 부왕의 잘못이라고 겁박했다. 그리고는 부왕을 별궁에 유폐하고 모든 병권을 장악했다. 이른바 전통적인 반란의 수순을 착실히 밟아나가고 있는 것이다. 며칠 후 이연은 이세민을 태자로 봉하고 양위를 하기에 이른다. 이연은 죽을 때까지 유폐되어 비참한 말년을 보내게 된다. 아마도 그는 아들 이세민의 손에 죽었을 것이다. 뿐만 아니라 이세민은 형과 아우의 일족들도 남김없이 주살해버렸다.

626년 9월 4일 이세민은 황제에 즉위해 당의 제2대 황제 당태종이 된다. 후일 수많은 사가史家와 유학자들이 당태종을 비난하고 지탄하게 되는 것도 바로 이런 비정무쌍한 행적 때문이다.

그래서 더더욱 당태종은 자신의 정치와 후대 역사의 평가에 민감했다. 어찌보면 패륜과 유혈의 권력장악에서 영원히 자유롭지 못했기 때문에 '정관貞觀의 치'란 정치예술이 나왔는지도 모른다. 그의 정치감각에서 정말로 한 수 배워야 할 대목이 바로 공신에 대한 대우다. 자신을 위해 목숨을 건 공신들을 위해 능연각이란 건물을 세워 그들의 초상을 걸어두었던 것이다. 이들을 능연각 공신이라고 불렀는데 모두 24명에 이르렀다. 이런 공신우대 시스템은 이후 동아시아 제왕들이 앞다투어 따라 배우기에 이른다. 한고조 유방을 비롯한 대부분의 제왕들이 자신의 개국공신들을 모조리 제거한 데 비해 당태종은 얼마나 멋진 사나이인가.

또한 그는 아주 검박했고 근검절약했다. 뿐만 아니라 공정한 인재등용책을 써서 세인의 찬사를 받았다. 아울러 외치에서도 뛰어난 업적을 이루었다. 당시 강했던 돌궐의 빈틈을 공격해 적장 힐리가한을 포로로 잡았고, 주변 민족들을 복속시켜 수나라 시절의 2배로 영토를 넓혔다. 왕조의 기세가 당당해지자 북방민

족은 당태종에게 '천가한天可汗'이란 칭호를 내리는데, 이는 한족의 황제이자 북방민족의 우두머리로 군림한다는 뜻이다.

그런 그도 말년에는 점점 독단적인 생각에 빠져 혼미의 정치를 하기에 이른다. 황제 자리에 일찍 앉고자 역모를 꾸민 첫째아들을 내쫓고 평소 아끼던 넷째아들 이태에게 그 자리를 내주려고 했다. 이에 원로들이 이태의 비리를 들춰내며 아홉째 이치를 미는 바람에 결국 그에게 제위를 물려준다. 태종의 뒤를 이은 고종 이치는 아버지의 후궁이던 측천무후에 휘둘리며 쇠퇴기를 맞이한다.

또 하나 당태종의 실책이라면 고구려 원정을 들 수 있다. 당시 주변국을 모두 복속시켰는데 고구려만이 만만치 않게 맞서고 있었다. 그러나 이 싸움에서 그가 화살을 맞고 눈 하나를 잃었다는 풍문이 떠돌 정도로 대참패를 하게 된다.

연개소문의 고구려군에 쫓기면서 퇴각하던 당태종은 이때 얻은 병에 시달리다 649년 51세의 나이로 눈을 감는다. 죽기 전에 '고구려 원정을 하지 말라'는 방현령의 간언을 물리친 일을 후회하며, 태자에게 고구려를 침공하지 말라고 유언했다고 한다. 당시 말갈 등 북방민족을 두려움에 떨게 했던 그가 고구려의 위력 앞에 기를 펴지 못한 걸 보면, 새삼 고구려의 기백에 감탄할 뿐이다. 이러한 업적은 그가 죽은 지 50년쯤 후 《정관정요》에 기록되었다. 이는 당태종의 정치적 요체를 담은 책으로 지금도 인기리에 읽히고 있다.

이화원과 권력을 사랑한 **서태후**

네 명의 황제를 거느린 48년간 철권통치의 위력을 아는가!

서태후 (西太后 1835~1908 효흠현황후孝欽顯皇后)

1835	11월 29일 안휘성에서 혜징의 딸로 출생
1839	영국을 대상으로 제1차 아편전쟁 발발(~1842)
1842	제1차 아편전쟁에서 영국이 승리하며 난징조약 체결로 홍콩의 일부를 영국에 넘겨줌
1851	궁녀로 자금성에 입궐
1856	황제 함풍제(문종)의 유일한 후손인 동치제 출산. 영국, 미국, 프랑스 등 서구 열강세력을 향한 제2차 아편전쟁 발발(~1860)
1860	제2차 아편전쟁에서 패배하며 텐진조약을 체결. 기독교를 공인하고 개항 확대를 승인
1861	함풍제가 사망하며 6세인 동치제(목종)가 황제로 즉위. 신유정변이 발생하면서 본격적 서태후의 섭정이 시작됨. 함풍제의 동생 공친왕이 실질적 군부를 장악 중체서용中體西用 양무운동(~1874)이 본격화됨
1866	일본 메이지 유신
1875	동치제가 천연두로 사망하자 어린 조카 광서제(덕종)가 4세에 즉위
1884	청불전쟁 발발, 조선에서 갑신정변이 발발
1885	청불전쟁에서 패한 청나라는 프랑스의 베트남 지배를 인정함
1888	이화원 頤和園 재건 후 명명
1894	청일전쟁 발발, 조선에서 동학농민혁명(~1895) 발발
1895	청일전쟁에서 일본에 패한 청은 시모노세키 조약에 의해 요동반도, 타이완, 펑후제도의 일부를 일본에게 넘겨줌. 조선에서 명성황후 시해사건이 터짐
1897	대한제국을 선포
1898	강유위康有爲는 메이지유신을 모방한 변법자강책變法自强策을 발표 광서제 유폐, 무술정변
1900	의화단의 난, 의화단과 서구 8강의 베이징 공격으로 인해 시안으로 도피
1901	서구 8강이 베이징을 함락함으로써 '의화단의 난'이 종결 신축조약(베이징의정서)을 체결
1902	2차 이화원 보수공사 실시
1908	광서제 사망(2008년 조사결과 독살). 마지막 황제 푸이(당시 3세) 선통제는 즉위하지만 부친 순친왕의 섭정을 받음. 11월 15일 서태후 북경에서 74세로 사망

▲서태후의 소녀시절. 청초한 아름다움에 총명하기까지 하여 함풍제의 눈에 드니 후궁에서 귀인으로 봉해진다.

만년을 이화원에서 이화원頤和園은 중국 왕조시대에 황제들만 찾던 곳이다. 지금은 중국인이나 중국을 찾은 관광객이 꼭 둘러보는 최고의 명소가 되었다. 그곳을 다녀온 지 벌써 15년이 지났는데도 기억이 각별하다. 정원 어디서나 멀리 바라볼 수 있고 호수에 빠진 풍치마저 참 마음에 들었던 때문이다.

그리고 고백하지 않을 수 없다. 넓은 곤명호를 안고 있는 만수산에서, 산속 아려한 누각들 앞에서, 우리 경복궁의 교태전처럼 왕실자손의 번창을 위해 용마루를 두르지 않아 편안한 인수전에서, 한 마리 박쥐모양을 한 불향각에서, 또는 호수를 따라 복도로 꾸며진 길고 긴 회랑을 돌면서, 뱃놀이 여흥을 살린 대리석의 기고만장한 돌배에서, 호수 동쪽 기슭을 잇는 17공교의 5백여 마리 사자가 조각된 난간에서도 왠지 자꾸 마음이 아려왔던 것을. 이화원과 함께 울고 웃었던 서태후의 미련함이 가셔지지 않아서다. 어느 결에 눈치 챈 아름드리 수양버들이 머리채를 흔들며 초여름 호수 속으로 나를 이끌었다.

함풍제를 유혹하다 청나라는 중국의 소수민족 중 변방국인 만주족이 세운 국가다. 서태후(西太后 1835~1908)는 가난으로 이리 저리 떠돌다 만주족 예흐나라 귀족가문에 입양되었다. 성은 예흐나라이고 옥란, 난아, 왕소겸 등으로 불렸다. 당시 황제의 후궁이 될 궁녀를 '수녀'라고 했는데, 그 수녀도 백 퍼센트 만주 혈통만이 될 수 있었다.

난아의 나이 열일곱에 수녀로 선발되어 함풍제의 후궁으로 들어갔다. 귀족가문에 입양되었던 그녀는 총명하여 고전에 능통하고 서화와 노래에 뛰어났는데, 이를 이용해 함풍제를 미혹시킬 기회를 엿보던 중 드디어 때를 만났다. 황제가 궁의 이수원을 지날 제 태연하게 그 정원에서 산시성 민요를 부르며 황제를 유혹하여 귀인(貴人 소의昭儀의 위이며 빈嬪의 아래로 모두 왕의 후궁에게 봉작된 호칭)의 직급을 받고 아들을 낳은 것이다. 함풍제는 황후와 이귀비 등 여러 후궁들이 있었으나 아직 대를 이을 아들이 없었다. 그러니 태자를 낳은 그녀는 낮은 서열의 후궁에서 단번에 귀비에 올랐다. 허나 그뿐이었다. 황제는 여전히 아름다운 용모와 춤 잘 추는 이귀비를 사랑하여 그 딸들까지 총애하면서 난귀비는 찾지 않았다고 한다. 이는 훗날 세 모녀에게 서태후의 광기어린 복수로 이어졌다.

권력도 아편이다　　1861년 함풍제가 승하하자 겨우 다섯 살인 태자(동치제)가 즉위했다. 두 어머니의 섭정과 함풍제의 동생인 공친왕이 의정왕으로서 정치를 보좌했다. 생모인 난귀비는 성모태후로 황후는 모후태후로 불렸는데, 성모태후는 서쪽의 평안궁에 처

▲이화원과 서태후　이화원을 이야기하자면 서태후를 빼놓고 말할 수가 없다. 이화원은 북경에서 10km 정도 떨어진 곳에 있는 황실정원인데, 원래 시작은 금나라 때인 12세기까지 거슬러올라간다. 그러다가 청조 건륭제 때 크게 확장시켰으나 1860년 서구열강의 침공 때 파괴되었다.

그후 1886년 당시 청조의 막강한 권력자였던 서태후가 재건하면서 이화원으로 이름을 바꾸었고, 전각이 추가되면서 마치 서태후의 별궁처럼 불리기 시작했다. 이 세계적인 정원을 만드는 데 얼마나 돈이 많이 들었던지 청일전쟁의 패배도 이에서 비롯된다고 할 정도였다.

290ha에 달하는 이화원의 핵심은 60m 높이의 만수산과 항주杭州의 서호西湖를 본떠 만들었다는 곤명호昆明湖다. 이는 이화원 전체 면적의 4분의 3을 차지할 정도로 큰 인공호수다. 여기에 각종 전각과 사원, 회랑이 곁들여져 장관을 이룬다. 만수산은 곤명호를 파낼 때 나온 흙을 쌓아 만들었다고 한다.

다만 슬픈 것은 인류역사의 놀랄 만한 기념비적 조영물은 모두가 독재자들이 만든 것이니 어쩌란 말인가. 후손들은 그것을 사람들에게 구경시켜 돈을 벌고, 훗날 이들은 또다시 유네스코 세계문화유산으로 지정되어 역사에 길이 남으니 말이다.

소가 있었고 모후태후는 동쪽의 수리전에 살았다. 서태후, 동태후라 부른 것은 이 때문이다. 사실 동태후(東太后 1837~1881 청나라 제9대 황제인 함풍제의 황후)는 정치에 무관심했고 그 시대 부덕 제일의 교육을 받은 여인이었으나, 여성들에게 불필요하고 무익한 것이라 여겼던 글자는 깨치지 않았던 모양이다. 이에 영리하고 권력욕 강한 서태후가 실권을 틀어쥐고 말았다.

동치제가 성년이 된 후에도 서태후는 계속 국사를 간섭하고 장악했다. 하여 동치제도 친어머니인 서태후보다 정치적 욕심없이 온화한 동태후를 더 따랐다고 한다. 결국 동치제의 황후마저 동태후가 추천한 여인을 맞아들여 서태후의 질시를 받았다. 서태후는 며느리의 일거수일투족을 미워하고 역정을 내는 것도 모자라 동치제의 황후 처소 출입까지 막았다.

이래저래 시름에 잠긴 동치제를 즐겁게 해줄 요량으로 신하가 유곽을 소개했다. 그곳에 재미를 느껴 자주 드나들던 황제는 결국 매독에 걸렸는데, 서태후가 계속 종기라고 우거 종기치료만 하다 끝내 일어나지 못하고 세상을 떠났다. 그의 나이 겨우 열아홉이었다. 당시 황후는 임신 중이었으나 제위계승의 원칙을 무시하고 서태후는 그녀를 쫓아냈다. 대신 자기 여동생과 시숙 사이에서 난 세 살밖에 안 된 조카(광서제)를 양자로 들여 제위를 물려주었다. 섭정이 불가피하게 만든 것이 아니랴.

1881년 동태후가 불시에 죽자 서태후는 정치를 보좌하던 공친왕마저 몰아내고 권력을 독점했다. 그러니 서태후가 동태후에게 보낸 떡에 독이 들어 있었다는 둥 뒷말들이 많을 수밖에 없었다. 하지만 서태후가 독살을 기도했는지는 단지 심정적인 추측일 뿐 누구도 알 수 없는 일이다. 하긴 물증이 있다 한들 누가 감히 증거를 제시하고 따질 수 있었겠는가.

세월이 흘러 광서제도 성년이 되고 한 여인을 마음속에 품었다. 그러나 광서제

의 마음은 아랑곳없이 서태후는 자기의 질녀를 황후자리에 앉혔
다. 사실상 정권은 서태후가 장악하고 있었는데, 성년이 된 광서
제가 친정을 하자 그녀는 이화원으로 나앉았다. 그러나 쉽사리 실
권을 넘겨줄 리 만무했다. 서태후는 위엄을 잃지 않기 위해, 아니
자신의 전화를 받을 때 경망스럽게 드러누워 있는지 걸터앉아 있
는지 알 길이 없다며 이화원에 전화조차 놓지 않고 황제를 직접
불러 지시를 했다고도 한다.

갑오전쟁이 일어나다　　1894년 갑오년은 서태후가 환갑이 되는 해
였다. 이를 대비해 6년 전부터 그 연회장소로 청기원의 폐허 위에
새롭게 정원공사를 했다. 엄청난 군비를 쏟아부은 이화원의 탄생
이다. 본래 평지였던 곳을 파내 만든 곤명호는 바다처럼 넓어서
호수 한가운데 섬을 조성해 풍치를 더했고, 그 호수를 판 흙은 산
이 되었다. 곧 여러 궁전과 별장을 품고 호수를 지긋이 내려다보
고 있는 만수산이다.

　그 만수산 기슭 곳곳의 궁전과 누각에서 서태후는 1년 내내 잔
치를 벌였다. 왜침을 대비해 북양함대를 보강하고 군사력을 강화
했어야 할 시점에 오히려 해군 예비비를 끌어다 이처럼 사리사욕
을 채우고 있었다. 그 무렵 예상대로 청일전쟁이 터졌다. 청나라
의 부패한 정부를 얕잡아보고 일본이 침략한 것이다. 당연히 청나
라는 이 전쟁에서 대패했다.

　실은 조선정부가 갑오농민전쟁 때 청나라에 병력을 요청한 것
이 청일전쟁의 발단이기도 하다. 조선에 청나라 군대가 출병하자

▲광서제(光緒帝 1871~1908) 청조
의 막강한 권력자인 서태후가 연출한
두 번째 허수아비 황제. 첫 번째 연출
작인 서태후의 아들 동치제에 이어 조
카인 광서제가 제위에 오른다. 태어나
자마자 황제가 된 광서제는 치세기간
중에 불행히도 청불전쟁, 청일전쟁과
같은 중국의 운명을 바꿀 커다란 사건
들에 직면한다.

연이은 일대사건에서 청조는 패배와
절망에 빠져 있었고 광서제도 대단
히 힘겨워했을 것이다. 그 와중에 그
도 한번 크게 대붕大鵬의 날개를 펴보
려고 시도한다. 우연히 강유위란 자의
변법자강變法自彊 운동을 듣고는 흥
미를 갖게 된 것이다. 이는 헌법을 개
정하고 학교를 설립하고 군대를 혁파
하고 산업을 일으키는 등 정말로 자신
의 제국에 꼭 필요한 운동이었다.

하여 이른바 변법파라는 강유위, 담사
동, 양계초를 끌어들여 변법혁명을 시
도했다. 여기에는 실권자인 서태후를
견제하려는 의도도 물론 깔려 있었다.
그러나 광서제는 애시당초 서태후의
상대가 되기엔 너무도 유약했다. 특히
이런 개혁운동에서 절대적으로 중요
한 것이 무력인데 바로 기회주의자인
원세개가 이 무력을 틀어쥐고 있었으
니, 이미 변법운동의 끝이 보이는 순
간이었다. 결국 원세개의 배신에 의해
변법운동은 실패로 끝나고 황제는 유
폐된다.

▲서릿발 친 변법의 칼로 서태후와 맞선 풍운아 강유위(康有爲 1858~1927) 청말 중초의 사상가이자 정치가이지만 무술변법戊戌變法(1898)으로 서태후와 맞선 인물로 더 유명하다. 그는 광동성 남해현 출신으로 호를 장소長素라 했다. 젊은 시절부터 학문에 힘써 전통적인 유교를 새롭게 해석하는 공양학公羊學에 심취했다. 또한 서구열강의 침략에 맞서 서양의 새 문물제도에도 눈을 떴는데, 특히 일본의 메이지유신을 본떠 입헌군주제를 기둥으로 하는 중국의 청사진을 그리고자 했다.

이른바 제도를 바꾸어 강한 나라를 만든다는 변법자강의 정치철학을 널리 알리기 시작했다. 특히 고향에 사숙 만목초당萬木草堂을 열어 여러 제자들을 가르쳤다. 이 중에 양계초 같은 훌륭한 인물도 있었다. 이어서 북경과 상해에 면학회를 조직하는 등 정치개혁 운동에 박차를 가했다. 이런 강유위의 변법자강 운동이 당시 허수아비 황제인 광서제의 귀에 들어갔다. 그 내용은 헌법제정, 국회개설, 과거科擧의 개정, 학교개설, 신문발행, 산업의 장려 등 당시 무너져가는 중국의 미래를 위해 꼭 필요한 것이었다. 그리하여 황제는 변법파인 강유위와 양계초, 담사동 등을 기용했다.

우선 강유위는 개혁에 방해가 되는 수구파 대신의 숙청을 요청하여 예부상서를 비롯한 고급관리를 서태후의 허

조선침략 기회를 엿보던 일본은 그들의 공사관과 거류민 보호라는 구실로 파병에 가담했다.

갑오농민봉기를 누른 일본은 이참에 서해에 진을 쳤던 청나라 북양함대의 주력을 격파하고, 점차 조선에 발도 못 붙이게 할 요량으로 압록강 건너 중국 본토에까지 진격한 셈이다. 이러한 사태의 급진전에 놀란 청은 일본의 강화교섭에 응하고 그들의 요구를 모두 수용할 수밖에 없었다. 엄청난 전쟁벌금은 물론이고 자신들 휘하에 두었던 조선의 종주권마저 내놓았다. 이로써 일본이 그토록 소망하던 조선과 중국을 짓밟을 수 있는 길을 터준 셈이다. 하여 일본은 두 나라에다 전쟁거점을 두고 물자와 노동력 착취로 세를 불려, 한때나마 감히 원대한 세계정복의 꿈을 꿀 수 있었던 게 아니던가.

마지막 기회를 바람에 날리다　　1898년 광서제가 서태후의 간섭에 질려 입헌파 강유위와 공모하여 신정을 실시하고 입헌군주제를 꾀하려 하자, 그녀는 즉각 보수파를 동원해 이를 제압하고 광서제를 이화원의 인공섬에 가둬버렸다. 이름하여 무술정변이다.

이 여세를 몰아 서태후는 당시 청나라 전복과 외세배격을 목표로 무장봉기를 일으켰던 비밀결사 조직인 의화단을 이용해 유럽 열강에 선전포고를 했다. 그 때문에 미국, 영국, 독일을 비롯한 8개국 유럽연합국은 군사 2만을 이끌고 공격해 들어왔고, 베이징은 2개월 만에 연합군에게 점령되었다. 결국 서태후는 서안으로 피신한다. 만년에 그녀는 이화원에 돌아와 진보적 개혁과 입헌준

비, 교육진흥정책 등을 새로 펼치려 했지만 이미 중국이 크게 나아갈 마지막 기회를 놓친 후였다.

그뿐인가. 지나친 간섭으로 동치제도 광서제도 자식이 없어 해괴한 황통을 잇게 하고, 황제가 어리다는 핑계로 섭정을 하다 청의 멸망과 왕조의 멸망도 앞당긴 셈이다. 결국 서태후의 일관되지 못한 대외정책으로 중국의 식민지화도 불렀고, 전쟁벌금으로 나라살림까지 만신창이가 된 채 지칠 대로 지친 그녀는 눈을 감았다.

남성위주로 돌아가던 정계에서 황후를 거쳐 태후 시절 네 명의 황제를 거느린 48년간의 철권통치라니 참으로 대단하다. 어느 황제도 그리하진 못했다. 하지만 그녀의 업적은 개인적 영화를 위한 권력뿐이었다. 그 와중에 탄생된 이화원만 그녀와 함께 영원히 남겨진 셈인가. 세계문화유산으로 유네스코에 등재된 이화원. 과연 오늘날 중국의 관광수입과 산 역사의 장으로 훌륭한가.

〈맹자 양혜왕편〉에 보면 선왕이 패도정치에 대해 의견을 구하자 맹자는 "백성들이 편히 살게 만드는 일부터 힘쓰라"고 충고한다. 그렇다. 나무에 올라가 물고기를 구하려는 것은緣木求魚 뒤탈이 없지만, 패자霸者가 되려다 실패하면 나라가 멸망하게 된다는 것도 잊지 말아야 하리라.

락없이 파직시켰다. 또, 유명무실한 관료기구를 철폐하고 제도국의 성격을 갖는 무근전을 개설했다. 이런 와중에 변법파는 뼈아픈 실책을 범한다. 황제권을 강화하고자 신건육군新建陸軍이란 친위군을 창설하는 데 청조멸망의 주범인 원세개를 수장으로 지목한 것이다. 이에 따라 서태후를 정점으로 하는 수구세력이 똘똘 뭉치게 되었고, 급기야 서태후파는 무력 쿠데타를 음모하기 시작했다. 이에 위기를 느낀 강유위의 변법파들은 원세개로 하여금 선수를 치게 하는데 여기서 원세개는 주판알을 튕기니, 마침내 서태후를 선택한 그는 모든 사실을 밀고한다.

8월 4일 수구파의 무술정변으로 광서제가 연금되고 이틀 뒤 강유위 체포령 등 정변이 선포되었다. 변법자강운동의 주도자인 강유위와 양계초는 영국인의 도움으로 겨우 일본으로 피신했고, 이 운동은 '백일천하'로 실패하고 말았다.

재미있는 것은 중국의 무술변법(1898년)과 아주 유사한 조선의 갑신정변은 1884년에 일어났으니 햇수로 따져 무려 14년이나 앞선 것이다. 게다가 중심인물인 김옥균과 박영효가 일본으로 망명한 것처럼 강유위와 양계초도 일본으로 망명하니 기이한 노릇이 아닐 수 없다. 우리의 갑신정변이 아닌 갑신혁명이 성공했더라면 어찌 되었을까. 어쩌면 경술국치 한일합병도 없었을 것이고 굴욕의 민족사도 겪지 않았을 것이다. 그래도 자객의 손에 죽어 부관참시까지 당한 김옥균보다는 후일 중국의 독립과 자강을 위해 남은 생을 바친 강유위는 행운아였다.

제2장

황금빛 드레스에 비극을 잉태하다

메디치 가문의 프랑스 왕비 카트린 드 메디치 왕비
현실에 무지했던 마리 앙투아네트
나폴레옹의 사랑을 독차지한 조세핀
아르헨티나의 국모 에비타
죽음조차 영화 같은 삶을 살았던 그레이스 켈리

카트린 드 메디치 왕비

"나 평생 프랑스를 위해 살다갔노라"

카트린 드 메디치 (Catherine de Médicis 1519~1589) 왕비

검은 베일 속의 백합. 검은 왕비라는 별칭이 붙음

1519	4월 13일 우르비노 공작 로렌초 데 메디치와 프랑스 왕녀 마들랭 오베르뉴의 외동딸로 피렌체에서 출생
1522	종교개혁자 마르틴 루터가 독일어 신약성서 발간
1525	이탈리아 영토를 두고 신성로마제국과 프랑스 간에 벌인 파비아 전투에서 신성로마제국이 승리함. 프랑수아 1세가 포로가 되어 유폐되었음
1526	프랑수아 1세가 석방되며 마드리드 조약 체결에 따라 프랑스는 이탈리아 플랑드르, 부르고뉴 지역을 포기함
1527	피렌체 폭동으로 추방된 메디치 가는 수녀원에서 칩거함
1530	카트린도 수녀원에 칩거
1533	교황 클레멘스 7세와 프랑수아 1세의 혼담이 성사되며
1536	카트린은 2남 앙리와 마르세유에서 결혼
1543	프랑수아 1세의 장남 브르타뉴 공 프랑수아의 사망으로 앙리 2세가 왕세자로 책봉됨 니콜라우스 코페르니쿠스 지동설 발표
1547	프랑수아 1세 사망, 앙리 2세 즉위
1559	앙리 2세 마상시합 도중 사망. 장남 프랑수아 2세가 즉위 프랑수아 2세가 병약한 관계로 노스트라다무스의 예언의식을 거행함 30년간 카트린이 섭정통치할 것을 예언함
1560	프랑수아 2세가 사망하고 차남 샤를 9세 즉위하며 본격적으로 카트린의 섭정이 시작됨
1562	프랑스 내의 종교전인 위그노전쟁 발발. 1598년 전쟁이 종결되면서 앙리 4세는 낭트 칙령을 통해 개인의 종교적 자유를 인정
1572	성 바르톨로메오 축일 대학살 사건이 발생. 이로써 로마 가톨릭 교도에 의해 개신교도들이 무차별 학살을 당함
1573	아들 앙리 3세 폴란드 왕으로 즉위
1574	샤를 9세 사망. 뒤를 이어 아들 앙리 3세(당시 폴란드 왕)가 즉위
1589	1월 5일 파리 생제르맹에서 카트린 69세로 사망

나 평생 프랑스를 위해 살다갔노라

이탈리아 메디치 가문의 딸로 30년간 프랑스 왕위를 지켰던 '카트린 드 메디치 왕비'

카트린 드 메디치(1519~1589 프랑스 앙리 2세의 왕비). 역사적으로 그녀에 대한 평은 그야말로 혹독했다. 이는 19세기 대중작가들이 그녀를 음모와 배신, 독살의 주인공으로 폄하해온 탓도 한몫했으리라. 근래 들어 이러한 평가가 조금씩 바뀌고 있어 불행 중 다행이랄까.

카트린 드 메디치는 유럽 문화의 중심이 르네상스 시대로 접어든 15세기 말, 예술과 문학의 후원자이자 정치가로서 권력의 절정기에 있던 이탈리아 메디치 가문에서 태어났다. 그러나 출생 당시 그녀의 부모는 빈사 상태에서 헤매고 있었고, 그녀 또한 병약하게 태어나 심신의 혼란 속에서 기적적으로 살아났다. 이렇듯 카트린은 세상에 나온 순간부터 만만치 않은 일을 겪었다. 마치 그녀 앞에 놓인 삶이 순탄치 않을 거라는 예고라도 하듯 말이다.

정부가 있는 앙리 2세와의 정략결혼　교황 클레멘스 7세(1478~1534 종교개혁 시대의 로마교황)는 이탈리아 지배권을 유지하기 위해 자기 가문의 마지막 후손이자 종손녀인 카트린을 프랑스 국왕 프랑수아 1세의 둘째아들 앙리 2세(1519~1559)에게 시집보낸다. 이 결혼은 카트린을 이탈리아 피렌체에서 음모와 적대감이 난무하는 프랑스 궁정 속으로 내몬 것이나 다름없었다. 당시 앙리 2세는 주체적인 왕권을 확립하기보다 총신寵臣에게 좌우되어 실정이 많았던 터였다.

그녀는 왕세자비가 되었지만 현실은 참담하고 우울했다. 왕족이 아닌 낯선 외국인으로서의 어려움은 어떻든 적응해간다지만 문제는 앙리의 이중생활이었다. 그에게는 카트린이 프랑스로 시집오기 전부터 스무 살 연상인 노르망디 법관의 아내 디안 드 푸아티에(1499~1566 프랑수아 1세와 앙리 2세 시대 궁정에 출입했던 귀부인)란 정부情婦가 있었다. 결혼하고 국왕이 된 상황에서도 앙리는 여전히 디안을 총애하니, 그녀가 왕비인 카트린을 우습게 알고 함부로 대했다. 자연히 카트린은 결혼 후 10년 동안 독수공방으로 아이가 없었다.

그렇게 인고의 세월이 흐르면서 열 명의 아이를 낳게 되지만, 이들마저 정부 디안이 교육시킨다는 명목하에 카트린과 철저히 격리시켜 키웠다. 그러니까 카트린은 남편 앙리 2세가 죽기 전까지 자신의 아이들마저 디안에게 빼앗긴 채 왕비 아닌 왕비로 숨죽여 지내야 했다. 국왕의 애첩 디안의 그늘에서 왕비 카트린은 정말로 진득하게 참았다. 겉으로 어떤 반감도 보이지 않았고 왕에게도 그저 순종했다.

사실 남녀관계란 참으로 기묘한 것이다. 앙리 2세는 일국의 제왕으로 스무 살이나 연상인, 아니 거의 어머니뻘인 여인에게 연정을 느끼는 반면 대★ 메디치가의 후예인 카트린을 찬밥신세로 돌리다니. 이 어처구니없는 현실이 바로 남녀의 역사인 것이다. 게다가 훗날 카트린이 성聖 바르톨로메오 대학살 사건의 주모자로 낙인찍히는 이유의 출발점이 바로 여기에서 시작된 것이라니…….

그러나 이 인욕의 삶도 끝이 있었던가. 그녀에게 급작스런 비

▲앙리 2세는 프랑수아 1세의 차남으로 태어나 메디치 가문의 카트린 드 메디치와 결혼, 형이 급사하자 앙리 2세로 즉위했다. 또한 앙리 3세는 앙리 2세와 카트린 사이에서 셋째아들로 태어나 어려서부터 신동 소리를 듣고 자랐지만 지나치게 총신들의 뜻에 치우친 정세를 펴서 국민의 원망을 샀다. 앙리 4세는 카트린의 사위로, 부르봉 왕조의 시조이며 낭트 칙령을 공포해 30년간의 종교내란을 종식시킨 인물이나 1610년 5월 구교도 광신자의 칼에 찔려 죽는 비극을 맞는다.

보悲報가 날아든다. 남편 앙리 2세가 마상시합에서 눈이 찔리는 사고로 죽고 만 것이다. 이제 갓 마흔인 남편이 어린 자식들을 남기고 갑자기 세상을 떠난 충격으로 그녀는 검은 상복을 벗지 않았다고 한다. 그리고 더 이상 비단옷도 입지 않았다. '검은 왕비'는 그래서 붙여진 별명이다. 이미 그녀에게 죽음의 그림자가 운명처럼 드리워지기 시작한 것이다.

한편, 왕의 총애를 믿고 카트린을 우습게 여기던 정부 디안의 충격은 이만저만한 것이 아니었다. 그야말로 비참한 말로가 온 것이다. 디안은 앙리가 준 보석을 비롯한 재물과 교외의 성을 모두 돌려주고 궁정에서 떠나야 했다.

이어서 카트린의 장남 프랑수아 2세(1544~1560)가 왕위에 올랐으나 1년 만에 죽었다. 다시 차남인 샤를 9세(1550~1574)가 갓 열 살의 나이에 즉위하니, 인고의 세월을 살아왔던 카트린이 섭정 황태후로 화려하게 등극할 수 있었다.

그러나 이 정치판의 왕좌란 얼마나 냉혹한 자린가. 정작 그녀를 기다리는 건 뼛속 깊이 느끼게 될 정치인으로서의 외로움이 될 것이다. 이는 그녀가 왕관과 더불어 프랑스 역사상 가장 광적이고 피비린내 나는 분쟁까지도 물려받았기 때문이다. 당시 프랑스는 끝이 보이지 않는 거대한 종교갈등을 떠안고 있었다. 그 갈등의 골이 원체 깊어 조그만 불씨로도 내란으로 불똥이 튈 만큼 일촉즉발의 순간이었다.

종교전쟁의 시대　　그러면 당시 유럽의 역사를 되돌아보자. 16세기 유럽은 루터가 개신교를 주창한 이후, 프랑스는 로마 가톨릭교도와 칼뱅주의(《성서》를 규준으로 루터사상을 계승하면서 칼뱅의 독자적 사상을 발전시킨 프로테스탄트 사상)를 따르는 개신교도(위그노)의 대립이 심한 때였다. 이를 해결하기 위해 발표된 것이 '낭트 칙령'이다. 이는 카트린이 사위로 맞아들여 즉위시킨 앙리 4세(1553~1610)이자 나바라의 왕(재위 1572~1589)이 브르타뉴의 낭트에서 1598년 4월 13일 공포하여 낭트 칙령이라 명명되었다.

그렇다면 낭트 칙령 이전에는 도대체 무슨 일이 있었던 것일까? 그 26년 전인 1572년 파리에서 2만여 명의 신교도가 구교도 세력에 의해 대량 학살당한 성 바르톨로메오의 대학살 사건이 있었다. 당시 개신교도 위그노파(프랑스 프로테스탄트 칼뱅파 교도를 일컬음) 제후의 결혼식 참석차 들렀던 지방의 위그노들까지 뜻하지 않은 참변을 당하는 바람에 민심은 참으로 흉흉할 수밖에 없었다. 어언 30여 년간 신교도와 구교도가 서로 죽고 죽이는 끔찍한 살육전을 벌인 것이다. 어느 누가 종교를 평화의 사도라 했던가. 아마도 종교가 없었다면 그 수많은 인류의 전쟁도 없었을지 모른다.

결국 프랑스의 왕조교체를 바라던 신교도의 정신적 지주 영국은 위그노 편을 들었고, 스페인과 이탈리아는 가톨릭의 구교도를 각각 지원해 국제적인 분쟁까지 일어났다. 하지만 정작 문제는 이 대참변의 배후에 어린 왕 샤를 9세 뒤에서 수렴청정하던 카트린 드 메디치의 묵인 또는 공모가 있었다는 의혹이 끊임없이 일어났던 것이다. 사실 금융가문의 카트린을 상인의 딸로 격하시키며 무시하고 적대시하던 그들에게 좋은 빌미가 된 것이다. 이에 그들은 이탈리아 출신의 사악한 악녀가 한 짓이라고 카트린에게 온갖 혐의를 들씌워가며 시위를 벌였다.

이 어려운 풍랑의 중심에 서게 된 그녀, 무슨 수로 요동치지 않을 수 있으랴. 사실 왕권을 유지하기 위해선 그녀에게 다른 선택이 있을 수 없었다. 어느 쪽도 섣불리 손들어줄 수 없을 만큼 국가

▲낭트 칙령에는 다음과 같은 내용이 포함되어 있다.
1. 로마가톨릭 이외의 이단을 탄압한다는 조항을 삭제한다.
2. 개신교의 예배는 기정사실로 인정된 지역에서는 허용하나, 파리 시내에서는 금한다.
3. 개신교 신자의 재산상속, 대학입학, 관리취임을 허용한다.
4. 개신교 신자가 장악한 요새를 종교의 자유를 위한 안전지대로 인정하며, 파리고등법원내에 개신교와 로마가톨릭 간의 분쟁기구를 설치한다(개신교 6명, 로마가톨릭 10명). 지방고등법원에서의 분쟁기구는 개신교와 로마가톨릭의 수를 같게 한다.

프랑스에서 성 바르톨로메오 축일祝日에 발생한 가톨릭교도에 의한 개신교도(위그노) 대학살 사건을 말한다. 이것은 1572년 8월 24일부터 10월까지 있었던 사건으로 위그노 수만 명이 죽었다. 그때 인구를 따져봐도 중세 최대의 엄청난 비극으로, 당시 프랑스는 종교내란에 빠져 있었다.

이에 위그노의 수령인 콜리니가 국왕 샤를 9세의 신임을 받아 프랑스내 가톨릭교도를 후원하는 스페인을 토벌해 내란을 끝장내려고 했다.

그러나 가톨릭과 개신교도 사이에서 줄다리기를 하며 가까스로 왕권을 지켜오던 카트린 드 메디치 왕비는 개신교도의 세력이 강해질까 두려워 가톨릭의 수령인 기즈공 앙리와 결탁한다.

그리하여 자신의 딸 마고와 개신교도인 나바르 왕 앙리의 정략결혼식을 빌미로 모인 개신교도들을 죽이려고 음모를 꾸몄다. 그래서 성 바르톨로메오 축일의 종소리를 신호로 개신교도들에 대한 대학살 참극이 벌어지게 된 것이다. 이는 종교사가들이 가톨릭 2천년 역사에서 가장 추악한 범죄 1위로 꼽는 데 이의가 없을 만큼 엄청난 사건이었다. 결국 1517년 마르틴 루터의 종교개혁은 개혁을 뛰어넘어 엉뚱하게도 온 유럽의 종교전쟁으로 불똥이 튀기 시작했다. 그림은 프랑수아즈 드 부아의 〈성 바르톨로메오 축일의 대학살〉.

가 신·구교로 팽팽히 맞선 상황인지라 그들 사이에서 다만 균형을 유지하며 관용의 정치를 펼쳤다. 그러나 곪을 대로 곪은 뿌리 깊은 종교적 갈등은 피해갈 수 없었다. 결국 수차례의 내전을 비롯한 프랑스 종교전쟁 중 가장 치욕적인 사건인 성 바르톨로메오 대학살을 일으킨 주범으로까지 몰리고 말았다.

카트린의 섭정 사실 카트린은 오로지 프랑스 왕권을 지키는 데만 골몰했다. 그리고 그 한 수단으로 자녀들을 용의주도하게 활용했다. 말하자면 이 나라 저 나라와 동맹을 맺는 정략결혼을 시킨 것이다. 그녀 자신이 교황이던 삼촌의 욕심에 의해 정략결혼을 했고, 그래서 프랑스 궁정으로 건너와 철저히 외면당했던 그 암울한 세월을 그새 잊었을 리 없건만 달리 방법이 없었다. 아무에게도 의지할 수 없었던 이국땅 프랑스에서의 유일한 생존전략이었다.

하여 첫딸 엘리자베스를 무적함대를 자랑하던 에스파냐의 펠리페 2세와 결혼시켰고, 장남 프랑수아 2세는 스코틀랜드의 여왕 메리 스튜어트와 혼인시켰으며, 둘째아들 샤를 9세 또한 당시 신교도의 정신적 지주였던, 그녀의 아들보다 두 배나 나이 많은 영국의 엘리자베스 1세와 결혼시키려고 추진했으나 거절당하자 오스트리아 막시밀리안 2세의 딸 엘리자베스와 혼인시켰다.

그리고 '마고'로 유명한 바람기 많은 마르그리트와 훗날 '앙리 4세'가 되는 앙리 드 나바르와의 결혼도 성사시켰다. 이들의 결혼식이 노트르담 대성당에서 있었는데, 신랑인 칼뱅 개신교도 앙리 드 나바르가 성당 안에 들어서길 꺼려하여 식이 끝날 때까지 밖에서 신부를 기다렸다.

이 광경을 본 구교도들이 합세하여 결국 그들의 첫날밤, 지방에서 온 개신교도들까지 학살하는 끔찍한 바르톨로메오의 대학살 사건이 일어난 것이다. 그러나 카트린은 끝까지 영국과 평화협상의 미련을 버리지 못한 채 열여섯 살인 막내아들 알랑송을 사십대로 접어드는 영국의 엘리자베스 1세에게 청혼을 넣기까지 했다. 한마디로 처절한 카트린식 가문지키기의 일생이었던 셈이다.

결국 카트린은 메디치 가문을 은근히 무시하며 왕권에 도전하는 기즈 가문(성 바르톨로메오 학살을 선동한 구교도 귀족가문)과 첨예하게 맞서다 그녀의 셋째아들 앙리 3세(1551~1589)마저 구교세력에 의해 목숨을 잃고 만다. 당시 앙리 3세는 구교동맹 세력에 밀려 파리에서 쫓겨났다가 기회를 틈타 신교도 영수 나바르(훗날 앙리 4세)와 손잡고 파리를 회복하려 했으나, 1589년 8월 가톨릭 수도사인 자크 클레망의 칼에 찔려 죽음을 맞는다.

같은 해 1월 카트린은 아들보다 먼저 세상을 떠나고, 그녀의 딸 마르그리트(1553~1615 앙리 2세의 딸로 나바르 공비로 있다가 1589년 왕비로 등극)와 혼인한 앙리 4세가 즉위하면서 메디치 가문은 가까스로 프랑스 왕권을 지키고 그 기반을 닦게 된다.

모정의 세월　　그녀는 분명히 왕비였다. 그러나 정부를 둔 앙리 2세는 그녀에게 한 번도 살갑게 대해준 적이 없었다. 그래도 카트린은 남편에게 순종하며 그를 깊이 사랑했던 여인이다. 그나마 시커멓게 타들어가는 가슴을 자식들 바라보는 낙으로 채우면서 그들에게 사랑을 쏟으며 앞날을 기약했으리라.

더러 세인들이 카트린을 권력의 화신이라고 하나 그녀가 추구한 그 권력 너머에는 늘 자식사랑이 있었다. 그녀의 이 끈질긴 모성의 결과를 어찌 봐야 하는가. 애당초 자신이 처한 음모 따위엔 관심을 두지 않았다. 왕권을 지키지 않으면 당장

▲영화 〈여왕 마고〉와 성 바르톨로메오의 대학살, 그리고 카트린

1994년 만들어진 이자벨 아자니 주연의 〈여왕 마고〉는 프랑스·독일·이탈리아 3국 합작인 데다 알렉산더 뒤마의 원작인지라 제작 이전부터 화제를 모았다.

때는 1572년 프랑스. 역사의 대비극이 벌어진 그해. 힘들게 권력을 잡은 왕비 카트린 드 메디치는 프랑스의 종교적 평화를 위해 정략결혼을 꾀한다. 그리고 8월 18일 파리. 이 염천 더위의 한복판으로 세기의 결혼식을 보기 위해 수많은 사람들이 몰려들었다. 그동안 프랑스는 독일사람 마르틴 루터가 일으킨 종교개혁의 대가를 톡톡히 치르고 있었다. 종교투쟁으로 인한 수많은 내전과 충돌로 나라 전체가 기진맥진한 상태였던 것. 이에 두 종교 간의 대화해를 모색하는 결혼이 벌어진다고 하니 이만한 구경거리가 없는 것이다. 하지만 이때 신교도 학살의 무서운 음모극이 시작되고 있을 줄은 아무도 모르고 있었다.

신교도 세력의 발호를 두려워한 구교도들은 무차별적으로 신교도들을 죽였다. 어느새 파리는 죽음의 공동묘지로 바뀌었다. 영화 〈여왕 마고〉는 성 바르톨로메오의 대학살과 떼려야 뗄 수 없는 관계인 것이다. 이 영화는 세자르와 칸 영화제의 상을 휩쓸었다. 사진은 영화 〈여왕 마고〉의 한 장면으로 마고 역에 이자벨 아자니의 열연이 돋보였다.

자식들이 죽음으로 내몰릴 판인데 그 뒤라서, 그것도 어미가 어찌 이를 태연히 팔짱만 끼고 있을 수 있겠는가. 이렇게 상황은 자꾸 자식사랑으로 모아지지만, 모성애와 외교정책에서 보듯 실상 그녀의 정치는 혼돈과 실수의 연속이었다.

이를테면 딸 마르그리트와 관련된 추문들, 아들 앙리 3세의 광기, 막내아들 알랑송의 반역과 마주치면서도 그들을 위해 수없이 연회를 베풀고 화해의 장을 마련해준 것 또한 그 연장선상에서 이해해야 할 것이다. 어쨌거나 섭정을 한 그녀가 성 바르톨로메오 축일 대학살과 각종 내전의 책임에서마저 자유로울 수는 없지만, 과거 왕조마다 흔히 있어 왔던 일들을 그녀에게만 유별나게 적용한 것은 아닌지 되짚어볼 필요는 있으리라. 그것은 예부터 내려온 남존여비 사상을 그녀에게 슬쩍 덮어씌운 듯한 느낌을 지울 수 없어서다.

프랑스의 고급과자로 속은 부드러우면서 겉은 바삭한 마카롱이 있다. 이 과자가 세계적인 트렌드로 떠오른 것은 불과 몇 년 되지 않았다. 우리나라에도 요즘 카페나 스타벅스를 즐겨 찾는 젊은 여성들 사이에서 고급 디저트로 단연 인기라 한다. 허나 이 마카롱이 원래 이탈리아의 피렌체 과자란 사실을 아는 사람은 드물 것이다. 그도 그럴 것이 16세기 메디치 가문의 카트린이 프랑스 왕 앙리 2세에게 시집오면서 평소 즐기던 간식인 마카롱을 가져와 프랑스에 전했고, 이후 프랑스를 대표하는 디저트로 자리를 잡았다지 않는가.

그런데 이 마카롱이 비록 피렌체가 아닌 프랑스 과자로 알려졌을망정, 어쩌다가 프랑스도 아닌 뉴욕에서 유행되어 그 부드러운 맛으로 세계인을 홀린다는 것인가? 이 소식에 카트린과 마카롱이 대비되어 잠시 울컥했다. 실제 마카롱이 카트린 그녀를 따라 피렌체에서 프랑스로 왔고, 그후 프랑스인들의 입맛에 들어 즐기던 것을 바다 건너 뉴요커들이 유행시키는가 싶더니 어느새 우리나라에도 상륙한 모양이다.

그러니까 전 세계인들이 그 맛에 열광하며 서서히 빠져들고 있음이다. 마카롱에 대한 대접이 이러하다면 카트린 또한 삼십 년간 오로지 섭정 황태후로서 아들들의 왕관을 지키고 프랑스 왕권 수호를 위해 혼신의 힘을 쏟은, 더 나아가 세계 속의 프랑스 여인으로 봐줄 순 없는 것인가.

가장 영향력이 컸던 유럽의 두 명문가
'메디치 가문'과 '합스부르크 왕가'

우리가 아는 세계적인 명문 가문이라면 스탠더드 오일을 창립하여 석유업으로 유명한 록 펠러 가문과 철강왕 카네기 가문, 음모론에서 항상 거론되는 로스차일드 가문, 그리고 정치적으로는 대통령과 상·하 의원들을 탄생시킨 케네디 가문, 스웨덴의 국민총생산 1/3에 직·간접적인 영향을 미친다는 발렌베리 가문 등 수도 없이 많다. 이러한 명문가는 중세유럽의 경우에도 마찬가지여서, 그들의 역사를 살피다보면 이름도 헷갈리는 수많은 가문들이 언급된다. 여기서는 그 중 가장 영향력이 컸던 두 개의 가문에 관해 잠깐 살펴본다.

르네상스를 낳은 '학문과 예술의 후원소'이자 전 유럽의 부富를 거머쥔 은행창구였던 메디치 가문

메디치 가는 13세기에서 17세기까지 토스카나 지방과 피렌체에서 강력한 영향력을 발휘했으며, 중세 문예부흥운동인 르네상스의 중심에 있던 가문이다. 최근 부富에 대한 독자들의 관심이 솟구치자 유명가문을 벤치마킹하는 경우가 많아졌는데, 이때 가장 상징적으로 인용하는 것이 바로 메디치 가문이다. 단순히 상인 가문이라고 생각한다면 오산인 것이 중세 가장 정치적 권위를 누렸던 교황을 무려 네 명이나 탄생시켰던 것. 레오 10세, 클레멘스 7세, 피우스 4세, 레오 11세가 그들이다. 아울러

▲ 코시모(1389~1464)
15세기 유럽 16개 나라에 지점이 있던 메디치 은행을 경영했던 인물이자 인문학적 지식인. 그의 권력은 1434년 피렌체 공화국의 비공식적인 지도자가 되면서 100년간 지속되었다.

이번 장에서 다룬 프랑스 왕비 카트린 드 메디치 등 유럽의 여러 왕가에도 큰 영향을 끼쳤다.

메디치 가는 토스카나 피렌체 북쪽의 무젤로 지역에서 농사를 짓던 가문이었다고 한다. 이들이 두각을 나타낸 건 14세기 초 메디치 가 사람들이 모직물 교역의 주요 상인으로 성장하면서부터이다. 그뒤로 도시 정부기관 등에서 메디치가 사람들의 이름이 오르내리기 시작한다. 살베스트로 데 메디치가 모직물 제작자 조합의 의장직을 맡기도 했으나, 1400년 이들 일가는 음모에 연루되어 피렌체 정계에서 극소수만 남겨진 채 추방당한다. 그 중 한 명이 메디치 가의 부흥시조로 알려진 아베라르도 데 메디치이며, 그의 아들 조반니는 은행을 설립하고 이후 그의 아들 코시모와 로렌초 대에 이르러선 가계를 둘로 나누어 언급한다.

1434년 코시모가 그란 마에스트로의 자리를 인계받아 피렌체 공화국의 비공식적인 지도자가 되었는데, 1537년 피렌체의 초대공작 알레산드로의 암

살 때까지 약 100여 년을 군림했다.(수세기에 걸친 통치기간 중 잠시 권력 밖에 밀려나 있기도 했는데, 당시 민란에 의해 국외로 추방당했던 1494~1512년과 1527~1530년 시기였다.) 이후 권력은 차남 계통으로 이어져 조반니의 증손자이자 초대 토스카나 대공인 코시모 1세와 함께 시작되었고, 왕비 카트린은 이 토스카나 대공계열의 인물이었다.

무엇보다 메디치 은행은 유럽을 통틀어서 가장 부유하고 훌륭한 은행이었다. 덕분에 한동안 가문은 유럽에서 가장 부유한 집안으로 평가받기도 했다. 이를 토대로 피렌체에서 정치적 영향력을 행사했고, 나중에는 이탈리아 전역과 유럽에까지 확대되었다. 그들이 이렇게 부유해지게 된 것은 적대 세력과의 관계에서 무력을 사용하지 않고 돈으로 호감 사는 방법을 택했기 때문이다. 그러나 무엇보다 중요한 점은 그들이 피렌체 시의 중간계층과 서민계층의 환심을 사기 위해 적극 노력했다는 것이다.

또한 후세에 높이 평가된 학예와 건축 및 예술에 대한 열정과 후원이 있었다. "예술가는 존중되어야 하며 (예술가를) 그저 장인으로 취급해서는 안 된다"라는 대大 코시모의 말처럼 그들이 단순한 자선이나 과시욕이 아니라 학문과 예술에 대한 열정이 탁월했던 계몽적인 선각자들이었으며, 그 때문에 르네상스가 존재할 수 있었다고 평가한다.

합스부르크 가문의 결혼정책은 '하나의 유럽'을 표방한 EU 탄생에 기여했다?

"다른 사람들은 전쟁을 하게 만들라. 행복한 오스트리아여, 그대는 결혼을 하라." 이는 유럽을 지배한 합스부르크 왕가가 전쟁이 아닌 결혼정책으로 성공했다는 말을 의미하는 상징적인 문장이다. 전쟁보다는 결혼으로 6백년에 걸쳐 유럽 전역을 지배했던 유럽 최대 가문이자 중세유럽의 역사 가운데 가장 복잡한 가계도를 가진, 그리고 가장 영향력이 있던 가문이다.

10세기경 알자스에서 북스위스에 걸친 소영주에서 비롯되었고, 11세기 스위스에 산성 합스부르크(매의 성)를 쌓은 후로 이 이름이 붙여졌다. 대공위시대(大空位時代 독일 역사상 국왕, 즉 신성로마황제의 추대가 제대로 이루어지지 않은 1254~1273년의 시대) 이후 실력 있는 국왕의 출현을 꺼린 독일제후가 1273년 이 집안의 루돌프 1세를 국왕으로 선출했다. 이렇게 뽑힌 왕은 정략결혼으로 오스트리아의 슈타이어마르크 주를 획득함으로써 번영의 기초를 닦았다. 그의 아들이자 초대 오스트리아공인 알브레히트 1세도 독일 국왕으로 선출되었으나, 1308년 암살된 후로 15세기까지 독일 왕위에서 멀어졌다.

하지만 그동안 가문 확대정책을 펼쳐 케른텐·클라인 등을 병합시키면서 이 집안은 남동부 독일의 큰 세력이 되었다. 그리고 1438년 알브레히트 2세 즉위 후로는 독일의 왕위와 제위를 계속 차지했다. 15세기 말의 막시밀리안 1세는 합스부르크가 중흥의 시조로서 에스파냐 왕실과의 통혼으로 가문의

확대를 꾀했고, 그의 손자로 황제와 에스파냐 왕을 겸했던 카를 5세에 이르러 지배영역은 최대 규모에 달했다.

그러나 카를 5세 이후 제위를 보유하는 오스트리아계와 펠리페 2세의 에스파냐계로 분열되었다. 오스트리아계의 합스부르크는 독일 제위를 보유하며 오스트리아와 그밖의 본령本領외에 헝가리 · 뵈멘 등을 영유하는 한편, 프랑스의 부르봉 왕가와 대항하는 동방의 국제적 세력이었다. 이러한 프랑스와의 대립은 나폴레옹 시대까지 계속되어 나폴레옹과도 시종 적대관계에 있었으나, 결국 패하여 라인동맹 성립을 계기로 신성로마제국의 칭호를 버리고 1804년 이후로는 오스트리아 황제라 칭했다. 19세기에 와선 프로이센과의 대항에서 패하여 독일통일의 지도권을 빼앗기고 독일제국의 세력권 밖으로 밀려났다. 그뒤 제1차 세계대전에서 오스트리아가 패함으로써 1918년 카를 1세가 퇴위하니 5백여 년 황제가의 종말을 고한다.

위에서 보듯 프랑스를 제외한 유럽 대부분의 지역을 통치하며 최고의 권력을 휘두른 가문이지만, 에스파냐계의 경우 대代가 끊겨 1700년에 몰락하고 만다. 이에 대해 최근 스페인의 곤잘로 알바레즈 교수에 의하면 근친혼에 따른 유전적 질환이 주요 원인이 되어 손孫이 끊겼다고 한다.

2011년 그리스의 구제금융건 등 세계경제의 화약고인 '하나의 유럽'을 표방한 EU의 탄생에는 로마제국과 기독교 외에도 합스부르크 가문의 '결혼정책'으로 인해 '이질적 민족이라는 개념이 사라진 것'도 큰 요인으로 작용했다고 학자들은 말한다.

마리 앙투아네트 왕비

"빵이 없으면 케이크를 먹어라"

마리 앙투아네트 (Marie Antoinette 1755~1793) 왕비

1755	11월 2일 신성로마제국 황제 프란츠 1세와 마리아 테레지아 사이에서 15번째의 자녀로 오스트리아 빈에서 출생
1756	7년전쟁 발발(~1763) 오스트리아 — 프로이센 간의 전쟁으로 유럽열강이 모두 참여하며 아메리카 대륙과 아시아 지역까지 확대
1763	7년전쟁이 종결되며 파리조약이 체결. 퀘벡 및 루이지애나, 세네갈 등을 영국에 분배, 프랑스는 북아메리카, 인도 지역에서 완전철수
1770	루이 16세와 베르사유 궁전에서 결혼
1774	루이 15세가 사망하고 남편 루이 16세 즉위
1776	미국 독립전쟁 시작
1783	파리조약 체결로 미국 독립전쟁이 종결됨. 미국의 독립선언
1785	마리 앙투아네트 목걸이 사건이 발생(왕비가 540개의 다이아몬드가 박힌 목걸이를 욕심내고 있다고 추기경에게 거짓사실을 유포한 라 모트 부인을 조사하여 국외로 추방한 사건을 일컬음). 스웨덴 귀족 한스 폰 페르센 백작과의 염문설이 확산됨
1789	삼부회 개최, 프랑스혁명 발발(바스티유 감옥 습격)
1791	바렌느 사건 발발(프랑스 왕가의 국외망명 시도가 실패로 돌아가며 파리로 귀환한 사건을 일컬음)
1792	프랑스혁명전쟁의 원인인 오스트리아 황제의 '필니츠 선언' 발표 튈르리 궁전 습격으로 국왕일가 모두 유폐. 시민들에 의해 반혁명분자 색출하는 9월 학살이 일어남
1793	10월 16일 혁명재판 결과 루이 16세 단두대에서 참수형 당하고 10개월 뒤 앙투아네트 또한 참수형을 당함

빵이 없으면 케이크를 먹어라

왕비의 죽음을 둘러싼 간극, 현실에 무지했던 마리 앙투아네트 왕비

거울의 방에서　창밖으로 바라보이는 베르사유 궁전 정원의 넓은 호수에 자잘하게 내린 햇빛이 좋았다. 문득, 어리어리한 '거울의 방'을 거닐면서 이곳 무도회, 그것도 가면무도회에 자주 모습을 드러냈을 마리 앙투아네트가 떠올랐다.

이 거울의 방은 원래 2층 테라스였던 곳을 방으로 꾸민 까닭에 긴 회랑 모양에 둥그런 천장이 참으로 거대한, 그 명성만큼이나 금빛 찬란하고 영롱한 모습이었다. 그도 그럴 것이 금박의 화려한 내부 장식에다 높은 천장에 매달린 크고 작은 크리스털 샹들리에에서 뿜어내는 빛이 더해져 진짜 눈이 부셨다. 회랑처럼 긴 왼쪽 벽면 전체는 조각조각 이어붙인 거울로 도배하여 그 치장을 배가시키고 있었다. 게다가 크고 아름다운 아치형 창을 내 강렬한 햇빛을 자연스럽게 방으로 끌어들인, 고도로 계산된 설계이니 무슨 말이 더 필요하랴. 아니, 거울의 방 크리스털 샹들리에가 바람에 흔들리며 내는 다양하고 맑은 소리마저 연출된 독특한 맛이어서 알면 알수록 누구나 한번쯤 빠질 만한 멋진 방이다.

이렇듯 거울의 방이 화려하고 아름답다보니 프랑스 왕실에서는

▲**마리 앙투아네트** 1755년 11월 2일 프란츠 1세와 마리아 테레지아 여제 사이에서 15번째 자녀로 태어난 마리 앙투아네트는 어린 시절부터 모국어인 독일어를 비롯하여 프랑스어와 이탈리아어를 배우며 자유롭게 성장했다. 당시 오스트리아는 프로이센의 위협을 받고 있어, 오스트리아를 보호하기 위해 프랑스와 동맹을 강화할 수밖에 없었던 마리아 테레지아 여제는 그때 만 14세이던 앙투아네트를 루이 16세에게 시집보낸다. 1770년 5월 16일 베르사유 궁전에서 마리는 루이 16세와 성대한 결혼식을 올린다. 그림은 12세 당시의 마리 앙투아네트 모습.

▲ 베르사유 궁전의 '거울의 방'
베르사유 궁전은 13개의 호사스런 방으로 구성되어 있는데 각 방마다 비너스·다이아나·아폴로·거울의 방 등으로 이름이 붙어 있다. 거울의 방에 들어오면 17개의 유리창에 비친 햇살이 17개의 거울에 반사되면서 눈부신 광채를 뿜어낸다.

▲ 나폴레옹 3세 나폴레옹 1세의 조카로 프랑스 제2공화국의 대통령(1850~1852)이자 제2제정의 황제(1852~1871). 전제정치를 통해 20여 년간 프랑스에 안정된 번영을 가져다주었지만, 결국에는 프랑스-프로이센 전쟁(1870~1871)에서 패했다.

▶ 베르사유 조약 1919년 베르사유 궁전에서 제1차 세계대전의 전후 처리를 위해 연합국과 독일이 맺은 평화조약. 전쟁 책임이 독일에 있다고 규정하고 독일의 영토축소, 군비제한, 배상의무, 해외 식민지 포기 등의 조항과 함께 국제연맹 설립안이 포함되었다.

귀빈 접견실, 또는 연회장이나 무도회장으로 품위 있게 사용되었음직하다. 당연히 이곳 거울의 방은 역사의 산 현장으로, 1871년 1월 29일 프로이센·프랑스 전쟁에서 프로이센인들이 당시 **나폴레옹 3세**를 포로로 잡아두며 프랑스의 항복을 받아갔던 곳이기도 하고, 그로부터 48년 후인 1919년 6월 28일 독일이 프랑스를 비롯한 연합국에 항복하면서 제1차 세계대전의 종지부를 찍었던 **베르사유 조약**이 체결된 장소이기도 하다.

하지만 그보다 베르사유 궁전 역사에서 빼놓을 수 없는 사실은 별볼일 없던 이곳에 궁전을 건설한 프랑스 왕정시대의 태양왕 **루이 14세**와 프랑스 혁명으로 **단두대**에서 비명에 간 마리 앙투아네트 부부일 것이다. 특히 마리 앙투아네트 그녀야말로 신성로마제국 황제의 막내딸로 태어나 적국과의 화의를 목적으로 정략결혼을 한 탓에, 천지사방 세상물정 몰랐던 것이 원죄라면 원죄였을까. 하여 그녀가 프랑스혁명 때 단두대에서 이슬처럼 스러져갔지만 누구 애통해하는 이 있었던가. 순간, 마리 앙투아네트가 왜 그리 살 수밖에 없었는지 그녀의 내면을 들여다보고 싶었다. 혹여 그녀가 그 전후사정의 아픔을 알고 조금 현명하게 처신했더라면, 그처럼 음탕하고 사치스런 왕비로 내몰려 처형당하는 비극만큼은 피할 수 있지 않았을까.

정략결혼　프로이센의 프리드리히 대왕이 영국과 동맹을 맺자, 3개월이 채 지나지 않아 신성로마제국의 마리아 테레지아 황후가 프랑스와의 동맹을 발표한다. 중세 말부터 라이벌 관계를 지속해

온 프랑스 **부르봉 왕가**와 신성로마제국 합스부르크 가의 동맹은
유럽에서는 일대 사건이었다. 이 동맹을 승인하는 뜻으로 테레지
아 황후의 막내딸 마리 앙투아네트 공주와 루이 15세의 손자인 황
태자(훗날 루이 16세) 사이에 약혼이 이루어졌다.

그후 앙투아네트는 이 결혼을 위해 열네 살의 어린 나이에 난생
처음 파리에 왔다. 부르봉 왕조의 화려한 역사가 깃든 베르사유
궁전에서 그녀와 루이 16세의 결혼식이 있었다. 두 나라의 화평을
위해 적국의 왕자와 공주가 어렵사리 맺어진 것이다.

그런데 정작 두 사람은 긴 세월 앙숙관계였던 두 나라만큼이나
의사소통도 어려울 뿐더러 성격이나 취향, 자라난 환경까지 너무
도 다르다는 것을 실감한다. 그녀가 낯선 땅 프랑스로 시집을 왔
지만 궁전 황실이라 마음껏 누릴 수 있지 않았을까. 그러나 실제
로 앙투아네트가 이 프랑스 궁정에서 마음대로 할 수 있는 것은
아무것도 없는 듯했다. 말하고 먹고 입는 일마저 법도와 시중드는
귀족들의 까칠한 간섭이 따랐기 때문이다.

비교적 자유로운 신성로마제국 합스부르크 왕가와는 달리, 프
랑스 부르봉 왕가의 법도는 정교한 예절과 풍습을 강요하는 한편
귀족들로 구성된 수행원이 졸졸 따라다니며 그녀를 옥죄었다. 아
니, 그보다 남편인 루이 16세의 무관심과 우유부단한 행동이 그
녀를 더 외롭게 했다. 결단력이 부족하고 뻣뻣하기만 한 그와 달
리, 앙투아네트는 무척이나 섬세하고 즉흥적이었다.

트리아농 궁에서　　　파란 눈에 금발인 앙투아네트의 미모는 눈이

▲**루이 14세(재위 1643~1715)**
프랑스 부르봉 왕조의 전성기를 대표
하는 왕. 태양왕이라고도 불린다. 프랑
스의 최전성기 중 한 시기에 주로 베르
사유 궁전에서 나라를 다스렸으며, 고
전시대의 절대왕정을 상징하는 존재로
남아 있다. 왕권신수설을 주장했고 하
나의 국가에 하나의 종교를 표방했다.
국제적으로는 1667~1697년에 벌어
진 일련의 전쟁에서 합스부르크를 희
생시켜 프랑스의 동쪽 경계를 늘렸다.
그뒤 자신의 손자를 스페인 왕위에 앉
히기 위해 프랑스에 적대적인 유럽 동
맹과 스페인 왕위계승 전쟁을 벌였다.

▲**단두대(기요틴Guillotine)**　　프랑스
혁명 당시 사용한 것으로 1792년 정
식 사형도구가 되었다. 단두대의 구조
는 두 기둥이 맨 꼭대기에서 연결되어
있고 그 사이에 날이 비스듬한 무쇠칼
이 끼워져 있는데, 사형집행인이 밧줄
을 끊으면 그 칼이 떨어져 목을 자르는
식이다. 그림은 프랑스혁명으로 단두
대 처형에 앞서 형장으로 끌려가는 마
리 앙투아네트를 묘사하고 있다.

▲**부르봉 왕가** 부르봉은 켈트어로 '진흙'을 뜻하며, 부르봉 왕가는 카페 왕조의 한 계열로 루이 9세의 막내아들 '로베르 드 프랑스'로부터 시작된다. 그는 샤로래의 영주인 부르고뉴와 부르봉의 외동딸인 베아트리스와 결혼함으로써 부르봉 영주가 되었다. 부르봉 영지는 그들의 아들 루이 1세의 공작령이 되었고 루이 2세는 결혼과 더불어 부르봉 영지를 더욱 확장시켰다.

이후 루이 13세, 루이 14세, 루이 15세, 루이 16세가 잇달아 왕위에 오르면서 부르봉 가의 황금기를 맞이한다. 그러나 1789년 프랑스혁명으로 쇠퇴하다가 1815년 나폴레옹 몰락 후 루이 16세의 동생이 루이 18세로 복위되면서 샤를 10세가 1830년의 7월혁명에 의해 물러날 때까지 왕위가 지속되었다. 7월왕정 이후에도 샤를 10세의 대는 이어져 그의 손자인 샹보르 백작이 앙리 5세로 재위하지만, 부르주아 계층의 반발로 7일 만에 자리에서 물러나고 만다. 1830년 8월 9일 '시민왕'으로 불리는 루이 필리프(1773∼1850)가 프랑스의 새 왕으로 추대되었다. 추방된 앙리 5세는 망명지인 오스트리아에서 1883년 사망함으로써 부르봉 왕가의 막이 내린다. 그림은 7일 만에 왕위에서 내려온 부르봉 왕가의 마지막 혈통이던 샹보르 백작(앙리 5세).

부셨지만, 남편은 무뚝뚝한 데다 앙투아네트를 사랑하는 데도 여전히 인색했다. 한편, 베르사유 궁은 항상 열려 있었다. 프랑스인은 물론, 프랑스 왕을 존경하는 외국인들까지 자유롭게 드나들었다. 궁전과 왕의 침실, 심지어 왕의 가족이 식사하는 것까지 개방하고 있어 왕족이라도 사생활이 없었다. 일테면 궁 밖의 세상물정을 도통 모르던 그녀를 민중 속에 던져놓았으니, 늘 그들을 의식해야 하는 스트레스가 오죽했으랴. 사치스런 투정 같지만 결코 만만찮은 환경이다.

결국 앙투아네트는 천성이 가볍고 천진한 십대답게 왕실 전통의 예술적인 무거운 주제보다 패션과 문화에 관심을 둘 수밖에 없었으리라. 그녀는 엄격한 궁중법규를 잘 따르는 남편이 잠든 시간에 오페라나 무도회, 게임 같은 것을 즐기며 시간을 보냈다. 군중 속 고독을 이기기 위해 열심히 놀았던 셈이다. 자연히 프랑스 왕실의 행사를 등한시하게 되었고 잘 나서지도 않았다. 특히 루이 16세가 제대로 관심을 가져주지 못하는 부담 때문이었는지 뜻밖에 트리아농 궁을 지어 그녀에게 선물했다. 그뒤로 거의 그곳에서 지인들과 어울려 지냈다. 그녀는 속내를 알 수 없는 가식적이고 경직된 베르사유 궁 사람들보다 소통이 잘 되고 편안한 트리아농 궁에서의 친교를 더 원했던 것 같다.

마침내 앙투아네트는 이 궁 안에 꼭꼭 숨어버렸다. 어쩌면 루이 16세가 어느 정도 눈감아준 사생활이었지만, 다른 사람들 눈에 그 모습이 좋게 비칠 수 있으랴. 국민을 무시한다는 부정적 여론은 억측에 가까운 염문들을 엮어내며 점점 사치스럽고 음탕한 왕비로 몰아갔다. 실례로 루이 16세의 신체적 결함 때문에 아이를 갖지 못했을 때는 여자답지 못한, 그러니까 애교가 없어 왕과 잠자리를 못하는 탓으로 돌리더니, 그가 신체적 결함을 완치하고 아이를 갖게 되자 이제는 앙투아네트를 의심하며 비난을 퍼부었다. 그리하여 순수혈통을 보겠다는 프랑스왕실 법도에 따라 그녀는 만인이 보는 앞에서 아이를 낳아야 했다.

앙투아네트는 트리아농 궁 주변으로 목장을 조성하여 기어이 닭과 오리를 풀어놓았다. 어린 시절, 쉰부른 궁전의 자유로운 왕녀로 우연찮게 우유를 짜본 목가적인 전원생활의 환상에서 놓여나지 못하는 그녀의 깊고 먼 그리움을 프랑스인들은 알지 못하리라. 지금도 앙투아네트가 사랑한 그 트리아농 궁은 베르사유 궁전 안에서 '왕비의 촌락'이란 푯말과 함께 관광객을 맞고 있다.

실제로 구경해보면 더없이 안온하고 깊은 사유를 할 수 있는 곳이기도 하여 지친 여행 중 쉬어가기에 제격이다. 그녀가 사치스런 왕비라는 것이 믿어지지 않을 정도다. 어쩌면 대다수 여자들이 그런 것처럼 평범하고도 아기자기한 행복을 꿈꾸는, 그저 사랑받으며 살고 싶어했던 귀여운 여자가 아니었을까. 그만큼 트리아농 궁이 끝없이 너른 베르사유 성 안의 여러 궁들에 비하면 작고 서민적이다. 방이 여덟 개 딸린 규모로 단 몇 분이면 다 둘러볼 수 있다. 다만 그 소품들과 치장에서 고급스런 앙투아네트의 취향을 고스란히 보여주는 정도다.

프랑스혁명　프랑스혁명의 근원적 발생 동기는 철저한 신분제 차별에서 기인했다. 루이 14세가 한 마을에 불과한 베르사유에 궁전을 지으면서 적당히 무료함도 달랠 겸, 왕족과 어울릴 수 있는 귀족과 돈 많은 영주들을 더러 수용할 수 있는 궁전을 자꾸 증축했다. 그리하여 다채로운 연회와 무도회를 열며 사치와 향락에 빠져 방탕한 가운데 국고는 텅텅 비어갔다. 나라의 재정이 파탄 날 지경이 되자 그

▲장미를 든 마리 엘리자베스 루이즈
비제 르 브룅의 1783년작 〈장미꽃을
든 마리 앙투아네트 왕비〉

적자를 메우기 위해 왕실이 귀족들에게 과세를 하려다 화를 부른
것이다. 반발하던 일부 귀족들이 귀족과 성직자, 평민들로 구성
된 삼부회를 열고, 그 삼부회가 국민회의로 개칭되어 프랑스대혁
명의 시발점이 되었다.

그들이 원하는 헌법과 법률이 제정되자 루이 16세의 근본적인
성격이 더욱 화를 초래했다. 그의 미숙한 판단력은 의회와 타협은
커녕 적당한 시기조차 조절하지 못할 만큼 안이하고 둔감하여 그
들의 행동을 과소평가했다. 그리고는 갑자기 베르사유로 군대를
집결시켜 그들을 자극한 것이다. 봉건적 이해관계를 희생시키더
라도 효율적인 국가기구를 설치하도록 조금씩 진로를 터주며 최
소한 왕정은 유지해야 했으나, 군대를 불러들인 즉각적인 왕의 대
응에 국민들의 불안이 분노로 번졌다. 이내 성난 파리 시민들이
난입하여 베르사유 궁전을 포위하자, 루이 16세는 앙투아네트와
함께 파리의 튈르리 궁으로 피신했다. 또한 왕당파 의원의 은밀한
충고도 듣지 않았을 뿐 아니라, 파리를 빠져나와 국경을 넘어 탈
출하다 잡혀 군주로서의 체면과 신뢰를 잃었다. 이후로 그는 왕비
앙투아네트에게 전적으로 의존하다시피 했고, 이제 모든 혁명군
들의 비난은 그녀에게로 퍼부어졌다.

이런 위기 속에서 마리 앙투아네트마저 이전과는 달리 단호한
태도를 보였다. 왕당파들과 비밀리 접촉하여 왕정복고를 꾀하고
루이 16세를 부추겨 봉건제 폐지를 막으려고 한 것이다. 더욱이
프랑스 왕실의 절대권한을 뺏기지 않으려 고심하다가 신성로마
제국의 황제인 친정오빠에게 프랑스를 쳐서 반혁명전쟁을 일으

커달라는 부탁까지 했다. 그녀의 오빠 **레오폴드 2세** 역시 프랑스 혁명이 발발하자 그 파급이 두려웠고, 또 여동생 마리 앙투아네트의 운명을 걱정해 프로이센과 손잡고 프랑스에 간섭했다. 이로써 앙투아네트는 돌이킬 수 없는 혁명세력의 볼모가 되었고 눈엣가시처럼 미움을 샀다.

이에 앞서 앙투아네트의 가장 큰 불행은 자신의 뜻을 절대 이룰 수 없는 나라의 왕비라는 사실을 간과한 점이다. 프랑스 사람들은 늘 오스트리아 출신의 왕비(앙투아네트)가 프랑스에 불행을 몰고 올 것이라 외치고 다닐 정도였다. 왕비가 혼외정사를 한다는 둥, 음란하고 방탕하다는 둥, 심지어 레즈비언이라는 소문에 이르기까지 끊임없이 이야깃거리를 만들어냈다. 어쩌면 우리가 일본의 만행을 잊지 못하듯, 당시 프랑스 사람들도 합스부르크 왕가를 쉬 용서할 수 없었을 것이다. 오랫동안 이어진 전쟁 중에 아버지나 남편, 오빠, 삼촌 등을 잃어 적대감이 깊어진 나라인데 어찌 그 나라 출신의 왕비에 대해 좋은 감정을 가질 수 있겠는가. 그러니 그녀가 빵을 달라는 군중들에게 "빵이 없으면 케이크를 먹어라"라고 했다든지 지지부진한 재판을 받쳐줄 죄목으로 일곱 살 된 아들에게 성적 유희를 가르쳤다며 막내아들 루이 17세를 증인석에 세운 일, 그녀의 혼외정사를 무분별하게 지어내 퍼뜨리다 급기야 '다이아몬드 목걸이사건'으로 마리 앙투아네트가 추기경과 불륜관계라는 등 일련의 사건들이 만들어졌던 만큼 그녀에 대한 재판은 하나마나였다. 단지 형식을 갖추는 일이었을 뿐이다.

명석하다고 하는 인간의 두뇌도 사전에 형성된 이미지를 조금

▲ 레오폴드 2세(재위 1790~1792)
합스부르크 가의 마리아 테레지아와 황제 프란츠 1세 사이에 태어난 셋째 아들. 계몽군주로 꼽히는 18세기 개혁주의 통치자들 가운데 가장 유능한 인물이다. 1790년 2월 형 요제프 2세가 죽은 뒤 신성로마제국 황제로 선출되었고, 아울러 헝가리왕 겸 오스트리아 대공이 되었다.

쯤 물리기가 어찌 그리 어려운가. 그녀의 삶과 문화에 다소 호의를 베푼다면 다른 어떤 것보다 심층적 패러독스에 좀더 주목할 필요가 있다. 사실은 멸망의 위기에서도 자꾸만 옛 왕궁의 왕족으로서 존속하려는 욕심을 내려놓지 못한 자기 연민도 있다. '승자는 벌 받을 각오로 살다가 상을 받고, 패자는 꾀를 부리다가 벌을 받는다'고 하더니 참으로 딱한 일이다.

마리 앙투아네트를 진정 사랑한 사람은 '페르센'이었을까?

마리 앙투아네트는 1774년 1월 어느 날 가장무도회에서 스웨덴 귀족 출신인 페르센(1755~1810)을 만난다. 그는 이미 15세에 독일과 스위스를 유학하며 의학과 군사학, 승마술을 익히고 18세 되던 1774년 프랑스 파리로 건너가 볼테르의 제자가 되어 지식을 습득하고 있던 터였다. 그리고 4년 후 8월 다시 파리를 찾은 페르센은 마리 앙투아네트와 마주하게 되었고 이듬해 겨울 둘의 만남이 빈번해지면서 마리의 정부라는 소문이 돌기 시작하자 돌연 미국 독립전쟁에 프랑스군으로 지원한다.

1789년 혁명의 기운이 감돌 무렵, 주위 분위기가 심상치 않자 마리는 페르센을 불러들였고, 걱정이 된 그는 루이 16세 부부의 탈출을 도우려 했으나 루이 16세가 끝내 이를 거부해 실패로 돌아간다. 혁명 이후 마리 왕비와 페르센의 스캔들은 일파만파 퍼지면서 시민들의 격렬한 분노를 샀으니, 루이 17세가 루이 16세의 아들이 아니라 페르센의 아들이라는 소문까지 나돌 정도였다. 결국 페르센은 마리 앙투아네트의 처형을 막지 못한 채 스웨덴으로 돌아가지만, 자국에서 황태자를 독살했다는 누명을 쓰고, 살해범으로 몰려 처참한 최후를 맞이한다. 그녀를 끝까지 지켜주려 했던 페르센. 소문만 무성했던 당시, 그가 정말로 마리 앙투아네트의 진정한 사랑이었을까.

"민중에게는 배신자, 혁명에는 장난감"이 되었던 마리 앙투아네트와 루이 16세 일가의 탈출기도

'바렌느 사건(Flight to Varennes)'의 전모

바렌느 사건(1791. 6. 20~22)은 마리 앙투아네트 및 루이 16세 일가가 시도했던 망명 미수사건으로 이는 프랑스의 역사로나 세계사적으로 많은 영향을 끼쳤다. 앞서 기술했듯 당시 프랑스 정국은 매우 혼미했다. 귀족들의 권익을 보호하자는 왕당파(우파)와 신흥 부르주아의 이해를 대변하는 공화파(좌파) 간의 대립이었는데, 오늘날 사용하는 좌·우파의 개념은 이때로부터 비롯된 것이다. 왕정의 미래를 우려하던 입헌왕정파는 국왕이 파리를 탈출해서 급진적인 파리 민중의 영향 아래 있는 의회를 해산하고, 지역의 지지를 배경으로 국왕의 직접통치를 실시해야 한다고 진언한다. 하지만 루이 16세는 "왕은 국민으로부터 도망가서는 안 된다"며 거절하는데, 그 배경에는 국왕의 수호자가 될 것을 맹세했던 라파예트(1757~1834)가 있었다.

　그러나 혁명이 거세지자 라파예트는 태도를 바꿔 혁명세력에 가담한다. 이 사실을 알게 된 루이 16세는 격노하고, 그 즉시 왕당파의 주교와 남작을 불러 왕을 대신한 외국과의 협상전권을 비밀리에 부여하며 반혁명세력으로 전환한다. 그러나 당시 주변 국가들에 도움을 요청했던 전략은 별 실효를 거두지 못하고 있었고, 마리 앙투아네트의 오빠인 신성로마제국의 황제 레오폴드 2세조차 핑계를 대며 협상을 지

▲ 루이 16세 일가의 탈출장면을 담은 삽화

연시키고 있었다. 때마침 혁명세력의 신문은 국왕의 해외도피 계획을 내보냈고, 의회는 즉각 국경경비와 왕족의 감시를 강화했다. 이렇듯 의회의 압박이 점점 커가는 가운데 1791년 4월, 부활절 미사를 위해 생 클루 궁전에 행차하려던 국왕일가의 마차를 도망하는 것으로 생각한 군중들이 막고 나섰다. 라파예트는 군중을 해산시키지 못했고, 마차는 군중들에 의해 한동안 멈춰 설 수밖에 없었다. 앞서 몇 차례 국외탈출을 건의했던 마리 앙투아네트는 '자유롭지 않다는 것을 인정하라'며 국왕을 다그쳤고, 그는 이를 심각하게 고민하기 시작했다.

　이미 친정인 오스트리아로 망명을 계획하던 왕비는 자신의 애인으로 소문난 스웨덴 귀족 악셀 폰 페르센을 중심에 세워 이를 적극 추진한다. 당시 페르센은 프랑스 왕당파와 아무런 연계조차 없었지만 도주자금을 대며 왕비의 신뢰를 얻었다. 그녀가 요구한 마차의 실내를 장식하는 동안 몇 차례 경로가 수정되고 목적지가 바뀌는 등 혼란이 있었지만 마침내 1791년 6월 20일 자정, 루이 16세와 왕비를 비롯한 일가는 변장을 한 채 제각기 튈르리 궁전을 빠져나왔다. 최종 목적지는 프랑스의 국경도시인 몬메디 요

새이며, 그곳에 도착한 국왕일가는 외국으로 망명했던 귀족들과 합류해 다시 파리로 귀환할 예정이었다.

일행이 러시아 귀족행세를 하며 1차 지점에 도착해 준비된 마차로 갈아타고 몬메디 요새로 향한 시각은 새벽 2시 반. 그리고 이튿날인 6월 21일 오전 6시, 시녀들이 국왕일가의 부재를 보고하자 라파예트는 대포 세 발을 쏘아 경보를 발령한다. 국왕의 마차에서도 대포소리는 들었으나 추격대가 없음을 알고 2차 목표지점인 샤론 마을을 향해 천천히 가고 있었다. 그들이 샤론에 도착한 것은 오후 4시. 변장한 국왕일행은 방심하며 우아하게 식사를 하고, 화려한 마차와 짐을 고스란히 내보인 채 유유히 사라졌다.

그러자 곧 왕실일가가 통과했다는 소문이 퍼졌다. 다음 지점에서 첫 호위부대를 만날 거라고 생각했지만 길이 엇갈려 일가는 즉시 다음 마을로 출발한다. 한데 그곳에서도 국왕일행을 기다리던 호위병들을, 지역 무장방위대와 충돌할 것을 우려해 해산시키는 바람에 역시 호위를 받지 못한 채 다음 지점으로 출발했고, 그렇게 우여곡절 끝에 바렌느에 도착한다. 하지만 이들을 반긴 것은 드루에 일행과 군중들이었다. 다리 저편 마지막 목적지 몬메디까지는 얼마 되지 않는 거리였지만 이미 다리가 봉쇄되어 더 이상 가지 못하고, 오히려 구원하러 올 호위부대를 기다릴 겸 쉬어가게 된다.

이렇게 마을 식료품점 2층에 머물게 된 국왕일가는 밤에 급히 도착한 호위부대장의 탈출제안에도 불구하고, 밖에 있는 무장방위대와 중립적으로 보이는 군중들을 보며 망설이고 있었다. 마침내 아침이 밝아오고 의회에서 국왕일가를 투옥시키라는 명령서가 도착한다. 이에 국왕은 시간을 벌어보려 노력하지만 곧 파리로 압송된다. 잠시 후 국왕을 돕기 위해 도착한 브이에 후작은 그들의 압송사실을 알고 국경을 넘어 망명한다. 6월 25일 저녁, 국왕일가는 궁전으로 돌아왔고 파리는 이들을 침묵 속에 맞이했다. 국왕이 외국군대를 이끌고 공격해올 예정이었다는 사실은 국민들에게 큰 충격을 주었고, 이후 국왕은 "민중에게는 배신자, 혁명에는 장난감"이 되어버린다.

이제 국왕에 대해 중립적이던 국민들이 점점 공화파로 의견을 수렴하기 시작했다. 궁지에 몰린 왕당파 측은 납치설을 주장하며 거짓으로 호도하려 했으나 거센 반발만 부를 뿐이었다. 그렇게 근근이 명맥을 유지하던 정국에 불씨를 당긴 것은 엉뚱한 곳에서 날아온 선언문이었다. 이미 망명에 성공한 아르투아 백작이 신성로마제국 황제 레오폴드 2세와 프로이센 왕 프리드리히 빌헬름 2세를 중재하여 '필니츠 선언'을 끌어내기에 이르렀는데, 그 내용 중 '필요한 무력을 사용하여 즉시 행동에 옮긴다'는 조항이 혁명파로 하여금 전쟁을 결심하게 만들었다. 반면에 반대파는 거세진 민중의 힘을 제어할 명분이 없어지니 마침내 국왕과 왕비의 단두대 처형으로 부르봉 왕조는 종말을 고하고, 복잡한 결혼과 가계도를 가진 유럽 전체는 전쟁이라는 시련을 맞이하게 된다.

"당신 곁에서 내 모든 순간을 보낼 수 있을까 …"

조세핀 드 보아르네 (Joséphine de Beauharnais 1763~1814)

1763	서인도제도 프랑스 령 마르티니크 섬의 영주 라 파제리 집안에서 출생
1779	프랑스군 장교였던 알렉상드르 드 보아르네 자작과 결혼
1781	아들 외젠 보아르네 출산
1783	딸 오르탕스 출산 후 이혼
1793	로베스 피에르를 중심으로 한 공포정치 시작
1794	테르미도르의 반동 사건으로 로베스 피에르 처형. 전 남편 보아르네 자작 처형
1796	나폴레옹 보나파르트와 결혼. 얼마 후 이탈리아 원정군 사령관으로 나선 나폴레옹 군이 이탈리아를 제압
1797	나폴레옹 군이 오스트리아를 제압
1798	이집트 원정(동방원정)을 시작(~1801)한 나폴레옹이 카이로에 입성
1799	5백인회의 반대로 18일 나폴레옹은 쿠데타를 일으켜 제1통령이 됨
1800	알프스를 넘어 오스트리아를 정복한 나폴레옹. 프랑스 은행을 설립
1802	레지옹 도뇌르 훈장을 제정한 나폴레옹, 종신통령으로 임명됨. 아미앵 조약을 체결
1804	《나폴레옹 법전》을 제정. 국민투표에 의해 황제가 된 나폴레옹이 노트르담 성당에서 거행된 황제대관식에서 조세핀에게 직접 왕관을 씌워줌
1805	트라팔가르 해전에서 영국군에 패배
1806	나폴레옹에 의해 에투알 개선문 기공. 대륙봉쇄령 발표
1809	나폴레옹 1세의 프랑스 제국의 패권을 막고자 영국과 오스트리아는 제5차 프랑스 동맹을 결성
1810	조세핀과 이혼한 나폴레옹이 마리아 테레지아의 딸 마리 루이즈와 재혼
1812	나폴레옹의 러시아 침공. 영국 · 러시아 · 프로이센 등이 제6차 프랑스 동맹을 결성
1814	조세핀이 폐결핵으로 말메종에서 51세로 사망 러시아원정 실패로 엘바 섬으로 나폴레옹이 유배됨
1815	워털루 전투에서 패배한 나폴레옹이 세인트 헬레나 섬으로 유배됨
1821	세인트 헬레나 섬에서 나폴레옹 사망

당신 곁에서 내 모든 순간을 보낼 수 있을까

나폴레옹이 사랑한 조세핀

바람에 날려버린 제비꽃 연가　조세핀은 가난한 귀족집안의 맏딸로 태어나 마당에 핀 제비꽃처럼 자랐다. 그녀는 마리 조세프 로즈 타셰 드 보아르네라는 긴 세례명 탓인지 그냥 로즈로 불렸다. 우리가 알고 있는 조세핀이란 이름은 남성풍인 조세프를 나폴레옹이 여성형인 조세핀으로 고쳐 불러준 것이라고 한다.

그녀는 1779년 16세의 나이에 젊고 부유한 육군장교와 결혼했다. 그러나 꿈을 꾸듯 달콤할 줄 알았던 결혼생활은 시작부터 평탄치 못했다. 그녀로서는 전혀 예상치 못한 시련이었다. 남편은 조세핀이 가난해서 배우지 못한 매너와 교양을 빗대 촌티난다고 구박하기 일쑤였다. 심지어 부부동반 모임에도 데려가지 않는 등 철저히 무시했다. 이렇듯 조세핀과 거리를 둔 남편의 허영심과 냉대는 그녀에게 큰 상처를 안겼다. 그녀가 결혼생활에서 겪은 일련의 일들이 여성으로서의 정체성을 다시 생각하게 만들었다.

그들은 결국 별거의 수순을 밟았다. 이후 조세핀은 촌뜨기라는 가당찮은 수모와 무관심을 돌려놓고자 이를 악물고 파리 상류층의 관습을 익혔고, 사교계의 매너 또한 열심히 배웠다.

▲**조세핀** 한 사교모임에서 당시 정치계의 거장 바라스의 소개로 조세핀을 만나게 된 나폴레옹. 그녀는 이미 바라스의 정부였고 나폴레옹은 여섯 살 연상에 두 아이의 엄마였던 조세핀에게 한없이 빠져들고 있었다. 나폴레옹은 살아생전 7만5천여 통에 달하는 편지를 썼다. 이 중 대부분이 아내 조세핀에게 보낸 것이었는데 결혼식을 앞두고 1795년 12월 쓴 편지에는 폭발 일보 직전인 그의 사랑이 충분히 녹아 있다.

"잠에서 깨어 당신만을 생각하고 있소. 지난 밤 당신에게 도취된 채 그 열락 속에서 여전히 그대 감각 속을 헤매고 있다오. … 당신에게 수천 번의 키스를 보내오. 하지만 내게는 키스를 보내지 마오. 당신의 키스는 나를 불살라버릴 테니까."

▲**자코뱅당** 1789년 프랑스대혁명을 급진적으로 이끌었던 정치단체. 1793년 중반부터 이듬해 중반까지 혁명정부를 주도했다. 공포정치로 국내외 반혁명세력에 맞섰으나, 1794년 7월 당을 이끌던 로베스피에르가 처형됨으로써 몰락했다. 그림은 중심인물인 막시밀리앙 로베스피에르(1758~1794)

그 당시 프랑스는 대혁명을 급진적으로 이끌던 혁명정부 **자코뱅당**이 정권을 잡으면서 공포정치가 실시되었다. 1793년 6월부터 자코뱅당은 국내외 반혁명 기도자들을 색출하며 혁명정부를 주도했다. 그 소용돌이에 휩쓸려 남편이 단두대로 끌려가 참수당하고 그녀마저 투옥되었다. 그러나 다행히도 1794년 반反 로베스피에르 파의 쿠데타(테르미도르 반동)에 의해 자코뱅당이 밀려나자 그 틈에 조세핀도 감옥에서 풀려날 수 있었다. 테르미도르 당은 왕정도 공화정도 아닌 총재정부를 출범시켰다.

사교계의 여왕으로 나폴레옹을 만나다   그녀는 사교적이 되는 것만이 살길이라 여겼다. 아니, 달라져야 한다는 절박함이 컸으리라. 얼마 되지 않은 결혼생활이 그녀를 이리 혹독하게 가르쳤다면 엄살이 될까? 그것도 아니라면 그녀의 숙명일지도 모른다. 조세핀의 사랑받기 위한 전략은 사교계의 여왕으로 눈부신 이력을 가질 만도 했다. 빼어난 미인이라기보다 사랑의 기술이 다분히 앞섰다. 카리브 해 특유의 까만 눈동자가 주는 매력과 관능에 요염하기까지 했다.

그렇게 성숙한 조세핀이 클럽에서 나폴레옹을 만나게 되었다. 그는 야심을 가진 스물여섯 살의 젊은 장교로 잘 나가고 있었고, 조세핀도 더 이상 촌뜨기가 아닌 서른둘의 원숙미를 자랑하는 사교계의 중심인물이었던 만큼 둘은 불타는 마음을 주고받기에 그리 오래 걸리지 않았다.

나폴레옹은 마치 숨이 멎을 듯 가슴을 쿵쾅거리며 조세핀의 마법에 걸리고 말았다. 하지만 그녀는 나폴레옹 정도로는 성에 차지 않아 쉬 마음을 내주지 않았다. 숨고 또 숨으며 사내가 애를 태우게 만드는 조련사 같아 보였다. 하긴 상류층 인사들이 그녀에게 정염을 불태우겠다고 줄을 서는 마당이니 콧대를 세울 만도 한가? 그보다 더 남편의 무관심과 냉대, 투옥으로 이어진 하 수상한 시절을 겪어낸 그녀다. 자연히 자신의 행복과 자식들의 앞날을 보장해줄 강력한 힘을 가진 남자에게 집착하게 됐으리라.

어쩌면 그녀는 사랑받을 준비는 했으되, 진정한 사랑에 대해 깨닫지 못한 것은 아닐까. 짐짓 남자를 유혹하는 여자들의 심리는 아기를 앞세운 생식전략의 관점에서 보면 이해할 수도 있다. 카사노바도 일종의 여성 모방심리의 산물이 되겠기에 말이다.

나폴레옹과의 결혼　나폴레옹이 전쟁이나 정치에서 뛰어난 전술가였다면 조세핀 그녀는 사랑의 전략가로 거듭났다. 스물여섯의 나이에 유럽을 다스리고 장차 세계를 호령하려 했던 나폴레옹! 이 전쟁영웅이 여자들 앞에서는 한없이 수줍음을 탔던 모양이다. 그러나 조세핀을 만나더니 단 한 순간도 지체하지 않았다. 여차하면 놓칠세라 밤낮으로 매달렸다.

당시 조세핀은 혁명으로 남편을 잃고 사교계에 발을 들여놓은 처지였다. 게다가 정계의 거물이자 나폴레옹의 상사였던 바라스의 애인이었다. 그러니 한달음에 출세한 나폴레옹의 구혼이 끌리긴 했지만 이해득실을 따지느라 답을 주지 않고 애를 태웠다. 결국 여러 사람을 놓고 다양한 가능성을 저울질하며 냉담하게 굴던 조세핀이 나폴레옹의 집요한 구애에 넘어가 동거를 하기에 이르렀다. 딸이 둘 딸린 서른둘의 이혼녀로서 이쯤에서 결혼해 안정된 생활을 영위하고자 했던 것이다.

　한편, 나폴레옹은 곧 전쟁터로 떠나야 하기에 동거만으로는 마음을 놓지 못하니 서둘러 결혼까지 해두었다. 그리고 전쟁 중임에도 타국에서 줄곧 편지를 썼고, 때로는 한달음에 달려와 그녀를 향한 불덩이를 전하고 갔다.

　사실 나폴레옹은 반드시 성공하리라는 강박관념에 사로잡혀 지냈다. 의지가 굳고 명석했지만 꿈이 원대하다보니 불안하고 초조해 감정의 기복도 심했다. 늘 신경이 예민하고 쇠약해 소화불량에 시달렸다. 그런 나폴레옹이 잠시라도 긴장하지 않고 쉴 수 있는 시간은 사랑하는 조세핀과 함께 할 때였다. 그래서 떨어져 지내는 나폴레옹이 한시라도 빨리 이탈리아에 와달라고 애원했지만 그녀는 줄곧 파리에 머물고 있었다. 댄스파티에서 만난 이폴리트 샤를이라는 젊은 육군중위와 열애 중이었던 것이다. 1798년 나폴레옹의 이집트 원정 때는 아예 그 젊은 중위와 사랑의 둥지를 틀었다. 그러니 나폴레옹이 보내는 편지 따위는 보는 둥 마는 둥 구겨진 채 쓰레기통에 버려졌다.

　이 사실을 알면서도 그는 조세핀에게 꾸준히 편지를 썼다. 마음이 아프지만 열 배나 더 그녀를 사랑한다고 적었다. 끝내 일이 터졌다. 파리에서 나폴레옹에게 전하려던 조세핀의 사랑행각을 보고하는 편지가 해상에서 영국 해적들 손에 넘어가고 말았던 것이다. 그러잖아도 나폴레옹을 끌어내리지 못해 안달이던 영국인들이 노린 특종 중의 특종이 되었다. 승승장구하던 그가 하루아침에 그들의 웃음거리로 전락했으니 말이다.

　사태의 심각성을 느낀 나폴레옹이 서둘러 파리로 돌아왔을 땐 영국 일간지마다 그녀의 간통사건이 실린 뒤였다. 나폴레옹의 상심은 말할 수 없이 컸다. 그녀를 절대 용서치 않으리라 다짐했다. 하지만 그것도 잠시, 나폴레옹은 이내 무너지고 말았다. 무릎을 꿇고 눈물 흘리며 용서를 비는 조세핀의 애원도 애원이려니와, 그동안 함께 지낸 조세핀의 아이들에게 든 정도 깊어 다시 그녀를 받아들였다.

이 와중에도 나폴레옹의 초고속 승진은 계속되었다. 혼란기에 영웅이 나온다곤 하지만, 모든 전쟁을 승리로 이끌고 영웅이 된 그는 프랑스 혁명정부의 통령에 이어 황제로 등극했다. 비로소 조세핀은 자기가 대단한 남자와 살고 있다는 것을 깨닫고, 그와의 관계를 확실히 해두기 위해 다시 정식으로 결혼하자고 졸랐다.

1804년 12월, 마침내 나폴레옹은 노트르담 성당에서 황제대관식을 가졌고 조세핀은 황후 자리에 올라 전 세계인들의 부러움을 한몸에 받았다. 이제야 그녀 자신이 얼마나 행복한 여자인지 실감하며 흡족해했다. 그녀 특유의 눈빛으로 나폴레옹에게 황홀한 키스를 전하며, 그동안 그에게서 받았던 사랑에 버금가는 나긋나긋한 여인의 모습을 보였다.

▲〈나폴레옹 황제대관식(부분)〉 전통에 따라 교황 앞에 무릎 꿇고 왕관을 쓴 게 아니라, 자신이 직접 왕관을 챙겼던 나폴레옹, 황후 조세핀에게 왕관을 씌워주는 대관식의 하이라이트다. 이는 루브르 박물관과 베르사유 궁전에 하나씩 있으며, 길이가 10m에 달하는 초대형 작품으로 자크 루이 다비드의 그림이다.

나폴레옹은 애처가였다. 그녀가 목욕할 때마다 욕조에 늘 장미 꽃잎을 가득 띄워주었고 장미향수를 선물했으며, 죽어서는 제비꽃 향을 풍기던 그녀를 생각해서 무덤가에 제비꽃을 심어주었다고 한다. 그러니까 나폴레옹은 죽을 때까지 그녀의 매력에 대해 한마디로 정의하지 못했다. 다만 친구들에게 "그녀는 도저히 거부할 수 없는 특별한 무언가를 가지고 있다"는 말을 한 것이 전부다. 다음은 나폴레옹이 조세핀에게 보낸 편지의 일부이다.

✿ 사랑하는 조세핀에게 (1796년 7월 17일 오후 2시경)

당신 편지 잘 받았소. 내 사랑스런 친구, 그 편지가 내 가슴을 온통 기쁨으로 채웠다오. 힘들게 소식 전해줘서 고맙구려! 당신 건강은 이제 괜찮겠지. 다 나았으리라 믿소. 승마를 꼭 하도록 하오. 기분이 한결 나아질 테니. 매월 돌아오는 월경통에도 이것만큼 좋은 치료제는 없을 것이오. 당신 고통이 거기서 오는 것이니, 아픔의 원인을 알게 되면 의당 그 치료방법도 이끌어낼 수 있는 거라오.

당신을 떠난 후로 난 언제나 슬펐소. 내 행복은 당신 곁에 있는 것이오. 그 많은 밤들, 내 귀여운 친구, 당신의 두 팔 안에서 지낸 그 밤들! 우리가 새긴 모든 추억과 당신의 키스, 당신의 눈물, 당신의 귀여운 질투, 그리고……. 내 가슴과 내 욕망에 계속해서 뜨겁게 타는 불길을 지피던 불가사의한 조세핀 당신의 매력을 끊임없이 기억 속에 떠올린다오. 때가 오면 모든 걱정거리와 일거리에서 떠나 당신 곁에서 내 모든 순간을 보낼 수 있을까? 당신을 사랑하는 일만 남아 그 사랑을 당신한테 이야기하며, 또 당신한테 증명해보일 그 행복만을 생각할 수 있을까?

당신 말은 되돌려 보낼 테지만 곧 다시 만나게 되길 바라오. 며칠 전 당신을 사랑한다고 믿고 있었어도, 당신을 보기만 하면 또 다시 천 배는 더 사랑한다고 느낀다오. 당신을 만난 이후로 매일 같이 더더욱 당신을 사모하게 되니, 사랑은 한 순간에 생겨나는 거라던 라 브뤼에르(1645~1696 프랑스의 대표적 모랄리스트이자 작가)의 막심은 틀린 걸 거요.

— 나폴레옹

조세핀을 품어준 말메종 성　　말메종 성(현재는 나폴레옹 박물관으로 사용)은 파리 근교에 있었다. 조세핀이 넓은 대지가 딸린 고성을 사들여 취향에 맞게 고쳤다. 그녀와 나폴레옹이 오붓하게 쉬기 위한 별궁이었다. 오늘날 말메종 궁의 아름다운 정원과 **네오클래식**의 세련미는 이미 그 시대에 이루어졌다고 한다. 넓은 공원과 황제·여제의 방과 화실, 음악실, 도서관, 회의실 그리고 앞마당의 정원 등을 갖췄다. 소박한 외관이라 편안하고, 특히 책벌레인 나폴레옹은 잠자기 전이나 목욕 중에도 책을 읽을 정도여서 집안 어디나 작은 서고와 탁자를 놓아 언제든지 책을 볼 수 있도록 배려를 아끼지 않았다. 그러니 분위기는 저절로 심플하고 차분했다.

한편, 조세핀이 좋아하는 공간은 정원이었다. 2백여 종의 식물을 처음으로 프랑스에서 경작할 만큼 희귀한 꽃을 수집해 가꾸었고, 장미정원에는 250여 종의 장미를 심었다. 그 향은 오늘날 전 세계인들이 향유하고 있는 셈이다. 다양한 장미꽃잎을 따서 만든 프랑스 향수와 코냑에 사람들이 여전히 열광하고 있으니 말이다.

나폴레옹이 조세핀에게 선물한 향수라는 그 이유 하나만으로도 '조세핀 향수'는 지금껏 그 향과 용기容器 그대로 연인들에게 사랑받고 있다. 말메종 정원의 산사나무와 재스민, 그리고 키 큰 나무들과 히아신스에 둘러싸인 장미 에센스, 그것이 바로 '로즈' 향수다. 이처럼 그리 화려하지 않으면서 이야기가 있고 휴식이 있는 저택, 말메종 성을 사랑한 나폴레옹과 조세핀은 이혼하기 전까지 이곳에서 행복한 나날을 보냈다고 한다.

나폴레옹이 황제 즉위 후 튈르리나 생클루, 퐁텐블로 궁전에 거주해야 했을 당시에도 조세핀은 말메종 성을 더 많이 그리워했다고. 자연히 나폴레옹은 그녀와 못내 아쉬운 이혼을 하면서 이 성을 그녀에게 하사하고, 죽을 때까지 그곳에서 지낼 수 있도

▲**네오클래식** 네오(새로운)와 클래식 (고전)을 합친 '신고전주의'라는 말이다. 18세기 중반에서 19세기 전반 유럽세계를 풍미한 예술양식으로, 매너리즘에 빠진 바로크와 로코코의 인습에 반발하여 고대 그리스·로마 양식으로의 복귀경향을 말한다. 따라서 부드러운 곡선무늬를 즐겨 사용하여 세련미가 뛰어나며, 화려한 취향의 로코코 양식과는 달리 합리주의 미학을 바탕으로 고대 예술의 특징인, 형태의 이성적인 단순화를 선호했다고 볼 수 있다. 나폴레옹이 지시했던(1806) 파리의 에투알 개선문도 이 양식에 속한다.

록 물심양면으로 배려해주었으리란 짐작이다. 이렇듯 그녀를 잊지 못한 나폴레옹 역시 유배지로 떠나기 직전 이곳을 찾아 그녀에게 마지막 작별을 고했고, 또 프랑스와 러시아 · 영국 · 프로이센 연합군의 전쟁을 앞두고도 조용히 찾아와선 디프테리아에 걸려 먼저 떠난 조세핀의 침대에 앉아 잠시 그녀와의 회상에 잠기곤 했다고 한다.

▲조세핀에게 이별을 고하는 나폴레옹
1809년 둘 사이에 무슨 일이 벌어진 걸까. 저녁시간 "우리 사이에는 자식이 없고 당신이 황태자를 갖기에는 늦었소." 황제의 말을 들은 황후의 표정이 갑자기 창백하게 굳어진다. 잠시 후 비서는 황후 방에서 "안 돼"라는 외침소리를 들어야 했다. 그래서일까 19세기 화가 레슬리 포트의 그림 〈조세핀에게 이별을 고하는 나폴레옹〉은 불가피한 선택을 해야 했던 나폴레옹의 참담한 모습, 그리고 나락으로 떨어진 듯한 조세핀의 절망적 모습을 담고 있다. 마치 이 그림의 또 다른 제목 〈나의 운명, 그리고 프랑스가 원한다〉는 절체절명의 선택을 순간포착하고 있는 것이다.

조세핀, 나폴레옹과 이별하다　나폴레옹의 위세는 하늘 높은 줄 모르고 치솟았다. 동시에 그는 왕위를 물려줄 자기 핏줄을 간절히 원하게 된다. 자신이 이룩한 왕국을 가문에서 영원히 다스리기를 원했으리라. 게다가 애당초 조세핀을 인정하려 들지 않았던 나폴레옹의 어머니와 친척들도 조세핀과 헤어져 아이를 낳아줄 새 아내를 맞이하라고 재촉했다. 오랜 고심 끝에 '나라를 위해서'라는 명분으로 나폴레옹은 이혼을 결심했다.

　아이를 낳을 수 없었던 조세핀은 남모르는 슬픔에 잠겼다. 버림받기 싫어 이런저런 구실로 애원을 하던 그녀는 마침내 나폴레옹의 끝없는 야망을 이해하기로 했다. 그것은 그를 위해 이혼해주는 일이었다. 그녀의 뜻이 전해지기가 무섭게 황실에서 공식적으로 이혼을 발표했다. 가히 충격적이었지만 조세핀은 의연하게 대처했다. "가문의 권익과 프랑스의 후계자를 생산할 능력이 없는 나는 기꺼이 애정과 헌신의 증표를 주려 한다"라고 법정에서 확인을 해주었다. 그 증표란 그의 아이를 낳아줄 다른 여자와 결혼할 수 있도록 그를 놓아주는 것을 의미했다.

나폴레옹과 조세핀, 그 둘은 서로 많은 미련을 안고 이혼을 강행했다. 곧 조세핀은 말메종 궁으로 거처를 옮겼다. 이에 나폴레옹은 그녀에게 변함없는 사랑을 맹세하고, 황후라는 칭호와 대우를 그대로 할 것과 막대한 국고연금까지 지급했다. 그리고 죽을 때까지 서신을 교환하며 안위를 걱정해주었다.

나폴레옹의 뒷모습　나폴레옹은 군사적, 정치적 책략에 남다른 감각을 지녔다. 항시 선두에 서서 거센 저항을 몰아내고 진두지휘하는 명장이었다. 그러니 병사들도 전장에서 그를 따랐다. 때로는 무섭게, 때로는 자상하게 설득하는 나폴레옹은 늘 에너지가 넘쳤다. 목욕 중에도 독서와 명상을 멈추지 않았을 정도였고, 무엇을 중시하고 어떻게 해야 하는지 항상 연구하는 사람이었다. 이렇게 일도 공부도 열심이었지만, 동시에 카멜레온 같은 복잡한 성격으로 존경과 경멸을 받기도 했다. 전투전술 또한 일반적으로 쭉 늘어서서 총을 쏘는 방법 대신 한쪽을 무너뜨리고 또 다른 한쪽을 치는, 전 군사력을 활용한 기지로 무적불패의 신화를 이어갔다. 그 명예와 성공을 전부 국민에게 돌렸기에, 프랑스인들이 한때 그를 기적을 창조해내는 인물로 열광했다.

그러나 '칼로 흥한 자 칼로 망한다'고 끊임없는 명예를 향한 전쟁은 그를 몰락의 길로 이끌었다. 일찍이 노트르담 성당 대관식에서 나폴레옹의 불길한 앞날과 비참한 파멸은 읽힌 셈이다. 이른바 그는 왕과 교황의 지존 싸움에 오기를 드러낸다. 왕관을 쓰기 위해 교황 앞에 무릎 꿇고 나아가는 규범을 저버리고, 제 머리에 손수 왕관을 쓰는 장면은 '천상천하 유아독존天上天下 唯我獨尊'의 막강한 권세를 과시해 보인 것이나 다름없다. 어렵게 베르사유 궁전의 루이 황족을 멸하고 혁명을 이룬 프랑스인들은 이런 그의 어처구니없는 행동에, 과욕이 부를 파멸이 머지않았음을 예감하고도 남았다.

바이올렛 꽃이 한창이었다　스스로 독특한 인간이라 착각하는 천재들의 과대망상인가. 나폴레옹은 가는 곳마다 발목 잡는 영국을 치기 위해 대륙 봉쇄령을 내렸다. 그 때문에 프랑스 동맹국들이 죄다 등을 돌렸고, 민족주의자 스페인과 포르투갈이 진군하니 나폴레옹이 당황했다. 이베리아 반도에서는 당시 영국과 프로이센 연합군 사령관이던 웰링턴 공작 아서 웨즐리가 지휘하여 나폴레옹 없던 프랑스 군대를 쉽게 무너뜨렸다. 러시아 원정 때는 현지의 혹독한 기후와 넓은 영토를 이용한 전술로 나폴레옹에게 연이은 패배를 안겼다. 나폴레옹 자신의 지나친 자만으로 완전히 무너져버린 것이다. 그는 자존심이고 뭐고 다 내팽개치고 피신했다. 곧 이탈리아에서 멀리 떨어진 지중해의 작은 섬 엘바(이탈리아 반도와 코르시카 섬 사이에 위치)로 유배된다. 나폴레옹이 천국에서 지옥으로 떨어진 가장 불행한 시기다.

그러나 나폴레옹은 바이올렛 꽃이 예쁘게 피는 계절에 다시 프랑스로 돌아오겠다고 마음먹었다. 루이 18세가 인심을 얻지 못하고 나라도 어수선했기에 그는 다시 화려하게 재기할 기회를 엿보고 있었다. 오래지 않아 기쁜 소식이 전해졌다. 늘 붙어 있던 영국의 감시관이 잠시 섬을 비운 것이다. 나폴레옹은 곧 천 명의 군사를 이끌고 알프스를 넘었다. 그의 호언대로 산에는 바이올렛 꽃이 한창이었다.

그래도 과연 그를 프랑스가 받아줄지 내내 불안했다. 다행히 시민들은 나폴레옹을 환영했고 지원군도 늘어갔다. 그의 파리입성을 막기 위해 루이 황제가 보낸 군대마저 모두 그의 편에 줄을 섰다. 그들은 모두 옛 나폴레옹의 수하에 있던 군인이었으며 한때는 그들이 떠받들었던 둘도 없는 영웅이 아니던가. 그러니 험준한 알프스 산맥을 넘어 돌아온 영웅을 마주하자 차마 그를 향해 총을 겨눌 수 없었다. 아마도 그의 눈빛에서 어떤 간절함을 느꼈으리라. "날 쏘면 폭정은 계속될 것이다"라는 마법에 걸려든 것이다. 어쩌면 프랑스인들은 그를 기다렸을지도 모른다. 그러나 복병이 있었다. 다시 프랑스의 황제가 된 나폴레옹은 주변국들에게 화의를 청했지만, 그들은 그를 믿기는커녕 제거할 궁리만 했다.

나폴레옹과 조세핀은 술이 되고 향수가 되어　솔직히 영웅 나폴레옹만큼 세계에 큰 충격을 준 이도 드물다. 그런 나폴레옹의 혼을 빼놓은 여자가 조세핀이다. 세계의 중심에 우뚝 선 그가 그녀를 사랑한 것만도 세인들 입방아에 오르내리기 충분한 일 아닌가. 하지만 그보다 더 오래도록 여운을 준 것은 많은 풍파를 일으킨 그녀를 지켜주었던 크고 미더운 그의 사랑이다. 끝까지 빛바래지 않았던, 어떤 고향의 추억 같은 그 향수 말이다.

　그랬기에 훗날 나폴레옹의 운이 다해 황제에서 물러나 엘바 섬으로 쫓겨나자, 새로 맞은 황후가 아닌 조세핀이 그를 돌보며 여생을 마치겠다고 나섰다. 하지만 그녀는 무엇이 그리 급했는지, 그와 함께하고자 했던 마지막 뜻을 이루지 못한 채 먼저 저세상으로 갔다. 뜻하지 않은 디프테리아에 걸려 나폴레옹의 이름을 부르며 죽음을 맞이했다.

　누구나 나폴레옹이 조세핀의 수완에 걸려들었다고 수군댄다. 허나 어쩌면 어린 딸이 둘이나 딸린 이혼녀 조세핀은 아무리 둘러봐도 기댈 곳 없는 허허벌판에 서 있었던 셈이다. 그렇다고 누구나 다 사교장으로 달려가야 한다고 주장하는 것은 아니다. 다만 그 시대나 환경이 때때로 전혀 다른 사람을 만들어내기도 한다는 것이 서글플 뿐이다.

　나폴레옹, 그는 결혼을 믿는 보수적인 사내였다. 그런 그도 수많은 여인들과 사랑을 나누었다. 그러나 숨을 거두는 마지막 순간에는 '조세핀!'만 애타게 불렀다고 한다. 그들이 이승을 떠나면서 서로의 이름을 부르다 숨을 거뒀듯이 세상 사람들에게도 둘이 맺은 인연의 끈은 영원히 회자될 것이다.

  승리를 상징하는 '나폴레옹' 상표의 술은 그가 조세핀에게 들이부었던 사랑만
큼이나 우리에게도 친근한 술이다. 그러나 '카뮈 조세핀'은 요즘 아예 생산을 하
지 않는지 구경조차 하기 힘들다. 향긋한 카뮈 조세핀! 아니, 그 늘씬한 실루엣의
술병에서 홀홀 나온 풍선 컵의 코냑 한 잔이 그립다.

자유의 바람 '보나파르티즘'의 깃발을 휘날린
베토벤 〈영웅교향곡〉의 주인공 나폴레옹은 진정한 영웅인가

▲ 자크 루이 다비드의 1801년작
〈성 베르나르 협곡을 넘는 나폴레옹〉

위대한 프랑스의 깃발을 휘날리며 전 유럽에 자유의 바람을 몰고 왔던 나폴레옹. 영욕과 부침으로 가득찬 그의 일생은 그 자체로 한 편의 드라마였다. 과연 베토벤 〈영웅교향곡〉의 주인공 나폴레옹은 진정한 영웅인가, 풍운아인가.

"불가능은 없다"라는 명언을 남긴 나폴레옹(1769~1821)은 155cm의 작달막한 키(실제로는 168cm였다고 한다)를 가진 그저 그런 외모의 코르시카 출신 촌놈이었다. 그것도 가난한 지주집안의 8남매 중 둘째아들로 태어났다. 그러나 유년시절부터 독서를 즐겼으며 특히《플루타르코스 영웅전》을 여러 번 읽었다. 이 책은 그가 후일 군인에서 황제로 이어지는 신분상승의 견인차 역할을 톡톡히 해냈다.

나폴레옹은 수도원 부속학교를 다니다 곧 그만두고, 1779년 프랑스 본토로 건너가 1784년 파리 육군사관학교에 입학한다. 졸업 시험성적은 좋지 않았으나 4년 과정을 불과 11개월 만에 마쳤다는 점을 참작해야 한다. 16세의 나이로 졸업해 연대 포병 소위로 주둔했던 1789년 바스티유 감옥 함락소식을 듣고 프랑스혁명에 참가하여 공화주의자인 자코뱅파를 지지하는 소책자를 쓰다 체포되기도 했다.

이로 인해 1792년 코르시카로 귀향하여 국민위병대 중령으로 복무하나 왕당파와의 균열로 일가족 모두 마르세유로 도피하게 된다. 그리고 그곳에서 데지레 클라리와 약혼식을 올린다. 그의 과감성은 이제부터 발휘된다. 대위로 근무하면서 1795년 왕당파의 봉기가 일어나자 수도 시가지에서 대포를 쏘는 과감한 전법을 쓰며 사단장에 오른다. 이듬해 데지레와 파혼하고, 조세핀과 27세의 나이에 결혼한다. 같은 해 이탈리아 원정군 사령관으로 발탁되고, 이로부터 약 20년 동안 나폴레옹 전쟁이 지속된다.

1796년 이탈리아에 주둔한 오스트리아군을 물리치기 위해 눈보라치는 알프스 산맥을 넘으려 하지만 실패하고 우회하여 제압한다. 이어 1798년 5월에는 카이로에 입성하여 피라미드 전투를 승리로 이끌기도 했다. 이때 발견된 로제타석이 고대 이집트 문명을 밝히는 데 결정적 역할을 하게 되었다.

한편, 영국과 오스트리아가 동맹을 맺고 프랑스를 위협하고 있는 상황 속에서 인도원정을 취소하고 이

집트에서 몰래 탈출한 나폴레옹은 그해 10월 프랑스로 귀국, 이듬해 11월 9일 의사당에서 자신의 정부를 승인할 것을 요청했다.

하지만 오백인회五百人會에서 이를 거부하자 군대를 동원하여 쿠데타를 일으킨다. 아울러 오백인회를 해산시키고 원로원으로부터 10년 임기의 제1통령에 임명된다. 불과 서른의 나이에 사실상 프랑스 정권을 손아귀에 넣은 것이다.

사상 유례없는 그의 광대한 구상력과 과감한 행동력은 '보나파르티즘'이라는 정치방식을 낳았다. 이후 연합국에 강화를 제의하지만, 거절당하자 재차 알프스를 넘어 이탈리아 북부로 진격하려고 한다. 이때 부관들이 만류하자 "나의 사전에 불가능이란 단어는 없다"라는 유명한 말을 남겼다. 마침내 알프스를 넘은 나폴레옹은 1800년 2월 마렝고 전투에서 오스트리아를 굴복시키자 영국을 제외한 제2차 대프랑스 동맹이 붕괴된다.

우선 그는 제1통령으로서 은행을 설립해 경제안정을 도모했다. 이어 교육개혁에도 힘써 공공 교육법을 제정하고, 1804년에는 각 지역의 여러 관습법과 봉건법을 하나로 통일한 《프랑스 민법전》 이른바 나폴레옹 법전을 제정했다. 그리고 같은 해 12월 인민투표로 황제에 즉위하여 제1제정을 폈다.

이 소식을 전해들은 베토벤이 "인민의 영웅, 나폴레옹 역시 속물이었다"며 《영웅 교향곡》 악보를 치우고 펜을 던진 사건은 유명하다.

아미앵 조약을 파기한 영국을 최대 적으로 간주한 나폴레옹은 1805년 가을 트라팔가르에서 대해전을 펼치나 넬슨이 지휘하는 영국해군에 격파되고 만다. 그러나 같은 해 12월 아우스테를리츠 전투에서 오스트리아 · 러시아군을 꺾은 이래, 프랑스 육군은 전 유럽을 석권하는 쾌거를 올린다. 그는 이때를 놓치지 않고 형 조제프를 나폴리 국왕으로, 동생 루이는 네덜란드 국왕에 앉히고 자신은 라인 동맹을 발족시켜 독일에게도 강한 영향력을 행사했다. 이로써 샤를마뉴 대제로부터 거의 천 년의 역사를 가진 신성로마제국이 사실상 해체되었다.

그러나 1809년 조세핀과 이혼, 이듬해 오스트리아 황녀 마리 루이즈와 재혼을 하고 1812년 러시아 원정에 실패하면서 그의 운세도 기울어갔다. 1814년 3월 영국 · 러시아 · 프러시아 · 오스트리아 군에 의해 파리를 점령당하고, 그는 엘바 섬으로 유배되었다. 이듬해 엘바 섬에서 탈출하여 3월 파리로 들어가 황제에 즉위했으나, 6월 워털루 전투에서 패하고 영국에 항복했다. 이어 세인트헬레나 섬에 유배되었는데 그 일련의 과정을 '백일천하'라고 일컫기도 한다. 결국 섬에서 건강이 나빠진 나폴레옹은 1821년 5월 5일 세상을 떠났다. 암살설도 있지만 정식사인은 위암이라고 발표되었다. 그의 유해는 이후 영국의 동의하에 프랑스에 반환되어, 현재 파리에 안치되어 있다. 그가 구술하는 회상록을 동행하던 옛 부하 E. 라스카스가 기록했다고 전한다.

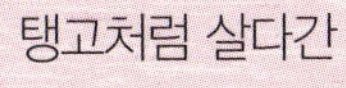

"아르헨티나여, 나를 위해 울지 말아다오"

마리아 에바 두아르테 데 페론 (María Eva Duarte de Perón 1919~1952)

애칭 에비타Evita

1919	5월 7일 아르헨티나의 초원지대 팜파스에 속한 작은 마을 로스톨도스의 부유농 후안 두아르테와 그의 정부인 후아나 이바르구엔 사이에서 출생
1935	부에노스아이레스에서 연예계 진출
1943	'43 쿠데타 발생. 아르투로 라우손이 주도했으며 후안 페론도 참여
1944	산 후안 지진 당시 이재민 구호기금 모집 때 후안 페론을 만남 같은 해 후안 페론은 부통령으로 임명됨
1945	후안 페론이 구속 수감되나 석방운동으로 풀려나고, 같은 해 후안 페론과 결혼
1946	대통령 선거에서 후안 페론이 당선
1947	후안은 대통령이 되어 아르헨티나의 모든 외채를 상환하고 사회간접자본을 국유화. 병원 4,000개와 학교 8,000개를 설립했음 에바 페론은 대외활동에 박차를 가하며 구호활동을 펼치고 정의당을 창당하여 당대표를 맡음
1950	에바 페론, 자궁암 진단을 받음
1951	에바는 부통령으로 지명된 후 군부압력으로 부통령 후보를 사퇴함 대선에서 후안 페론이 대통령으로 당선되며 연임에 성공
1952	7월 26일 33세의 나이에 자궁암 악화로 에바 페론 사망 시신은 방부처리됨
1955	후안 페론은 쿠데타 발생 후 축출당함 에비타의 시신을 은닉한 후 이탈리아로 빼돌림
1956	파나마로 망명한 후안은 이사벨 마르티네스를 비서로 채용
1960	후안은 비서와 함께 스페인으로 망명함
1961	이사벨 마르티네스와 후안 결혼
1971	스페인에서 후안은 방부처리된 에비타의 시신을 인수함
1973	아르헨티나의 대선결과 페론이 당선되었으나 7월 사임 후임자 역시 10월에 사임, 재선 결과 이사벨 페론을 부통령으로 지명한 후안 페론이 당선, 에비타의 시신 대통령 궁에 안치
1974	후안 페론 사망. 이후 에바 페론의 시신은 두아르테 가족묘지에 안장됨

아르헨티나여, 나를 위해 울지 말아다오

탱고처럼 살다간 에비타

강한 리듬감, 부드럽고 다이내믹한 춤이 탱고가 아니었더냐! 아, 고개를 가로저었다. 탱고는 오로지 추는 사람의 기분에 맡길 뿐이다. 탱고를 추는 사람의 마음이 슬프면 탱고도 슬프다. 탱고를 추는 사람의 마음이 즐거우면 탱고도 흥에 겹다.

뮤지컬 영화 〈에비타〉에서 맛보았던 탱고가 정녕 그랬다. 사람들은 느릿느릿 발을 들고나며 어깨를 서로 맞대고 애써 눈물을 감추었다. 에비타를 잃은 아르헨티나는 한 달 내내 그녀를 기리며 탱고를 추었다. 농장, 길거리, 허름한 창고 등 때와 장소도 가리지 않았다. 그렇게 그녀를 잃은 슬픔을 삭였다. 예전에 이리 슬픈 탱고를 상상이나 했던가. 어쩌면 어린 나이에 대도시 부에노스아이레스로 진출해 탱고를 배운 에비타의 먼 추억이 되니 더없이 흡족한 애도일지도 모르겠다.

빈민촌에서 태어난 탱고와 에바 두아르테　탱고는 아르헨티나의 사창가에서 생겨난 도시 빈민층의 음악이고 춤이었다. 19세기 말부터 제1차 세계대전이 일어나기까지 아프리카와 남유럽에서 밀려든 이주민들은 아르헨티나의 원주민들과 많은 갈등을 빚어왔다.

▲영화 〈에비타〉 앤드류 로이드 웨버가 작곡하고 알란 파커 감독과 팝가수 마돈나가 재현한 영화. 그러나 이 영화는 촬영팀이 부에노스아이레스에 도착할 때부터 난관에 부딪힌다. 아르헨티나 국민들이 성녀 에비타의 명예를 지키기 위함이라면서 이들의 촬영에 거세게 반발했던 것. 제작팀은 새로운 세트도시 부에노스아이레스를 재현하기 위해 8천만 달러라는 제작비를 아르헨티나로 공수한다.

1996년 촬영이 채 끝나지 않은 상태에서 칸느의 영화평론가들 사이에선 '20세기 세계 영화계를 마무리지을 대작'이라며 회자되었지만, 우리나라에서는 흥행에 실패한다. 당시 마돈나가 나온다는 이유만으로 작품성이 떨어질 것이라 우려한 사람들이 상당했으리라. 그러나 영화를 본 사람이라면 마돈나의 변신에 놀랄 것이며, 영화 〈에비타〉를 통해 에바 페론이 새롭게 부활하는 순간을 목격할 수 있지 않을까.

탱고의 원류가 선창가 술집이었듯 원주민도 제대로 정착하지 못해 떠돌면서 하루벌이로 먹고사는 형편이었다. 거기다 밀려든 이주민들과 함께 가난한 땅에서 살아가자니 하층민들의 삶이 오죽이나 고단하고 우울했을까.

그래선지 탱고는 멀리서 봐도 숨이 막힐 듯 격하고 감정적이다. 외롭고 지친 마음으로 흥얼거리다 자연스레 몸에 밴 그들만의 흥취가 아니리. 딱히 내보일 수 없는 서로의 기분을 조금씩 풀어서 뭉치고 보탠 몸짓일 것이다. 탱고는 그렇게 자꾸 서로에게 마음을 열고 얼결에 그리 통하는가 싶더니 더듬더듬 다듬어져 곧장 아르헨티나 전역을 전염시키며 삽시에 대중 속으로 파고들었다.

마침내 앞이 보이지 않는 가난한 삶에서 우러난 그들만의 흥취, 그 춤을 눈여겨 본 미국인들이 대번 끌어다 〈탱고〉라는 영화를 만들었다. 그리고 미국의 할리우드 극장가보다 더 상업적으로 탱고의 유행과 영화흥행을 선도할 수 있는 프랑스 무대에 올렸다. 1920년 파리에서 무성영화 〈탱고〉를 상영했던 바, 자못 흥미로운 성공작이 되었다고. 이로써 탱고는 전 세계인들에게 알려졌고, 해를 거듭할수록 유명세와 함께 감미로운 율동과 정열적인 멜로디가 가미되어 세련미를 더했다.

한편, 에바 두아르테(에비타)도 비슷한 시기인 1919년 아르헨티나 시골 빈민가에서 태어났다. 농장주와 그 농장에서 요리사로 일하던 어머니 사이에서 사생아로 태어난 것이다. 이같이 부농인 아버지가 있었지만 서녀인 관계로 어린 시절을 가난하게 보냈고, 아버지 장례식에도 떳떳하게 참석할 수 없을 만큼 서러움 속에서 컸다. 그녀가 쉽사리 탱고에 빠질 수 있었던 이유도 순전히 그 때문일 것이다.

게다가 어려서부터 대도시를 동경했다. 그리고 열다섯 살 때 자기 집에 묵고 있던 아저씨뻘 되는 첫 남자에게 떼를 써서 아르헨티나의 수도 부에노스아이레스로 따라나서게 된다.

태생적으로 호기심과 끼가 많았던 에바는 그곳에 가면 분명히 기회를 잡을 수 있으리라 믿었다. 하지만 여행도 그 도시의 환상을 깨기 위해서 간다고 하지 않던가. 에바 두아르테가 동경한 부에노스아이레스 의 꿈은 그녀가 기차에서 내리는 순간 여지없이 깨지고, 낯선 곳 에서 또다시 혼자가 되어 밤거리를 배회하는 신세가 되었다. 아무 렴, 그녀는 가진 것이 없었으니 잃을 것도 없다.

다행히 그녀는 쉽게 기죽거나 포기하지 않는 성격이었다. 사창 가에서 혹은 댄스홀에서 이리저리 섞이며 신분을 차별하지 않는 탱고를 닮았다. 춤출 때 파트너를 바꾸듯, 그녀는 남자를 사귀는 데서도 다분히 사교적이었다. 누구의 품이든 힘이 되는 사람이라 면 주저하지 않았다. 시쳇말로 쿨하게 사랑하고 헤어지기를 거듭 했다. 아무나 할 수 없는 야멸친 욕심이었다.

▲에바의 젊은 시절 대도시에 대한 막연한 기대감과 함께 부에노스아이 레스로 향한다.

후안 페론을 만나다　　어느 날 에바는 아르헨티나 예능인의 지진 피해자 구호기금 마련 행사에 참석했다. 그녀의 '너는 내 운명'이 된 **후안 페론**과의 첫 만남은 그때 그곳에서 이루어졌다. 당시 군 사 쿠데타의 주역인 정치가 후안 페론은 육군대령에 불과했지만, 대통령이 가장 신뢰하는 정계의 실세였다. 마침 부인을 잃고 독 신이던 그는 에바에게 다정했다. 자연히 페론 주변에서 많은 질 시와 만류가 있었으나 개의치 않는 그의 모습이 그녀는 무엇보다 소중하고 든든했다.

그것이 곧 에바 두아르테에게 큰 힘이 되어 나타났다. 연예계에 서 그녀를 슬금슬금 띄워주어 후한 대접을 받았다. 에바는 모처 럼 산다는 것이 기뻤다. 아무튼 참고 기다린 기회이니 절대로 놓

▲후안 페론과 에바 첫 만남에서 둘 은 서로에게 필요한 사람임을 감지했 다. 젊음과 미모 그리고 권력과 명예 가 그것이었다. 거기다가 에바는 총명 하기까지 했다. 후안이 정치적인 문제 로 감금당하자 자신의 외모와 언변으 로 같은 계급출신의 노동자들을 선동 했고, 급기야 파업을 일으킨다. 당황 한 당국은 파업 10일 만에 후안을 풀 어준다. 이를 계기로 후안은 에바와 평생 동지가 될 것을 결심하고 결혼 한다.

▲카사 로사다 대통령궁 발코니에서 손을 흔들고 있는 에바와 후안. 국민의 열렬한 지지를 받았다.

▲드레스를 입은 우아한 자태의 에바
에바는 사회적 약자를 위한 국가적 차원의 복지정책을 펼친다.

칠 수 없다. 그리고 그녀는 크나큰 야망을 품는다. 이 사람을 도와 영부인이 되겠다는 야심을 품은 것은 그녀이기에 가능했으리라.

에바는 언제 그렇게 많은 준비를 했던 것일까. 무모하다 할 정도로 그녀의 생각은 이미 저만치 앞서나가고 있었다. 곧 페론의 정부가 된 에바는 후안 페론을 능가하는 정치력을 보였다. 군부출신의 페론에게 지배계층인 군부를 버리고 기본적인 인권도 누리지 못하는 가난한 아르헨티나 노동자를 지지기반으로 삼도록 충고하고 부추겼다.

하지만 사회악의 고리를 끊으려면 많은 시간과 노력이 필요하다. 노동자들을 위한답시고 하루아침에 돌변한 정책으로 기득권자들을 죄악시해서는 곤란하지 않겠는가. 그 우려가 당장 현실로 나타났다. 페론 측은 급한 마음에 충분한 과도기도 거치지 않은 채 급작스레 국민들을 두드리고 통제했던 것 같다. 말마따나 강력한 사회개혁으로 중하층 계급과 노동자들의 목소리를 키워주며 과도한 친노동자 정책을 펴다보니 대지주들의 반발과 정적政敵을 낳는 결과를 초래했다.

그렇게 경제정책에 불만이 커져갈 즈음, 제2차 세계대전이 끝났다. 한때 나치에 심취했던 페론은 정적들에 의해 투옥되었다. 나치를 지지하는 바람에 미국과의 관계가 나빠질 것이라는 명분을 들어 잡아들였지만, 내심 그들은 페론의 세력확장이 더 두려웠으리라.

위기를 기회로　누군가 '위기는 기회'라고 했던가. 에바 두아르테가 그를 지켜낸다. 페론의 꿈을 실현시키기 위해 그녀가 곁에 있었다. 절망한 그가 차라리 망명해서 편히 살자는 것을 그녀가 막고 설득했다. 그리고 바깥 현장에서는 민중들에게 페론에 대한 정책적 지지를 호소했다.

"가진 것 없는 여러분을 사랑하고 나 같은 이도 사랑할 수 있는 사람이 페론이다"라고 외치고 또 외쳤다. 그를 감옥에서 구해내기 위해 앞장섰다. 쇼걸이며 삼류 배우였던 에바의 어디서 그런 힘이 솟는 걸까. 점차 그녀의 생각이 통하기 시작했다. 그 일은 그리 거창한 것이 아니었다. 단지 가난한 자들 편에 서서 그들의 손을 잡아주고 마음을 나누는 것이면 된다. 급기야 그녀와 페론을 연호하며 민중들이 거리로 쏟아져나왔다. 광장을 가득 메운 사람들이 페론이 갇혀 있는 감옥의 병원을 사방으로 에워쌌다. 자칫 폭도로 변할지도 모르는 대중들의 페론지지 압박에 정부도 어쩔 수 없이 그를 석방했다.

감옥에서 풀려난 그는 노동자들 앞에서 진정으로 그들의 아픔을 어루만지는 위정자가 되겠노라고 감격어린 연설을 하며 에바를 힘껏 안았다. 석방된 페론은 에바 두아르테와 동거생활을 끝내고 1945년 10월 말 마침내 결혼식을 올렸다. 그 여세를 몰아 이듬해인 1946년, 페론은 압도적 지지로 대통령에 당선되었다. 페론의 심벌인 에비타의 호소력 있는 연설은 민중들의 마음을 사로잡기에 충분했고, 그들은 모두 그녀 편에 줄을 섰다. 그러니까 민중들은 그녀가 없는 아르헨티나를 생각조차 하기 싫어했다. '에비타'는 에바 두아르테와 후안 페론이 결혼하고 난 후 아르헨티나 사람들이 지어준 그녀의 애칭이다.

가난한 자의 성녀, 부유한 자의 창녀　　페론 정부가 들어서자 에바는 권력의 핵심에 서서 또다시 대대적인 개혁을 단행했다. 늘 거슬렸던 영국을 비롯한 유럽의 외국 자본을 추방하고 기간산업을 국유화시켰다. 여성노동자의 처우개선을 위해 노동법을 개정하고 이혼과 혼인에서의 남녀평등 보장, 무료교육, 의료혜택 등 특별히 여성이나 노동자처럼 힘없는 사람들의 권익보호에 힘썼다. 그리고 아르헨티나의 광활한 대지에서 생산한 육류와 곡물 수출로 비축해둔 탄탄한 국고를 풀어 노동자의 임금인상과 사회보장제도, 빈민주택 정비에 나섰다. 그러자니 정치적 영향력도 줄어든 기득권자들에게, 가난한 사람들의 복지를 위해 기부하도록 종종 압력을 넣기도 했다.

어찌할까. 당시 남미의 5대 부자였던 아르헨티나를 경제위기에 빠뜨렸으니 말이다. 비록 빈민을 구제한다는 명목이었지만 당장 국고의 황금을 마구 풀고, 외국 기업가와 자본을 무시하고 몰아내다 외려 무역의 역풍을 맞았다. 그리하면 자국에서 생산되는 엄청난 곡물과 육류의 수출길이 온전할 리 없잖은가. 하물며 막 일어서려던 공업이 외려 수입 부담만 가중시킬 뿐이었다.

이는 그녀가 죽은 후에도 내내 논란거리가 되었다. 진정으로 가난한 자를 위한 정책이었다고도 하고, 더러 대중의 인기를 업고 권력을 이어가려는 그야말로 **포퓰리즘**의 상징이라고 폄하하기도 한다. 조금 더 멀리 내다보고 정책을 폈더라면 하는 아쉬움이 크다. 그러니 그녀를 일컬어 가난한 자들은 성녀라 칭송했지만, 부유한 자들은 한낱 몸 파는 저급한 여자로 치부한 것도 무리는 아닐 터이다.

삶의 스텝　거듭 밝히지만 탱고는 바로 아르헨티나 사람들의 삶이고 문화다. 음악 없는 인생을 상상할 수 없듯 거리의 악사들, 라틴음악과 함께 호흡하는 탱고가 없는 아르헨티나의 거리도 상상을 할 수 없다. 뿐만 아니라 그 춤에 대한 관심만큼 탱고를 위한 옷과 모자, 구두로 장식된 쇼윈도의 상점들 또한 아르헨티나의 자연스런 풍경이다. 그들은 가끔 월급을 몽땅 털어 구두를 사기도 한다. 이들에게 멋있고 질 좋은 구두는 필수품이다. 신발이야말로 기본적인 춤의 원형을 고스란히 잡아주기 때문이다.

또 하나, 아르헨티나는 에비타를 빼놓고 얘기할 수 없다. 실제로 사람들은 '에비타' 하면 아르헨티나를 떠올리고, '아르헨티나' 하면 축구나 탱고보다 에비타를 먼저 떠올린다. 이는 에비타가 아르헨티나 탱고와도 불가분의 관계이기에 그럴 것이다. 탱고를 추는 남녀가 원주민과 이주민의 갈등을 상징한다면, 에비타를 대변하는 것은 하층민을 위한 그녀와 특권층과의 갈등이다. 배고프고 가난한 자들을 위해 젖 먹던 힘까지 동원했던 그녀다. 그런 그녀가 정치 막판에 놓은 악수를 어찌 봐야 하는가.

어떤 정부든 자신들 권력의 연장을 위해서 광포한 수단을 썼다면, 그 정부는 국민들에게 외면받기 마련이다. 페론 정부 역시 그들의 반대편에 선 사람들을 무참히 몰아내고 믿을 수 있는 인척들로 포진시켰다. 또한 그녀가 세운 페론복지재단에 헌금하도록 기업을 압박했고, 이에 따르지 않으면 악덕기업으로 도산의 위기까지 몰아갔다. 그 때문에 반대파들은 민중의 지지를 받기 위한 선심성 정책이라고까지 비난했다.

어쨌거나 수십 년이 흐른 지금도 아르헨티나 빈민들이 에비타에게 보내는 지지는 절대적이다. 이들에겐 무슨 수를 써도 불변할 진리에 가깝다. 탱고의 기본인 '슬로slow'를 무시하고 앞만 보고 달리는 '퀵quick'만 생각하다가는 우리 인생에 엉뚱한 물건이 배달될지도 모른다. 에비타도 자칫 이런 우를 범한 것이 아니랴.

아르헨티나여! 이제는 나를 위해 울지 말아요!　애당초 아르헨티나 정부에서는 탱고가 소외되고 구석진 하류사회에서 발생되었기에

▲"나를 약자와 극빈자, 여성들의 운명을 바꾼 혁명가로 평가해주길 바란다"고 말했던 에바의 봉사정신이 당시 부에노스아이레스 국립의대에 재학 중이던 체 게바라에게 얼마나 영향을 미쳤을까?
1947년 부에노스아이레스 국립의대에 입학하여 1953년 졸업한 체 게바라가 당시 의대생이라면 누구든 참여한 의료봉사를 피해갔을 리 만무하다. 체가 에바의 의료봉사 활동에 자원했는지 정확한 자료는 발견되지 않았으나, 그가 그녀의 혁명적 사상에 영향을 받았으리라는 추측은 가능하다.

이 춤을 일정한 장소 즉, 사교장과 환락가에서만 추도록 제한했다. 그뒤 탱고가 유행하며 세계 각국으로 퍼져나가자 마침내 아르헨티나 정부에서도 '탱고금지제도'를 폐지하고, 그 발생지라는 자부심과 함께 널리 보급하기에 이르렀다.

마찬가지로 에비타 또한 빈민노동자 편에 섰을 때 상류층에서는 독설을 퍼부었다. 저급한 창녀라고 멸시했다. 그런 그녀가 부자들로부터 환수한 돈과 정부의 곳간마저 활짝 열고 빈민구제에 힘썼다. 당연히 그들에게 에비타는 '내일'이라는 희망이고 등불이었다. 아르헨티나 전역에서 빈민노동자들이 그녀를 성녀라고 떠받들며 열광했다.

그 때문일까? 그녀에게 탱고가 깃들고 탱고를 사랑하는 그들이니, 이 태생적 고락이 있어 아르헨티나의 탱고는 황홀하기 그지없어라. 문득, 탱고는 춤이라기보다 그들이 토해내는 저마다의 한 가닥 하소연으로 느껴지니 어인 일인가.

아직도 귓가에 'Don't cry for me Argentine'의 선율이 맴돈다. 영화 〈에비타〉에서 주역을 맡은 마돈나가 이 노래를 부르는 장면이 두 번 나온다. 남편 후안 페론이 대통령에 당선된 날 승리연설로 불렀을 때는 "아르헨티나여! 이제는 울지 말아요"가 적확하다. 그들의 눈물을 닦아주리라는 메시지로서 말이다. 그리고 다시 그녀가 서른셋의 아직 아름다운 나이에 백혈병과 자궁암으로 가망이 없었을 때, 대통령 궁으로 몰려든 군중들을 향해서 불렀다. 궁전 발코니에 나와 고통을 참으며 마지막 혼신의 힘을 다해 부른 것은 "아르헨티나여! 이제는 나를 위해 울지 말아요"가 맞을 터. 그녀가 그들에게서 받은 사랑이 울컥 전해진다.

에비타! 저간의 사정을 여기 다 피력할 수는 없으되, 사뭇 시작과 작별이 이리 가슴을 여미게 하는가.

아르헨티나 역사상 최초의 '부의 재분배'를 이룬 '페론주의'

후안 페론(1895~1974)은 부에노스아이레스 남부에서 이탈리아계 이민자의 아들로 태어났다. 페론의 부친은 유복한 가정에서 태어난 의학도로, 결핵치료를 위해 부에노스아이레스의 작은 마을로 요양을 갔다가 이곳에서 원주민 소녀를 만나 후안 페론을 낳게 된다.

그러나 당시 아르헨티나에서는 원주민을 적대시하는 풍조가 있어, 집안에서는 그들의 동거 사실은 물론이고 후안 페론의 존재조차 숨겼다. 페론은 9세 때부터 어머니와 떨어져 살게 되었고 1911년 육군사관학교에 입학한다. 졸업한 뒤 장교로 복무하여 육군대령에 이르렀고, 1929년 1월 5일 아우렐리아 티손과 결혼했다. 1938년 후안 페론은 이탈리아, 프랑스, 스페인, 독일, 알바니아의 아르헨티나 대사관에서 무관으로 근무했고, 이탈리아의 부임지에서 첫 부인 아우렐리아 티손이 결혼생활 9년 만에 자궁암으로 사망했다는 소식을 접한다.

1940년 일리고이엔을 타도하는 군부쿠데타에 참가하고, 1943년에는 통일장교단(GOU)의 리더로 활약하며 쿠데타를 주도해 정계에 진출한다. 이듬해 산후안의 지진으로 6천명 이상의 사망자가 발생하자, 당시 노동부장관으로 재임 중이던 그는 지진참사 이재민 구호를 위한 기금모금회에 참가했다가 에바 두아르테를 처음 만났다. 그해 페론은 파레르 군사정권 하에서 부통령으로 재임, 군부와 대중의 지지를 동시에 확보한다. 그리고 1945년 에바 두아르테와 정식으로 결혼했다. 그러나 다른 군부 세력들은 후안 페론의 정치적 확장을 경계하고, 에바와의 불편한 관계 등을 들먹이며 군부쿠데타를 일으켜 페론의 지위를 빼앗고 체포해버렸다. 페론 석방운동은 1945년 9월 17일 대규모 시위로 이어졌고 한 달 뒤 그는 석방되었다.

1946년 대중의 지지를 얻어 대통령에 당선된 페론은 CGT라는 거대한 노동조합을 설립하여 이듬해 7월 모든 외채를 갚았고, 산업화와 사회자본의 국유화 정책을 통해

자립경제를 추진했다. 또한 사회보장 제도를 확충하여 병원 4천여 개와 학교 8천여 개를 설립하는 일에 앞장섰다.

그러나 국가사회주의를 표방한 그의 정책은 언론·보도의 자유를 탄압하고 외국자본의 배제와 산업의 국유화를 단행하는 등 독재를 감행하고, 1949년에는 헌법을 개정해 2년 뒤 대통령에 재선된다. 그러나 1952년 부인 에바가 세상을 떠난 뒤 그가 펼쳤던 모든 불합리한 개혁은 실패로 돌아갔다. 1955년 교회탄압을 기점으로 가톨릭교도와 군부의 지지마저 잃게 된 페론은 9월 군사혁명으로 국외로 추방되었다.

그러나 망명 중에도 그의 국가주의와 노동자정책은 국민의 동정을 충분히 자극하여 1973년 9월 대통령 선거에 부통령 후보인 이사벨 부인과 함께 재기, 대통령에 당선되었으나 이듬해 7월 세상을 떠났다. 일부 언론에서는 포퓰리즘으로 표방되는 '페론주의'가 아르헨티나 경제를 망쳤다고 평가하지만, 페론 집권기간 동안 아르헨티나 국민의 60%를 차지하던 극빈층이 전체 국가소득의 33%의 분배를 받는, 아르헨티나 역사상 최초로 부의 재분배가 이루어짐으로써 당시 60%에 가까운 중산층을 형성했는데, 이는 페론주의의 크나큰 업적이라 할 수 있다.

영화 〈백조〉와 〈나는 결백하다〉 영화가 지닌 운명성
모나코의 상징 그레이스 켈리

그레이스 켈리 (Grace Patricia Kelly 1929~1982)
모나코 레니에 3세의 공비 (the Princess of monacco)

1929	11월 12일 미국 필라델피아에서 출생
1934	필라델피아 세인트 브리짓 학교에 입학
1943	스티븐스 스쿨에 입학(~1947)
1947	아메리칸 드라마 아카데미에 입학
1951	영화 〈14시간〉에 단역으로 출연
1951	영화 〈하이 눈〉에 출연하여 배우 게리 쿠퍼와 함께 연기함
1952	존 포드 감독의 영화 〈모감보〉에 출연하여 배우 클라크 게이블과 에바 가드너와 함께 열연함
1954	알프레드 히치콕 감독의 영화 〈다이얼 M을 돌려라〉에서 배우 레이 밀란드와 함께 열연함. 조지 시튼 감독의 영화 〈갈채〉에서는 빙 크로스비, 윌리엄 홀든 등의 명배우들과 열연하여 아카데미 여우주연상을 수상함 그 밖에도 〈이창〉 〈원한의 도곡리 다리〉 〈그린 파이어〉 등의 영화에 출연함
1955	칸느 영화제에 참석하여 잠시 화보촬영차 모나코를 방문했다가 레니에 왕자와 첫 만남을 가짐. 이때 알프레드 히치콕 감독의 〈나는 결백하다〉에 출연하여 캐리 그랜트와 함께 주연을 맡음
1956	찰스 비도 감독의 영화 〈백조〉에서 알렉 기네스와 주연을 맡음 영화 〈상류사회〉에서는 빙 크로스비, 프랭크 시나트라와 함께 열연함 같은 해 레니에 3세와 모나코의 성 니콜라스 성당에서 세기의 결혼식을 올리며 영화계를 은퇴 미국잡지 〈라이프〉에 실린 임신한 배를 가리기 위한 켈리의 에르메스 백이 화제가 되면서 이 가방은 왕실의 허가를 얻어 '켈리 백 Kelly Bag'으로 명명됨
1957	캐롤라인 공주 출산
1958	알베르 왕자 출산
1965	스테파니 공주 출산
1982	9월 14일 교통사고로 사망. 딸 스테파니가 동석(운전) 중이었으며 당시 그레이스 켈리 나이는 52세였음

영화 〈백조〉와 〈나는 결백하다〉 영화가 지닌 운명성

모나코의 상징 그레이스 켈리

끼를 타고난 배우들은 모두 할리우드에서 빛을 발했다. 어렵사리
배우들의 로망이 되는 곳이 할리우드다. 그곳은 누구의 어떤 도발
이든 열려 있지만, 무대는 털끝만큼의 실수도 용납할 아량이 없
다. 끝없는 모험 속에 양보를 모르는, 그래서 잔인하리만치 냉정
한 곳이기도 하다. 어찌 아름답기만 해서야 관객을 사로잡을 수
있을 것이며, 할리우드에서 살아남을 수 있으리오. 착시를 일으
킬 정도의 연기력과 진정성이 따라주었기에 가능하지 않았을까.

어떻든 배우들의 숙명은 출연하는 작품으로 말하고 평가받기에
그 작품의 무게에 따라 당연히, 혹은 우연찮게 주변에서 후견인처
럼 행운의 여신이 내려주기도 했다. 그러니 누구나 한 번쯤은 시
대물에 편승해서 어떤 배우나 작품에 열광해본 적이 있을 것이다.
곧 우리의 감성은 참으로 의외의 조합에 곧잘 빨려들기 때문이다.

▲1954년 〈다이얼 M을 돌려라〉의
한 장면 스릴러 영화감독 히치콕의 작
품에 출연하면서 일약 스타덤에 오른
그레이스 켈리.

성장盛裝을 하다　할리우드에서 배우로 성장한 그레이스 켈리! 그
녀는 1929년 미국의 필라델피아에서 1남3녀 중 장녀로 태어나 비
교적 부유하게 자랐다. 1934년 필라델피아 세인트 브리짓 학교에
입학한 뒤 저먼타운의 스티븐 스쿨로 옮겨 1947년 고등교육을 마

▲1956년 개봉작 〈백조〉에서 왕비로 간택되었던 그레이스 켈리는 마치 운명처럼 같은 해 4월 모나코 왕자 레니에 3세의 청을 받아들여 화려한 결혼식을 올린다.

쳤다. 그리고 곧 배우와 모델로 활동하기 위해 뉴욕의 아메리칸 드라마 아카데미에 들어갔으며, 스트린드버그의 브로드웨이 프로덕션에서 활동하기 시작했다.

1951년 영화 〈14시간〉에 처음 출연한 뒤 서부활극 〈하이 눈 High Noon〉 그리고 클라크 게이블의 상대역으로 〈모감보Mogam-bo〉에 출연했다. 이어서 1954년작 〈갈채〉에서는 빙 크로스비의 촌스런 아내 역으로 열연하여 아카데미 여우주연상을 탔다.

그리고 알프레드 히치콕 감독을 만나면서 스릴러 영화 〈다이얼 M을 돌려라Dial M four Murder〉로 일약 스타덤에 올랐고, 이후 〈이창Rear Window〉 〈나는 결백하다 To Catch a Thief〉 〈백조〉 〈상류사회〉 등 히치콕 감독의 수많은 여주인공을 섭렵하며 크게 이름을 떨쳤다.

사실, 켈리의 장점은 미모에서 풍기는 정적인 우아함이 아니던가. 이 단아한 맵시는 누구도 흉내 낼 수 없는 그녀만의 자산이었다. 그것은 영화 속 역할로까지 이어져 단연 돋보였다. 결국 왕비의 롤 모델이었던 그녀를 당장 그 자리에 앉힌다 해도 국민들이 별 거부감을 느끼지 못할 때쯤, 그레이스 켈리는 스크린의 여왕자리를 벗어던지고 실제로 모나코의 왕비가 되었다. 그녀가 출연했던 영화 〈백조〉에서 왕비로 간택되었던 것처럼 모나코의 왕비로 선택되었고, 모나코 왕 레니에 3세가 선물한 12캐럿짜리 다이아몬드 반지를 끼고 출연했던 〈상류사회〉의 영화 속 귀족파티가 꿈이 아니고 현실로 이루어진 것이다.

세기의 결혼　　1956년 4월, 모나코에서 세계 이목을 집중시키며 결혼식이 거행되었다. 이를 위해 그레이스 켈리가 미국에서 전용함을 타고 모나코 항구로 들어갈 때, 바다에서 모든 배들이 멈춰선 채 일제히 축포와 뱃고동을 울리며 환영 퍼레이드를 벌여 장관이었다. 켈리의 부모는 물론, 세계 각국에서 이들의 결혼식을 보기 위해 축하객과 취재진들이 모여들어 호텔뿐 아니라 거리에도 사람들이 넘쳐났다. 영국황실을 비롯한 온 유럽이 비행기, 기차, 승용차, 여객선을 타고 모나코로 향했다. 그들은 일주일 동안 밤마다 도시의 거리를 돌며 전야제를 비롯한 축제를 즐겼다.

마침내 성당에서 결혼식이 진행되었다. 하얀 웨딩드레스의 꽃문양 레이스가 우아하고 고혹적인 그레이스 켈리와, 훤칠하고 자상한 외모에 유럽 영웅시대의 복장을 한 레니에 3세의 가슴에 달린 훈장이 유난히 돋보였다.

그가 그레이스 켈리의 손을 꼭 잡고 동시에 입장하여 엄숙하게 부부의 연을 맹세했다. 영화 〈백조〉의 한 장면처럼 아름다웠다. 곧 이들 선남선녀는 백마가 끄는 마차를 타고 이동하여 바닷가의 호화 요트에 올랐다. 지중해 바람에 두둥실 안겨 신혼여행지인 스페인에서 닻을 내리리라.

모나코의 선택　　감동적인 영화를 보면 그 영화를 찍은 장소에 실제로 가보고 싶어지듯, 그 감독과 작가도 궁금해진다. 그처럼 영화가 성공하기까지는 멋진 시나리오와 치밀한 연출, 게다가 그에 버금가는 배우가 꼭 있기 마련이다. 한데 그레이스 켈리와 레니에

▲알프레드 히치콕(1899~1980)
영국 출생 미국의 영화감독. 스릴러 영화를 일관되게 만들어 이 장르에서는 타의 추종을 불허하는 서스펜스의 천재로 불린다. 대표작으로 〈39계단〉 〈의혹의 그림자〉 〈현기증〉 〈싸이코〉 〈새〉 등이 있다.

▲모나코　프랑스 남동부 지중해에 면한 입헌군주제 국가로 정식명칭은 모나코공국. 바티칸시국에 이어 세계에서 2번째로 영토가 작다. 전형적인 지중해성 기후로, 겨울에도 비는 조금 오지만 춥지 않고 연중 3백일은 태양을 즐길 수 있다. 카지노 도박장 수입으로 나라 재정을 꾸려나가는 세금도 군대도 없는 행복한 나라. 세계의 부자들이 별장과 요트를 두고 즐기는 향락의 낙원이다. 1인당 국민소득은 프랑스의 2배가 넘는 6만7천 달러 수준으로 룩셈부르크와 함께 유럽에서 가장 부유한 나라로 손꼽힌다.

3세의 이 영화 같은 결혼식도 미리 준비된 시나리오가 있었다니 너무 허탈해하지 말지어다. 한 편의 영화 같은 사랑이 어떻게 이루어졌는지, 왜 필연적이었다는 것인지 자세한 내막을 짚어보자. 그 속사정은 좀 딱하다.

일단 모나코는 작은 공국이라 알려진 곳이라고 해봐야 주변의 몇몇 도시 정도였다. 60만 평 정도의 땅덩어리를 가졌으니 나라라기보다 해변의 작은 도시에 불과했다. 그러니까 바티칸시티에 이어 세계에서 제일 작은 나라다. 애초에 나라가 형성되었을 당시 역사보다 **그리말디 가문**의 가족사를 얘기하는 것이 낫다. 그러다보니 모나코는 언제든지 아무나 가서 쉴 수 있는 공간이기도 했다. 어느 누구에게도 제재를 받지 않고 거기다 소득세를 낼 필요조차 없었다. 이는 유럽 사람들이 모나코를 찾는 큰 매력으로 작용했다.

그러나 그레이스 켈리와 **레니에 3세**의 결혼이 없었더라면 모나코는 아직도 버려진 채, 아니면 슬그머니 프랑스에 귀속되었으리라. 지리적으로도 프랑스에 둘러싸여 전체 인구 3만여 명 중 프랑스인이 48퍼센트, 이탈리아인 16퍼센트, 기타 20퍼센트로 순수 모나코인은 16퍼센트 안팎이라니, 나라가 누구 힘에 의해 돌아갈지 빤하지 않은가. 입헌군주국으로 독립국이라지만 국가의 방위와 외교, 경제를 프랑스에 의존하고 심지어 왕위도 프랑스의 재가를 받는 실정이니 속국보다 더한 보호국인 셈이다.

이 작고 힘없는 나라에 왕은 있으나마나 아니겠는가. 그랬다. 왕은 있으되 권한이 없으니 슬픈 일이다. 다행히 프랑스가 집어삼키지 못하게 뒤를 봐주는 이가 있었으니 그가 모나코의 실세라면 실세랄까. 그리스의 선박부호 아리스토틀 오나시스(1906~1975)가 떡하니 버티고 있었다.

어찌됐건 레니에 3세는 왕으로 적당히 군림하며 사는 것도 나쁘지는 않았다. 힘든 것은 다 프랑스에서 해결해주니 두 눈 질끈 감고 한 세상 왕이랍시고 위세 떨며 살면 그만 아닌가.

과연 그랬을까? 그리 오래지 않아 그의 왕좌에 위태로운 기운이 감돌았다. 부왕의 뒤를 이어 레니에 3세가 즉위하자 프랑스가 모나코를 합병할 움직임을 보였다. 아직 왕이 독신인 탓에 후사도 없으니 간단히 합병해버릴 생각을 한 것이다.

글쎄, 그러고 보니 여러 가지 생각이 들기는 한다. 대부분의 거주민은 아무런 소득세도 없이 자유로운 생활을 만끽하기 위해 이주해온 사람들이다. 연중 3백일을 태양과 함께할 수 있으니 종일 바닷가에서 비키니 차림으로 누워 있는 사람도 많다. 오래전 유럽의 귀족과 부자들은 마땅히 돈쓸 곳이 없었다. 그러니 아무도 제재하지 않는 자유스런 모나코 해변으로 죄다 몰려든 형국이다. 그들은 그저 해변에 요트를 정박하고 선탠을 하거나 카지노에 박혀서 돈을 뿌리고 갔다.

덕분에 모나코는 세금을 걷지 않아도 별 탈 없이 잘 살다가 어느 순간 경제사정이 곤두박질쳤다. 제2차 세계대전이 끝난 시점이라 참전했던 나라들의 경제가 거의 파탄났기 때문이다. 순전히 카지노와 관광수입만으로 나라 살림을 꾸리던 모나코였던지라, 이 난국과 함께 휘청거리는 것은 당연했다. 그러니 선택의 여지가 없다. 문제는 미국이다. 2차대전의 그 경제적 영향력에서 벗어나 있던 미국을 끌어들일 묘책이 없을까. 역시 이재에 밝은 선박왕 오나시스에게 기가 막힌 시나리오가 떠오른다. 그는 당장 레니에 3세를 불렀다.

연출된 사랑에 그레이스 켈리가 뽑히다   모나코는 경제적 파고를 스스로 넘을 재간이 없었다. 그럴 만한 통치력이나 책임질 인사도 없었다. 허수아비에 불과한 모나코 왕은 아직 독신인 데다 대를 이을 후사도 없으니 프랑스가 합병해버릴 좋은 기회가 아니랴. 이런 움직임이 오나시스에게 포착되었다. 절대로 있을 수 없는 일이다. 사실 모나코에 공을 들인 오나시스로선 이 일을 가만히 앉아서 당할 리가 없지 않은가. 하여 그가 레니에 왕을 부추겼다. 이 난국을 피해가자면 우선 왕빗감을 찾아야 했다. 왕실의 위엄을 갖추되 부차적으로 관광객도 따라올 수 있는 여자여야 했다.

고심 끝에 그는 "옳거니!" 하고 무릎을 쳤다. 할리우드였다. 그곳에서 잘나가는 여배우를 데려다 세기의 결혼으로 띄우고 말리라. 세계의 이목을 집중시켜 프랑스의 모나코 합병 바람을 간단히 잠재워야 했다. 그리고 모나코 왕국에 대한 미국인의 관심을 고스란히 모나코 관광산업에 접목시킬 계산까지 마쳤다. 그는 자연스럽고 환상적인 계획이 될 것으로 믿었다. 역시 빈손으로 세계의 대부호가 된 오나시스만이 할 수 있는 구상답다.

그 시나리오의 왕빗감으로 미국의 여배우 그레이스 켈리가 뽑혔다. 인기절정의 배우이면서 지적 우아함이 이보다 더 이상적인 왕빗감이 어디에 있단 말인가. 그녀라면 충분히 세인들의 관심을 끌 수 있다고 보았다. 당시 할리우드에서 날리던 배우 가운데 오드리 헵번은 영특하고 귀엽지만 어딘지 좀 가볍고, 마릴린 먼로와 엘리자베스 테일러는 예쁘고 섹시하지만 왕실의 지적 우아함과는 거리가 멀어 제외시켰다.

레니에 3세의 청혼을 수락하다　　오나시스는 더욱 바빠졌다. 그레이스 켈리와 레니에 왕 사이를 오가며 그들의 데이트 각본을 짰다. 1955년 드디어 켈리는 잡지에 실릴 화보를 찍는다며 촬영차 모나코를 방문한다. 그리고 우연인 것처럼 레니에 3세를 만난다. 오나시스의 시나리오와 연출은 아주 훌륭하게 진행되었다. 그녀가 다녀간 뒤 레니에 왕은 줄기차게 러브레터를 썼다. 그 열정에 미혹당한 켈리는 그가 보낸 12캐럿 다이아몬드 반지와 호화 요트를 받아들였다. 마침내 청혼을 수락한 것이다.

언필칭, 은막의 여왕보다 모든 여자들이 선망하는 왕비라는 신분상승에 더 매력을 느꼈을까. 인기절정의 여배우가 그 화려함을 포기하고 왕궁에 들어앉기란 쉬운 일이 아니었을 것이다. 더구나 주변에는 극성스럽게 청혼을 했던 스타 남자들도 넘쳤으니 말이다. 말년에 그녀는 "성공이나 명성도 서로 나눠 가질 상대가 없으면 허무할 뿐이다"라고 우회적으로 이 사랑에 대한 확인을 해주기도 했다.

은막의 여왕에서 모나코의 왕비로　　그레이스 켈리가 모나코 왕비가 된 후, 오나시스의 예상대로 실제 미국인들의 호기심 여행이 줄을 이었다. 자연스럽게 모나코가 세계적인 관심을 받으면서 관광수입도 급증했다. 관광과 카지노로 살아가는 모나코 국민들은 그녀를 사랑할 수밖에 없었다.

또한 그레이스 켈리가 아들을 낳지 못했다면 모나코는 프랑스에 합병되었을 것이다. 왜냐하면 모나코가 아니더라도 프랑스 남부 해안에는 사철 따뜻한 지중해성 기후와 각종 축제로 일 년 내내 관광객이 찾아드는 항만도시 니스와 칸느가 있었다. 모나코에서 두 시간 거리의 화려한 도시 칸느는 매년 5월 영화인들의 축제가 열려 지중해의 할리우드가 된 지 오래이고, 지척에 있는 자갈해변의 니스 또한 요트와 수상 스포츠로 각광받는 휴양지가 아닌가. 카지노 말고는 지극히 평범한 해안도시 모나코에 그레이스 켈리의 추억이 없었다면 관광객은커녕 버림받은 도시가 되고 말았을 것이다.

여기엔 그녀의 자기관리도 한몫을 했다. 작은 나라지만 왕비로서의 역할과 책임을 다하며 공주 둘과 왕자를 낳아 세상에서 가장 행복한 어머니이자 아내가 되려고 노력했다. 가끔 영화계에서 러브 콜이 있었지만 그녀는 일절 미련을 두지 않았다. 공식행사 외에는 전혀 모습을 드러내지 않고 조용한 내조로 왕실생활에 충실했다.

그럼에도 불구하고 그녀의 일거수일투족은 늘 뉴스이며 관심거리였다. 그것은 가히 폭발적이어서 헤어, 의상, 가방은 물론 장신구에 이르기까지 일시에 전 세계 매체로 타전되는 판이었다. 예전에 그녀가 어느 유명 브랜드 백을 든 것이 '켈리 백'으로 더 유명해져, 지금도 여자들에겐 그것이 불망의 전설로 남아 있을 정도라니 말이다.

▲캐리 그랜트(1904~1986) 영국 출생의 할리우드 배우. 배우이던 조부의 영향으로 연극에 흥미를 갖게 되었다. 뉴욕 무대를 거쳐 1932년 영화계에 입문한 뒤 〈이혼소동〉〈콘도르〉〈셔레이드Charade〉 등에 출연했으며, 그 밖에 A.히치콕이 감독한 〈나는 결백하다〉〈북북서로 진로를 돌려라〉 등이 있다.

해안도로에서 운명하다　　니스와 모나코를 연결하는 그랑코니쉬 해안도로는 영화 〈나는 결백하다〉에서 캐리 그랜트와 그레이스 켈리가 위험한 질주를 벌이던 곳이다. 우연히도 그녀는 이 도로에서 53세를 일기로 급작스런 비보를 전하고 만다. 1982년 9월 14일, 딸 스테파니(1965~)가 몰던 승용차를 타고 별장에서 왕궁으로 돌아오다 차가 벼랑으로 굴러 떨어지는 사고로 사망했다.

그런데 그 스테파니 공주의 모습을 텔레비전에서 보았다. 자국의 프로축구를 관람하다 모나코로 진출한 우리나라 박주영 선수가 데뷔 골을 넣자 "저 선수 멋지다"며 박수치던 모습이 카메라에 크게 잡힌 것이다. 26년 전 어머니 그레이스 켈리가 운명한 사고차량에 동승했지만 왕비는 가고 공주는 저리 무사하다니, 그것도 운명인가.

지금도 모나코 항에는 미련스런 요트가 하나 떠 있다. 이 지구상에서 가장 비싸고 호화로운 그리스 선박왕 오나시스가 소유했던 요트의 진풍경이다. 그의 치밀한 비즈니스 덕분에 현재 모나코는 탄탄한 관광도시로 잘살고 있다. 명배우의 고전영화를 보듯 추억을 더듬어 찾는 이들로 북적이기 때문이다.

문득, 지중해 너머로 붉게 지는 태양을 바라보는 것이 좋았다던 노년의 부부가 생각나 훌쩍 모나코로 떠나보고 싶다.

아직도 풀리지 않은 의문의 죽음들
클레오파트라, 그레이스 켈리, 다이애나 왕세자비, 나탈리 우드

인간은 태어나서 누구나 죽음을 맞이한다. 그 어떤 누구도 피해갈 수 없는 진리다. 최근 사망한 스티브 잡스는 이렇게 말했다. "죽음은 삶의 위대한 발명품"이라고.

통찰력이 돋보이는 말이지만, 모든 사람이 그렇게 자연사나 사고사로 죽는 것은 아니다. 유명인의 경우 죽어서도 화제에 오르는 일이 다반사. 고대의 클레오파트라까지 거슬러올라가지 않더라도 미국의 노동운동가 지미 호파, 배우 이소룡, 우리나라의 경우 듀스의 김성재 등 의문사의 연장선상에 올라 있는 예는 무수히 많다. 클레오파트라와 그레이스 켈리, 다이애나비, 나탈리 우드를 돌아본다.

▲ 영화 〈클레오파트라〉 속 열연을 펼쳤던 엘리자베스 테일러

클레오파트라의 죽음 — 농부가 들고온 무화과 바구니에 맹독성 강한 독사가 들어 있었던 것일까?

BC 30년 8월, 악티움 해전의 전세는 클레오파트라에게 불리해지고 있었다. 그녀는 고국 이집트로 탈출을 시도한다. 안토니우스 역시 전장戰場을 버린 채 뒤따라 탈출한다. 그 뒤를 좇아 아그리파 부대가 이집트에 상륙하자 안토니우스는 탄식과 절망을 내뱉으며 자결한다. 이어 클레오파트라도 조용히 숨을 거둔다. 역사적인 사실의 전개는 대략 이렇다.

하지만 그녀의 죽음은 의문으로 남아 있다. 가장 널리 알려진 사실로는 독사(코브라)에 물려 죽었다는 설이다. 그러나 신빙성이 없다고 주장하는 의견에 따르면 함께 죽은 2명의 시녀를 포함해 도합 3명이 죽으려면 뱀 한 마리의 독으로는, 그것도 한여름인 8월에는 더더욱 불가능하다며 이의를 제기한다. 뱀이 여럿이라도 쉽진 않았을 거라고. 이런 이유로 독가스(일산화탄소)에 의한 중독 사망설도 제기된다. 하지만 여러 정황상 — 상처가 없고 별다른 흔적이 남지 않았다 — 이러한 추론 역시 설득력이 약하다.

다음으로는 독액毒液설이다. 독일의 크리스토프 섀퍼 교수에 의하면 독미나리와 아편 등을 섞은 약물로 자살했을 것이라는, 비교적 과학적인 근거를 들어 타당함을 제시한다. 그러나 가장 중요한 것은 클레오파트라가 자살을 하고자 했던 역사적인 배경이다. 당시 그녀가 생존했다면 로마로 끌려가 전리품 신세를 면치 못했을 것이라는 역사가들의 증언으로 판단하건대, 자살을 시도할 많은 이유들이 있었다. 그렇다고 해서 그녀가 꼭 자살을 해야 한다는 법은 없다. 오히려 옥타비아누스가 그녀를 제거할 수 있었다는 점도 고려해볼 필요가 있다. 거추장스러운 클레오파트라를 살려서 로마로 데려가느니, 일찍부터 암적인 존재였던 그녀의 싹을 잘라버린 것일 수도 있다. 고대 역사학자인 플루타르크에 의하면, 여왕의 갑작스런 죽음은 탐스런 무화과 바구니를 든 농부가 여왕을 방문한 직후에 일어났다. "무화과 바구니에 맹독성 강한 독사가 들어 있었던 것일까?"라고 의문을 던졌던 사실을 보면 말이다.

▲ 영화 〈나는 결백하다〉 속 캐리 그랜트와 그레이스 켈리

그레이스 켈리의 죽음 — 사고현장에 목격자 없는 의문의 교통사고, 스테파니 공주만이 진실을 알고 있다

전 세계인들에게 가장 우아한 배우를 꼽으라면 항상 1위를 차지하는 배우. 5년간의 짧은 영화경력에도 불구하고 대중들이 영원한 배우로 기억하는 그레이스 켈리. 그녀는 배우로서 정점에 올라설 무렵, 동화책에 나오는 이야기처럼 한 나라의 왕비가 된다. 스포트라이트를 받으며 결혼에 성공한 그녀는 평범한(?) 왕족의 인생을 사는 듯했다. 세월이 흘러 1982년 9월, 그녀는 교통사고로 갑작스럽게 사망한다. 동승했던 딸 스테파니 공주는 부상을 입고 그레이스 켈리는 사망한다. 한데 갑작스런 그녀의 죽음을 바라보는 시각은 모두 달랐다. 그런 이야기들의 공통점은 그녀의 결혼이 정략적인 의도가 있었다고 보는 데서 시작한다. 당시 프랑스에서 합병하려고 넘보던 나라 모나코는 부유하지도, 관광객이 많지도 않았다.

이 모나코의 큰손이었던 선박왕 오나시스는 왕자인 레니에 3세에게 제안했다고 한다. 할리우드의 유명 여배우와 결혼해서 모나코를 국제적으로 알리자, 그래야 프랑스의 합병 움직임이 사그라진다.

현실적으로 정말 그런 일이 벌어진다. 세기의 결혼식으로 알려진 레니에 3세와 그레이스 켈리의 결혼은 전 세계의 주목을 끌게 되고, 그때까지 평범한 해안도시에 불과했던 모나코는 세계적인 관광지가 되면서 프랑스의 합병시도는 수면 밑으로 가라앉았다.

뒤이어 등장하는 것이 그녀의 사생활이다. 상당히 많은 애인을 거느렸다는 신빙성 있는 주장과 함께, 왕실의 권위에 해가 된다고 판단하여 모나코 왕실의 사주로 사망하게 되었다는 것이다. 그 근거로는 사고 후 왕비가 장시간 방치되었고, 즉시 치워진 사고현장과 현장에 있지도 않은 목격자를 내세운 점 등을 들고 있다. 하지만 동승했던 스테파니 공주의 증언에 따라 평소 지병이던 뇌부종에 의한 급작스런 발작으로 사망했다는 결론을 내리는데, 세간에서는 아직도 음모론을 제기한다. 아무도 진실을 알 수는 없다. 단 한 명, 스테파니 공주를 제외하고는 말이다.

다이애나 왕세자비 — 영국왕실과 정보기관의 모의암살이 제기되는 가운데 2011년 다큐멘터리 영화 〈불법살인〉을 주목하라

다이애나 왕세자비 (1961~1997)는 1997년 8월 31일 밤 불의의 죽음을 당한다. 그날 밤, 다이애나는 당시 남자친구인 도디 알 파예드와 함께 승용차를 타고 뒤를 추적하는 파파라치를 피해 달리고 있었다. 그들이 탄 벤츠 승용차가 시속 100km가 넘는 속도로 터널에 들어가면서 비극이 시작되었다. 2차로를 달리던 소형 승용차의 왼쪽 모서리를 들이받고 충격으로 흔들리던 벤츠는 중앙분리기둥에 부딪친 뒤 전복되었다. 세기의 결혼식, 남편의 외도, 본인의 외도 인정, 그리고 이혼에 이르기까지 전 세계가 주목하고 지켜보았던 한 여자의 마지막 길은 그렇게 참담했다. 만 20세의 나이에 영국 왕실의 까다로운 자격조건 —로마 가톨릭교도가 아니고 성공회 혹은 개신교 신자일 것. 미혼의 처녀일 것. 왕족이거나 귀족가문 출신일 것— 을 모두 통과하고 세기의 결혼식을 올린 그녀는 일약 전 세계인의 주목을 받는 사랑스런 여인이 되었다.

하지만 찰스 왕세자가 결혼 전 만나던 카밀라 파커 볼스와 다시 만나고, 다이애나는 승마선생과 바람을 피우는 등 불행한 생활을 이어오다 결혼한 지 15년 만인 1996년 정식이혼에 이른다. 그후 활발한 사회활동을 펼치는 가운데 그녀는 이집트 출신의 백만장자 모하메드 알 파예드의 아들 도디 알 파예드와 연인관계가 되었으며, 이 사실은 파파라치들의 최우선 관심순위에 올랐다.

그녀의 죽음은 전 세계에 충격을 주었으며 엘튼 존이 그녀를 추모하기 위해 〈Candle in the wind〉를 헌정하기도 했다. 다이애나의 죽음에 관해서는 영국왕실과 정보기관의 모의암살이란 설이 등장했고, 당시 그녀가 임신 중이었다는 얘기도 나왔다. 게다가 런던 법원에서 6개월 동안 진행된 재판에서는 무려 250여 명의 증언들도 있었다. 그러나 다이애나의 죽음이 이토록 관심을 끌었던 이유는 그 죽음이 너무 갑작스러웠던 탓도 있지만, 무엇보다도 그녀가 사랑스러웠기 때문일 것이다.

2011년 칸느에서는 그녀를 다룬 다큐멘터리 한 편이 논란 속에 상영되었다. 영국의 배우출신 감독 키스 알렌이 연출한 〈불법살인Unlawful Killing〉. 다분히 음모론적 시각에 기초한 작품으로 함께 죽은 도디 알 파예드의 아버지인 모하메드 알 파예드가 자금을 지원한 것으로 알려졌다. 한편, 영국과 프랑스 경찰은 그녀의 죽음에 관해 음모설을 일축하고 비극적인 교통사고로 공식 결론을 내린 바 있다.

나탈리 우드의 죽음 ― 2010년 나탈리의 동생 라나 우드의 폭탄 선언 "언니는 형부 로버트 와그너가 죽인 것"

나탈리 우드(1938~1981)는 아역배우로 성공한 배우는 성인 배우로 성공할 수 없다는 편견을 깨뜨렸던 매력적인 비운의 여배우다. 1943년 5세 때 아역배우로 데뷔해 1955년 제임스 딘과 〈이유없는 반항〉에 출연하며 인기를 모았고, 이후 〈웨스트사이드스토리〉〈초원의 빛〉 등에 출연하며 많은 팬들의 사랑을 받았던 그녀가 1981년 11월 29일 미국 캘리포니아 주 카탈리나 섬에서 익사체로 발견됐다.

당시 그녀의 나이는 불과 43세. 전날 추수감사절 파티를 대형 요트에서 벌이고 술에 취한 상태에서 바다로 실족사 했다는 공식적인 발표였다. 배에는 나탈리 우드와 남편 로버트 와그너(1933~) 그리고 크리스토퍼 월켄(1943~)이 있었다. 우드와 월켄의 염문설이 나돌았던 영화촬영을 마치고 추수감사 파티에 초대됐던 것으로 알려졌으며, 온갖 의혹을 뒤로한 채 이 사건은 일단락되었다.

하지만 30여 년이 지난 2010년 나탈리 우드의 동생이자 영화배우였던 라나 우드가 폭탄선언을 한다. 언니가 실족사가 아니라 형부에 의해 살해되었다는 것. 그 주장의 근거로 나탈리 우드가 사라지고 한참이 지나서야 실종신고를 했고, 초기 검시에서 사체의 뺨에 난 멍자국에 관심도 두지 않았으며, 나이트가운에 맨발이던 나탈리 우드의 옷차림을 울스웨터에 오리털 코트, 양말로 왜곡했다는 사실을 들었다.

그녀의 주장에 따르면 유명배우인 나탈리 우드가 나이트가운에 맨발 차림으로 어딘가로 가기 위해 고무보트를 타는 일은 있을 수 없다는 것. 게다가 2008년 발간된 로버트 와그너의 자서전에서 부인이 없어진 사실을 알고 곧바로 신고했다고 했으나, 당시 요트선장은 2010년 CNN과의 인터뷰에서 한참이 지난 후에야 신고했으며 누군가 밀쳐 사망한 것 같다고 증언했다. 진실공방은 지속되고 있지만 그 진실을 아는 단 한 사람이 있다면 그것은 바로 남편이었던 로버트 와그너일 것이다.

한편, 최근(2011. 11.18) 요트선장이 새로운 사실을 밝히면서 LA경찰이 30년 만에 재수사에 들어갔다. 그는 "나탈리 우드와 남편이 갑판으로 가서 계속 다퉜다. 그러다가 갑자기 조용해졌다"라고 주장한 것으로 알려졌다. 이로써 사건이 다시 세간의 주목을 받고 있는 가운데, 경찰 측은 사망경위에 대한 공식 입장은 달라진 게 없으며 남편 와그너가 용의자는 아니라고 밝혔다.

LA LOCO

7   LAN

VUE DU MOULIN ROUG

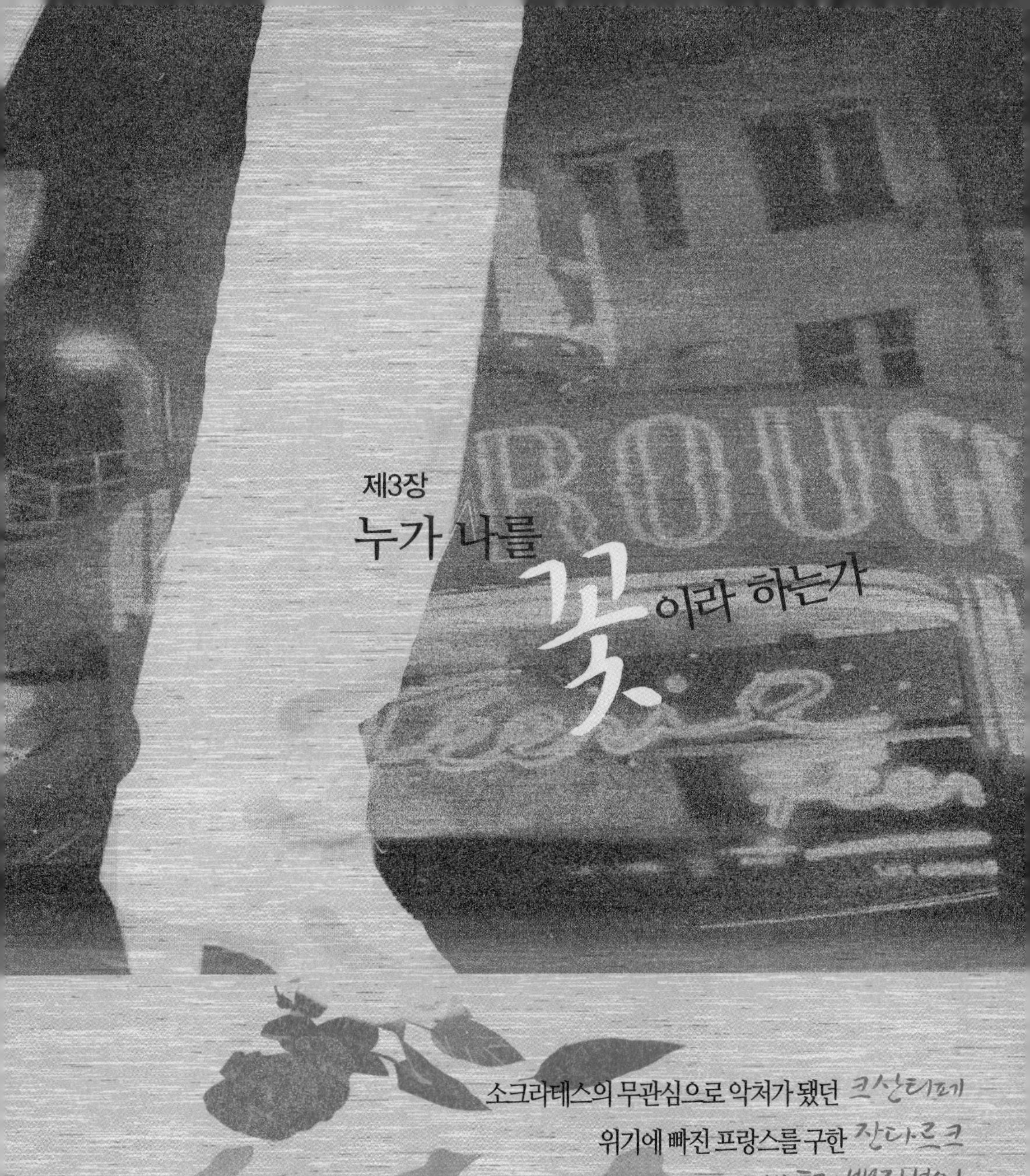

제3장

누가 나를 꽃이라 하는가

소크라테스의 무관심으로 악처가 됐던 크산티페

위기에 빠진 프랑스를 구한 잔다르크

홀로 남겨진 궁전 속에 어둠과 결혼한 바로리 백작부인

독일과 프랑스의 덫에 걸린 순진한 스파이 마타 하리

나치의 여자였던 마그다 괴벨스

죽음 속에 웃음 지었던 악명의 여간수 이르마 그레제

죽기 직전까지 푸슈킨이 사랑한 나탈리야

한 남자의 사랑을 원했던 마릴린 먼로

악처의 대명사 **크산티페**

"소크라테스,
당신이 나를 사랑해주기만 했다면…"

"소크라테스, 당신이 나를 사랑해주기만 했다면…"

악처의 대명사 크산티페

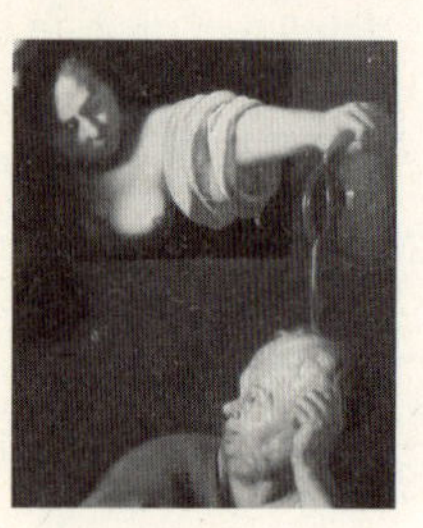

그리스에는 3대 철학자가 있다. 소크라테스, 플라톤, 아리스토텔레스. 신과 자연에 관심을 갖던 고대 그리스 시대, 인간의 영혼을 생각의 중심에 두고 신과 자연에 대해 논했던 사람이 바로 소크라테스다. 한마디로 발상의 전환을 주었던 최초의 인물이다. 그리고 제자 플라톤은 그의 뜻을 이어받으며 영혼 중 이성에 해당하는 영혼만이 인간을 '선의 이데아'로 이끌 수 있다고 설파했다. 플라톤 시대에 그리스 사상은 절정에 이른다. 그리고 플라톤의 제자 아리스토텔레스에 이르러서는 플라톤보다 진일보하여, 보이지 않는 이데아와 보이는 현상이 서로 상호적 실체로서 존재한다고 주장했다. 즉, 인간의 영혼은 육체와 감각적 영혼을 동시에 지니고 있으며 신적인 로고스 요소도 복합적으로 지닌 존재임을 규정했다.

소크라테스는 그의 철학을 대변할 만한 그 어떤 저서도 남기지 않았다. 다만 그의 제자 플라톤과 크세노폰 등이 스승과 평소 나누던 대화를 정리하여 기록한 것이 우리에게 전해지고 있을 뿐이다. 서양사상은 고대철학자 소크라테스로부터 출발한다고 말해도 과언이 아닌, 이 위대한 철학자 뒤에서 아이 셋을 혼자 키우며 힘겹게 세상을 헤쳐간 여인이 있다. 그녀가 바로 희대의 악처로 소문난 크산티페(생몰연도 미상)다. 그녀는 허구한 날 소크라테스에게 잔소리와 욕설을 퍼부어댔다고 한다. 하물며 그녀의 참을성 없는 바가지는 손님이 있어도 그칠 줄 몰랐다고. 급기야 손님과 담소하고 있는 소크라테스에게 그악스럽게 고함을 치고 욕설을 퍼붓다 구정물을 뒤집어씌우자, "허허, 저것 봐 천둥번개가 치더니 비가 오는 것은 당연하지" 하고 그가 대수롭지 않게 받아넘긴 일화는 유명하다. 이 일로 소크라테스만큼 크산티페의 존재도 세상에 널리 알려졌을 것이다. 무엇보다 소크라테스는 이런 소동이 자신을 한층 더 단련시키며 정화해주는 기능이 있다고 태연히 수용했다. 모름지기 그는 아내 크산티페의 잔소리와 욕설 때문에 못살겠다고 내치지 않은 위인이라?

'지혜의 여신'은 어디에　한편, 고대 그리스 사회를 살펴보면 가부장적인 요소가 지나치다 싶을 정도로 많다. 여성의 지위는 고사하고 교육마저 받지 못하도록 막았다. 그러니까 여자는 태어나면서부터 철저하게 차별했다. 남자아이가 태어나면 방문 앞에 월계관을 만들어 걸지만, 여자아이가 태어나면 평생 집안에 들어앉아 바느질이나 베를 짜야 한다는 의미로 천 조각을 걸어두었다고 한다. 실제로 여자들은 외출이 허용되지 않아 집안에서 베를 짜거나 바느질과 뜨개질 등을 하다가 적령기가 되면 합당한 지참금과 더불어 남자에게 떠넘겨졌다.

　이러한 여성차별은 그리스 신화에서도 쉽게 발견할 수 있다. 부계를 지나치게 떠들고 과장한 헤라클레스(제우스와 테베에 사는 암피

▲소크라테스(BC 469~BC 399)
'너 자신을 알라'는 말로 유명한 고대 그리스의 철학자. 그 전까지는 우주생성의 근본원리를 밝혀내는 데 집중했다면 소크라테스에 와서는 적극적으로 자신과 자기 근거에 대한 물음을 철학의 주제로 삼기 시작했다. 이런 의미에서 소크라테스는 내면(영혼의 차원) 철학의 시조라 할 수 있다. 한편, 그는 평생 한 줄의 글도 남기지 않았다. 그의 사상은 온전히 제자 플라톤이 쓴 《대화편對話篇》에 나오는데, 본문의 내용 가운데 종종 누구의 견해인가에 대해 혼선이 생기기도 해서 이를 '소크라테스의 문제'라 하기도 한다. 결국 그가 위대한 철학자임을 알게 해준 이는 제자 플라톤이다.

▲《소크라테스의 변명》은 소크라테스의 제자 플라톤이 저술한 책이다. 평소 소크라테스에게서 '맹목적인 삶보다 의미를 부여하는 삶이 중요하다'는 것을 배운 플라톤은 한때 정치에 뜻을 두었지만, 스승인 소크라테스의 죽음에 정치적 배경이 있음을 알게 된 후 정치보다는 철학에 정성을 쏟는다. 살아생전 단 한 권의 책도 남기지 않은 소크라테스를 대신하여 플라톤은 스승과 나누었던 대화를 토대로 이야기를 풀어간다. 특히 소크라테스가 말하는 '정의란 무엇인가'에 대한 주제를 중점적으로 다루고 있다. 예컨대 소크라테스의 사상적 중심은 '나는 모른다'이다. 특히 소크라테스가 말했던 '너 자신을 알라'라는 말에 대해서 소크라테스는 이렇게 언급하고 있다. "그 사람도 나도 아름다움이나 선을 사실상 모르고 있지만, 나는 그보다는 현명하다고 생각합니다. 왜냐하면 그는 아무것도 알지 못하면서 알고 있다고 생각하지만, 나는 알지도 못하고 또 안다고 생각하지도 않기 때문입니다. 그러니 알지 못한다는 것을 알고 있다는 점에서 나는 그보다 약간 우월한 것 같습니다." 다소 생각의 깊이를 요구하는 철학서이나 소크라테스 사상의 맥을 짚는 데 유익한 책이다. 사진은 문예출판사에서 1991년 출간된 《소크라테스의 변명》

트리온의 아내 알크메네 사이에서 태어난, 그리스 신화에서 가장 힘센 영웅)의 경우를 보자. 그가 화장더미 위에서 불에 타죽을 때 어머니로부터 물려받은 부분은 금세 재로 변했으나, 아버지 제우스 신에게 물려받은 부분은 끝내 타지 않았다는 전설적인 이야기가 있다. 또 여성의 자궁을 거치지 않고 남신 제우스의 머리에서 직접 태어난 '지혜의 여신' 아테나의 탄생신화도 그렇다. 애당초 여성에게 결혼에 대한 권리나 인권 따위는 없었거니와 그것들을 들먹이는 것 자체가 불법이다. 오로지 남편에게는 순종밖에 없었다.

그 당시 여자들 스스로 문화생활은 무리한 요구가 될지언정, 외출조차 허용되지 않은 것은 어찌 이해해야 하는가? 아마도 여자가 보고 들어 머리에 지식이 쌓이면 온전히 순종하지 않을 거라는 계산이 깔려 있었던 것이다. 아내이면서 어머니가 될 여성들은 집안에만 가두고 교육조차 받지 못하게 홀대했지만, 어떤 고급 창녀들은 자유롭게 나다니고 교육도 받을 수 있었다니 더욱 그렇다. 이기적인 남자들이 연회에서 그들을 상대하는 창녀들은 유식하길 바랐다는 증명이 아니랴.

그들 남자에게 "무엇 때문에 결혼을 하는가?"라고 물으면, 독신이었던 플라톤도 가족을 일컬어 "같은 가정신을 모시는 공동체"라고 표현하기에 주저함이 없었다. 가부장 즉, 가정신이 끊기면 안 되므로 여성이 아들을 못 낳으면 이혼도 불사했다. 더 고약한 것은 남편이 죽은 후인데, 아이들과 아내가 모두 남편이 지정한 후견인의 보호 아래 놓인다. 말이 좋아 후견인의 보호이지 어머니가 아이들에 대한 권리를 주장할 수 없다는 뜻이다. 좀 더 심하게 말하면 노예나 다름없다.

어떤 상상 인터뷰에서 소크라테스에게 결혼관을 물었다. 그러자 소크라테스 왈, "결혼은 좋은 것이라 생각합니다. 온순한 아내를 얻으면 행복할 것이고, 저처럼 사나운 아내를 얻으면 철학자가 될 수도 있지요. 자신을 힘들게 하는 누군가를 이해하려고 하면 겸손하게 자신부터 성찰하게 되는 법이니까요. 그러면 세상을 이해하는 폭도 넓어지고 더 깊이 사랑하게 됩니다. 이렇듯 제 삶의 주변에서 일어나는 수많은 사람과 사건들, 그 모든 것을 통해 저는 생각합니다. 그렇게 해서 삶의 지혜를 얻다보니 이렇게 철학자가 된 것 같습니다."

결혼은 진짜 사랑의 무덤? 　그렇다면 그의 아내 크산티페는 스스로 여장부를 자처했던 것이 아닐까. 말하자면 남자와 동등한 배우자가 되기엔 애초에 글렀음을 알았던 것이다. 남자들처럼 교육받지 못한 덕(?)에 훨씬 열등한 반쪽임을 묻고자 그리 돌변했으리라. 일차적으로 크산티페를 화나게 한 것은 도덕적 가치가 혼란한, 하 수상함이다. 당시 고매한 사상가들이 철학이라는 이런저런 정신의 사치도 모자라 정신적인 사랑 '에로스'라는 미명하에 호모가 유행했더란다. 그들은 동성애를 사랑의 가장 높은 형태로 그리기도 했다. 일테면 플라톤, 제논, 칸트, 데카르트, 스피노자, 로크, 흄, 쇼펜하우어 등도 우리가 잘 아는 독신 철학자들이다. 남자들이 일과의 대부분을 바깥에서 운동경기나 격투기, 가면극 등을 나체로 즐기다보니 서로 육감적인 유대감이 생겨 그리 되었다는 추측까지 무성했다.

　과연 그 시대를 살다간 소크라테스는 어땠을까? 딱히 확인할

▲플라톤(BC 428 ~ BC 348 추정)
소크라테스의 제자. 영원불변의 개념인 이데아를 통해 존재의 근원을 밝히고자 했던 고대 그리스의 철학자로, 형이상학의 수립자이며 소크라테스만이 진정한 철학자라고 생각했다. 그는 다양한 정치학, 윤리학, 형이상학, 인식론의 철학적 논점들에 대해 강의하고 저술했는데, 학자들에 의하면 현존하는 그의 유일한 저작은 《대화편》한 편이며 나머지 '편지' 등은 위작이라고 한다. 그가 이성 우위의 전통을 가진 서양철학에 미친 영향은 더할 수 없이 커서, 영국의 철학자 화이트헤드는 "서양 2천년의 철학은 모두 플라톤의 각주에 불과하다"고 했고, 시인 에머슨은 "철학은 플라톤이고, 플라톤은 철학"이라고 평했다.

▲아리스토텔레스(BC 384~BC 322)
플라톤의 제자이자 알렉산드로스 대왕의 스승. 물리학·형이상학·시·생물학·동물학·논리학·수사학·정치·윤리학 등 다양한 주제로 책을 저술했다. 소크라테스, 플라톤과 함께 고대 그리스의 가장 영향력 있는 학자였으며 그리스 철학이 현재 서양철학의 근본을 이루는 데 이바지했다. 아리스토텔레스의 글은 도덕과 미학, 논리와 과학, 정치와 형이상학을 포함하는 서양철학의 포괄적 체계를 처음으로 창조했다.
오늘날에도 《시학》을 이야기 구조에 관한 기본적인 책으로 공부하듯, 아리스토텔레스 철학의 모든 측면은 현재까지도 지속적인 학문연구의 대상이 되고 있다. 키케로가 '황금이 흐르는 강'이라고 묘사했던 아리스토텔레스의 많은 논문과 저술들은 오늘날 대부분 전하지 않으며, 원래 쓴 글의 3분의 1 정도만 남아 있다. 19세기까지 기본정설로 삼았던 그의 동물학에 대한 관심은 알렉산드로스의 후원을 받긴 했지만 세계최초의 동물원을 만들게 했다.

길은 없지만 전해지는 바로는 그도 자타가 공인하는 호모였다고 한다. 하긴 고대 그리스 병사들은 거의 스무 살이 되면 십대 남자아이들과 짝을 지어 결혼하고, 재산(말 다섯 마리 정도)이 모이면 이혼하고 나서 다시 여성과 결혼한다고 한다. 그 이유는 앞서도 밝혔듯이 가정신을 이어갈, 즉 자식(아들)을 얻기 위해서일 뿐이니 3명 정도의 자식이 생기면 다시 남자에게로 돌아간다는 얘기다. 소크라테스도 비록 이혼은 안 했지만 여성 혐오론자였다는 의견이 우세하다. 만약 크산티페의 핏대 세운 히스테리가 사실이라면 그 원인은 우선 소크라테스가 이 여성 혐오적인 호모라는 데서 찾아야 할 것이다.

너 자신을 알라　다만 소크라테스는 글을 남기지 않았다. 그는 자기를 알리는 어떠한 일도 하지 않은 것 같다. 다른 철학자들처럼 지혜를 팔아먹고자 책을 쓰지도 않았고 학교를 설립하지도 않았다. 오직 자신이 설파하던 진리가 훼손될까봐 독당근에서 추출한 독약을 마시면서도 끝까지 물러서지 않은 위인이다.

그러므로 지금껏 우리에게 전해지는 그의 인격이나 이론들은 주로 플라톤이 소크라테스의 사상과 모습을 수록한 《플라톤의 대화편》과 그리스의 역사가 크세노폰이 쓴 《소크라테스의 회상》에서 나온 것이다. 중요한 것은 크세노폰이 쓴 회고록 어디에도 크산티페가 거칠고 사나웠다는 기록은 없다는 사실이다. 그녀가 악처였다고는 전하지만 바가지 긁는 여자였다는 확실한 증거는 없는 셈이다. 그도 그럴 것이 소크라테스는 모든 시간을 길거리와 시장, 특히 김나지움(고대 그리스의 체력 단련장)에서 보냈다. 그곳에서 많은 젊은이들과 끝없이 토론하며 논쟁을 벌였다. 다른 철학자들은 자기가 옳다며 돈을 받고 떠들어댔지만, 소크라테스는 "너 자신을 알라"고 했던 것처럼 자신만이 무지를 깨닫고 있으니 다른 사람들보다 현명하다고 확신하며 살았던 사람이다.

하지만 그의 아내 크산티페의 입장에서 보면 숨이 턱턱 막히는 일이다. 그가 젊은이들과 한가롭게 철학을 논하며 집안일을 등한시하는 것은 두 눈을 꽉 감아줄 수도 있었다. 그러나 늘 주제넘게 남의 일에 간섭하다 반대파들의 질시에 몰리기 일쑤였으니, 남이 아닌 바엔 어찌 가만히 구경만 할 수 있었으랴. 아니지, 무엇보다 그 철학인지 뭔지 도통 알아듣지도 밥벌이도 되지 않는 논쟁을 이해할 길 없는데, 무조건 순종하라는 것 자체가 그녀에게는 모순이 아닐지. 결국 세 아들과 크산티페의 앞날에 드리운 그림자가 우울하기 그지없다.

짐작건대 여자에게 고대 그리스는 조심조심 건너야 할 살얼음판의 시대였다. 그 서슬 퍼런 시절에도 아랑곳하지 않았던 크산티페는, 그녀가 그 시대의 모순을 후세에 알려야 하는 악역이랄 수밖에 달리 어떤 처방을 할 수 있으랴. 혹여 이 궁핍을 면할 양으로 그녀가 다시 이승을 찾는다면 얼마든지 넓고 깊은 사유로 죽림의 현자가 되었으면 한다. 그래서 한없이 넉넉하고 맘씨 좋은 사람으로 기억하고 싶다.

▲크세노폰(BC 430?~BC 354 추정)
그리스의 철학자이자 역사가, 직업군인. 소크라테스, 플라톤과 동시대를 살았던 인물. BC 401년 페르시아 왕의 동생 키로스가 일으킨 전쟁에 참전해 겪은 일을 산문 형식으로 쓴 《아나바시스》라는 걸작 수기를 남겼다. 이후 스파르타 왕의 호의를 얻어 스킬루스에 살면서 저술에 전념했다. 그 밖의 주요저서로 《소크라테스의 회상》이 있는데, 이는 소크라테스에 대한 사실적 자료인 동시에 저자의 생각을 엿볼 수 있는 귀중한 문헌이다.
소크라테스는 흑인이었을까. 의심이 가는 대목이 크세노폰의 저서 《향연》에 담겨 있다. 크세노폰은 소크라테스에 대해 이렇게 묘사하고 있다.
"남들은 앞만 볼 수 있지만, 자기 눈은 툭 튀어나와 있어 옆도 볼 수 있다고 했다. 남들 콧구멍은 아래로 뚫려 있지만, 자신의 코는 넓적해서 시야도 가리지 않으며 콧구멍도 넓고 평평하게 뚫려 있어 사방의 냄새를 맡을 수 있다"고 했다는 것. 또한 어떤 님프들은 소크라테스가 자기처럼 큰 입에 두꺼운 입술을 가졌다고 주장하기도 하여, 다소 흑인의 모습을 연상시킬 수도 있으나 그저 추측일 뿐이다.

그리스 · 로마 신화 같은가, 다른가?
올림포스 주요 '12신'에 대한 스케치

그리스 신화가 로마 신화의 바탕이 되었다고 생각하면 대체로 이해하기 쉽다. 로마는 그리스를 흠모했고 배우려고 했다. 이 과정에서 신神 중심의 그리스 신화가 그 전까지 인간 중심의 신화였던 로마 신화와 결합하여 만들어졌다. 여기서는 특히나 많이 보이고 차용되는 올림포스 주요 12신에 대한 간략한 설명을 하고자 한다.

제우스 · 유피테르 · 주피터 올림포스 최고 신, 신과 인간의 아버지 '찬란한 하늘'이라는 뜻. 올림포스 최고의 신으로 천상을 지배하는 천공天空 · 뇌정雷霆의 신인 동시에 인간사회의 정치 · 법률 · 도덕 등 모든 생활을 지배했다. 로마신화의 유피테르에 해당한다. 모든 신과 인간의 아버지(지배자이자 수호자)이고 벼락(번개)이 무기이며, 대장장이 신인 아들 헤파이토스가 만들어준 '아이기스'(오늘날 해상 방어력을 논할 때 언급되는 '이지스함'은 아이기스의 영어식 발음)라는 방패를 몸에 지니고 있다. 독수리를 신조神鳥로 총애하여 벼락을 독수리에게 맡겼다. 목성이란 명칭의 유래는 태양계 행성 가운데 가장 크다고 해서 으뜸 신인 주피터의 이름을 차용했다.

헤라 · 유노 · 주노 신과 하늘의 여왕 여성 · 결혼 · 양육의 여신 '보호자'라는 뜻을 가진 신들의 여왕 격. 크로노스와 레아의 딸이며 제우스의 누이이자 부인으로서 로마 신화의 유노에 해당한다. 여성의 보호신으로 결혼과 출산을 관장하고, 질투가 심해 질투의 여신이라 불릴 정도다. 제우스의 연인들은 물론이고 자식들까지 심하게 박해했다. 무지개의 여신 '이리스(아이리스)'를 시녀로 거느리며 성수聖獸는 암소, 후에는 공작새가 성조聖鳥가 되었다.

아르테미스 · 디아나 · 다이아나 사랑 · 아름다움 · 욕망 · 다산 · 달의 여신 로마 신화의 디아나에 해당하는 달의 여신이자 사냥의 여신. 제우스와 레토 사이에서 태어났으며 아폴론의 쌍둥이 누이동생이다. 수렵과 궁술을 맡아보며 야생동물, 어린이, 약한 자들을 수호하는 여신이기도 하다. 그리스 고전문학에서는 젊은 처녀신으로 묘사되어, 정결의 상징이며 처녀성과 순결을 지키는 여신의 성격을 가지고 있다. 그러나 원래는 처녀신이 아니라, 선주先住 민족의 지모신地母神이나 에페소스에서 숭배되고 있던 많은 유방을 가진 여신과도 관계가 있다고 여겨졌던 것 같다. 이 때문

▲프랑스화가 앵그르의 1811년작 〈주피터(제우스)와 테티스〉

에 다산과 출산과 신생아를 비호하는 여신이 되었다.

아레스 · 마르스 · 마르스 전쟁, 격분, 증오, 유혈의 신 '전사戰士'라는 뜻. 피와 살육을 좋아하는 전쟁의 신으로 제우스와 헤라의 아들(또 다른 설로는 제우스 혼자 아테나를 낳은 데 화가 난 헤라가 혼자 낳은 두 아들 중 하나, 또 다른 한 명은 헤파이스토스)이다. 아레스는 '행동과 결정을 주관'하는 신이며 '공포와 테러'의 신이기도 하다. 그는 증오와 공포로써 모든 전사들로부터 존경을 받았으며, 심지어는 그의 아들을 죽여 그와 반목하게 된 헤라클레스로부터도 역시 존경을 받았다. 아레스는 로마 신화에서 마르스에 해당하며, 영어도 마찬가지. 화성의 이름이 마르스인데, 붉게 빛나는 모습이 전쟁을 연상케 해서 그렇게 지었다고 한다.

포세이돈 · 넵투누스 · 넵튠 말을 창조한 바다와 지진의 신 '땅의 주主'라는 뜻. 제우스의 형제이자 시간의 신 크로노스와 풍요의 여신 레아의 아들이다. 신 가운데 2인자로서 바다와 물의 신으로 로마 신화의 넵투누스에 해당한다. '바다를 뒤흔드는 자'로 그의 무기인 삼지창 트라이아나를 휘둘러 암석을 분쇄하고, 폭풍우를 일으키고, 해안을 흔드는 지진의 신이다. 또한, 말馬을 창조한 말의 수호신이기도 하다. 평소 그는 파도 위를 흰 말이 끄는 황금 갈퀴와 놋쇠 바퀴의 수레를 타고 해령海靈을 거느린 채 바다를 달렸기에 마신馬神이라고도 불렸다. 제우스를 도와 티탄족을 정복한 뒤 바다를 지배하게 되었다. 넵튠은 해왕성의 명칭이기도 한데, 그것은 바닷물처럼 파란색을 띤다고 해서 붙여졌다.

데메테르 · 케레스 · 세레스 풍요 · 농업 · 자연 · 계절의 여신 '곡식의 어머니'라는 뜻. 크로노스와 레아의 딸로 제우스의 부인이자 누이이다. 데메테르는 대지의 생산력, 특히 곡식을 생육하는 곡식의 여신이며 제우스와의 사이에서 딸 페르세포네를 낳았다.

아테나 · 미네르바 · 미네르바 지혜와 기술, 전략의 여신 최근, 필화사건과 드라마 등으로 인해 많이 화제가 되었던 신이다. '하늘의 여왕'을 뜻하는 수메르어 아나타에서 유래되었다. 제우스가 혼자 낳은 딸로 제우스의 머리에서 무장한 채 태어난 처녀신이다. 전쟁과 여러 가지 기예技藝의 수호신이자 도시의 수호신이기도 하여, 그리스의 여러 주요 도시에 아테나의 신전이 있었다. 처녀신인 아르테미스와는 달리 남성을 멀리하지 않고 오히려 남성적인 행동을 즐겼으며, 싸움터로 가는 용사들을 응원했다. 그녀의 성조聖鳥는 지혜를 나타내는 올빼미였고, 그녀에게 바쳐진 식물은 올리브였다. 아테나와 아레스는 모두 군신이지만 둘 사이에는 큰 차이가 있다. 아레스가 전투의 난폭한 면을 갖고 있다면 아테나는 지적인 전술을 나타낸다.

▲아폴론 동상

아폴론 · 포이보스 · 아폴로 태양신 · 광명 · 의술 · 음악 · 시 · 예언 · 궁술 · 진리의 신 '미남 청년'이라는 뜻. 태양의 신이자 궁술弓術과 예언 · 의료 · 음악 및 시의 신이기도 하다. 제우스와 레토 사이에 태어난 아들로, 달의 여신이며 사냥의 신인 아르테미스가 쌍둥이 누이이다. 아폴론은 헤르메스가 발명해 선물로 준 현악기 리라를 다루는 데 명수였다.

헤르메스 · 메리쿠리우스 · 머큐리 상업과 체육 · 도둑 · 목동 · 나그네의 신 '돌무더기'라는 뜻. 전령傳令의 신이자 나그네의 수호신으로 제우스와 마이아(아틀라스의 딸) 사이에 태어난 아들이다. 그는 제우스의 전령이자 죽은 자를 지하세계의 왕인 하데스에게 인도하는 안내자이며 부와 행운의 신으로 상업, 도박, 격투를 비롯한 그 밖의 경기, 심지어는 도둑질에 이르기까지 숙련과 기민성을 요하는 분야를 주관한다. 또한 통행인과 여행자의 수호신으로 길에 깔린 돌을 치워 도로를 정비한다고 일컬어졌다. 하여 돌에 헤르메스의 얼굴을 그린 이정표가 곳곳에 기념비로 세워져 있다.

그는 부친 제우스의 사자使者로서 날개 달린 모자와 샌들 차림에 투구로 얼굴을 가린 채 바람처럼 이 세상을 돌아다닌다. 손에는 두 마리의 뱀이 몸을 감고 있는 '케뤼케이온'이라는 전령의 지팡이를 가지고 있다. 행성 가운데 첫 번째로 위치한 수성의 이름이기도 한데, 공전주기가 88일로 가장 빠른 행성이다. 신의 전령인 헤르메스처럼 빠르다고 해서 붙여진 이름이다.

디오니소스 · 바쿠스 · 바커스 술과 황홀경의 신 '불완전한 신'이라는 뜻. 우리에게는 드링크제의 이름으로도 잘 알려진 술과 황홀경의 신으로 제우스와 테베 시의 창설자인 카드모스의 딸 세멜레 사이에서 태어났다. 포도나무 · 포도주를 관장하며 술에 취하게 하는 힘을 상징할 뿐 아니라 모든 속박으로부터의 해방의 신, 문명의 촉진자, 입법자, 그리고 평화의 애호자로 여겨지고 있다.

헤파이스토스 · 불칸 · 벌컨 불과 대장간의 신 '낮을 빛내는 사람'이라는 뜻. 화산의 신이자 대장장이 신으로 로마 신화의 불칸에 해당하며 올림포스 12신 중 하나이다. 올림포스의 명공名工 헤파이스토스는 제우스와 헤라 사이에서 태어난 추남에 절름발이 아들(또 다른 설로는 제우스 혼자 아테나를 낳은 데 화가 난 헤라가 혼자 낳은 두 아들 중 하나, 또 한 명은 아레스)로, 신들의 무기와 궁전은 모두 그가 만들었다. 헤파이스토스가 외로워하는 것을 보고 제우스는 신부를 고르라고 했고, 그는 아프로디테를 골라 신부로 맞아들인다. 아레스와 바람을 피운 아프로디테는 그리 좋은 신부는 아니었지만, 헤파이스토스는 자신의 꾀를 이용해 아레스를 항상 잡았던 것이다.

아프로디테 · 베누스 · 비너스 성性 · 미美 · 다산의 여신

'거품에서 태어났다'라는 뜻이다. 성애性愛와 미의 여신으로 로마 신화의 베누스에 해당한다. 처음에는 우주 전체를 지배하는 무서운 힘으로 생각되었다. 여성의 생식력을 표현하는 무서운 신이며, 자연의 번식력을 표현하는 다산의 여신이기도 하다. 케스토스라고 하는 자수를 놓은 띠를 지녔는데, 이 띠는 애정을 일으키게 하는 힘을 가지고 있었다. 그녀가 총애한 새는 백조와 비둘기이고, 그녀에게 바쳐지는 식물은 장미와 도금양이다. 태양계의 2번째 위치한 행성인 금성의 이름이 비너스인 이유는 태양과 달 다음 지구에서 볼 수 있는 가장 밝은 별이기 때문이다. 이렇게 12신만 달랑 알고 넘어가기에는 뭔가 아쉽다. 도대체 어떻게 저런 12신이 나타났을까 하는 생각도 들고 말이다. 그래서 간단히 태초부터 설명해본다.

천지창조와 신들의 계보에 대해 서술한 헤시오도스의 《신통기神統記》에 의하면, 최초로 무한한 힘이자 공간인 카오스가 생기고, 뒤를 이어 대지의 여신 가이아와 모든 물질을 서로 결합, 생성하게 하는 정신적인 힘 에로스가 생겨났다. 카오스로부터 밤하늘의 맑은 어두움인 닉스(밤)와 땅속의 칠흑 같은 어두움인 에레보스(어둠)가 태어났다. 이 둘이 서로 어울려 맑은 대기인 아이테르(창공)와 히메라(낮)를 낳아 우주의 모습이 갖춰지게 되었다.

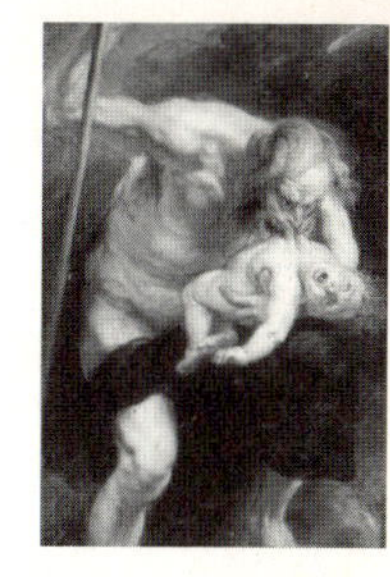

▲ 루벤스의 1638년작 〈자식을 잡아먹는 크로노스〉

가이아는 에로스와 결합하여 모든 세계의 근원이 되는 하늘의 신 우라노스와 바다의 신 폰토스를 낳았다. 그리고 우라노스와 결혼하여 외눈박이 퀴클롭스 3형제와 백 개의 팔을 가진 헤카톤케이레스를 낳았지만, 보기가 싫었던 우라노스는 어둠 속에 놓아두었다. 그는 또 티탄 12남매를 낳았는데 곧 레아, 오케아노스, 크리오스, 히페리온, 테이아, 코이오스, 이아페투스, 포이베, 크로노스, 테티스, 테미스, 므네모시네이다. 이들은 원시 자연적인 힘의 상징이며, 후에 천상을 지배할 올림포스 신족의 선조 격이다. 이들 중 '시간의 신' 크로노스가 그의 아버지 우라노스를 거세하고 왕위를 찬탈한다. 그리고 그의 아들 중 자신의 왕위를 찬탈할까 두려워, 생기는 아들들을 모조리 먹어치운다.

그러나 크로노스의 아내 레아는 제우스를 낳고 크로노스에게 제우스 대신 돌덩이를 내밀어 삼키게 했다고 한다. 장성한 제우스는 결국 크로노스를 제거하고 그가 삼켰던 형과 누이들을 토하게 하여, 형제들 중 막내지만 최고 신의 위치에 당당히 올라서며 올림포스에 신들의 장을 연다.

결혼이 인생의 무덤이라고 표현한 철학자도 있지만, 그래도 결혼은 대다수의 인류가 선택한 생존방식(?) 중 하나다. 그러나 결혼한 이들이 모두 행복한 것만은 아닌 걸 보면 부부라는 게 뭔가 싶기도 하다. 세상에는 분명 나쁜 남편이 훨씬 더(?) 많을 테지만, 악처가 더 유명한 부분에 있어서는 다분히 남성우월적인 시각이 깔려 있는 것 같다. 악처는 말하길 좋아하는 이가 약간의 각색과 함께 퍼뜨림으로써 오늘날까지 전해진 것이리라. 역시 악처의 대명사는 소크라테스의 부인 크산티페. 나폴레옹의 부인 조세핀도 유명하고, 모차르트의 부인 콘스탄체, 그리고 만년의 톨스토이가 가출했다는 이유로 부인 소피아도 반열(?)에 올라 있다. 여기서는 일화를 중심으로 몇몇 악처를 소개한다.

에이브러햄 링컨의 부인 '메리 토드 링컨' "마누라 길 좀 들이시오!"

▲ 메리 토드 링컨

남북전쟁을 승리로 이끌고 노예해방을 선언했던 미국의 제16대 대통령 에이브러햄 링컨(1809~1865)의 부인 메리 토드 링컨(1818~1882). 원래 결혼하려던 여인이 장티푸스로 사망한 뒤 소개받은 여인으로, 켄터키 주의 부유한 집안 출신이었다. 일화 중에는 독서에 몰입한 링컨이 그녀의 말을 못 알아듣자 장작으로 머리를 툭툭(?) 쳤다거나, 링컨이 남북전쟁의 영웅인 그랜트 장군의 부대를 방문해 미인으로 소문난 부하의 아내와 얘기하고 있다는 소식을 듣고 득달같이 달려가 미친 듯이 히스테리를 부렸다는 이야기도 있다. 초기에는 그렇지 않았으나 링컨 사후 그녀는 낭비벽이 생겨 빚을 지고 유럽으로 피신했다가 파산위기에 몰리자, 아들인 로버트를 정신이상자로 증언하여 파산면책이 되었다는 일화도 있다. 하지만 그녀가 자식과 남편을 앞서 저세상으로 보내고 우울증을 앓고 있었을 거라 말하기도 한다.

송나라 광종의 부인 '황후 이씨' 질투심에 궁녀의 손목을 잘라 황제에게 선물했다?

중국 남송南宋의 3대 황제였던 광종(1147~1200)은 우둔한 탓에 황후 이씨의 말밖에는 듣지 않았다고 한다. 그러한 광종이 어느 날 궁녀의 손을 잡고 희롱을 하는데, 그 장면을 목격한 황후 이씨가 궁녀의 손목을 잘라 상자에 포장해서 황제에게 선물로 보냈다는 이야기가 전해진다. 이에 질린 광종이 어여쁜 후궁을 총애하자 이번에도 기다렸다는 듯이 그녀를 독살했다고. 이후로 광종은 오늘날의 정신병에 시달렸으며, 황제에게 불만을 품은 재상들에 의해 퇴위당하는 수모를 겪었다.

요제프 하이든 부인 '마리아 안나 켈러' "나는 음악을 싫어해!" 남편의 자필 악보를 포장지로 쓰다니…

▲ 마리아 안나 켈러

교향곡의 아버지로 유명한 오스트리아의 작곡가 프란츠 요제프 하이든(1732~1809)은 70여 개의 현악 4중주곡과 더불어 고전음악에 있어 기악곡의 전형을 만든 음악가다. 그가 '지옥의 짐승'으로 표현한 인물이 있는데 바로 그의 부인 마리아 안나 켈러(1729~1800). 전하는 바에 따르면 그녀는 살림에는 도통 관심이 없었으며 낭비벽마저 심해 하이든이 골머리를 앓았다고 한다. 더욱 가관인 것은 음악을 좋아하지 않은 것을 넘어 싫어하기까지 해서, 그의 자필악보를 포장지로 쓰거나 허드레로 다루어 남편을 무척 괴롭혔다고 한다. 하이든은 심성이 매우 착한 인물로 알려져 있는데, 그런 그가 지옥의 짐승이란 표현을 썼다고 하니 정말 심각하긴 했던 모양이다.

존 웨슬리 부인 '몰리 바제일' 감리교의 창시자 존 웨슬리의 머리채를 움켜쥔 악처

▲대중들 앞에서 연설하는 존 웨슬리

성경이 만든 사람이라 칭하는 '감리교'의 창시자 존 웨슬리(1703~1791)는 성공회에서 분리된 감리교 운동을 창시한 성공회 신부다. 기독교 대한감리회에서는 요한 웨슬레로 불린다. 산업혁명 확대와 더불어 대규모 신앙운동이 펼쳐졌는데 이것이 감리교의 시초가 되었으며, 그의 사후 메서디스트 교회로 정착했다. 47세이던 웨슬리는 어느 날 넘어져 다리뼈를 다치는데, 이때 그를 극진히 간호해준 몰리 바제일. 당시 미망인으로 아이가 넷 딸린 그녀와 결혼을 결심한다. 하지만 결혼 후 4년 만에 웨슬리는 동생에게 '우리에게 사랑은 없다'고 선언하고 죄악상을 폭로하는데, 그의 사무실에 들어와 아무 말도 없이 물건을 들고 나가거나, 친구를 집에 초대하지 못하게 하는 규율(?), 사적인 서류나 편지 등을 아무렇지도 않게 보여주었으며, 비속어를 사용한 것도 모자라 끊임없이 중상모략을 한 악처였다고 한다. 언젠가는 주위사람들이 보는 데서 남편 웨슬리의 머리채를 움켜쥔 채 끌고 다녔다고 하는데, 설사 과장된 면이 있다 하더라도 확실히 심하다는 생각이 든다.

나라를 구하고 마녀재판으로 화형된

잔 다르크

잔 다르크 (Jeanne d'Arc 1412~1431)

'오를레앙의 성처녀 (la Pucelle d'Orléans)'

1412	1월 6일 프랑스 동레미에서 자크 다르크와 이자벨 로미의 자녀로 출생
1415	아쟁쿠르 전투 발발하며 영국이 대승함
1420	트루아 조약 체결로, 영국왕 헨리 5세에게 프랑스 왕위계승권이 인정됨
1422	영국왕 헨리 5세와 프랑스왕 샤를 6세가 사망
1424	잔 다르크는 기도 중에 대천사 미카엘과 성 카타리나, 성 마가렛의 음성을 들음
1428	샤를 대공(샤를 7세)을 만나기 위해 로베르 드 보드리쿠르 백작을 찾아감
1429	샤를 대공에 의해 프랑스 군인으로 임명된 잔 다르크는 오를레앙 전투에서 대승
	샤를 7세의 정식 즉위식이 거행되었던 반면, 잔 다르크는 생포되어 영국으로 이송됨
1430	노르망디의 루앙으로 압송되어 피에르 코숑 주교의 주관하에 종교재판을 받음
1431	5월 30일 화형선고를 받은 잔 다르크의 화형식이 루앙 광장에서 거행됨
1436	잔 다르크라는 '처녀 잔' 등장(191쪽 참조)
1440	샤를 7세 알현 (191쪽 참조)
1444	백년전쟁 중 '투르 휴전'을 맺음
1453	백년전쟁 종결(1337~)
1456	샤를 7세는 잔 다르크 명예회복재판을 벌여 잔이 무죄임을 판결함
1920	교황 베네딕토 15세에 의해 성녀로 추대됨

가서 프랑스를 구하라

나라를 구하고 마녀재판으로 화형된 '잔 다르크'

▲**잔 다르크** 1429년 어느 날, 나라를 구하라는 신의 목소리를 듣고 즉시 고향 부르고뉴 지방을 떠난 그녀. 샤를 7세를 찾아가 군을 이끌고 오를레앙을 탈환한다.

▶**트루아 조약** 1420년 5월 백년전쟁이 한창일 때 영국 왕 헨리 5세와 프랑스 왕 샤를 6세가 체결한 강화조약. 이로써 프랑스 왕자는 왕위계승권을 잃었고, 프랑스 왕국을 혼수婚需로 하는 공주 카트린과 영국 왕 헨리 5세의 결혼이 결정되었다. 이는 그들 사이에서 태어나는 왕자가 영국·프랑스 두 나라의 왕위를 겸하는 이중왕국의 실현을 꾀한 것으로, 이 경우 두 나라는 고유의 여러 제도를 계속 유지하는 것으로 되어 있었다. 그뒤 1422년 8월과 10월에 헨리 5세와 샤를 6세가 잇따라 죽고, 새 왕 헨리 6세가 왕위에 올라 이중왕국을 실현할 조건이 갖추어졌다. 그러나 영국 왕의 지배영역은 프랑스의 일부에 지나지 않았고, 이후 잔 다르크의 활약으로 1429년 샤를 7세가 왕위에 오르자 이 조약은 사문화되었다.

신의 목소리를 듣다 소녀는 들에 나가 놀기를 좋아했다. 시골마을 로렌의 눈부신 햇살과 바람소리를 즐겼다. 그러다 무수히 피어 있는 풀꽃 위에 몸을 뉘고 하늘을 보았다. 다리를 곧게 뻗고 두 팔을 펼치면 십자가의 편안함이 깃든다. 이따금씩 파란 하늘에 '휙' 성호를 긋고 지나가는 바람소리를 들었다. 하늘의 소리를 들을 수 있는 귀가 열린 것이다. 그녀가 답을 보내기도 했다.

요즘 들어 그녀는 부쩍 생각이 많아졌다. 현실이 혼란스럽다. 그 당시 '잔'의 마을 동레미라퓌셀은 프랑스 땅이 아닌 일종의 자치구였다. 그러니까 인접한 부르고뉴 사람들이 영국군과 한편이 되어 침략과 약탈을 일삼았다. 바로 그들에게 언니가 강간당하고 살해되는 것을 목격한 탓에 '잔'은 많이 비참하고 우울했다. 순간, 십자가가 날아들었다. 칼이었다.

"당신은 누구요?"

"가서 프랑스를 구하라."

1429년 어느 날, 잔은 "프랑스를 구하라"는 신의 목소리를 들었다고 했다. 그리고 그녀는 17세 처녀의 몸으로 한달음에 달려갔다. 칼 쓰는 법이나 말을 타본 적도 없다. 그러나 신의 부름에 한 치 망설임도 있을 수 없다. 곧 전쟁터에 나서는 것이 신에 의해 선택된 그녀의 소명이라 생각했다. 신의 계시라고 믿었다.

즉시 고향 부르고뉴 지방을 떠나 샹파뉴, 노르망디를 거쳐 남쪽 루아르 강변의 시농 성城에 있는 **샤를 7세**(1403~1461 프랑스의 왕. 당시는 황태자 신분)를 찾아갔다.

오를레앙을 탈환하다

당시 상황은 왕위계승 문제로 영국과 프랑스가 싸우던 백년전쟁 후기였다. 그 와중에 프랑스는 내분까지 생겼다. 정신이 온전치 못한 국왕 샤를 6세 대신 실권을 장악하기 위해 귀족들이 싸우다 두 쪽이 났다. 북반구의 부르고뉴 파와 남서부의 아르마냑 파로 나뉜 것이다. 이를 영국의 헨리 5세가 이용했다. 그는 곧 부르고뉴 파와 손을 잡고 프랑스 노르망디를 쳐서 여러 도시를 탈취하고 **트루아 조약**까지 만들었다. 이에 따르면 영국의 왕 헨리 5세가 프랑스의 왕위를 계승하며, 그 사후에도 헨리 6세가 계승하도록 되어 있다. 따라서 프랑스 국왕 샤를 6세가 죽자 아직 갓난아기였던 헨리 6세를 프랑스 왕좌에 앉히려 했다. 한데 프랑스의 황태자 샤를 7세가 젖먹이에게 프랑스를 내주겠다고 순순히 응했겠는가. 당연히 프랑스 왕위를 놓고 다툴 수밖에 없었다.

이때 신의 계시를 받았다며 먼 길을 달려온 잔 다르크를 샤를 왕자는 한참 망설인 끝에 접견했다. 그리고 잔을 믿지 못하는 측근들이 말렸지만, 왕자는 신념이 확고한 그녀에게 별 기대 없이 군사를 내주었다. 당시 오를레앙은 영국군에게 완전 포위되어 벼랑 끝에 내몰려 있었다.

사정이 이러할진대 전장戰場의 상황도 잘 모르는 잔이 믿음의 깃

▲샤를 7세(1403~1461) 백년전쟁을 다시 일으키다 오를레앙에서 영국군에 포위되기도 했으나, 잔 다르크의 도움으로 무사히 빠져나와 1422년 왕위에 올랐다. 그후 샤를 7세는 잔 다르크에게 오를레앙 사수와 더불어 영국군에게 빼앗겼던 영토를 다시 탈환하라는 명을 내린다. 잔은 수차례에 걸쳐 영국군과의 전투에서 승리를 거두었고 샤를 7세는 기회를 틈타 영국과 평화협정을 이끌어내려 했으나, 그와 달리 잔은 영국이 항복할 때까지 계속 싸워야 한다고 주장했다. 이때부터 부담을 느낀 샤를 7세는 자신의 명령없이 수차례 영국을 공격하는 잔에게 노골적인 분노를 표출하기 시작했다. 1430년 전세는 역전되어 오를레앙이 영국군에게 함락되었고, 이때 잔 다르크 또한 영국의 포로가 되고 만다. 이 참에 영국은 샤를 7세에게 잔 다르크의 몸값을 요구했으나 샤를 7세는 너무 비싸다는 이유로 그녀를 매몰차게 버린다. 결국 잔 다르크가 화형당하고 나서야 샤를 7세는 영국에 강경입장을 보이면서 전투를 속행하여 크레시 전투, 칼레 전투, 푸아티에 전투 등에서 승리를 거둔다. 빼앗겼던 영토를 거의 회복할 무렵, 샤를 7세는 1456년 영국과 평화협정을 맺고 백년전쟁을 종식시킨다. 프랑스인들은 샤를 7세를 두고 '승리의 왕'이라 부르기도 한다. 전쟁이 끝나고 왕권강화와 복구사업에 주력했던 그는 전후 5년 뒤 생을 마감한다. 그림은 장 푸케의 작품 〈샤를 7세의 초상화〉

발 하나 치켜들고 앞장을 섰다. 이것이 전황을 뒤집는 강력한 힘이 될 줄이야. 부상 중에도 그녀가 아랑곳없이 앞장을 서자 처음에 반신반의하던 프랑스 지휘관들도 그 어떤 힘에 이끌려 쉬지 않고 진격, 요새를 모두 탈환했다. 마침내 사기충천한 군과 함께 잔은 오를레앙 땅을 밟았다. 영국군의 진지마다 그녀의 깃발이 펄럭였다. 아무것도 모르는 마녀라고 무시하던 영국군이 완패하고 모조리 물러갔다. 이어서 잔은 랭스 성당으로 진군했다. 이 성당은 전통적으로 프랑스 왕실의 대관식을 치르던 곳이다. 샤를 6세가 죽은 지 어언 6년이 되었지만 샤를 황태자는 아직 왕관을 쓰지 못했기에, 그녀가 랭스까지 치고 들어가 황태자(샤를 7세)의 대관식을 무사히 마쳤다.

▲잔 다르크 동상 파리의 튈르리 정원(피라미드 광장 옆) 앞에 서 있는 이 동상은 19세기경 엠마누엘 프레미에에 의해 조각되었다. 1429년 프랑스는 영국과 치른 백년전쟁으로 독자의 민족성을 회복하게 되었는데, 당시 신의 계시를 받고 소녀의 몸으로 전쟁에 뛰어들어 프랑스를 구한 잔 다르크를 기념하기 위해 세운 것이다. 나라를 구한 19세 소녀의 용맹성을 찬란히 기리려는 듯, 동상 전체가 금박으로 장식되어 있다.

잔은 무슨 죄를 지었는가　　그로부터 계속 전쟁에 투입된 잔의 충성은 1430년 콩피에뉴 전투(파리에서 북동쪽으로 70킬로미터 떨어진 우아즈 강변 소도시에서 벌어진 전투)에서 끝이 났다. 말에서 떨어진 그녀를 부르고뉴파 군이 영국군에 넘겨준 것이다. 그 무렵 샤를 왕은 부르고뉴 군을 설득하기 위해 협상시기를 저울질하고 있었다. 그러나 정작 그녀가 잡혀 영국군에 인도되었을 때는 잔을 구하려 하지 않았다. 샤를 7세, 그는 오를레앙의 빛나는 승리를 잊은 건가. 랭스 성당에서 그녀의 보호 아래 쓴 왕관을 내팽개칠 작정인가. 프랑스 왕실, 그들의 외면은 결국 잔을 죽이고 말았다. 영국군에 인도된 그 이듬해인 1431년, 마녀로 종교재판에 회부되어 이단선고를 받고 프랑스 루앙에서 화형에 처해졌다.

　신의 계시는 신화에서만 있었던 게 아니다. 우리가 흔히 접하는 세계사에도 더러 있었다. 전 유럽이 십자군으로 궐기한 사상 최악의 피비린내 나는 종교싸움을 성전이라 할 수 있는가? 그 밖에 신의 계시를 받았다던 **살라미스 해전**을 보라! 페르시아(이란 고지대를 중심으로 서아시아, 중앙아시아, 코카서스에 걸친 광대한 지역을 통치하던 고대제국을 통칭하는 말로, 그 기원은 BC 550~ BC 330년의 아케메네스 제국이다)가 그리스를 위협했을 때 아테네는 델포이의 아폴론 신전으로 달려갔다. 신의 계시를 받으러 갔으나 거의 절망적인 상태라 희망적인 계시가 있을 때까지 기도했다고 한다.

사실 잔이 신의 계시를 받았든 아니 받았든 그것이 무슨 상관이랴. 다만 프랑스가 나라를 구하기 위해 전쟁에 뛰어든 잔을 왜 버렸는가가 의문이다. 화염에 싸여 죽는 날까지 매서운 심문을 견디며 투명하게 맞섰으나 그녀 곁엔 아무도 없었으니 말이다. 낯선 사람들 속에서 말도 통하지 않았을 그녀가 언제나 혼자였음이 애달프다.

신의 가호가 이런 것인가? 또 하나, 우리가 그리는 신이 전쟁에 관여하실 분인가? 아니, 총칼을 겨누는 전장에서 신이 "깃발을 들라!" "진군하라!"라고 한 것을 어찌 이해해야 하는가. 혹 그녀는 순교자의 열정으로 그 고통을 이겨내지 않았을까. 그게 아니라면 인간이 신에게 간절히 바라던 바, 종교적 구원의 영원성을 버린 삶의 열정이랄 수밖에 달리 답을 찾을 수 없다.

성녀에 오르다　　다행히도 1456년 샤를 7세가 잔의 명예를 회복시켰다. 때때로 인간이란 동물은 참으로 간사하고 파렴치하기까지 하다. 뒤늦게 왕실에서 그녀의 무죄를 밝히겠다고 나선 것은 순수하게 잔

● 살라미스 해전과 세계 4대 해전

▲ 살라미스 해전(BC 480년 9월 23일, 승리지휘관 그리스 연합군의 테미스토클레스 제독) 기원전 480년 페르시아 제국과 그리스 도시국가 연합군 사이의 해전, 1300대 380의 열세를 극복하고 일방적인 승리로 끝났다.

▶ 칼레 해전(1588년 8월 7일, 승리지휘관 영국의 하워드 제독) 영국함대와 스페인 무적함대와의 해전이다. 80척의 전함으로 당대 최강 스페인의 무적함대 130척과 맞붙어 승리로 이긴 전쟁이다.

▶ 트라팔가 해전(1805년 10월 21일, 승리지휘관 영국의 넬슨 제독) 영국함대와 프랑스·스페인 연합함대와의 해전. 27척의 전함으로 연합함대 33척과 싸워 승리했다.

▲ 한산대첩(1592년 8월 14일, 승리지휘관 조선의 이순신 장군) 임진왜란 당시 조선함대와 일본함대와의 해전. 56척의 전함으로 일본전함 1진 70척, 2진 40척과 맞붙어 학익진鶴翼陣을 구사하여 제압했다.

▲영화로 보는 〈잔 다르크〉 2000년 개봉된 프랑스영화 〈잔 다르크〉는 〈레옹〉 〈제5원소〉를 감독했던 뤽 베송이 제작하고 밀라 요보비치가 잔 다르크 역을, 존 말코비치가 샤를 7세 역을 맡아 열연했던 작품이다. 뤽 베송 특유의 시각이 빛나는 사실적인 연출로, 프랑스 고전의 진면모를 보여준 작품이라는 극찬을 받았다. 이야기는 유럽의 가장 처절했던 백년전쟁을 배경으로 프랑스 국토의 반을 잃고 샤를 6세 이후 프랑스 왕권마저 영국에게 강탈당한 상황에서 시작된다. 영화에서 어린 잔의 역할을 맡은 꼬마 여배우의 연기에서 눈을 뗄 수 없다. 가족을 잃은 슬픔을 참을 수 없어 하느님과 뜻을 함께한다는 뜻으로 포도주를 벌컥벌컥 들이켜는 장면은 관객의 동감을 충분히 끌어내고 있다. 왕과 백성 사이를 오가며 죽음을 당하게 되는 여인의 생애가 담긴 영화 〈잔 다르크〉에서 밀라 요보비치는 여성이길 거부한 채 신의 계시를 받고 적진으로 과감히 뛰어드는 여전사의 모습을 훌륭히 소화해내고 있다.

다르크를 위함이 아니었다. 그녀의 비호로 대관식을 무사히 마친 샤를 왕이 루앙에 입성하고 영국군을 완전히 몰아내긴 했으나, 자신의 왕위계승이 꺼림칙했기 때문이다. 즉, 그녀를 이단으로 몰아 화형시켰으니 이제라도 무죄라고 밝혀 그가 이단의 도움으로 왕이 되었다는 불명예를 씻어야 했다.

그러나 왕의 명이라도 신성한 교회의 판결을 뒤집는다는 것은 참으로 험난한 일이었다. 루앙에서 있었던 잔의 재판을 다시 검토하기 위해 옛 기록들을 모두 모아 성직자와 정치가의 재심을 거쳐 무죄판결을 내리는 데 무려 25년이나 걸렸다니 말이다. 그것은 당시 무시무시한 재판에서 잔이 혼자였을 때 모른 척했던 자신들의 정치, 종교적 이해관계 탓이 아니겠는가. 다시 말해 잔이 가진 사명의 의미, 그 판단을 신속히 내리지 못한 것이 명백해진 셈이다. 그리고 당시 서유럽에 일었던 왕권전쟁과 더불어 교회의 대분열도 한몫했으리라.

많이 늦긴 했지만 하느님의 종인 복자를 거쳐 1920년 바티칸 공의회에서 그녀를 성녀로 등재했다니, 그 동안의 우울한 체증이 좀 가시는 듯하다. 열아홉 어린 나이에 세상을 떠난 그녀의 시간은 마술에 걸린 것일까? 루앙의 명소가 된 센 강변 잔 다르크 교회의 스테인드글라스에 새겨진 그녀의 기도하는 모습은 여행자들을 위해 여전히 해맑게 빛나고 있다. 혹여 잔의 투명한 눈물임을 잊지 말길 빌어본다.

◀독일화가 헤르만 스틸케의 1843년작 〈화형대에 묶인 잔 다르크의 죽음〉

잔 다르크 부활사건
화형대에 오른 그녀는 어떻게 탈출하게 되었을까

"가서 포위로부터 도시를 구하라." 하늘의 소리를 들은 잔 다르크는 짧지만 강력한 전투를 펼쳐 대중들에게 큰 인상을 남기고 채 1년도 지나지 않아 눈부신 승리를 거두며 샤를 7세의 프랑스 왕위 등극까지 지켜보았다. 하지만 얼마 후 부르고뉴 왕국(현, 프랑스 동부로 당시 영국과 동맹관계)의 군대에 사로잡혀 마녀라는 낙인이 찍힌 채 10만 프랑에 영국군으로 팔려갔다. 그리고 1431년 5월 30일, 19세라는 어린 나이로 화형에 처해졌다.

그로부터 5년 후, 25세 전후의 한 여성이 메스 시의 많은 사람들에게 자신을 '처녀 잔'이라 소개한다. 당시 복무 중이던 잔 다르크의 남동생 프티 장과 피에르는 처녀 잔이 남동생들을 만나고 싶어한다는 이야기를 듣고 메스로 향한다. 그리고 여러 사람들에 둘러싸인 처녀를 보고 이내 잔 다르크임을 확인한다. 남동생 프티 장은 왕에게 아직 누이가 살아 있음을 보고했다. 왕의 반응에 대한 공식기록은 없지만 그는 재무장관에게 명해, 프티 장에게 100프랑을 내렸다고 한다. 1436년 8월 9일자 오를레앙 공식문서에는 처녀 잔의 편지를 가져온 시중꾼에게 시의 재정으로 배달료 지불을 인정한 기록도 있다. 이후 그녀는 다시 마녀로 몰릴 뻔한 위험을 넘기고, 로베르 데 자르무아르라는 귀족을 만나 결혼하여 3년간 2명의 자녀를 두었다.

1440년 마침내 잔은 파리로 가서 왕을 만난다. 하지만 왕은 그녀를 가짜라고 단정했다고 한다. 그때 〈파리 시민보〉라는 신문에 의하면, 그녀를 체포해 남의 이름을 사칭한 사실을 많은 사람들 앞에서 고백하게 했다고 한다. 당시 왕은 시종과 옷을 바꿔입은 채 그녀를 기다렸는데, 자르무아르 부인(처녀 잔)이 시종들 가운데 서 있는 왕을 곧 알아보자, 왕이 "처녀여, 그대는 신의 이름으로 환영받으리라"라고 말한 뒤 벌어진 일이기에 더욱 수상쩍다. 이런 내용들은 잔 다르크에 관한 기본자료로 알려진 쥘르 키세라의 《잔 다르크의 심판과 부활 1841》이라는 저서에 수록되어 있다.

이와 같은 사실로 볼 때 그녀가 살아 있었다고 보는 것이 타당할 듯하다. 첫째, 그녀의 오빠를 제외하고 그녀와 전투를 치른 사람들 모두 그녀를 인정했다는 점. 둘째, 왕도 비공식적이긴 하나 인정했다는 점. 셋째, 샤를 7세는 한참 뒤인 1456년 7월 7일 명예회복재판을 열어 그녀가 무죄임을 밝힌 점 등을 그 이유로 들 수 있다. 학자들에 의하면 당시 마녀로 몰려 화형에 처해진 그녀의 무죄를 인정하기 위해선 교황의 재가를 받아야 했는데, 그것이 쉽지 않은 정치적 배경이 깔려 있었던 것으로 본다. 또한 왕실은 잔 다르크의 출현을 곤혹스러워했고, 그것은 결국 그녀를 부인하게 만들었을 거라는 추측을 가능케 한다. 화형대에 오른 그녀는 어떻게 탈출하게 되었을까. 4세기가 지난 1920년 5월 16일, 마침내 잔 다르크는 교황 베네딕토 15세에 의해 성녀로 시성되었다.

프랑스 왕위계승 문제를 둘러싼 영토확보와 유럽대륙 진출을 향한 야망 – 백년전쟁

백년전쟁(1337~1453)은 100년간(정확히는 116년간으로 그 사이 휴전기간이 있었음) 지속된 잉글랜드와 프랑스 사이의 전쟁으로, 무대는 주로 프랑스 북부지역이며 결과는 프랑스의 승리로 끝났다.

우선 당시 상황을 살펴보자면, 잉글랜드의 왕은 프랑스 왕의 신하이기도 했다. 다시 말해서 잉글랜드는 1066년 노르만 왕조 때부터 프랑스 내에 영토를 소유할 수 있었는데, 이것이 프랑스 입장에서 보면 그냥 일반 영주이고 신하인 셈이다. 그후 13세기에 와서는 잉글랜드 왕의 영토가 프랑스보다 많은 지경에 이르렀지만, 그는 여전히 프랑스 왕의 신하 입장이었다.

1328년 프랑스, 샤를 4세가 후계자 없이 사망하자 사촌형인 필리프 6세가 왕위에 오르는데, 이때 잉글랜드에서는 '여자의 왕위계승이 불가능하다면 아들에게 계승시킬 수 있다'는 논리로 왕비인 이사벨라(샤를 4세의 누이)의 아들 에드워드 3세가 왕위계승자가 된다는 주장을 했다. 당시 잉글랜드는 프랑스의 영토와 함께 유럽 중부로 뻗어나가고자 하는 야심을 갖고 있을 때였다.

이후 프랑스는 스코틀랜드와, 잉글랜드는 플랑드르(프랑스 북부)와 신성로마제국을 등에 업고 서로를 압박한다. 필리프 6세는 잉글랜드 왕의 봉토를 점령, 몰수를 선언하고 노르망디 해안을 위협한다.

▲ '크레시 전투'를 묘사한 것으로 당시 장궁(큰 활)으로 무장한 영국군(오른쪽)에 쫓기는 프랑스군이 보인다.

제1기(1337~1360) 개전 — 잉글랜드 우세

백년전쟁은 1340년 6월 잉글랜드와 플랑드르의 연합함대가 라인 강 하구 브뤼주(지금의 브뤼허) 슬뢰이스 항에 대한 프랑스 함대의 봉쇄를 저지하기 위해 공격하면서 시작되었다. 이 전투에서 잉글랜드 군이 승리했고, 이후 도버 해협의 제해권은 잉글랜드가 차지한다. 116년이라는 기간 동안 프랑스만 전쟁터가 된 것도 이 때문이다. 결국 잉글랜드에 의해 굴욕적인 브레티니 – 칼레 조약(잉글랜드 국왕 에드워드 3세의 프랑스내 영토를 인정하는 조약)을 맺고 1차 휴전(1360~1369)에 들어간다.

제2기(1369~1389) — 프랑스 우세

휴전기간 동안 오레 전투Battle of Auray가 있었으며, 프랑스에서는 샤를 5세가 즉위하여 잉글랜드의 지배에 반항함으로써 다시 관계가 악화되자

1369년 잉글랜드 군이 프랑스로 침입. 초기에는 프랑스가 분전하면서 영토 대부분을 탈환했으나, 1389년 다시 휴전(1389~1415)에 들어간다.

제3기(1415-1429) — 잉글랜드 우세

잉글랜드와 화친해야 한다는 브루고뉴 파의 논리에 맞서 아르마냑 파가 대립하며 프랑스 정국은 혼란에 빠진다. 이 틈에 영국 왕 헨리 5세가 브루고뉴 파와 결탁하여 노르망디로 진격, 아쟁쿠르 전투에서 대승을 거두며 북부의 여러 도시를 탈취한 뒤 1420년 트루아 조약에 의해 샤를 6세의 딸 카트린과 결혼함으로써 자신의 프랑스 왕위계승권을 승인시킨다. 하지만 아르마냑 파는 중남부에 거점을 두고 계속 전쟁을 벌인다. 1422년 헨리 5세와 샤를 6세가 잇달아 죽고 나자 어린 헨리 6세가 영국과 프랑스 두 나라의 국왕을 자칭하고 나서고, 프랑스에서는 샤를 7세가 프랑스 왕위에 올랐음을 선포했다. 1428년, 영국군은 샤를 7세의 거점인 오를레앙을 포위하여 그를 궁지로 몰아넣었다.

제4기(1429-1453) — 프랑스 최종승리

그러나 견고했던 포위 상황은 신의 계시를 받았다는 잔 다르크의 등장에 의해 깨진다. 이후 적은 수의 병사로 영국군을 격파하며 파죽지세로 나가던 잔 다르크는 부르고뉴 파에 체포되어 영국 측으로 인도되고 화형에 처해진다. 1429년 정식으로 대관식을 거행하고 합법적인 프랑스 국왕이 된 샤를 7세가 즉위함에 따라 트루아 조약은 효력을 상실했다. 이 무렵 전황은 이미 프랑스 쪽으로 기울었고, 내부에서 서로 다투던 부르고뉴 파와 아르마냑 파도 화의를 맺음으로써 프랑스 내란은 끝을 맺었다. 그뒤 영국과 프랑스 사이에 산발적인 전투가 계속되었으나, 1444년 투르에서 휴전이 성립되었다. 그러나 영국은 프랑스 내에 칼레 등의 영토를 계속 보유하게 된다.

전쟁 이후 봉건세력 약화되고 국민의식 형성

이 전쟁으로 인해 가장 큰 변화를 꼽는다면 국민의식의 형성이다. 영국의 경우는 왕위계승 문제를 둘러싸고 30여 년에 걸친 랭카스터와 요크 가문 간에 장미전쟁(1455~1485)이 뒤따르기도 했지만, 두 나라 모두 이때를 계기로 국민의식 형성과 함께 봉건기사 세력이 무너지면서 자연스럽게 농노해방, 부르주아 계급의 대두, 왕권의 확대 등으로 진행되었다.

▲ 오를레앙 포위 전의 잔 다르크

옥탑에 감금되었던 피의 여왕

세기의 악녀

바토리 백작부인

엘리자베스 바토리 (Elizabeth Bathory 1560~1614) 백작부인

1560	8월 7일 루마니아 트란실바니아에서 조지 바토리의 딸로 출생
1562	프랑스, 위그노전쟁 발발(~1598)
1572	폴란드와 리투아니아를 동시에 통치하던 야기에우워 왕조의 마지막 국왕 지그문트 2세 아우구스트가 사망하면서 폴란드−리투아니아 연방이 결성 왕위가 공석인 가운데 귀족계급의 권력이 강화됨. 이후 폴란드에서는 주변국가의 왕족이나 폴란드 귀족계급 중에서 왕이 선출되었음
1575	페렌츠 나다스디 백작과 결혼
1575	트란실바니아를 통치하던 스테판 바토리 (엘리자베스 바토리의 숙부)가 폴란드 왕으로 선출되어 즉위함. 스테판 바토리 왕위에 불만에서 비롯된 단치히(현 그단스크) 반란이 발생함(~1577)
1583	리보니안 전쟁 종료(1558~). 1558년에 러시아와 리보니아 기사수도회 · 폴란드 · 리투아니아 · 스웨덴과의 전쟁으로 러시아가 패배
1591	오스만제국과 합스부르크 군주국 간의 오스만 전쟁이 발발(~1606) 당시 오스만제국의 목표는 합스부르크 가의 수도인 빈을 점령하는 것이고, 합스부르크 군주국의 목표는 오스만제국이 점령하고 있는 헝가리 왕국 중심부를 점령하는 것이었음
1604	페렌츠 백작이 전장터에서 사망하면서 본격적으로 악마숭배에 빠져듦
1605	러시아−폴란드 전쟁이 발발(~1618)
1610	성에서 탈출한 소녀의 신고로 조르지 토르조 백작에 의해 진상조사에 나섬
1611	체이테 성의 조사가 이루어지며 재판에 회부됨 바토리 백작부인에게 종신금고형이 선고됨
1614	8월 21일 슬로바키아 지방의 체이테 성에서 54세의 나이로 사망

옥탑에 감금되었던 '피의 여왕'

세기의 악녀 바토리 백작부인

▲합스부르크 가와 맞먹는 명문집안 바토리 가에서 태어나 15세에 페렌츠 백작과 결혼식을 올리는 바토리. 전쟁터에서 살다시피 하는 남편 때문에 외로웠던 그녀는 하인에게서 신비주의나 악마숭배 따위를 전수받고, 1604년 남편이 전사하자 본격적으로 악마숭배에 빠져들었다고 알려졌다.

▲바토리 백작부인이 머물던 체이테 성. 그녀가 머물 당시의 흔적은 남아 있으나 현재는 거의 폐허에 가깝다.

명문가와의 정략결혼　엘리자베스 바토리 백작부인은 과연 현재만 생각하며 살고자 했던가? 그렇지 않고서야 왜 세인들이 그녀가 죽은 뒤로 지금까지 '피의 여왕' 혹은 '잔혹한 악녀'로 일컫고 있는 것인가.

그녀는 1560년 드라큘라 백작으로 유명해진 루마니아 중서부 트란실바니아의 귀족 바토리 家에서 태어났다. 이는 유럽의 합스부르크 가와 맞먹는 명문가로 대대손손 왕위를 계승하던 집안이다. 바토리는 열한 살 때 이미 가문에서 정해준 나다스디 가의 성으로 보내졌다. 장차 명문 무인 집안의 맏며느리가 될 신부수업을 받기 위해서였다.

그러나 신랑이 될 페렌츠 나다스디 백작은 이미 전장에 나가고 없었고, 어린 나이의 바토리에게 시어머니는 그저 무섭고 엄하기만 했다. 시어머니는 무인의 아내는 결코 웃음을 보여선 안 되며 냉정하고 의연해야 남편이 전장에서 공을 세울 수 있다고 가르쳤다. 또한 그녀의 일거수일투족을 지켜보며 너무 아름답다고, 목소리가 지나치게 상냥하다고, 몸가짐이 너무 나긋나긋하다고 야단을 치니, 바토리는 어찌하는 것이 옳고 그른지 혼란스러울 지경이

196

었다. 하여 그녀는 점차 뚱하고 남의 눈치만 살피는 감정 없는 소녀로 변해갔다.

마침내 열다섯 살이 되자 네 살 연상인 페렌츠 백작과 결혼식을 올렸다. 그러나 첫날밤에도 바토리는 미소조차 보일 수 없었고, 실제로 기쁘지도 않았다. 이런 그녀가 어색했던 남편이 의아해하며 묻자, 무인의 아내는 전장에서 돌아온 남편의 성 배출구 역할만 하면 될 뿐, 다시 전장에 나가야 할 남편에게 여인의 향기로 미련을 갖게 해선 안 되며 아름다워서도 안 된다는 것을 알았다고 답했다. 이에 백작은 그녀를 따뜻하게 안아주고 아름답다고도 말해주었다. 그리고 여러 성 중에 그녀가 원했던 헝가리 체이테 성으로 옮겨가 살았지만 이 행복도 잠시, 남편은 겨우 3개월여 만에 또다시 전장으로 떠났다. '헝가리의 검은 영웅'이란 별칭을 지닌 그는 거의 성을 비웠다. 뼈대 있는 무인집안의 혈통을 이어갈 운명이니 어찌하랴.

엽기적인 그녀 엘리자베스 바토리　전쟁터에서 거의 지내는 남편 때문에 외로워진 바토리는 하인에게서 신비주의나 악마숭배 따위를 전수받은 것으로 알려져 있다. 결국 남편과 같이 지내는 시간이 적었기에 결혼한 지 십 년 만에 겨우 두 딸과 아들 하나를 얻었다. 그러나 하늘은 그렇게 기다리며 살던 조그만 행복마저 그녀에게서 앗아가 버렸다. 1604년, 늘 전장에서 살다시피 한 남편이 51세의 나이로 전사했다. 그녀는 곧 평소 자신을 미워해 사이가 좋지 않던 시어머니를 성에서 쫓아내버렸다. 그리고 본격적으로 악마숭배에 빠져들었다. 처음에는 말이나 동물들을 제물로 사용하다 점차 인간까지 제물로 바쳤다고 한다. 또한 젊은 처녀의 피로 목욕을 하면 아기처럼 고운 피부로 돌아갈 수 있다고 믿어, 성 주변의 먹고살기 힘든 처녀들을 사다 제물로 삼았지만 나중에는 귀족 처녀들의 피를 받기 위해 성 안에 귀족 여학교를 만들었다고 한다. 마침 희생자 하나가 극적으로 탈출하여 신고한 탓에, 1610년 조르지 토르조 백작이 이끄는 군대에 의해 그 진상이 낱낱이 밝혀

▲영화 〈바토리〉 감독 유라이 야코비스코. 16세기 헝가리 왕국의 귀족인 엘리자베스 바토리에 대한 이야기를 다룬 영화. 그녀의 잔혹성이나 정신병적인 행동에 초점을 맞추지 않고, 재산을 탐낸 주변 귀족세력들의 음모를 다룬다. 영화에서는 그저 약초를 녹인 물(붉은색)에 목욕하고, 환각증세를 일으키는 버섯을 먹고, 미친 여자처럼 행동하는 모습으로 그려진다. 그리고 사건은 조작되어 기록되었음을 암시하고 있다.

▲1983년 스웨덴의 스톡홀름에서 쿼쏜에 의해 결성된 메탈밴드 '바토리'.이 밴드의 이름은 피의 여왕 엘리자베스 바토리의 이름에서 차용했다. 1984년에서 2003년까지 13장의 정규앨범을 발표했으며, 후대 블랙메탈과 데쓰메탈 그리고 바이킹메탈에 많은 영향을 끼친 그룹이다. 우리나라에서는 초창기 바쏘리로 소개되기도 했다. 사진은 1987년 발표된 그들의 3번째 앨범 〈Under the Sign of the Black Mark〉.

졌다. 이에 660여 명을 죽였다는 기록처럼, 그녀의 행적이 드러난 뒤 그 악행을 돕고 부추겼다는 하인들은 손가락을 자르고 산 채로 화형시켰으나, 그녀만은 귀족이라는 이유로 죽이지 않았다. 그러나 죽기 전 4년을 고성 첨탑에 갇혀 살았으니 무슨 낙이 있었을까.

피의 여왕인가 정치적 희생양인가　　한데 그녀와 관련된 자료를 뒤적이다 의아한 부분이 발견되었다. 과연 그녀가 소문대로 희대의 살인마이며 피의 여왕이었을까? 확실한 증거는커녕, 그때 재판기록이 헝가리에 보관되어 있다고는 하나 그 기록 자체를 백 퍼센트 믿을 수 없다는 사실이다. 당시의 정황들을 되돌려보면 그녀를 재판장에 참석시키지도 않았을 뿐더러, 구술 또한 그녀의 시종들이 정치적 분위기에 편성해서 한 것이기 때문이다. 그녀를 죄인으로 엮고 안 엮고는 그 사람들 마음먹기 나름이었단 얘기다. 불행히도 그녀는 남편도 없는 루마니아 출신이다. 그녀가 살던 체이테 성은 헝가리에 있었다. 따라서 그곳에 어떤 연고가 있을 리 없다. 그녀를 옥탑에 감금한 후 모든 것을 조작해도 그 누가 있어 말려줄 수 있었으랴. 이는 모든 일이 그녀를 떠나 그들의 구미에 맞게 조작되었을 수 있다는 심증이기도 하다.

또 하나, 그녀는 정규교육을 받은 여자였을 뿐 아니라 남자를 능가할 정도로 똑똑했다고 한다. 당시의 헝가리 군주들이 거의 글을 읽지 못했던 반면, 그녀는 헝가리어와 라틴어, 로마어에도 능통했으며 제반 상식 또한 상당한 경지였다고 전한다. 알려진 바, 엽기적인 그녀의 행각과는 크게 다른 면이다. 귀족 여학교를 세운 것도 그렇지 않은가? 만일 엽기적인 행각을 펼칠 목적으로 여학교를 만들었다면 학생들을 한꺼번에 참살할 것도 아닌데 그곳의 비밀을 언제까지 묶어놓을 수 있으리라 보겠는가. 차라리 필요할 때마다 손쉽게 납치를 하지, 번잡하게 학교까지 만들어서 금방 드러날 일을 꾸민다는 것도 퍼뜩 이해하기 어려운 부분이다.

당시는 오히려 여성들의 교육기관이 없어 공부를 하려면 이웃나라로 유학을 가야 했던 시절이다. 그러니 귀족 여성들만이라도 교육시키기 위해 만들었다면, 이는 여자들의 교육을 깡그리 무시하던 당시로선 매우 획기적인 일이 아닐 수 없다. 그녀의 지적 수준이 제발 이리 흘렀어야 했다.

중요한 것은 헝가리 출신인 남편 집안과 루마니아 출신인 그녀 집안 간의 정치적 문제인 듯하다. 거기에 그녀가 치인 것이 아닐까. 시어머니를 쫓아낼 정도라면 실제로 체이테 성은 그녀의 성이었을 것이며, 이를 본 루마니아 사람들은 자기들의 영역을 뺏긴 것으로 생각할 수도 있었을 터. 허나 성을 쳤을 당시 그녀의 측근들은 모두 참형을 당하거나 몰살된 상태였다. 그러니 그녀 편에 서서 진실을 말해줄 사람은 아무도 없었다. 죽을 때까지 그녀는 철탑 밖으로 나오지 못했다. 올바른 재판과 공정한 기록을 기대하는 것은 그만큼 어리석은 짓이 되리라.

역사는 승자의 것이라 진실이 어느 정도 가려질 순 있지만, 그만큼 많은 억측도 따르기 마련이다. 그녀는 체이테 성 제일 높은 탑 꼭대기, 음식을 넣는 작은 구멍 외에 창문 하나 없는 어두운 방에서 감금 4년 만인 1614년 8월, 54세의 나이로 세상을 떠난 것으로 알려졌다. 만일 이 사건이 진실이 아니고 조작된 것이라면 감금된 4년 동안 그녀가 흘린 눈물과 한을 어찌 어루만져주어야 할까.

세계의 학살자들 – 히틀러, 마오쩌둥, 스탈린, 폴 포트, 이디 아민
정신적 결핍이 살인을 부르는가, 독재와 폭력의 광기로 집단학살을 자초한 주범들

명언 중에 '한 명을 죽이면 살인자, 그리고 만 명을 죽이면 영웅(정복자)이다'라는 말이 있다. 바토리 백작부인은 연쇄 살인마들이 그렇듯 어떤 정신적 결핍(?)으로 인해 살인을 즐겨했던 경우다. 이에 속하는 인물들로는 런던을 공포로 몰아갔던 유명한 연쇄살인마 잭 더 리퍼와 제프리 다머, 사가와 잇세이 등이 있지만 지나치게 혐오스런 내용이 많아, 여기서는 정복 외에 학살의 역사(?)를 이룩한 인물들을 위주로 살펴본다.

6백만을 강제수용소에서 학살했던 인물 '아돌프 히틀러'

어린 시절 히틀러는 그의 어머니가 유대인 남자와 몰래 바람피우는 모습을 목격했던 상처가 깊이 남아 있었다. 한편, 그의 꿈은 화가여서 그 꿈을 이루기 위해 시험을 치렀지만 매번 낙방의 고배를 마셔야 했는데, 문제는 그를 심사했던 시험관이 모두 유대인이었다는 점이다. 만약 히틀러가 당시 화가의 꿈을 이루었다면 6백만 인종 학살이라는 엄청난 살상행위가 벌어졌을까.

이러한 학살이 자행된 이후 독일국민들의 통렬한 자기반성의 과정이 있었고, 이 홀로코스트 현장인 아우슈비츠 수용소는 역사적으로 값진 교훈의 장소로 길이 남게 되었다. 그후 시오니즘을 통해 중동에 정착한 이스라엘이 이제는 반대로 아랍인과 아

랍세계에 서슴지 않고 공격을 자행하고 있다. 팔레스타인에 미사일 공격을 가하고 구호물자를 실은 국제 구호선을 공격해 사상자를 내는 등, 끊임없이 분쟁을 일으키고 있다. 이스라엘이 국제사회에서 다시 공공의 적이 되고 있다는 점은 역사적인 아이러니이자 비극이다.

2천5백만 이상의 목숨을 앗아간 '대약진 운동'의 주도자 '마오쩌둥'

중국공산당 당수이던 그는 장제스의 중국국민당과 약 3년에 걸친 내전을 승리로 이끌고 마침내 1949년 10월, 천안문 광장에서 중화인민공화국을 선포하고 내전이 끝났음을 알린다. 이 시점까지 그는 1, 2차 국공합작과 대장정을 이끈 혁명가이자 정치 지도자였다. 그후 의도적 학살은 아니지만 1958~1960년 사이 '대약진운동'이라는 이름으로 산업화, 군사화, 농지의 강제 국유화를 시도하는데 이 운동이 실패로 돌아가면서 사람들은 대기근에 시달리며, 정확치는 않지만 2천5백만 명 이상이 굶어죽거나 처형당하는 결과를 부른다.

이에 국가주석 자리에서 내려온 마오는 대약진운동을 강하게 비판한 2대 주석 류샤오치(劉少奇 1898~1969)와 덩샤오핑(鄧小平 1904~1997)이 실패

수습과 더불어 개혁 드라이브를 구사하자 불안을 느끼고 각지에서 대규모 홍위병을 일으켜 '공산주의의 적'을 제거한다는 구실로 '문화대혁명'을 일으킨다.

이때 약 3천만 정도의 사람들이 죄 없이 죽어갔으며, 그 이야기는 결국 중국 5세대 감독들에 의해 영화의 단골배경이 되기도 한다. 1969년 류샤오치를 실각시키고 둥비우와 쑹칭링 2명의 주석대행을 앉혀 섭정을 시도한 마오는 1970년부터 실질적인 중국 최고 지도자로 복귀한다. 그러나 1976년 4월 1차 천안문사건이 발생하자 이를 계기로 덩샤오핑에게 책임을 물어 실각시키는 데까지는 성공하나, 대규모 시위에 꿈적도 하지 않는 군부를 원망하며 그해 9월 9일 세상을 떠난다.

1981년 정권을 잡은 덩샤오핑은 공식적으로 문화대혁명의 모든 책임은 마오쩌둥에게 있다고 규정했으나 직접적인 비판은 공식적으로 자제했다.

'계급의 적'으로 몰아 4천만(?)의 목숨을 앗아간 '이오시프 스탈린'

이오시프 스탈린(1879~1953)은 당내 반동분자들뿐 아니라 경제, 문화, 군사, 학문 등 전 분야에 걸쳐 1936년 9월부터 1938년 11월 사이 약 1천5백만을 처형하고 5백만을 시베리아 수용소에서 죽게 만들어 거의 2천만 명이

세상을 등진다. 이후에도 자신의 권좌를 지키기 위해 끊임없이 사건을 만들어 수많은 사람들을 처형하거나 시베리아 강제수용소로 이송시켰다. 그리하여 정확한 사망자 수가 파악되진 않지만, 비공식적인 합산에 따르면 그에게 희생된 사람의 수가 대략 4천만 명이 넘는다고 한다.

극단적 공산주의를 펴며 2백만 캄보디아인의 목숨을 앗아간 학살자 '폴 포트'

원래 이름은 샐로스 사르이지만 폴 포트라는 이름으로 널리 알려졌다. 캄보디아의 공산주의 정당이던 '크메르루주'의 지도자이자, 1976년부터 1979년까지 민주캄푸치아공화국의 총리였다. 프랑스의 식민지기간 중 독립운동가로서 민족해방운동에 동참했고, 호치민이 이끄는 반 프랑스운동 단체에서도 활동했다.

미국의 지원을 받던 크메르공화국의 론 놀의 세력이 약해져 해외로 망명한 사이, 베트남 전쟁이 종결되고 수도 프놈펜에 크메르루주 군이 입성했다. 국명을 민주캄푸치아로 개칭한 그는 혼란한 국내상황을 타개하기 위해 화폐제도의 폐지, 도시주민의 강제 농촌이주 등의 극단적인 공산주의를 내세워 기존의 산업시설을 모두 파괴하고, 기업인 · 유학생 · 부유층 · 구정권의 관계자, 심지어 크메르루주 내의 친베트남 파까지도 반동분자로 몰아서 학살했다. 근거 있는 희생자 수가 나오기

전까지 120만 명이 살해되었다는 미확인 보도가 있었지만, 보통 학자들은 집계되지 않은 사람과 이 시기에 기아로 사망한 사람의 수를 합하면 당시 캄보디아 인구 약 7백만의 1/3에 해당하는 2백만이 사망한 것으로 추정하며 이를 '킬링필드'라 부른다. 1979년 베트남 군의 침공으로 정권을 잃고 북쪽 국경의 밀림지대로 달아나 게릴라전을 수행했으며, 1998년 가택연금 상태에서 사망했다. 한편, 2011년 크메르루주 전범 재판소에서는 그와 함께했던 주요 인물들에 대한 전범재판이 열리고 있다. 그러나 그들은 아직도 '국가와 국민을 위한 행동'임을 내세우고 있다.

8년간 독재를 펴며 약 50만의 희생자를 냈던 '이디 아민'

아프리카 우간다의 독재자이자 학살자 이디 아민 (1928~2003). 농부의 아들로 태어나 193cm의 거구로 권투 챔피언을 지낸 독특한 경력의 소유자다. 제2차 세계대전 당시 버마 전투에 참가하고, 1966년 밀턴 오보테와 함께 대통령 무테사 2세를 제거하는 데 동참, 이듬해에 군 통수권자가 되었다. 하지만 오보테의 정치가 국민들에게 환영받지 못하자 1971년 1월 25일, 대통령이 국제회의 참석차 싱가포르에 머무는 동안 무혈 쿠데타로 정권을 잡았다.

이어서 그의 독재가 시작되었는데, 그 뒤로 우간다의 지식인과 장교, 법관들이 사라지기 시작했다. 오보테를 지지했던 마을들은 폐허가 되고 주민들은 학살당해, 당시 그가 권력에 있던 8년간 최대 50만에 이르는 희생자가 있었을 것으로 인권단체는 추정하고 있다. 1976년에는 종신대통령이 되었고, 1978년에는 군 내부의 반역음모를 무마하기 위해 탄자니아 침공을 명령했다. 그러나 수많은 반 아민단체와 반군들이 탄자니아 군과 연합해서 반격에 성공함으로써 1979년 4월 수도 캄팔라를 점령했다. 그러자 아민은 우선 리비아로 도망쳤다가 결국 사우디아라비아를 마지막 망명지로 선택했다. 이에 사우디 정부는 정치에 관여하지 않는다는 조건으로 받아들였고, 그곳에서 그는 고혈압과 신경마비 등의 합병증으로 2003년 8월 사망했다. 최근에 사망한 카다피와 비교해볼 때 상당한 호사를 누렸다.

▲1962년도 카툰 부문 풀리처상을 수상한 에드문트 발트만이 그린 이디 아민의 캐리커처

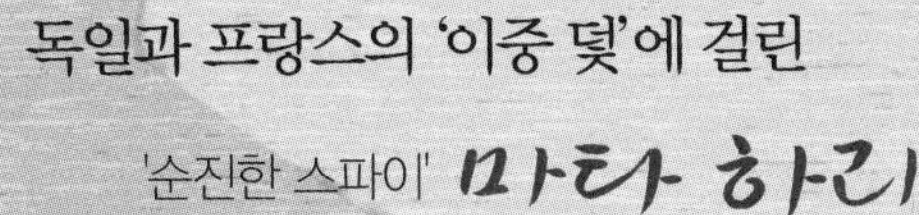

독일과 프랑스의 '이중 덫'에 걸린

'순진한 스파이' **마타 하리**

마타 하리 (Mata Hari 1876~1917)

본명 마르가레타 게르트뤼다 젤레 (Margaretha Geertruida Zelle)

1876	8월 7일 아담 젤레와 안체 반 데 뮐렌의 자녀로 네덜란드 레우바르덴에서 출생
1889	부친 아담 젤레(Adam Zelle) 파산 후에 이혼
1891	모친 안체 반 데 뮐렌 사망
1893	부친 아담 젤레가 재혼. 마타 하리는 대부와 함께 스니크(네덜란드)에 거주
1895	신부를 구한다는 신문광고를 보고 20년 연상의 네덜란드계 군인 루돌프 매클라우드와 암스테르담에서 결혼. 인도네시아 자바 섬으로 이주
1897	아들 노만 존 출산. 인도네시아 전통문화원 수업. 마타 하리라는 이름을 얻음
1898	딸 루이스 진 출산
1899	아들 사망하며 네덜란드로 복귀
1902	이혼하고 이듬해 파리로 건너감
1905	파리에서 유명 댄서가 됨
1914	제1차 세계대전 발발
1916	전장을 피해 스페인과 영국 등지로 피난 겸 여행을 함
1917	스페인에서 독일군 장교에게 포섭되어 암호명 'H21'로 활동함
	파리에 있는 아테네 플라자 호텔에서 체포되어
	그해 10월 15일 41세의 나이로 처형당함
1999	영국 정보부 MI5는 발표를 통해
	'마타 하리의 군사정보 유출건은 증거부족'이라 표명함

독일과 프랑스의 '이중 덫'에 걸린

'순진한 스파이' 마타 하리

서두른 결혼　신神은 그녀에게서 춤 외의 것은 다 빼앗고 자바 섬에 던져놓았다. 1876년 네덜란드의 레우바르덴에서 태어난 마타 하리(1876~1917)는 상인이었던 아버지 덕분에 비교적 유복한 어린 시절을 보낸다. 그녀의 나이 열세 살 되던 해, 아버지의 사업 실패로 가세가 급격히 기울었고 어머니마저 세상을 떠났다. 안락했던 생활은 온데간데없이 사라지고 외로운 방황이 시작된 것이다. 아직 배울 나이의 그녀가 의탁한 곳이 기숙학교였으나 틀에 박힌 기숙사 생활은 갑갑해서 숨이 막힐 지경. 하여 탈출을 결심한 마타 하리, 이를 위해 늙은 지아비를 맞는 일도 주저하지 않았다. 결국 그녀는 인도네시아 자바 섬 주둔군인 네덜란드 사람 매클라우드 장교의 '신부구함' 광고에 응하면서 덜컥 결혼이라는 것을 하게 되었다.

　그러나 신은 그녀가 평범하게 사는 것을 바라지 않았던 것일까. 네덜란드에서 남편을 따라 자바 섬으로 온 그녀는 남편이 근무하는 동안, 낯선 문화에 아는 사람 하나 없는 이곳의 하루하루가 무료하기 이를 데 없었다. 그러던 어느 날 동양의 이국적인 원주민

▲어떤 남자도 단번에 흡입할 수 있는 마타 하리의 깊고 검은 눈. 스트립쇼에 가까운 벨리댄스를 춘다는 점에서 스파이로서 제격이라고 독일에 보고되었다.

의 춤 벨리댄스(서아시아에서 아프리카 북쪽에 걸쳐 있는 이슬람 문화권 여성들이 추는 배꼽춤의 일종)를 접하고 그 춤에 빠져 있을 무렵, 어이없는 일이 터졌다. 멀쩡하게 잘 뛰어놀던 아들이 의문의 죽음을 당했는데, 알고 보니 집에서 일하던 가정부가 독살한 것이었다. 그녀가 사귀던 네덜란드 군인이 자신을 배신했기 때문이란다. 어이없게도 네덜란드 남자는 모두 독살하고 말겠다는 가정부의 복수심에 죄 없는 아들이 희생된 것이다.

그 일로 마타 하리 부부는 자주 다투다 별거에서 이혼에까지 이르렀다. 결국 애지중지하던 딸을 데리고 나올 수 있었지만, 빈털터리인 그녀는 딱히 갈 곳을 찾지 못해 여기저기 떠돌다 인플루엔자로 딸마저 잃고 말았다.

무희로 다시 태어나다　그야말로 외톨이에 참담한 신세로 전락한 그녀는 서둘러 인생의 궤도를 수정해야 했다. 그리고 잠시나마 배웠던 자바 섬 원주민의 춤을 무기삼아 파리 환락가인 **물랭루즈**의 무희가 되겠노라 마음먹었다. 이혼한 그 이듬해인 1903년 그녀는 곧장 자바 섬을 떠나 파리로 갔다. 허나 애당초 파리 사교계가 그리 호락호락할 리 없었다. 적지 않은 나이에 그것도 이혼까지 한 그녀가 젊고 섹시한 무희들이 넘쳐나는 사교계에 도통 낄 재간이 없는 것이다. 그렇다고 한 가닥 희망인 댄서가 되는 일을 접을 수도 없었다. 그때 그녀는 이를 악물고 버티며 댄스홀, 극장을 가리지 않고 대중 앞에서 기꺼이 나체 출연까지 하기에 이른다.

그래선지 생각보다 기회가 빨리 왔다. 이를 눈여겨본 이가 있었

▲운명적으로 '무희'의 길을 걷게 된 마타 하리는 뇌쇄적인 춤으로 고급 장교들의 혼을 빼놓기에 이른다.

던 것이다. 그는 곧 흥행사답게 그녀의 훤칠한 몸매에 매력적인 검은 눈과 피부에 어울리는 동양의 신비한 춤을 제안하고 나섰다. 정식댄서가 될 수 있는 행운을 잡은 것이다. 이에 그녀는 동양문화권의 특징을 살리되 네덜란드의 식민지 자바 섬이 아닌, 인도사원에서 춤추던 고급 무희로 소개되며 고귀하고 이국적인 댄서로서 무대에 올려졌다. 내친 김에 게르트루드 마르가레타 젤이라는 그녀의 본명을 버리고 '마타 하리'로 개명도 했다. 인도네시아어로 '새벽 혹은 여명의 눈동자'란 뜻이란다.

이것이 적중하여 그녀의 인기는 치솟았다. 실제 그 춤은 그곳의 정통 벨리댄스이기보다 미모를 앞세운 에로틱한 스트립쇼에 가까웠다. 한마디로 그녀의 춤 실력보다 유럽 사람들 눈에 비친 동양문화의 신비감이 더 큰 마력을 발휘하게 된다. 특유의 화려한 보석 브래지어와 작은 천으로 허리만 살짝 가린 빼어난 관능미, 그리고 뇌쇄적인 춤으로 고급 장교들의 혼을 빼놓은 것이다. 급기야 파리 사교계 명사들과 정·재계의 거물급 인사들마저 마타 하리에게 줄서기 바빴다. 이에 질세라 영국, 독일, 스페인에서도 공연을 해달라는 주문이 밀려들었다.

이렇듯 자고 나니 스타가 되었더란 말처럼 어느새 그녀도 사람들을 열광하게 만드는 스타가 되어 있었다. 마땅히 이런 호사好事에는 검은 시선도 섞이기 마련이다. 때는 바야흐로 제1차 세계대전 발발 직전인 데다 그녀가 관계하는 인사들 대부분 정·재계 아니면 고급 관료나 장교들이었기에, 그들과 어울려 유럽 전 지역의 사교장을 넘나들다보면 마가 끼는 것은 시간문제 아니겠는

▲**물랭루즈** 빨간 풍차라는 뜻으로 1889년 만들어진 프랑스 파리의 몽마르트르 번화가에 있는 카바레. 현재는 쇼를 위한 무대식 극장이며 관광객이 들르는 명소다. 이 극장을 주 무대로 프랑스화가 로트렉(1864~1901)은 무희들의 모습을 담은 명작을 다수 남겼다. 그림은 1893년 물랭루즈에서 그린 무희 포스터로 제목은 〈잔느 아브릴〉. 영화로는 2001년 개봉하여 세계적 흥행을 기록한 바즈 루어만 감독, 니콜 키드먼, 이완 맥그리거 주연의 뮤지컬영화 〈물랭루즈〉가 있다.

▲이사도라 던컨(1878~1927) 현대무용에서 '맨발의 디바'의 시조는 이사도라 던컨이다. 독학으로 무용을 배운 그녀는 어느 날, 시카고의 한 무대에서 그리스식 긴 옷을 입고 토우 슈즈를 벗어던진 채 맨발로 춤을 추기 시작했다. 기존의 규칙에도 얽매이지 않으면서 그녀만의 감성으로 체득된 음악에 몸을 내맡기고 춤추는 모습에 미국 관객들은 경악했다. 1900년 고국에서 인정받지 못한 이사도라는 과감히 유럽으로 건너가면서 성공을 거둔다. 특히 '발레가 없는 나라' 독일에서 큰 호응을 얻으며 독일 신무용 탄생에 지대한 영향을 끼쳤다. 1905년에는 러시아를 처음 방문하여 디아길레프나 포킨에게 강한 영향을 주기도 했다. 그러나 그녀의 삶은 불행했다. 사랑했던 두 자식을 사고로 잃은 뒤 1914년 자신보다 18세 연하인 천재시인 예세닌을 만나 결혼하지만, 이 사랑도 실패로 돌아간다. 그녀를 둘러싼 온갖 근거 없는 소문이 나돌면서 두 사람의 사랑은 점차 시들해졌고, 결국 1925년 겨울 예세닌은 극도의 우울증으로 인해 스스로 생을 마감했다. 그 2년 뒤 프랑스 세닌에서 이사도라도 평소 예세닌이 좋아하던 붉은색 긴 스카프를 목에 두른 채 질식사로 사망한다.
현대무용은 기존의 틀을 깬 이사도라의 창의적 춤을 '던커니즘'이라 명명하는 동시에 그녀를 '현대무용의 어머니'라 부르게 되었다.

가. 아닌 게 아니라 오래지 않아 그녀는 독일의 비밀경찰 조직망에 포착되었다.

외도를 하다　마타 하리의 깊고 검은 눈이 말해주듯, 그녀는 조용하면서 매력적인 데다 어떤 남자도 단번에 흡입할 수 있는 댄서로서의 특수성까지 갖춰 스파이로서는 그야말로 안성맞춤인 셈이다. 이 사실이 곧 독일 베를린에 보고되었다. 더군다나 그녀의 국적이 네덜란드이니 순회공연을 핑계로 유럽을 휘젓고 다닐 수 있는 것도 좋은 조건이었다. 솔직히 그녀 자신도 춤을 체계적으로 공부한 것이 아닌 데다 마침 파리 사교계에는 세대교체라도 하듯 이사도라 던컨이란 댄서가 연일 주가를 올리고 있어 마타 하리에게도 위기라면 위기였다.

그래서 말인데 댄서에서 살짝 외도를 해볼까? 도피하듯 가볍게 그녀는 독일 스파이 첩보학교에 입학한다. 이때 그녀에게 주어진 4개월은 일급 스파이가 되기엔 턱없이 짧은 기간이었다. 거의 기초지식만 습득한 꼴이다. 우리가 알고 있는 희대의 스파이인 그녀의 이력서가 이리 허술하다. 이 정도 훈련으로 그녀가 냉정한 스파이 세계에서 힘을 발휘할 수 있었을까. 거물급 인사들의 친분을 이용한 그녀의 스파이 활동에 큰 기대를 했겠지만, 사실은 뭔가 하는 둥 마는 둥하다 1년여 만에 영국 첩보부에 덜컥 꼬리가 잡혔다.

그러나 시시한 결론이 내려졌다. 아주 저급한 수준의 정보랄 것도 없는 내용이 전부였기에 그들이 걸고 넘어가긴 너무나 애매했

다. 하마터면 독일의 거물급 스파이인 클라라 베네딕스가 파리에서 마타 하리 행
세를 하고 다닌 것을 몽땅 뒤집어쓸 뻔하기도 했다.

그렇다면 실제 마타 하리가 제공한 정보의 질은 어땠을까? 독일군 U-보트에
연합국 수송선단의 위치를 한 번 알려줬고, 또 탱크란 것에다 대포를 장착하고 쳐
들어간다는 것 정도였다. 지속적인 항로제공도 아닌, 일회성에 그친 이 정보는 훈
련된 스파이가 아니라도 군의 여기저기서 마구 감지되는 것들이라 사실 독일 정
부에서도 크게 주시하지 않았는데, 영화도 아닌 현실에서 어쩌다 스파이 하면 그
녀를 떠올리게 된 것일까?

거듭 시험에 들다　　신은 또 미련한 그녀를 시험했다. 마흔 살 그녀에게 찾아온 사
랑, 바로 러시아 장교 블라디미르 드 마슬로프였다. 장교의 끈질긴 구애에도 좀처
럼 마음을 움직이지 않던 그녀가 그의 부탁을 들어준 것이 화근이었다. 그가 마타
하리에게 청한 일은 네덜란드의 딸에게 쓴 편지를 전하는 것. 전쟁 중이라 국경을
넘는 편지는 모두 검열을 받지만 외교관의 행낭은 무사통과할 수 있었으니, 그녀가
네덜란드 주재 프랑스 외교관에 접근하여 장교가 부탁한 편지를 검열없이 네덜란
드로 보내주었는데, 그 과정에서 프랑스 대사에게 발각되고 말았다. 어쩌랴, 또 다
시 그녀는 아둔하게 첩보원의 누명에서 옴짝달싹 못하게 된 것이다.

이리하여 영국과 프랑스 첩보부의 명단에 이름이 올라버린 마타 하리. 결정적
인 스파이란 물증도 없건만 사건은 황당하게 흘러갔다. 게다가 러시아 청년장교
의 발길도 뚝 끊겼다. 그때 비보가 날아들었다. 그가 부상을 당해 프랑스 병원에
누워 있다는 소식을 듣고 그녀는 냅다 프랑스로 달려갔다. 당연히 프랑스 첩보부
에서 따라붙었다. 순진하게도 그들의 덫에 순순히 걸려든 셈이다. 이래저래 변명
할 여지가 없어지자 프랑스 스파이를 자처한 것이다. 그녀에게 평생 멍에가 된 이

중스파이의 시작은 알고 보면 시시하기 짝이 없다.

최후까지 혼자였던 마타 하리　그런데 어째서 이 정도의 일로 마타 하리가 총살까지 당해야 했을까? 프랑스 말을 안 들은 것도, 배신을 한 것도 아닌데 말이다. 문제는 전쟁터였다. 전쟁이 아무 성과없이 지지부진한데도 참호전(塹壕戰 대치하는 군대들이 땅을 파서 구축한 참호망에 의지하여 벌이는 전투행위)과 무조건 돌격하라는 무모한 죽음의 향연 앞에 프랑스 군이 태업을 하게 된다. 군인들이 전선에서 싸우지 않겠다는 소식에 프랑스 사회도 술렁거렸다.

　군 당국은 서둘러 이 흉흉한 민심을 누그러뜨릴 필요를 느꼈다. 그래서 되살려낸 묘책으로 여인이 등장하는데 그녀가 바로 마타 하리다. 그럴싸한 이중 스파이에다 미모의 댄서는 혼란스러운 사회의 온 이목을 집중시킬 수 있는 최상의 조건이 되겠기에 말이다. 그녀가 관계한 인사들 모두 거물급으로, 해이한 이들 탓에 전쟁에서 밀릴 수밖에 없었다는 것. 즉, 그들이 짜낸 각본대로 포장되어 그녀를 총살형으로 이슈화한 것에 다름 아니다.

　그리하여 1914년 베를린에 있던 마타 하리는 독일 정보기관에 2만 마르크를 받고 포섭되어 암호명 'H21호'로서 연합군 고위 장교들을 유혹, 군사기밀을 정탐해 독일군에게 제공했다고 영국 정보국에서 발표한 것이다. 이를 접한 프랑스 정부가 파리에서 그녀를 체포했고, 서둘러 재판을 함과 동시에 총살형에 처했다고 한다. 마타 하리가 실제로 첩자였는지, 아니면 그것도 그녀가 뿌린 수많은 헛소문 중 하나였는지 밝히지도 못하고서 말이다.

　한편, 그녀가 죽은 지 1세기 가까운 세월이 흘러 공개한(1999년) 영국 정보부 M15의 한 보고서에 따르면, 마타 하리가 H21호라는 암호명으로 연합국의 주요 군사정보를 독일군에 빼돌렸다고 자백했다는데, 지금껏 프랑스 측 판단과 주장을 뒷받침할 만한 증거를 찾아내지 못했다고 밝혔다. 이는 마타 하리 처형에 확연한 의문이 제기된 것인 만큼, 그녀에 대한 이중스파이 누명은 그들이 부풀린 희대의 사건이 아닐 수 없다.

알몸으로 총살당하다 역시 우리 기억 속의 마타 하리는 '20세기 최고의 여자 이중스파이'란 이미지뿐이다. 1917년 10월 15일 오전 5시 47분 여명의 시각, 그녀는 열두 명의 사수 앞에 실오라기 하나 걸치지 않고 섰다. 그때, 집행관이 그녀에게 슬쩍 귀띔했다. "공포만 쏠 거니까 죽은 척만 해라, 알았지?"

마지막까지 그녀는 이 말을 믿고 웃으며 죽었다고 한다. 당시 그녀가 벌인 첩보활동의 성격과 범위는 지금까지도 명백하게 밝혀진 것이 없지만, 제1차 세계대전 중 독일 스파이란 혐의를 쓰고 프랑스에서 총살형에 처해졌다. 실제로 그저 그런 사십대의 혼곤한 영혼이 프랑스 정부에 의해, 그들의 쇼에 의해 어마어마한 이중간첩이 되어 희생된 것은 아니었는지 되짚어볼 일이다.

기억하건대 이름 때문에 마타 하리를 연상케 하는 노란 마타리 꽃이 한창인 이즈음, 파리 몽마르트르 언덕 아래 물랭루즈의 빨간 풍차는 빛이 바랜 지 오래였다. 언덕에 우뚝 선 우윳빛 사크레쾨르 대성당만이 역사를 거슬러 삼키고 있었을 뿐이다.

▲1931년 그레타 가르보 주연의 마타 하리(위)와 1985년 실비아 크리스텔 주연의 마타 하리(아래). 관객들은 가르보 주연의 영화에 더 후한 점수를 주었다.

사랑 때문에 '파시스트'를 자처한

나치의 영부인 **마그다 괴벨스**

마그다 괴벨스 (Magda Goebbels 1901~1945)

1901	11월 11일 오스카 릿첼과 아우구스테 베렌트의 자녀로 베를린에서 출생
1904	부모의 이혼으로 모친과 함께 거주
1906	부친의 집이 있는 쾰른으로 이주하여 부친과 함께 브뤼셀로 건너가 가톨릭계 학교에 입학
1914	제1차 세계대전이 터지며 독일 쾰른으로 건너옴
1917	귄터 크반트와 만남. 당시 귄터는 37세로 BMW · 벤츠의 대주주 집안
1918	제1차 세계대전 종전
1919	홀츠하우젠 여성 학교에 입학
1921	귄터 크반트와 결혼하여 11월 첫아들 하랄드 크반트 출산
1929	귄터 크반트와 이혼
1931	요제프 괴벨스와 재혼
1939	제2차 세계대전 발발
1940	제2차 세계대전 중 장남 하랄드는 공군에 입대하여 파일럿으로 활약
1945	5월 1일 베를린의 지하벙커에서 요제프 괴벨스와 6명의 자녀와 함께 자결

사랑 때문에 '파시스트'를 자처한

나치의 영부인 마그다 괴벨스

▲**나치** 민족사회주의독일노동자당 또는 국가사회주의독일노동자당은 1919년부터 1945년까지 존재했던 독일의 정당. 나치Nazi는 약식 표현이며 NSDAP로 줄여 부르기도 한다. 민족주의, 반유대주의, 반공주의, 전체주의와 군국주의를 중점으로 정책을 내세웠으나, 이와 사회주의를 절충한 정도에 대해서는 학자들 사이에 논란이 되기도 한다.

그녀는 결국 삶의 참값, 그 답을 언뜻 보았을 수 있다. 그런데 왜 그것을 애써 외면했을까? 이는 그녀의 정신과 육체가 우둔할 정도로 강했을지언정, 누가 봐도 보편적이고 타당한 삶에서 너무 멀리 벗어나버린 탓이 컸으리라.

제2차 세계대전의 패전을 눈앞에 두고 선택의 여지가 없었던 히틀러가 마그다 괴벨스 부부에게 지하벙커에서 탈출할 것을 재차 명령했지만, 이들 부부는 마지막까지 히틀러 곁을 떠나지 않고 사수했잖은가. 그의 측근들이 모두 살길을 찾아 도망간 상태에서 히틀러가 자살을 하자, 비로소 마그다는 혁명동지 남편과 함께 자신들의 아이 여섯에게 모두 청산염을 먹여 독살한 후 그들도 벙커 밖으로 나가 권총으로 생을 마감했지만 말이다.

이렇듯 자신의 분신인 아이들마저 데리고 흔쾌히 자살을 결행한 마그다 괴벨스! 정작 그녀의 뇌는 고장이 났던 것일까. 우연히 접한 독일 **나치**, 그녀를 불러세운 나치야말로 어찌 그리 중독성이 강했을까. 그 중독성이 아니라면 무엇으로 그같이 강한 전류에 감전돼 판단감각을 잃어버린 듯 변한 그녀를 설명할 수 있으리. 그것도 나치 그곳으로만 눈과 귀를 열어놨으니 맹목적 반신불수가 되는 것은 정한 이치 아니랴! 어쩌면 그것은 숙명이었다. 그녀가 그렇게 되기까지 자기 자신과 잘해보리라는 의기투합은 있었을망정, 마지막까지 자신과의 화해가 없었다니 슬프기 그지없다.

독재자 히틀러의 결혼

제3제국 나치독일의 총통 **히틀러**는 구국 차원에서 결혼을 하지 않겠노라 호언했던 인물이다. 이유인즉, 아무리 자기를 우상처럼 떠받들던 여자도 결혼을 하게 되면 더 이상 흠모하지 않을 것이며 오히려 자기가 하는 일에 방해가 될 것이고, 그러면 자신은 평화로울 수 없기 때문이라고 했다. 게다가 지적인 남자는 지능이 낮고 단순한 백치미의 여자를 만나야 한다는 식의 말도 자주 했다고 한다. 그의 호언대로 정말 히틀러는 결혼하지 않았다. 다만 소련군에 포위된 **베를린 지하벙커**에서 생을 마감하기 40시간 전, 자기만 바라보고 살아온 연인 **에바 브라운**에게 마지막 선물로 쫓기듯 조촐한 결혼식을 올려준 것이 전부다. 그러니 그의 총통 시절 내내 법적 영부인이 없었던 셈이다. 대신 그 역할을 마그다 괴벨스가 했다면 믿어지는가. 정녕 그녀는 자신의 남편보다 히틀러를 더 흠모했던 것은 아닐까?

마그다 괴벨스의 유년시절

그녀는 1901년 11월 독일 베를린에서 태어났다. 부모는 그녀가 태어난 이듬해 결혼했고, 그녀가 세 살 때 이혼을 했다. 2년 남짓 어머니와 함께 살았던 마그다는 다섯 살 때 당시 쾰른에 거주하던 아버지에게 보내진다. 그녀의 아버지는 딸을 데리고 벨기에 브뤼셀로 이주했다. 그곳에서 그녀는 엄격한

▲"처음 만났을 때부터 저는 어디든지 당신을 따라갈 것이라고 맹세했어요. 죽음까지도, 저는 오직 당신의 사랑 때문에 살아갑니다."
— 1944년, 에바 브라운

가톨릭 학교에 들어갔다. 천성이 매우 활달한 마그다는 학교생활에 잘 적응을 했고 영리했다고 한다.

한편, 마그다의 어머니는 유대인 사업가 리카르드 프리드랜드와 재혼을 했고, 그녀가 일곱 살 때 딸이 있는 브뤼셀로 오게 된다. 덕분에 마그다는 계부 리카르드와도 친하게 지낼 수 있었다. 그렇게 그녀의 가족은 1914년까지 브뤼셀에 살았다. 하지만 그후에는 부득이 독일로 돌아올 수밖에 없었다. 독일이 제1차 세계대전을 일으켜 벨기에를 침공하자 그곳 사람들의 보복이 두려워졌기 때문이다. 마그다는 쾰른에서 고등학교 시절을 보냈고, 그녀의 어머니는 전쟁으로 사업이 망한 남편과 또다시 이혼했다.

이 무렵, 마그다는 두 남자를 만난다. 그 중 그녀와 동갑인 유대인 청년 하임 아르솔로프와 열렬한 사랑에 빠졌다. 하임과 마그다는 15년 가까이 관계를 유지했던 사이다. 그리고 또 한 남자 귄터 크반트가 있었다. 당시 그의 집안은 독일에서 제일가는 재벌로 BMW, 벤츠 등의 대주주였다. 마그다가 학교수업을 마치고 집으로 가던 길에 우연히 만난 그는 마그다보다 스무 살 연상으로 외모는 볼품없었지만, 무엇보다 친절했고 그녀를 매우 아껴주었다. 귄터는 마그다의 등하굣길에 곧잘 나타나 깜짝 데이트를 선사했고, 그의 권유로 당시 계부의 성姓을 쓰고 있던 마그다는 릿셀로 성을 바꾸고 종교도 가톨릭에서 개신교로 개종했다.

첫 번째 결혼　　스무 살이 되던 1921년 그녀는 귄터 크반트와 결혼했다. 이듬해 첫 아들 하랄드도 낳았지만 신혼의 행복은 오래지

▲1921년 귄터 크반트와 결혼한 마그다는 1929년 그와 이혼하고 2년 뒤 괴벨스와 재혼한다. 그녀의 미모는 2남 5녀를 두고도 여전히 아름다웠다.

않아 깨졌다. 남편이 사업상 늘 바쁘다보니 마그다는 그 무료함을
달래기 위해 집으로 사람들을 불러들여 자주 연회를 베풀었다. 이
일로 부부는 종종 다투었다. 검소했던 귄터는 낭비벽이 심한 마그
다를 용납하지 못해 결국 그들은 헤어졌다. 아이러니한 것은 이혼
후에 오히려 친구처럼 잘 지냈다는 사실이다. 여전히 젊고 아름다
웠던 마그다는 여행 중 미국 후버 대통령의 조카와 다시 사랑에
빠지기도 했지만, 첫 결혼의 여파 탓인지 그의 청혼은 거절했다.

그러던 어느 날 마그다는 친구와 함께 참석한 나치당 파티에서
베를린 지부장 요제프 괴벨스(1897~1945)를 만난다. 당시 파티석
상에서 나치당 제복을 입고 연설하던 요제프 괴벨스는 열정과 카
리스마가 넘쳤다. 그 모습에 매료된 마그다는 그에게서 쉽사리 헤
어날 수가 없었다. 마치 기다리기라도 한 듯 그를 사랑하게 되니 나
치당에 빠지는 것은 시간문제가 아니겠는가.

한편, 이때까지도 마그다는 고등학교 시절 절친했던 하임 아르솔
로프를 가끔 만나고 있었는데, 마그다가 나치당 간부와 사귀고 있다
는 사실을 알고 그가 황급히 찾아왔다. 허나 이미 나치당에 압도당
한 그녀를 무슨 수로 설득할 수 있으랴. 다그치고 구슬려보기도 했
지만 말을 듣지 않자 총을 겨누기까지 했다. 다행히 불상사는 피했
지만 이후로 그는 마그다 앞에 나타나지 않았다. 역시 그는 훗날 이
스라엘 건국 지지파로 이름을 날렸고, 팔레스타인에서 암살당했다.

▲자신의 가족조차 국가행사에 동원
하고 선전도구로 이용했던 괴벨스. 그
는 금발에 순수 게르만 혈통이었던 아
내 마그다를 전형적 독일 여성상으로
내세워 자신의 정치적 입지를 굳혔다.

요제프 괴벨스와의 재혼　　요제프 괴벨스에 매료당한 마그다는
1931년 그와 재혼했다. 마그다는 첫 남편에게서 얻은 하랄드 외

에 괴벨스와의 사이에서 1남 5녀를 더 낳았다. 또 그를 사랑한 만큼 나치당을 위한 각종 모임과 파티를 직접 주관했다. 하여 이들 부부는 히틀러와도 사적으로 터놓고 지내는 사이가 될 수 있었다. 특히 결혼을 하지 않아 아이가 없던 히틀러는 그 아이들을 보기 위해 괴벨스의 집을 찾기도 했다.

과연 폴란드를 비롯한 프랑스, 영국, 소련 등을 침공하며 전쟁에 광분하여 5천만 유럽인의 생명을 앗아간 것도 모자라, 수백만을 지옥 같은 수용소에 가두고 학살한 히틀러에게 이런 일이 가당키나 한가. 근래 컬러화면으로 복원된 제2차 세계대전의 영상을 보다보면 히틀러의 평상시 모습이 유독 눈에 띈다. 유난히 예뻐했다던 마그다의 장녀 헬가 외에 오남매를 보듬고 함께 놀아주는 히틀러의 미소 띤 얼굴을 상상해보라. 게다가 패전을 눈앞에 두고 그의 최측근들과 지하벙커에 숨어들어 전쟁을 독려하던 와중에도, 잠시 그 아이들의 장난을 받아주는 일이 히틀러의 유일한 낙이었다고 하니 그야말로 할 말을 잃게 했다.

어쩌면 현재의 자신을 망각해버린 것일까? 아니면 잠깐 동안이나마 본래의 자신을 찾았던 것일까? 그도 인간이기에 어쩔 수 없이 불쑥 삐져나온, 어쩌면 잃어버린 자신과의 남모르는 조우일 거라 믿고 싶다.

히틀러와 '괴벨스의 주둥이' 한편, 독일 제3제국 선전장관 괴벨스는 나치를 위해 거침없이 나아갔다. 무엇보다 독재자 히틀러를 받들어 보좌할 임무를 띤 제2인자로서의 선전장관이 아닌가. 그

▲괴벨스 가족. 남편 괴벨스와 마그다를 중심으로 맨 위에는 첫남편에게서 얻은 장성한 아들의 모습이 보이고, 그 아래 재혼한 괴벨스 사이에서 낳은 1남 5녀의 모습이 보인다. 나치의 운세가 기울자 마그다는 6명의 자녀와 함께 자살을 감행한다.

러니 국민들의 눈과 귀를 틀어막고 나치당만 찬양하게 하는 일이 그에게 주어진 과제였으리라. 우선 좌파언론이나 다름없는 신문을 없애고 지역방송국을 베를린 중앙방송국 휘하에 두는 척하면서 '제국방송국'으로 통폐합시켜 버렸다. 그리고 라디오를 이용한 대중선동에 나섰다. 길거리나 광장을 가리지 않고 라디오 방송망인 스피커를 설치해 독일국민들이 언제 어디서나 나치의 선전을 들을 수 있게 했다. 이를 위해 라디오를 대량생산하여 싼 가격으로 널리 보급했다. 사람들은 이 라디오를 '괴벨스의 주둥이'라 불렀다. 참으로 절묘한 이름이다.

덕분에 히틀러는 유럽을 호령하는 총통으로 우뚝 섰다. 이어 독일에서 구원자 혹은 메시아로 군림했다. 하여 독일민족과 히틀러는 끊임없이 전쟁을 일으켰고 그 전쟁은 더 큰 전쟁을 낳았으며, 이는 다시 더 많은 나라로 걷잡을 수 없이 번져 나갔다. 총으로 흥한 자 총으로 망한다더니 마침내 전 세계의 총력전인 제2차 세계대전이 발발하자, 독일은 소련과 연합군 두 전선의 수렁 속에서 사경을 헤맸다. 그런데도 요제프 괴벨스는 이성적 판단을 하지 못했다. 끝까지 히틀러를 과도하게 찬양하며 국민들을 총궐기하도록 선동했고, 이미 체념한 히틀러에게도 최면을 걸었다. 그러나 이 최후의 악전고투도 그들의 패망을 몇 주 늦추었을 뿐, 이미 괴벨스의 광기는 구심점을 잃어갔다. 결과적으로 전 세계를 전쟁의 포화 속으로 끌어들여 스스로 패망의 길을 걸었던 셈이다.

우연이 아닌 듯, 그의 결혼생활도 이와 별반 다르지 않았다. 아이들과 마그다에게는 아랑곳없이 많은 여자들과 문란하게 지냈고 이혼도 겁날 것 없다는 태도였다. 그녀로서는 아이들 때문에라도 참고 기다릴 수밖에 없었다. 그러나 더는 참을 수 없는 최후통첩 같은 일이 벌어졌다. 평소 괴벨스가 절대 헤어질 수 없다고 버틸 만큼 좋아하던 체코 여배우와의 정사장면을 목격하고 말았다. 마그다는 그 즉시 이혼을 결심했다.

그러나 이들 부부는 정치적으로 좀 특별했다. 마그다는 영부인이 없는 나라의 영부인 롤 모델이 아니던가. 괴벨스와의 사이에서 여섯 명의 아이를 낳아 '이상적인 가정'으로 언제나 독일국민들에게 선전되어온 탓에, 그것은 한 개인의 이혼이 아닌 국가적인 차원으로 생각해야 했다. 그들 부부의 주례를 섰던 히틀러가 중재안을 내놓으며 마그다를 달랬다. 체코 여배우를 국외로 추방시키고 괴벨스는 그녀의 허락하에 아이들을 만날 수 있다는 것, 그러나 1년 후에도 변함없이 이혼을 원한다면 이를 허용하겠다는 것이었다. 마그다는 히틀러와 사적으로 친하기도 했지만 그의 사상과 나치를 열렬히 지지했던 터라, 이를 받아들이는 데 큰 무리는 없었으리라. 아니, 괴벨스에 대한 그녀의 짝사랑과 그런 그녀를 다독여주는 히틀러를 떠날 수 없었는지도 모를 일이다.

마그다의 말로　　1945년 4월 29일 소련군에 의해 독일이 패망하기 직전, 베를린의 지하벙커에서 적군에게 체포되는 수모를 피하기 위해 총통 히틀러가 40시간 전 예식을 올린 그의 아내 에바와 함께 스스로 목숨을 끊었다. 따라서 최측근들이 다 배신한 마당에 최후까지 남아 히틀러를 보좌한 괴벨스가 통수권을 넘겨받았고, 마그다는 잠시나마 맹목적으로 떠받들었던 나치의 빛바랜 영부인이 되었다.

그녀를 생각하면 비록 반세기 동안 광기어린 **파시스트** 행각을 일삼은, 그것도 핵심인물이었기에 안 될 일이긴 하지만 무언지 모를 연민이 인다. 아마도 그녀의 사상을 떠나, 어머니로서 아내로서 또는 여인으로서 어려운 결정이 있을 때마다 한결같은 품위를 유지했던 게 못 내 걸리기 때문이다.

그런데 그녀가 히틀러의 유대인 학살에 대해 어떤 입장이었는지는 도무지 알 길이 없다. 다만 그녀의 어린 시절 계부였던 유대인 리카르드 프리드랜드가 아우슈비츠 수용소에서 죽은 것으로 보아, 그저 그들의 뜻을 좇아 모르는 척했는지 아니면 그들 비위를 건드린 그녀의 애원이 묵살되었는지 기록조차 없다.

괴벨스가 총통에 오르고 이틀이 지나 이들 부부도 여섯 자녀의 입에 독약을 밀어넣고 그들 역시 자살함으로써 영원할 것처럼 부르짖던 광기는 맥없이 스러져갔다. 참 어렵고 힘들다. 글을 마무리하려 하나 뒤엉킨 머릿속이 복잡하기만 하다. 어서 이 원고에서 벗어나야 들창으로 봄빛이 들 것도 같다.

히틀러의 마지막 우정, 동반자살한 에바 브라운

20세기 대표적인 학살자로 기억되는 제2차 세계대전을 일으켰던 독일의 정치가. 게르만 민족주의와 반유대주의, 반공산주의를 내걸었다. 1933년 독일총리로 임명된 뒤 보수파와 군부의 힘을 업고 좌파와 바이마르공화국 민주인사를 불법적으로 탄압하고, 1933년 7월 투표에 의해 나치 일당독재의 기틀을 확립한다. 이듬해 8월 국민투표를 통해 대통령과 총리의 역할을 겸임하며 총통이 된 그는 바이마르공화국의 토대를 바탕으로 1차대전 이후 피폐해진 경제를 되살리는 데 성공하여 국민들의 열광적인 지지를 얻었다. 1939년에는 폴란드를 침공하며 제2차 세계대전을 일으키고 유대인 학살을 명령했다.

이후 1945년 패전이 확실해지자 지하벙커에서 자살한다. 앞서 기술한 것처럼 냉정하고 잔혹한 면을 지닌 히틀러였지만, 이런 그를 일생동안 기다린 여자가 있었으니 바로 에바 브라운(1912~1945)이다. 17세 때 뮌헨의 한 화방에서 히틀러(1889~1945)를 만났으며, 이후 나치당을 싫어하는 집안의 심한 반대에도 불구하고 히틀러의 애인이 되었다.

평생 히틀러만을 사랑했던 그녀는 1932년과 1935년 두 차례 자살을 시도하는데, 이유는 히틀러의 냉담한 태도 때문이었다고 한다. 공식적으로는 비서역할로 만족해야 했고, 자주 집을 비웠으나 항상 '총통님'이란 깍듯한 호칭으로 그를 대한 일편단심은 알아줘야 한다. 1945년 4월 29일, 둘은 괴벨스 부부를 비롯한 몇 사람을 앞에 두고 베를린 지하벙커에서 혼인한다. 결국 그녀의 소원대로 에바 히틀러라고 서명을 할 수 있었다. 그뒤 40시간이 채 되기도 전에 동반자살을 했다. 혹자들은 다음날 패배할 줄 안 히틀러의 마지막 우정이었다고 이야기한다(사진은 히틀러와 에바의 다정했던 한때).

제3국의 칼과 눈과 귀
요제프 괴벨스, 에르빈 롬멜, 리펜슈탈

히틀러의 제3제국을 유지한 원동력 가운데 무엇보다 독일 국민들의 호응이 큰 작용을 했다는 점은 누구도 이의를 제기할 수 없을 것이다. 합법적인 선거에 의해 권력을 손에 넣은 히틀러는 이를 충분히 활용했다. 특히 각 분야에 있어 천재적인 전략가들을 잘 활용했는데 모든 선전과 선동을 책임졌던 요제프 괴벨스, 군사분야에선 사막의 여우라 불리는 에르빈 롬멜, 그리고 나치를 극적으로 포장했던 레니 리펜슈탈이 있었다.

나치의 전뇌, 선동적 정치가로 불렸던 '요제프 괴벨스'

요제프 괴벨스(1897~1945). 어릴 적 폐렴을 앓아 죽을 뻔했던 그는 몸이 허약했고, 또 골수염에 걸려 가족들이 온갖 노력을 기울였으나 결국 오른쪽 다리가 활처럼 굽어졌다. 이것은 그를 친구들의 놀림감이 되게 했고, 열등감과 내성적인 성격을 갖게 했다. 그러나 이런 열등감은 최상의 성적을 얻어 우월감을 가져다주는 동력이 되기도 했다. 본·하이델베르크 대학에서 박사학위를 받은 후로는 자신을 항상 박사라 불렀다고도 한다.

제1차 세계대전이 일어났을 때(1914~18) 그는 전선에서 싸우기를 바랐지만 대체복무 끝에 귀향했으며, 마침내 독일은 항복하고 패전국이 된다. 그후 히틀러의 국가사회주의독일노동자당에 관심을 가졌고 1925년 입당해서 자주 연단에 섰으며, 히틀러를 만나고부터 그를 신봉하게 된다. 이어 두 번째로 히틀러를 만나게 되었을 때 그는 히틀러를 설득해야 할 입장이었으나 완전히 매료되어 버린다. 그뒤로 국회의원과 당 선전부장으로서 교묘한 선동정치를 구사하여 당세를 확장하는 데 크게 기여했다. 1933년 나치가 정권을 잡자 국민계몽선전부 장관·문화회의소 총재로서 문화면을 완전 통제하고 국민을 전쟁에 동원하는 데 앞장섰으며, 마지막 자살하기 직전까지 히틀러에 충성했다.

"나에게 한 문장을 달라. 누구든 범죄자로 만들 수 있다"라는 말은 그의 탁월한 선동적인 정치가의 면모를 유감없이 보여준다. 일반적으로 사람들 속에 누구에게나 잠재하는 불신을 끌어내 도구로 삼는 데 있어 천부적인 재능을 보였으며, 그의 선전방송을 들은 당시 독일 국민들은 패전 상황에서도 승리를 확신했다고 한다. 그 선동적인 정치행태는 불행하게도 세계 곳곳에서 역사적으로 반복되고 있기도 하다.

'사막의 여우'로 불리며 제2차 세계대전사에 빛나는 최고 전략가 '에르빈 롬멜'

에르빈 롬멜(1891~1944)은 뷔르템베르크 주의 하이덴하임이라는 작은 마을에서 태어났다. 비교

적 평범한 어린 시절을 보내고 19세 되던 해 군사학교에 입학, 제1차 세계대전 발발 당시 많은 활약으로 철십자 훈장과 최고권위의 푸어 르 메리테 훈장을 받는 등 두각을 나타냈다. 제2차 세계대전이 터지자 계속 군에 남아 있던 그는 1940년 제7기갑사단을 이끌고 프랑스 전선(서부전선)에 도착해 기습작전으로 프랑스군을 흔들어놓았고, 그 전차부대는 파죽지세로 북부지역을 획득한 데 이어 아프리카 땅을 밟는다. 롬멜 신화의 서막이 올랐다.

그는 방어하자는 이탈리아 지휘관을 무시하고 우세한 병력을 상대하기 위해 위장전술을 펼쳐, 80대 전차로 영국군 전차 300대에 맞서 대승을 거두는 등 공격 1주 만에 영국군 지휘관을 포로로, 2주 만에 영국군을 초토화시키는 등 전과를 올린다. 이로써 적군과 아군 모두로부터 '사막의 여우'라는 별명을 얻게 된다.

한편, 최후의 방어선인 토브룩 요새에서 영국 연합군과 전진과 후퇴를 반복하는 대치상태가 계속되는데, 이 무렵 윈스턴 처칠은 의회에서 "나는 이 자리에서 현재 서부전선이 어떤 상황인지 말씀드릴 수는 없습니다. 우리의 상대에게는 무척이나 용감하고 유능한 장군이 있기 때문입니다. 이 전쟁의 참상과 관계없이 개인적인 평가를 한다면, 나는 롬멜을 위대한 장군이라 부르고 싶습니다"라고 말한다.

1944년 7월 연합군의 노르망디 상륙 때 머리에 중상을 입고 요양하던 중, 히틀러 사후 그를 대통령으로 옹립하겠다는 '히틀러 암살미수사건'에 연루되어 히틀러의 자살권유를 받고 가족들의 안전을 보장받은 뒤 독배를 마셔, 천재적인 전략가는 생을 마감했다. 사후 나치추종, 전과戰果에 대한 논란 등 유명세를 톡톡히 치러야 했지만 학자들은 그를 위대한 전술가였다고 기록한다. '공격 아니면 맹공격'을 신조로 삼았던 그는 종종 이런 말로 부하들을 위로했다고 한다. "세상이 널 버렸다고 생각하지 마라. 세상은 널 가진 적이 없다."

1935년 히틀러에 관한 다큐멘터리 〈의지의 승리〉를 완성했던 레니 리펜슈탈

레니 리펜슈탈(1902~2003)은 20세기 다큐멘터리 영화사에 커다란 족적을 남긴 독일의 여성감독 겸 영화제작자다. 아마 그녀만큼 영화사에서 논란을 불러일으킨 인물도 드물 것이다. 파시즘 시대를 지나온 많은 예술가들은 본인의 의지와 상관없는 홍역을 겪는다. 바그너(1813~1883)가 그랬고, 위대한 지휘자 푸르트뱅글러(1886~1954) 역시 그랬다. 게다가 리펜슈탈은 여성이라는 점. 그러나 그녀가 연출하고 제작한 기념비적인 영화 〈의지의 승리〉와 〈올림피아〉는 과연 어떻게 평가할 것인가?

리펜슈탈은 처음 무용수로 두각을 나타냈다. 전 유럽을 돌며 화려한 연기를 펼친 덕분에 산악영화의 여주인공으로 발탁되어 강한 신체와 아름다운 미모를 발산하며 대중들의 사랑을 받는다. 연기자로 만족하지 않은 그녀가 프로덕션을 차려 제작과 연출, 주연까지 맡아 만든 작품이 〈푸른 빛〉. 이 영화는 베니스영화제에 출품되어 은상을 거머쥐는 쾌거를 낳았고, 그녀의 작품을 마음에 들어했던 히틀러와 운명적인 만남을 갖게 된다.

이어 그의 전폭적인 지원으로 1935년 드디어 최대의 문제작 〈의지의 승리〉를 완성한다. 뉘른베르크에서 열린 나치 전당대회를 기록한 이 다큐멘터리는 히틀러에 의한 히틀러를 위한 히틀러의 영화이지만, 당시 볼 수 없었던 카메라의 구도와 연출, 바그너의 뛰어난 음악과 적절한 음향효과, 편집 등이 가미되어 보는 사람을 전율케 만드는 걸작이 되었다. 다큐멘터리 영화사에 기념비적인 작품으로 남기도 했으나 가장 많은 논란을 불러일으킨 영화이기도 했다.

곧이어 그녀는 우리에게 손기정의 마라톤 우승으로 상징되는 스포츠 다큐멘터리 〈올림피아〉를 제작·연출하게 되는데, 이전보다 섬세한 시각과 뛰어난 표현기법은 인종주의적 배경을 제외하고 보면 아름답기 그지없는 작품이기도 하다. 덧붙여서

▲ 너무나도 아름답고 섬뜩한 〈의지의 승리〉

그녀는 손기정의 모습에 반해 많은 부분을 할애한 것으로 알려졌다.

마침내 전쟁은 끝나고 전범재판을 받기에 이르는데, 이때부터 더욱 논쟁의 중심에 서게 된다. 그녀의 주장에 따르면 오로지 영화미학만을 생각했고 정치적인 배경에는 관심이 없었다는 것. 이런 주장은 죽을 때까지 변함이 없었으나 그녀는 평생 그에 대한 비판에 시달렸다.

노년이 되어서도 그 활동은 꾸준히 이어졌다. 주로 아프리카에서 사진작업에 몰두했고, 스킨스쿠버를 배워 해저의 모습을 담은 다큐멘터리 〈해저의 인상〉을 제작, 자신의 백 번째 생일날 공개하기도 했다. 그녀에 대한 평가는 극과 극을 오간다. 그러나 그런 평가 중 한 가지 공통분모는 영화미학적인 부분만 떼어놓고 볼 때 '거의 완벽한' 영화라는 점이다. 그녀는 마지막으로 이런 말을 남겼다고 한다. "내 인생의 가장 큰 잘못은 히틀러를 만난 것"이라고.

'아우슈비츠 수용소'에서 악명 날린
이르마 그레제

이르마 그레제 (Irma Grese 1923~1945)

1923	10월 7일 알프레드 그레제와 베르타 그레제의 자녀로 독일 브레겐에서 출생
1936	모친 자살
1937	부친이 나치당에 입당
1938	농장을 전전하며 일을 함
1939	제2차 세계대전 발발. 호헨루첸에 있는 병원에서 2년간 보조간호사로 근무
1942	레벤스브룩 강제수용소에서 간수교육을 이수
1943	아우슈비츠에서 근무. 그해 가을 파격적인 승진으로 서열 2위의 간수가 됨
1945	소비에트연방의 붉은 군대 진입으로 인해 베르겐-벨젠 수용소로 옮김
	전범으로 기소되어 재판 후 12월 13일 교수형에 처해짐. 22세의 나이로 사망

'아우슈비츠 수용소'에서 악명 날린

여간수 이르마 그레제

긴 침묵으로 버티던 그녀가 오랜 회한의 시간을 더듬어간다. 그 운명적인 일이 주어지던 아주 오래전 시간을 거슬러오르면서 그녀는 서서히 눈빛이 흐려졌다. 그리고 아버지가 사랑하는 딸을 위해 그토록 만류하던, 수용소의 여간수 직을 지원하겠노라 고집 부렸던 순간이 아리고 황량하다. 아, 이 존재의 가벼움. 어디서부터 틀어진 것인지 가늠조차 쉽지 않아 바루기도 황망하다. 현재에서 과거를 회상하고, 또 과거에서 대과거를 들추어봐도 자신에 대한 어떤 이해보다 외려 깊은 혼란과 좌절만 있을 뿐이다. 어찌자고 강제 수용된, 너무나 힘없고 불쌍한 영혼들 앞에서 발길질 자랑을 했더란 말인가.

▲**아우슈비츠 수용소** 이중삼중 고압선이 흐르는 철책 속의 아우슈비츠 수용소 건물

아우슈비츠 수용소　2009년 9월 폴란드 아우슈비츠 수용소를 찾았다. 아우슈비츠는 독일식 표기이고 폴란드어로는 '오시비엥침'이다. 현재 오시비엥침은 작은 도시 전체가 세계문화유산에 등재되었고, 아우슈비츠 수용소는 '오시비엥침 박물관'으로 보존되어 관광객을 맞고 있다. 우리에게 〈쉰들러 리스트〉란 영화로 더 잘 알려진 이 수용소는 독일의 히틀러에 의해 유대인 대학살 만행으로

▲쉰들러 리스트 스티븐 스필버그의 1994년 영화로 리암 니슨이 주인공 오스카 쉰들러 역을 맡았다. 독일의 나치정권 치하에서 그들에 동조했던 독일인 오스카 쉰들러가 폴란드의 자기 공장에 유대인들을 취직시켜 1천1백 명을 아우슈비츠의 대학살로부터 구해낸 실화를 그린 흑백 대작이다.

▲나치 친위대 요양소에서 보조간호사로 근무하다가 1942년 레벤스브룩 강제수용소 근무를 자원한 이르마 그레제는 1943년 3월 아우슈비츠 수용소에 근무하게 된다. 이곳에서 발길질과 채찍질 등으로 악명을 떨치며 3만 명에 이르는 유대인 여성을 담당하는 전설적인 여간수가 된다.

악명을 떨친 곳이다. 사실 유대인만 끌려가 죽은 것도 아닌데 이리 알려진 데에는 영화 연출자들이 유대인 박해를 유독 많이 다룬 탓일 게다. 그러니까 히틀러는 유럽 전 지역의 유대인을 말살하려 했음은 물론, 독일이 러시아를 점령하면서 포로로 잡은 수많은 러시아인들, 그리고 그 러시아를 도운 폴란드인에 대한 반감 때문에 그들의 희생 또한 엄청났다. 심지어 히틀러는 자국의 부랑자나 마약자, 노약자, 집시, 정치범, 장애자들을 죄 잡아다 즉시 가스실로 보내버렸다. 이들이 모두 나치독일, 즉 '게르만 민족은 강인한 민족'을 지향하는 데 방해가 된다고 보았다. 그나마 노동력 있는 사람은 농장이나 공장으로 보내져 살아남긴 했으나, 갖은 학대로 굶주린 채 노동력을 착취당하다 결국 죽어갔으니 그들의 이승은 지옥이나 다름없었다.

'노동이 너희를 자유롭게 하리라(ARBEIT MACHT FIREI)'

아우슈비츠 수용소 입구에 독일어식 표기로 버젓하게 내걸린 문구다. 히틀러는 폴란드인을 짐승만도 못하게 대우하면서 허허벌판 광활한 이곳에 220볼트 전기가 흐르는 철책을 이중삼중 치고서 곳곳에 높은 망루의 감시초소가 딸린 수용소 28개 동을 갖춘 감옥을 지었다. 아니, 무시무시한 지옥을 건설한 것이다. 그리고 3킬로미터 거리에 생체실험을 곁들인 가스실과 화장시설을 갖춘 제2, 제3의 수용소가 더 있었다. 지하에 만든 가스실과 시체소각장은 역사에 대한 분노와 인류 본성에 대한 좌절마저 느끼게 해 온몸에 소름이 돋았다.

박물관 안에서도 자꾸만 영화 속 영상들이 스쳤다. 그들이 샤워를 시켜주겠노라 속여 옷을 훌훌 벗게 하고 앙상한 몸을 드러낸 채 줄지어 가스실로 이동하는 흑백필름 장면이 떠오를 때마다 현기증이 일었다. 어디선가 멀리서 기적소리가 들렸다. 그랬다. 가까운 거리에 강제수용소로 이주시키던, 그들이 만행을 저지르기 위한 철로가 있었던 게 틀림없다. 죽음을 상징하는 시커먼 굴뚝, 숨쉴 수조차 없는 화물열차에 짐짝처럼 빼곡히 실린 채 굶주림 속에 사나흘을 달려 이역만리 이곳에 내린 수많은 사람들의 절규가 기적소리에 실려다니는 것 같다.

답사버스를 타고 박물관을 떠나면서 바라보니, 오시비엥침 역사 건물에서 플랫폼으로 이어지는 곳에 카페가 보였다. 강제수용소로 이주시키던 음산한 분위기의 역사는 어느덧 노천카페로 변한 모양이다. 그곳에서 차를 마시는 관광객과 그 관광객을 상대로 다양한 음악을 선보이는 거리의 예술가들이 즐비했지만, 이 또한 참혹한 기억을 잊기 위한 몸짓이 아니었으리.

아우슈비츠 수용소의 여간수가 되다　　이르마 그레제(1923~1945), 그녀는 나치 친위대의 요양소에서 보조간호사로 근무하다가 1942년 레벤스브룩 강제수용소 근무를 자원했다. 그곳에서 신참 여간수 교육을 마친 이르마는 1943년 3월 아우슈비츠 수용소로 배치되었다.

마치 고기가 물을 만난 듯, 갓 스물 어린 나이임에도 억류자들에 대한 심한 발길질과 채찍질 등으로 악명을 떨쳐, 그해 이미 3만 명에 이르는 유대인 여성 억류자들을 담당하는 전설적인 여간수가 된다. 이르마는 늘 채찍과 권총, 그리고 사나운 개까지 데리고 다니며 수용자들을 몸서리치게 했다. 많은 남성 억류자들에게는 성적 학대를 일삼았고 그것도 모자라 애인을 여럿 두었다. 그 중에는 악명 높은 요제프 멩겔레(1911~1979) 박사와 비르케나우(제2 아우슈비츠) 수용소의 소장 조셉 크레머도 있었다.

　요제프 멩겔레가 누구인가. 알려진 것처럼 나치에 소속된 의사로 아우슈비츠 강제수용소에서 행한 각종 끔찍한 행위들 때문에 '죽음의 천사'라는 별명을 가진 자다. 과연 나치의 의학박사답게 가스실로 보내질 희생자들 중 개인적 권한으로 사십만 명을 선발해 생체실험도 했다. 종전 후에는 브라질로 달아나 이스라엘 정보국의 추적까지 따돌리며 살다가 1979년 세상을 떠났다고 한다. 그 바람에 영화 〈브라질에서 온 소년들〉의 소재 겸 주인공이 된 인물이지만, 정작 이르마가 숨을 곳이 없어 찾아갔을 때는 비정하게 버려둔 채 저 혼자만 살길을 찾아 도망쳤던 것이다. 하긴 그들 면면을 봐도 '얼핏 스쳐갈 얼간이'일 뿐인데, 살풍경한 곳에서 의리를 바란 그녀가 한없이 작고 어리석을 따름이다.

　그래도 그녀는 남은 한 가닥 희망을 버리지 못한 채 당시 조셉 크레머가 소장으로 있는 베르겐-벨젠 포로수용소를 찾아갔다. 하지만 그인들 무슨 재주로 이르마의 목숨을 지켜줄 수 있으리오! 사방팔방 둘러봐도 살아날 길이 없음은 그도 마찬가지 신세였다. 악의 축으로 전락한 나치독일의 패전은 곧 그들의 패망이기에, 그 악령들을 거두어갈 사형선고만 남았을 뿐이다.

　조셉 크레머는 1945년 8월 전쟁이 끝나자마자 영국군에 체포되어 그해 12월 12일, 이르마는 13일 오전 사형이 집행되었다. 그녀는 사형집행관이 검은 천으로 얼굴을 덮어씌우려 하자, 배려 차원의 절차마저 귀찮은 듯 거절하며 "빨리 끝내줘요"라고 외쳤다고 한다. 조금이라도 빨리 그 악몽에서 헤어나고 싶었던 것이리라.

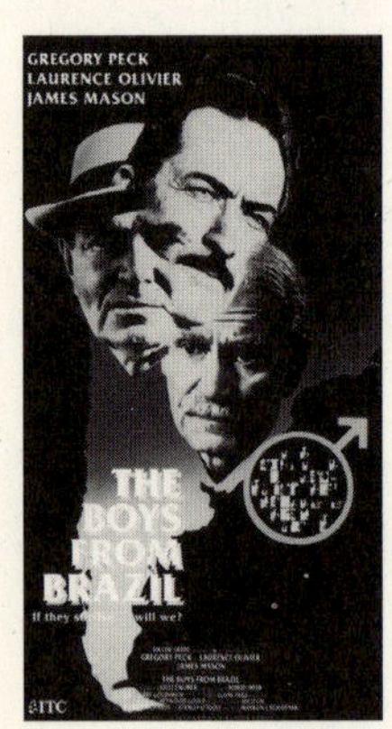

▲브라질에서 온 소년들 1976년 출간된 인기작가 아이라 레빈의 스릴러 소설. 영화화되어 유명해진 소설 《로즈메리의 아기》를 쓴 작가로 그의 작품은 거의 영화화 되었다. 히틀러 부활이라는 섬뜩한 테마와 그 뒤를 쫓는 나치 헌터들의 이야기로, 남미에 본부를 둔 나치잔당 카메라덴베르크가 벌이는 무서운 음모에 관한 내용을 담고 있다. 요제프 멩겔레라는 실존인물을 등장시켜 소설의 몰입도를 배가시키고 있으며, 1978년 〈혹성탈출〉로 유명한 프랭클린 J. 샤프너 감독에 의해 만들어졌다. 그레고리 펙, 로렌스 올리비에가 주연을 맡았고 〈잔혹한 음모〉라는 타이틀로 우리나라에서도 개봉했었다.
사진은 나치 강제수용소의 내과의사로 있으며 수감자를 대상으로 생체실험을 감행했던 요제프 멩겔레와 그를 주제로 한 영화 〈브라질에서 온 소년들(잔혹한 음모)〉의 포스터

우연일까. 이 베르겐-벨젠 수용소는 《안네의 일기》를 썼던 안네 프랑크
(1929~1945) 그리고 그녀의 언니와 어머니가 아우슈비츠 수용소에서 이곳으로
이송되어 사망한 곳이기도 하다. 더없이 어린 나이의 안네와 이르마, 그러나 두
사람은 철저히 다른 길을 걸었다. 이르마는 나치 정권하의 친위대에 자원하여
유대인의 처형이 극에 달했던 아우슈비츠 수용소에서 악명을 날리며 호의호식
했으나, 안네는 나치 비밀경찰에 체포되기까지 여덟 명의 가족이 이층 다락방
의 책장 뒤에서 2년 동안 숨어 지내야 했다. 단지 유대인이라는 것이 그 이유였
다. 종전 후, 어린 안네가 그 다락방에 숨어 지내면서 악몽의 순간들을 매일 기
록한 《안네의 일기》가 세상에 나오자 그 파급력 또한 대단했다. 그 시절 유대인
들은 저승이나 다름없는 삶이 아니었던가 말이다.

스스로 올무를 만들다 어린 시절, 이르마의 풋풋한 모습이 자꾸만 떠오른다. 본
래 그녀가 가졌던 순수하고 따뜻한 열망은 어디에서 잃었을까. 아마도 그 심장
이 단단히 고장났던 모양이다. 아니, 그녀 몰래 마녀가 벽장 속을 뚫고나와 심
장을 마비시킨, 그야말로 인간성이 마비되었다고 해버리자. 눈을 감는다. 그래
도 생각이 미치지 않는다. 하긴 마르크스주의는 인간 본연의 마음이 선하다는
것을 전제로 한다. 그러나 실제 인간의 마음을 제대로 파악하지 못한 것이 아닐
까. 인간 본연의 마음은 선하나 그 순수함이 마음속에서 사라지는 것은 한순간
이라는 사실 말이다.

그렇다면 순수해야 할 어린 이르마의 내면은 왜 그리 불안하고 불행했을까.
이는 보이지 않는 인간의 지독한 고독이며 외로움이 될 텐데, 문제는 그 상태를
멈춰줄 장치가 있긴 하되 작동이 안 된다는 것이다. 자신이 잘 감지하지도 못하
면서 저돌적으로 히틀러 나치당의 순기능과는 별개로 관념조작에 동원되었다

고 볼 수밖에 없다. 불을 지피기도 쉽고 타오르기도 쉬운 도구, 그것이 '민족'과 '나라'가 아니던가. 이민족 아니, 좀 더 체계적으로 배타적인 종교를 만들기 위한 장치다. 사람을 사람으로 여기지 않는 마법, 다시 말해서 사람과 사람 사이에 벽을 설치하는 엄청난 마법을 건 것이다. 그러니 개미도 못 죽일 것 같은 어린 나이에 끔찍한 마녀가 될 수 있었을 터. 처음에는 그저 나치에 입당해 충성을 다하고자 했을 테지만 그것이 불행의 씨앗이었다.

히틀러는 독학으로 쌓은 허약한 개념적 기반 위에 거대한 야망을 세운 사람이다. 그 야망을 쫓아서 그의 내면에 야수가 들어왔고 그런 사람이 지도자가 되었다. 아주 냉정한, 인간적 감성을 잃고 자기도 모르는 흉포한 모습으로 바뀌어가는 줄도 모르고 말이다. 그리고 어느새 자기 자신에게조차 낯선 존재가 되어간 것이다. 의외의 매몰찬 그 태도와 표정과 걸음걸이가 마치 대단한 혁명인 양 힘을 준 꼴이다. 그러니 야수가 되는 것은 어쩌면 당연하다. 나치 친위대가 그토록 많은 유대인을 천천히 혹은 빠르게 하나씩, 둘씩, 돌연 무더기로 죽이다가 생체실험 가스실까지 만든 것은 히틀러의 이념에서 나온 기괴한 명령의 결과가 아닌가. 그들은 잠시 작고 힘없는 사람들을 제압했으나 결코 행복하진 못했다. 끝내 닿을 수 없는 이상과 그로 인한 전쟁, 전쟁으로 인한 인간성의 파괴밖에 더 얻은 게 무엇인가.

어느 역사를 봐도 절대 권력자는 자신이 만든 공포체제의 희생자가 됐다. 스스로 올무를 만드는 미련한 사람들 때문에 인류는 영원한 전쟁상태에 있다 해도 지나치지 않다.

▲레벤스브룩 수용소 내에 마련된 법정에서 재판을 받고 있는 이르마(앞줄 가운데). 1945년 사형집행 당시 이르마(당시 22세)는 빨리 끝내달라고 했다지만, 사형대 위에 매달린 그녀의 목숨은 좀처럼 쉽게 끊어지지 않았다고.

푸슈킨의 아내 **나탈리야**

나탈리야 곤차로바 (Natalia Goncharova 1812~1863)

본명 나탈리야 니콜라예브나 푸슈키나–란스카야

(Nataliya Nikolaevna Pushkina - Lanskaya)

1812	9월 8일 니콜라이 곤차로바의 딸로 러시아 탐보프에서 출생
1820	푸슈킨은 대서사시 《루슬란과 류드밀라》를 발표
1828	알렉산드르 푸슈킨과 첫 만남을 가진 후, 푸슈킨으로부터 열렬한 구애를 받음
1830	푸슈킨의 소설 《모차르트와 살리에리》를 발표
1831	알렉산드르 푸슈킨과 결혼식을 올림
1833	첫째 알렉산드르 출산
1835	둘째 그레고리 출산. 프랑스에서 망명한 귀족 조르주 단테스와 첫 만남을 가짐
1836	셋째 나탈리야 출산. 푸슈킨의 소설 《대위의 딸》을 발표
1837	남편 푸슈킨과 조르주 단테스의 결투로 인해 푸슈킨 사망
1844	군인이던 표트르 페트로비치 란스코이와 재혼
1863	11월 26일 51세의 나이로 사망

삶이 그대를 속일지라도 슬퍼하지 말라

푸슈킨의 아내 나탈리야

모스크바 중심에 위치한 **아르바트 거리**는 서울의 명동 거리처럼 좁고 번화하지만 예술이 살아 숨쉬는 곳이다. 그 거리가 유명한 것은 러시아의 대문호 **푸슈킨**이 살던 하늘색 이층집이 바라보이기 때문일 것이다. 사뭇 고수머리에 할 말을 가득 머금은 눈빛의 그를 보고 있노라니 문득 베토벤(1770~1827)이 떠올랐다. 베토벤, 말년에 귀가 멀어 그 기괴하고 산만한 정신세계를 보이면서도 작곡에 혼을 바치던 그 신들린 모습 말이다. 그래, 베토벤은 말년에 귀가 멀었다지만 그래도 병상에서 숨이 멎을 때까지 자기가 좋아하는 작곡을 할 수 있어 행복했다.

그러나 "삶이 그대를 속일지라도 슬퍼하거나 노하지 말라"고 우리를 위로하던 천재시인 푸슈킨은 젊은 혈기의 노여움을 삭이지 못하고 그만 결투장으로 내몰려 영원히 눈을 감고 말았다. 그는 이렇게 될 자신의 앞날을 예감이라도 한 것일까. 그렇지 않고서야 어떻게 세인들에게 시를 통한 하염없는 당부를 이리 할 수 있었단 말인가.

당대에 떠오르던 천재시인이 어이없는 죽음을 맞았을망정, 그가 그의 아내 나탈리야 때문에 택한 자존심이 결코 낭만적인 감상

▲**아르바트 거리** 젊음과 예술로 꿈틀대는 아르바트 거리 그곳의 빅토르 최(1962~1990)를 위한 추모의 벽. 소비에트 연방의 전설적인 록 그룹 '키노'의 리더였던 교포2세 빅토르 최가 주로 활동했던 아르바트 거리의 한 벽을, 그를 기리기 위해 그라피티와 사진으로 꾸며놓았다. 러시안 록의 선구자로 기억되는 그의 기일이 되면 항상 많은 팬들이 모여 그를 추모한다. 구소련 지역에는 아직도 많은 팬들이 그룹 키노와 빅토르 최를 기억하고 있다.

대상이 아니라는 것쯤은 안다. 하지만 그렇다고 달리 뭔가를 특별히 알아내서 아는 척하기도 너무 버겁다. 그저 아르바트 거리에서 악단이 연주하는 재즈음악을 들어주고, 아마추어 화가 앞 빈 의자에 앉아 기꺼이 모델도 되어보고, 알아듣지 못하는 시낭송일망정 푸슈킨의 시려니 하고 듣기만 했으면 좋겠다.

그녀는 푸슈킨의 눈을 멀게 했다　　나탈리야 곤차로바(1812~1863)는 러시아 대문호 푸슈킨의 아내다. 푸슈킨이 그녀를 처음 본 것은 모스크바의 한 사교장이었다. 당시 열여섯 살이었던 나탈리야는 무도회에서 일대 파란을 일으켰다. 영원할 것 같은 순진무구한 그녀의 미모가 뭇 남성들 가슴에 불을 지폈기 때문이다. 훗날, 반체제 시인인 푸슈킨을 자신의 시종에 임명한 황제 니콜라이 1 세도 그 자리에 있었다. 푸슈킨을 황제 자신의 시종에 임명한 것은 순전히 나탈리야가 황궁에 드나들 수 있게 하기 위함이었지, 푸슈킨을 배려한 것이 아니었다는 것은 무슨 얘긴가? 그 황제도 줄곧 나탈리야를 사모했다는 증거가 아니랴. 사정이 이러하니 호사가들은 푸슈킨 비웃기를 일삼았지만, 그때마다 오로지 나탈리야를 사랑하는 푸슈킨은 잘도 참아냈다.

　이처럼 시작은 순탄했지만 결국 나탈리야로 인해 푸슈킨의 삶은 혹독한 변화를 겪어야 했다. 그녀 주변에는 늘 남자들이 줄을 섰고 그들의 암투 또한 심했다. 그보다 더 나탈리야의 남자가 되려면 먼저 그녀 어머니 마음에 들어야 했다. 그것은 어디까지나 어머니의 욕심이었다. 당시 나탈리야의 아버지가 오랫동안 병석

▲푸슈킨은 《예프게니오네긴》《스페이드의 여왕》《대위의 딸》 등을 발표하며 19세기 러시아 리얼리즘 문학의 초석이 된 대작가다. 1828년 나탈리야와 교제하면서 열렬한 사랑을 느낀 그는 1831년 드디어 그녀와 결혼식을 올린다. 그리고 1837년 1월 27일, 아내 나탈리야를 짝사랑하던 프랑스 귀족 단테스와 결투를 벌이고 이틀 만에 38세를 일기로 생을 마감한다.

에 누워 있어 형편이 어렵기도 했다. 자연히 그녀를 데려갈 사람은 재력가라야 했다. 가난했지만 이에 굴복할 푸슈킨이 아니었다. 그는 지치지 않는 순정으로 나탈리야에게 매달렸다.

푸슈킨은 비록 몰락한 귀족 가문에서 태어났지만 열다섯 살부터 시작詩作에 천부적인 재능을 보이며, 나이 서른에 이미 국민시인으로 칭송받고 있었다. 하지만 그녀의 어머니에게 이런 명성은 성가시럽기만 했다. 푸슈킨이 급진적 사상을 지니고 자유분방한 생활을 하고 있는 점도 어머니에겐 큰 불만이었다. 그러나 어쩌랴. 그녀 어머니가 사윗감으로 소망하는 귀족이나 재산가들도 가세가 기운 집안의 딸과 사돈지간이 되는 것을 탐탁지 않게 생각하니 말이다.

▲나탈리야와 염문을 뿌렸던 러시아 로마노프 왕조의 황제 니콜라이 1세 (1796~1855) 즉위할 때 터진 '데카브리스트(12월당)의 난'을 진압한 뒤로 군주제가 위험에 처할세라 노심초사하며 감시를 강화했다. 이로 인해 그는 '유럽의 헌병'이라는 칭호를 듣기도 했다.

은유적 유혹과 위험　먼 옛날 서양에서는 남자가 처가에 줄 지참금이 없으면 여자를 힘으로 훔쳐 달아나는 방식을 취했다고 한다. 그리고 두 사람이 피운 소란이 잠잠해질 때까지 꽁꽁 숨어 지내곤 했다. 이렇게 멀리 도망가서 얼마간 둘이 함께 지내던 것이 오늘날 신혼여행의 원조가 된 것이란다. 차라리 푸슈킨도 그녀를 보쌈해서 아무도 찾아내지 못할 곳으로 멀리 달아났더라면 하는 생각이 내 속을 짓눌렀다.

행인지 불행인지 푸슈킨은 나탈리야와 사귄 지 2년여 만에 결혼승낙을 받았다. 이는 여러 친구와 형제들에게 빚을 내면서까지 물욕物慾 많은 나탈리야의 어머니에게 공을 들인 결과였다. 마침내 그녀의 어머니에게 낙점을 받게 되자 푸슈킨은 황제도 부럽지

▲결혼 전 푸슈킨의 넋을 잃게 했던 나탈리야의 매력이 이제 그에게 고통으로 들끓게 한다. 둘 사이에 아이 넷을 낳고 안정된 결혼생활 속에서도 아내 나탈리야의 인기는 사교계 뭇 남자들의 마음을 설레게 했다. 그림에는 여전히 아름다운 나탈리야의 모습이 담겨 있다.

않은, 마치 세상을 다 얻은 듯했다. 서른한 살의 푸슈킨이 열아홉의 아리따운 신부를 맞이했다. 이제 푸슈킨은 자유분방했던 습관을 버리고 안정을 찾아갔다. 부시런히 작품도 쓰고 아이들도 잇달아 넷을 낳았다.

행복은 불행과 손을 잡고 다닌다고 했던가. 달콤한 생활도 잠시, 그녀가 또다시 푸슈킨을 긴장시켰다. 아름다운 나탈리야는 결혼 후에도 많은 남자들의 구애가 따랐다. 그녀도 고요한 척했으나 은근히 바람기가 있었던 모양이다. 그것은 나탈리야가 특별히 꼬리를 치진 않았어도 워낙 사교적이다보니 그런 일이 많이 생겼다. 아이러니하게도 결혼 전 푸슈킨의 넋을 잃게 했던 그 매력이 이젠 그에게 고통이 되고 있었다.

요즘엔 미인박명美人薄命이란 옛말을 뒤엎는, 외려 미인 주변의 남성들이 명이 짧을 수 있다는 연구결과가 저명한 과학지에 종종 발표되는 것을 볼 수 있다. 남자 가까이 미인이 있으면 남성호르몬인 테스토스테론이 강하게 분비되면서 한눈을 팔고 부주의해져 위험에 처할 확률이 훨씬 높아진다는 것이다. 이는 미인이 남자를 미혹하지 않아도 그 스스로 위험에 빠진다는 뜻이다. 우리의 천재 시인 푸슈킨에게 나탈리야도 그런 존재였던 것이다.

나탈리야와 푸슈킨이 결혼한 지 3년 남짓, 결국 일이 터졌다. 푸슈킨에게 강적이 나타났다. 황제의 금위군 군관이자 프랑스의 망명귀족 조르주 단테스. 그는 프랑스혁명이 발발하자 러시아로 망명한 나탈리야 여동생의 남편이었다. 잘생긴 외모로 당시 사교계에서 유명해진 인물인데, 바람기 많은 여느 남자들처럼 여자에게 친절하고 놀기 좋아하는 사람이었다. 어리석게도 나탈리야는 그의 달콤한 고백을 믿고 단숨에 푹 빠져버렸다. 단호히 거절하는 법을 몰랐던 그녀. 금세 숱한 염문이 돌고 돌았다.

안타깝게도 주변에서 다 아는 소문을 푸슈킨만 모르고 있었다. 급기야 푸슈킨을 얼간이라 비웃고 쑤군대는 편지들이 날아들었다. 화가 치민 푸슈킨은 불쾌한 소문의 진원지인 단테스를 찾아가 결투를 고하는데, 그를 아끼는 사람들이 한사코 말려 무마시켰다. 하지만 오래지 않아 또다시 투서가 날아들었고, 여전히 아내와 단테스가 비밀리에 만난다는 내용이었다. 더 이상 참지 못한 푸슈킨은 곧장 단테스를 찾아간다. 그리고 결연한 의지로 결투를 신청했다.

삶이 그대를 속일지라도　1837년 1월 27일, 상트페테르부르크 교외에서 둘은 만났다. 운명의 날, 교외의 너른 벌판에 눈보라가 몰아치고 있었다. 교활한 단테스는 푸슈킨이 준비도 하기 전에 먼저 방아쇠를 당겼다. 순간, 푸슈킨이 배에 총상을 입고 눈 속에 쓰러졌다. 하얀 눈밭에 붉은 피를 뚝뚝 흘리며 푸슈킨도 있는 힘을 다해 방아쇠를 당겼다. 그러나 총알은 단테스의 팔을 용케도 비켜나가 가벼운 찰과상만 입혔다. 그로부터 이틀 후 푸슈킨이 숨을 거두었다. 울부짖는 아내에게 마지막 염려와 당부도 잊지 않았다.

"걱정하지 말아요, 당신이 나쁜 것은 아니었소."

훗날, 전문가들이 다각도로 조사를 벌여 이에 대한 의혹들을 속속들이 밝혀냈다. 푸슈킨의 정적들이 그를 제거하기 위해 소문을 조작했다는 것이다. 또 하나, 그의 진보적 사상을 질시하고 두려워하던 궁정세력이 짜놓은 함정이었다는 설도 있었다. 혹자는 나탈리야와 황제 니콜라이 1세와의 불륜을 덮기 위해 꾸민 일에 이들이 이용됐다고도 덧붙였다.

결투의 정당성과 부당성에 대한 문제는 차치하고라도, 이는 궁극적으로 어느 한 사람의 죽음을 부르기에 소설이 아닌, 인간의 삶에서 결코 있어선 안 되는 슬픈 일이다. 그의 생전에 결투를 주제로 쓴 〈발사〉란 단편도 있지만, 자신도 결투에 의해 비명에 갔다. 그는 이야기 속 주인공 실비오 백작의 결투를 신비하고도 박진감 넘치게 그려 독자들에게 흥미진진한 재미를 주었다. 그것은 푸슈킨이 그린 약간의 낭만과 작가적인 흥미로운 서술이 있어 가능했지만, 안타깝게도 현실에서마저 결투를 벌인 그에게 얼핏 죽음의 늪이 되었을 수도 있다.

인간은 누구나 사랑을 하면서 그 순간을 행복이라 느낀다. 푸슈킨이 사랑을 하면서 행복을 느끼고 그 행복을 앗기지 않으려다 희생된 것처럼, 우리 사회는 원하는 만큼 행복을 골고루 분배하지는 않는 것 같다. 한 사람의 행복이 곧 다른 사람의 고통이 될 수도 있다는 사실 때문이리라. 그래도 사람들은 연신 이 고통스런 사랑을 하고자 언제든 그에 빠질 준비를 하며 사는 것이 아닐지. 편리하게도 사랑은 하되, 이 사랑의 고통이 나에겐 일어나지 않으리란 상상 속에서 말이다. 이렇듯 우리는 너무 쉽게 삶에 속기도 하지만, 그렇다고 사랑을 하지 않을 재간 또한 없잖은가. 무심한 하늘에 톱니바퀴 굴리는 노란 민들레꽃이 가득하다.

삶이 그대를 속일지라도

슬퍼하거나 노하지 말라

슬픔의 날을 참고 견디면

머지않아 기쁨의 날이 오리니…

― 푸슈킨

"나는 여자예요.
　　　한 남자에게 사랑받고 싶었어요!"

마릴린 먼로 (Marylin Monroe 본명 Norma Jean Mortensen 1926~1962)

1926	6월 1일 로스앤젤레스에서 필름 편집자인 어머니의 사생아로 출생
1928	부모의 이혼
1933	어머니가 정신병원에 입원하면서 그녀의 친구 그레이스의 집에 맡겨짐
1935	어머니 친구의 결혼으로 사촌집으로 이주함
1937	다시 그레이스 집으로 이주
1938	다시 친척(큰 이모) 집으로 이주
1939	제2차 세계대전 발발
1942	다시 그레이스 집으로 돌아옴. 반누이 고등학교에 재학 제임스 도허티를 만나서 결혼함
1945	낙하산 제조 공장에서 일하다가 잡지사진을 찍음 에이전시의 눈에 들어 계약하면서 마릴린 먼로로 개명함
1946	제임스 도허티와 이혼함
1947	첫 번째 영화 〈스쿠다 후! 스쿠다 헤이! Scuda-Hoo! Sucuda-Hey〉에 단역으로 출연하지만 편집 과정에서 대부분 잘려나감
1949	〈코러스의 숙녀들〉에 출연
1950	〈러브 해피〉와 〈아스팔트 정글〉에 출연
1951	UCLA에 문학과 예술강의 등록
1952	영화 〈Don't Bother to Knock〉에서 첫 번째 주연을 맡음
1953	〈나이아가라〉에서 주연을 맡아 폭발적인 인기를 얻음. 〈신사는 금발을 좋아한다 〉 〈백만장자와 결혼하는 법〉에 출연
1954	조 디마지오와 결혼. 〈돌아오지 않는 강〉 〈쇼처럼 즐거운 인생은 없다〉에 출연
1955	빌리 와일더 감독의 〈7년 만의 외출〉에서 톰 이웰과 함께 열연
1956	극작가 아서 밀러와 결혼. 〈버스 정류장〉에 출연
1955	〈왕자와 무희〉에서 로렌스 올리비에와 열연
1959	〈뜨거운 것이 좋아〉에서 토니 커티스, 잭 레몬과 함께 출연
1960	〈사랑합시다〉에서 이브 몽땅과 열연
1961	아서 밀러와 이혼. 〈기인들 The Misfits〉에서 클라크 게이블, 몽고메리 클리프트와 함께 출연
1962	8월 5일 로스앤젤레스의 자택에서 사망한 채로 발견됨. 그녀의 나이 36세

나는 여자예요. 한 남자에게 사랑받고 싶었어요!

인간의 여러 감정 중 가장 복잡한 것이 사랑일 것이다. 누구나 사랑을 하지만 그 사랑이 다 똑같진 않아서 저마다 다른 사랑의 비밀을 가지고 있다. 절대로 있을 수 없는 사랑은 없다. 이룰 수 없는 사랑이 있을 뿐이다. 행복한 사랑은 모두가 엇비슷한데 불행한 사랑은 각양각색 불행하다. 그 때문에 사랑을 하면서 고통을 겪고 성숙해져 사랑의 빛과 그림자를 알게 된다.

우리의 마음에 마법을 불어넣는 것 역시 사랑이다. 먼로도 사랑이 자기 영혼을 구원해줄 것이라 믿고 사랑하는 사람을 위해 혼신의 힘을 다했다. 그러나 시간이 흐르면서 그것이 또한 죽음으로 이끈 병이 되고 말았다. 그녀는 유부남과의 금지된 사랑이었음에도 자신이 이끌린 사랑에 솔직했다. 금지된 사랑은 매혹적이지만 치명상을 입기 마련이다. 먼로도 끝내 자신이 선택한 사랑의 무게를 견디지 못하고 자살로 생을 마쳤다. 그녀의 죽음에 대해서는 아직도 자살이 아닌, 타살 혹은 자살을 부추겼거나 위장했다는 등 갖은 설들이 분분하다. 짐작건대 그녀가 위선적인 상류사회에 겁 없이 맞섰던 것이 비극적 결말의 예고편이었던 셈이다.

▲1926년 필름 편집자인 어머니의 사생아로 태어난 노마 진은 어머니, 외할머니마저 정신병원에 수용되는 바람에 보육원과 고아원을 전전했다. 1942년, 16세 때 양어머니의 주선으로 서둘러 결혼식을 올리지만 앞날은 험난하기만 하다. 이듬해 해병대에 입대하는 남편, 생활고에 시달리던 그녀는 누드모델로까지 나서게 되고, 제2차 세계대전이 끝날 무렵 둘은 이혼하고 만다. 사진은 '노마 진' 시절의 청순한 모습

우울한 어린 시절　먼로의 본명은 노마 진 모텐슨. 그녀는 1926년 캘리포니아 주 로스앤젤레스에서 필름 편집자인 어머니의 사생아로 태어났다. 노마 진이 겨우 일곱 살 때 어머니 그리고 외할머니마저 정신병원에 수용되는 바람에 양부모에게 맡겨졌다. 법적으로 혼자 둘 수 없는 어린 나이라 취해진 절차이지만, 실상 그녀는 보육원과 고아원을 전전했다.

1942년 노마 진의 나이 16세 때 양어머니는 신랑감을 물색해서 서둘러 결혼을 시켰다. 이때 예식장에서 어린 노마 진은 "섹스를 하지 않고 함께 살 수는 없을까요?"라고 양어머니에게 물었다고 한다. 이처럼 잠자리마저 두려워하던 그녀였지만 다행히 결혼생활에 잘 적응해나갔다. 문제는 이듬해 남편이 해병에 입대함으로써 그녀는 군수품 공장에 나가 돈을 벌어야 했다. 그후 공장 광고사진에 얼굴을 내밀다가 돈을 좀 더 벌게 해주겠다는 은근한 꾐에 빠져 달력의 누드모델 일까지 했다. 이 일이 빌미가 되어 제2차 세계대전이 끝나고 남편이 돌아왔을 때 이혼을 하게 된다.

새 둥지를 찾다　그랬다. 이 파란을 뛰어넘을 변화가 절실했을 것이다. 그녀는 우선 노마 진이란 이름을 과감히 버리기로 한다. 마침내 '마릴린 먼로'란 이름이 탄생했다. 우울하고 칙칙한 갈색머리도 눈부신 금발로 바꿨다. 이 금발은 훗날 그녀가 섹스어필할 수 있는 최고무기 중 하나가 되었다. 그리고 혼자 힘으로 당당히 설 수 있는 꿈을 품었다. 즉시 모델 일을 접고 영화배우가 되리라 다짐했다. 하지만 어제오늘이 다른 냉정한 할리우드에서 그녀의 앞날은 그저 깜깜하기만 할 뿐이었다. 여기저기 발품을 팔며 통사정하고 다녔지만 대사 한마디로 족할 수밖에 없는 자리를 얻는 정도였다. 자연히 굶기를 밥 먹듯 했다. 그런 그녀에게 찾아드는 타지의 이 외로움을 어쩌랴. 아무리 둘러봐도 자신이 믿고 의탁할 곳이 없자 사랑에도 쉽게 빠져들었다. 그러나 먼로가 사랑한 남자들, 그들은 하나같이 그녀의 성에만 관심을 두었을 뿐이니 실연의 연속이었다. 게다가 연기력 또한 제대로 다듬어지지 않아 문전박대 당하기 일쑤였다.

버나드, 진흙 속에서 진주를 보다   시련의 끝이 보이지 않던 먼로는 상심하여 길거리를 배회하고 다녔다. 운명이었을까? 때마침 산책 나온 버나드 슈워츠 커티스 감독의 눈에 들었다. 두 사람은 진작 만났어야 했다. 그녀는 할리우드의 영화배우로, 신참인 버나드 감독은 멋진 연출로 세인들에게 인정받고 싶었던 차에 서로 그 지렛대가 될 만남이 되었으니 말이다.

그는 먼로를 데려다 은막의 스타로 키우는 데 헌신했다. 다른 배우들에게선 느끼지 못한 특유의 성적 매력을 그녀에게서 보았던 것이다. 먼로만의 장기가 제대로 드러나는 연기를 주문하고 연출했다. 덕분에 그녀도 보다 자연스럽게 자신만의 매력을 맘껏 발산할 수 있었으리라. 마침내 그녀는 배우의 생명인 가장 확실한 관객들의 호응을 받아낼 수 있었다. 그 열기는 날이 갈수록 먼로를 원했고 할리우드 또한 뜨거웠다. 그녀가 뿜은 매력은 관능적 백치미였다. 당연히 다른 영화제작자들도 그녀의 캐스팅에 열을 올렸다. 그들은 먼로의 트레이드마크인 섹시미를 사뭇 강조해서 찍었다. 〈아스팔트 정글〉〈나이아가라〉〈신사는 금발을 좋아한다〉〈백만장자와 결혼하는 법〉〈돌아오지 않는 강〉 등 그녀는 이제 할리우드에서 부동의 섹시스타였다.

그러나 호사다마好事多魔라더니! 가진 것 없이 떠돌던 무명시절

▲1954년 상영된 오토 프레밍거 감독, 마릴린 먼로, 로버트 미첨 주연의 〈돌아오지 않는 강〉의 한 장면. 이 영화에서 먼로는 선술집에서 노래 부르며 생계를 이어가는 '케이'역을 맡는데, 직접 기타를 치며 주제곡 〈돌아오지 않는 강〉을 부르는 장면이 인상적이다.

Can hear my lover call
사랑하는 사람이 나를 부르는
소리를 들을 수 있어요
Come to me
저에게로 돌아오세요
No Return! No Return
돌아오지 않아요 절대…
I lost my lover on The River
저는 강에서 사랑하는
사람을 잃었습니다
and forever my heart will yearn!
그러니 제 심장은
영원히 슬프겠지요!
Gone, gone forever
영원히 가버렸어요…

찍은 그녀의 누드사진들이 유명세를 타고 마구 나돌았다. 여배우에게 치명적인 스캔들이다. 다행히 미국 국민들은 그녀가 청순미를 내세운 배우가 아닌, 데뷔 때부터 섹시스타였기에 그런대로 관대하게 넘어가주었다. 오히려 그 폭발적인 관심이 먼로를 더 세계적인 스타로 키운 셈이다.

7년 만의 외출 마릴린 먼로는 법적으로 세 번의 결혼과 이혼을 했다. 그 중 두 사람 다 재혼이었던 야구선수 조 디마지오와의 결혼생활이 가장 짧은, 그러나 우여곡절을 겪으며 생을 마치는 날까지 서로 사랑해 마지않은 간절한 만남이 아니었으랴.

먼로와 디마지오, 그들의 첫 만남은 미국 메이저리그(뉴욕 양키스) 시범경기를 하는 야구장에서였다. 전설적인 야구선수로 명성을 날리다 은퇴한 디마지오가 후배들의 야구 시범경기에 초청되었던 날, 먼로 역시 그곳에 초청되어 야구선수들과 화보를 찍고 있었다. 그때 우연히 가까이서 먼로를 본 디마지오는 그녀를 떨쳐버리지 못해 밤낮 애를 태웠다. 그녀를 꼭 한 번 만나보고 싶었다. 이에 지인들이 슬며시 언론에 흘렸고, 그 추측성 보도는 대중들의 호기심을 자극하며 금세 퍼져나갔다. 여기에 영화제작사가 부랴부랴 이벤트성 만남을 주선하며 선수를 쳤다.

그러나 정작 두 사람은 섞일 수 없는 물과 기름처럼 불통지대였다고나 할까? 먼로는 스포츠를 몰랐고, 디마지오는 영화에 관심이 없었음은 물론 보수적인 데다 현모양처를 원했던 모양이다. 그러니 전 국민의 아이콘이었던 두 사람이 서로를 잘 모르고 살았던

▲조 디마지오(1914~1999) 베이브 루스가 양키스를 떠난 1년 뒤 등장해, 미키 맨틀이라는 또 하나의 전설이 등장하기 직전(1936~1951년)까지 양키스의 간판타자로 활약했다. 9번이나 팀의 월드시리즈 우승을 이끌며 3번의 정규시즌 MVP를 수상했고, 신인 시절부터 은퇴 시즌까지 단 한 번도 빠짐없이 올스타로 선정된 메이저리그 역사상 유일한 선수다. 미남인 데다 친절하기까지 하여 팬들은 물론, 기자들 사이에서도 인기가 높았다. 1941년에는 56경기 연속안타의 대기록을 남겼고, 1955년 기자단 투표를 통해 명예의 전당에 입성했다. 통산 361홈런 1,537타점을 기록했으며 지금도 '양키스 역사상 가장 위대한 타자로 칭송받고 있다.

것만도 특종감이 아니었겠는가. 문제는 언론과 대중들이 앞장서서 스포츠계의 빅 스타와 할리우드 섹시스타의 화려한 만남으로 극성스럽게 포장을 해댄 것이다. 따라서 미남인 디마지오의 멋진 매너와 끈질긴 구애로 그녀가 청혼에 응했지만, 그리 성급하게 포장해서 꿰매질 일은 아니지 않았던가.

염려했던 결혼은 오래지 않아 탈이 났다. 마릴린 먼로의 전설적인 영화 〈7년 만의 외출〉이 화근이었다. 아마 그녀가 출연한 이 영화는 보지 못했거나 모르는 사람이 많을지라도, 먼로가 환풍구 바람에 하늘로 솟구치는 하얀 치마를 두 손으로 살짝 누르는 장면을 모르거나 보지 못한 이는 없을 것이다. 그녀가 뉴욕의 지하철역 통풍구에서 그 유명한 장면을 찍던 날 군중들은 마릴린 먼로의 치맛자락이 올라갈 때마다 환호를 했겠지만, 그 광경을 지켜보던 그녀를 사랑하는 자존심 강한 디마지오의 심정은 어땠겠는가.

그는 집에 돌아오자마자 먼로에게 당장 영화를 그만두라고 했다. 하지만 그녀는 이를 악물고 버텨온 숱한 시련은 그만두고라도, 아직 꿈을 향해 치닫고 있던 터라 이 영화를 절대 포기할 수 없다고 맞섰다. 다음날이 더 문제였다. 이렇게 엉망이 된 디마지오의 가슴을 헤아려줄 리 없는 신문과 방송이 먼로의 그 쇼킹한 환풍구 장면을 크게 보도했음은 물론, 돌리고 또 돌려댔다. 이에 전 세계 남성들은 그녀를 보고자 흥분했다. 기어이 화를 억제하지 못한 디마지오는 먼로에게 손찌검까지 하고 말았다. 얼굴을 내놓고 다니지 못할 정도로 멍투성이가 된 먼로는 이혼소송을 제기하고 그에게서 냉정하게 돌아섰다. 결혼한 지 9개월여 만이었다.

▲7년 만의 외출(1955) 하이 코미디의 명장 빌리 와일더 감독의 대표작 중 하나. 먼로의 연기생활 전반기를 대표하는 작품인 동시에, 50년대 미국 코미디 영화를 이야기할 때 빠뜨릴 수 없는 명품이다. 여름에 아내와 아이들을 피서지에 먼저 보내고 자신의 휴가가 시작되길 기다리는 한 가장이, 위층 사는 섹시한 아가씨와 벌이는 엉뚱한 해프닝을 그리고 있다. 옛 인디언 마을에서 시작되어 현대의 뉴욕으로 연결시키는 기발한 오프닝, 지하철 바람에 의해 먼로의 스커트가 휘날리는 유명한 씬, 더워서 팬티를 냉장고 안에 넣어두었다는 등의 기발한 대사들. 톰 이웰이 갖가지 상상의 나래를 펴는 장면들, 참으로 많은 이야깃거리를 남긴 작품이다. 먼로가 특유의 섹스어필한 백치미를 가장 멋지게 보여준 영화로, 제목에서처럼 남편들은 결혼 7년째에 바람나기 가장 쉽다는 말이 유행어가 되기도 했다.

▲아서 밀러(1915~2005) 뉴욕 출생으로 테네시 윌리엄스와 함께 미국을 대표하는 극작가. 미시간 대학을 졸업하고 극작에 전념했으며, 1944년 《행운의 사나이》로 브로드웨이에 진출했다. 1947년 《모두 내 아들》로 관심을 모았고, 2년 뒤 《세일즈맨의 죽음》이 브로드웨이에서 초연되어 대성공을 거두며 세계적인 극작가로 발돋움한다.
몇 십 년을 한 회사를 위해 몸 바쳐 일해도 쓸모가 없어지면 헌신짝처럼 내버려지는 샐러리맨의 애환을 담고 있는 《세일즈맨의 죽음》으로 아서 밀러는 퓰리처상을 수상했다. 1956년 마릴린 먼로와 결혼했으나 1961년 이혼하고, 이듬해 사진작가 디트로이트 모라스와 재혼하여 딸 레베카 밀러를 두었다. 그녀 레베카는 배우이자 극작가, 영화감독으로 활동하다 영화배우 대니얼 데이 루이스와 결혼했다. 아서 밀러는 2005년 89세로 코네티컷 주 자택에서 심장마비로 사망했다.

사랑했지만 디마지오는 그녀를 위로하고 달래기 위해 캘리포니아로 함께 휴가를 떠났다. 그러나 먼로는 한 사람의 아내로 살기보다 만인의 연인을 택하겠다고 버티니, 디마지오 또한 어찌하지 못하고 끝내 헤어졌다. 어쨌든 그가 먼로를 지극히 사랑했던 것만은 분명해 보인다. 이혼한 먼로는 이듬해 《세일즈맨의 죽음》으로 유명한 세계적인 극작가 **아서 밀러**와 세 번째 결혼을 했지만, 디마지오는 평생 재혼하지 않은 채 40년 동안 그녀에게 해바라기 사랑을 바친 순수 순정파로도 유명하다.

1961년 1월, 먼로가 아서 밀러와 이혼을 하자 그는 한달음에 달려가 그녀와 재결합할 의지를 밝혔다. 그러나 이듬해 8월 사망하기까지 1년 6개월여를 그녀는 거의 약물에 의존한 혼수상태로 지냈던 것 같다. 아마도 케네디 가의 형제 품에서 순진하게도 비상을 꿈꾸다 버려져 냉정을 잃었던 때가 아닐까. 디마지오는 먼로가 그렇게 된 것을 순전히 자기 탓이라 여겼기에, 정신적으로 만신창이가 된 그녀를 자신이 떠안고 가고자 뿌리치는 그녀를 가까스로 설득해 재결합을 다짐했다. 그러니까 먼로는 한결같은 그의 사랑에 힘입어 심적 안정을 되찾고 그와의 새 출발 준비로 마냥 설레며 지냈다.

한데 이리 좋아했던 먼로가 재혼을 사흘 앞두고 왜 자살을 하게 되었는지, 그것도 '약물 과다복용'이란 사인死因이 가당키나 한가?

케네디가 형제와 먼로의 악연 1962년 8월 5일 미명, 로스앤젤레

스 근교 저택 침대에서 먼로는 벌거벗은 채 싸늘한 주검으로 발견
되었다. 그녀의 나이 푸르디푸른 서른여섯, 공식적인 사인은 약
물 과다복용이었다. 그런데 '만인의 연인'을 떠나 한때 '대통령의
연인'이었던 사실 때문인가. 그녀의 자살을 그 누구도 쉬 인정하
려 들지 않았다.

이에 자살 혹은 타살 미스터리를 풀고자 지금껏 백방으로 추적
조사를 벌여왔던 LA타임즈 연예부기자 피터 브라운과 전직 언론
인 팻 바햄은 《마릴린-그 마지막 장면》이란 저서를 통해 먼로는
피살됐다고 줄기차게 주장한다. 또한 그녀를 사망에 이르게 한 총
지휘자는 **존 F. 케네디**의 매제 **피터 로포드**이며, 완전 은폐하는 데
바빴던 사람이 **로버트 케네디**라는 것이다.

분명한 것은 먼로가 미국 대통령인 존 F. 케네디와 깊은 관계였
고, 그의 친동생인 법무장관 로버트 케네디와도 '뜨거운 사이'라
는 소문이 파다했었다. 따라서 그들의 치부를 은폐하려는 부도덕
한 정치세력이 어떤 식으로든 개입되었다는 결론이다. 당시 여러
정황들은 퍼즐처럼 혹은 수수께끼마냥 뒤얽혀 풀리지 않았다. 다
만 그녀의 무모한 외줄타기, 그래서 한 치 앞을 가늠할 수 없는 슬
픔과 억울함과 외로움을 혼자서 감당하다 되돌아올 수조차 없는
낭떠러지까지 밀리고 말았을 것이다.

1954년 젊은 존 F. 케네디는 상원의원이었다. 그가 대중의 우상
이던 먼로를 처음 가까이서 보게 된 것은 연예계에 줄이 닿아 있
던 매제(피터 로포드)의 집에서였다. 육감적인 여배우 먼로에게 첫
눈에 사로잡힌 케네디는 1961년 12월부터 이듬해 5월까지 6개월

▲존 F. 케네디(1917~1963) 민주당
출신의 미국 35대 대통령. 취임 후 많
은 인기를 얻었으나 1963년 암살당
했다. 매사추세츠 주에서 아일랜드계
대부호의 차남으로 태어난 그는 하버
드 대학에서 정치학을 공부했으며, 학
위논문 〈영국은 왜 잠자고 있었나〉(19
40)는 베스트셀러가 되기도 했다. 일
본군이 진주만을 기습한 뒤 해군에 자
원입대하여 전쟁영웅이 됐다.

간 그녀와 밀회를 즐겼다. 그러나 대통령이 된 존은 먼로와의 관계가 부담스러웠는지 집무실 직통 전화번호를 바꿔버렸고, 당시 법무장관이던 동생 로버트 케네디에게 이 문제를 맡겼다. 이에 모종의 조치를 취하고자 그는 직접 먼로를 방문한다. 그러나 이 로버트마저 먼로의 매력에 무릎을 꿇었고, 그녀 또한 냉담해진 케네디보다 젊고 멋진 로버트에게 깊이 빠져들었다.

1962년 6월 초부터 먼로가 사망하기 전까지 두 달여 계속된 이들의 달콤한 밀애는 9월에 있을 동생 에드워드 케네디의 상원의원 진출선거로 깨지게 된다. 이미 먼로는 그를 끔찍이 사랑하고 있었으나, 로버트는 자신을 사랑해주는 여자에게 잠시 머물렀던 것인가. 이를 안 먼로는 격분했다. 형 존과 똑같이 로버트도 갑자기 연락을 끊었기에 심한 배신감으로 고통의 나날을 보냈다. 급기야 먼로는 기자들을 불러 이 사실을 낱낱이 밝히겠다고 주변에 떠벌리고 말았다.

풀리지 않은 수수께끼 　그 때문이었을 것이다. 운명의 날 하루 전인 8월 4일 오후, 느닷없이 연방수사국 요원들이 들이닥쳐 아무런 설명도 없이 먼로의 전화 통화기록을 모조리 압수해갔다고 한다. 이어 로버트도 잠깐 모습을 나타냈다. 그리고 이날 밤 10시경 저택관리인이 먼로의 시체를 발견했다. 곧 주치의에게 연락을 취했으나 LA 서부경찰서에 신고된 시각은 이튿날 새벽 4시 25분. 이웃들도 4일 밤 10시 이후부터 다음날 새벽까지 먼로의 집에는 주행등을 끈 차들이 잇달아 도착했다고 증언했다. 따라서 이들이

▲피터 로포드(1923~1984) 영국 런던 태생의 영화배우 겸 감독, 제작자. 본명은 피터 시드니 어네스트 에일렌으로 네 번의 결혼을 했다. 〈작은 아씨들〉〈영광의 탈출〉〈행복을 파는 기계〉 등에 출연했다.

밤새 먼로와 케네디 가를 연결시킬 수 있는 모든 서류를 가져가
거나 소각한 것으로 추정된다. 물론 확실한 심증은 있되 물증이
없어 지금껏 먼로의 죽음은 미궁 속 영원한 수수께끼로 남아 있
지만 말이다.

그보다 먼로 사후 조목조목 파헤쳐본 추적조사에 의하면 석연
치 않은 부분들이 많다. 최초로 발견한 저택관리인의 신고시점과
수사국에서 발표한 사망시간이 다른 점, 사망 후 돈이 생긴 가정
부의 여행, 제일 먼저 확인한 경찰관이 타살 가능성에 대해 기자
회견을 했다는 이유로 해고당한 점, 그 당시에는 밝히지 못했던
최초 검시관의 타살증언, 그리고 사망하기 전날 로버트가 찾아와
먼로와 심하게 다툰 점, 이어 연방수사국에서 먼로의 집에 들이닥
쳐 최근의 전화 통화기록을 모두 압수해간 일, 그리고 무엇보다
빠르게 수사를 종결한 것은 뭘 의미하는가?

먼로의 직접적인 사인은 주사기를 통한 수면제 과다투입이라
는 사실이다. 왜냐면 그녀의 혈관에서 검출된 바르비투르 수면제
의 혈중치는 4.5퍼센트로 세 사람의 치사량 수준이었으나 검시관
은 먼로의 위와 콩팥에서는 약물의 흔적조차 검출되지 않았다는
것이다. 그러니까 누군가 주사기로 수면제를 과다복용케 했지만
그 증거물이 될 수 있는 주사기와, 그녀 스스로 수면제를 먹지 않
았다는 증거물인 그녀의 내장 샘플까지 모조리 사라졌다니 더 논
해서 뭐하겠는가.

한편, 마릴린 먼로가 죽었을 때 그녀가 사랑한 남자들은 다 눈
을 감고 귀를 막았던가? 그들의 그림자조차 볼 수 없었다. 하지만

▲로버트 케네디(1925~1968) 미국
의 법조인이자 정치인. 제35대 대통
령 존 F. 케네디의 동생이다. 애칭 바
비 케네디, 이니셜 RFK로도 널리 알려
져 있다. 형이 대통령에 당선된 후 연
방 법무장관에 임명되어 1961년 1월
케네디 행정부 출범과 함께 재직한다.
미국 역사상 처음으로 대통령의 형제
가 장관으로 재임하면서, 경험도 많지
않은 35세의 젊은 법조인을 대통령의
친동생이라는 이유만으로 법무장관에
앉혔다 하여 족벌인사, 정실등용이라
는 비난이 이어졌다. 그러나 그는 탁
월한 능력을 발휘하여 여러 가지 개선
사항을 관철시킴으로써 초기의 비난
을 잠재우고 미국 역사상 가장 기억
에 남는 법무장관의 한 사람이 되었
다. 당시 남부지방에서 일었던 인종차
별을 철폐시키기 위해 적극 노력했다.

그 비보에 득달같이 달려와 그녀의 슬픔과 외로움을 극진히 품어 안고 묻어준 이가 있었으니, 먼로를 진실로 사랑한 남자 디마지오 였다. 그리고 그녀의 무덤 앞에는 늘 싱싱한 장미꽃이 놓여 있었 다고 한다. 최소한 1999년 디마지오가 '마릴린을 만나러 갈 수 있 게 되었다'는 유언을 남기고 이 세상을 떠날 때까지.

그녀는 이미 무대를 떠났다　닫힐 듯 빨갛게 벌어져 있는 뇌쇄적 인 입술, 그 입술 언저리에 슬쩍 올라앉은 백치의 먹빛 점. 그로 인해 전설처럼 떠올랐으되 스스로 그 묘한 분위기를 즐겨하기엔 적잖이 무리가 따랐나 보다. 사실 그녀도 매일 반복되는 섹스심 벌로서의 역할은 지치고 짜증스러웠으리라. 대중들은 점점 더 깊 고 뜨거운 것을 기대하기에, 이제 그녀도 어떤 핑계로든 그 순간 을 피하고 싶지 않았겠는가. 대중들의 이중성도 한 이유가 되겠 다. 그들은 분명 컴컴한 극장에서 그녀의 벌거벗은 육체에 열광 했으면서도, 대낮 길거리에서 마주치면 창녀라고 손가락질해대 니 왜 아니 그렇겠는가. 어린애 같은 천진스런 성적 방종 그 자체 는 그녀 자신이 쌓고 파괴했으되, 그녀의 온전한 심리상태는 열 린 듯 닫혀 있음이다.

"사람들은 나를 사람이 아니라 무슨 거울이라도 되는 것처럼 바 라봐요. 그들은 나를 보는 것이 아니라 자신들의 음란한 생각을 보는 것이죠. 그들은 나를 음란하다고 몰아붙이고 자신들은 결백 한 척하지만, 내가 누구이고 어떤 사람인지는 알려 하지 않죠. 대

▲**마릴린 먼로가 한국에 왔었다?** 1954 년 2월 도쿄로 신혼여행을 갔던 마릴 린 먼로와 조 디마지오는 한국에 주둔 중인 미군으로부터 초대장을 받는다. 조는 반대했지만 먼로의 고집으로 결 국 한국을 방문. 당시 2월의 추운 겨울 날씨였는데도 그녀는 어깨가 다 드러 난 민소매 스커트를 입고 등장하여 미 군들에게 열렬한 환호를 받았다. 먼로 는 한국에 머물면서 부상당한 군인들 에게 일일이 사인을 해주고, 함께 사 진을 찍어주기도 했다. 투어를 마치고 완전히 기가 소진하여 가벼운 폐렴 증 상을 보이기도 했던 그녀는 훗날 한국 투어가 그녀의 전체 경력의 하이라이 트 중 하나라고 밝히기도 했다.

신 나라는 사람을 마음대로 지어냅니다. 나는 그들과 시비를 가릴 생각은 없어요. 그들은 내가 아닌 그 누군가를 무척 좋아하는 듯하니까요. 지금껏 살면서 바란 것이라곤 사람들에게 친절히 대하고 그들도 나에게 친절히 대하는 것이었어요. 그래야 공평한 거래이지요. 그리고 나는 여자예요. 한 남자에게 사랑받고 싶어요. 내가 그를 사랑하는 것과 똑같이. 나는 정말 그렇게 살기 위해 노력했지만 성공하지 못했어요."

– 마릴린 먼로–

여자는 자신이 강하다는 사실을 아는 순간 외로워진다고 했다. 그녀도 한없이 외로운 자신을 안으로 감추다 그리 떠돌았으리라. 아마 그랬으리라.

사라지지 않은 불꽃 삶에 있어 누가 더 인간적인가? 그녀가 비극적 죽음으로 끌려간 원인은 무엇인가? 넘치는 정열과 감정을 좀 제어할 수는 없었을까? 즉흥적인 그녀 스스로 한 번도 행복한 적이 없었다고 하니 더욱 그렇다. 그녀의 성공은 부러움을 살 만했지만, 그 과정이나 결과에 행복이 없었던 것은 매우 안타까운 일이다.

2009년 '서울국제충무로영화제'에서 '마릴린 먼로 회고전'이 열린 바 있다. 그녀의 전성기였던 1950년대 대표작 여섯 편을 상영한다기에 가보았다. 한 곳에서 이삼십대 시절 그녀의 눈부신 모습과 열정을 영상 속에서 만나볼 수 있는 좋은 기회였다. 동시에

▲재즈의 전설 엘라 피츠제랄드와의 우정 1950년대는 인종차별이 심했던 시기. 먼로는 소수자들의 '권리운동'에 관심이 많았던 후원자이자 엘라 피츠제랄드의 팬이기도 했다. 엘라는 뛰어난 실력과 명성에 비해 현실에선 푸대접을 받고 있었고, 게다가 당시 유명했던 클럽 '모캄보'의 무대에 흑인은 설 수 없었다. 이 사실을 알게 된 먼로는 클럽 사장에게 "엘라가 노래한다면, 내가 매일 맨 앞자리에 앉겠다"라고 제안하여 그 즉시 계약이 이루어졌고, 이후로 먼로는 매일같이 출근했다고. 이에 유명하던 클럽은 더욱 화제가 되었고, 엘라 역시 큰 무대에 서는 흑인가수로 주목을 받았다. '먼로에게 큰 빚을 졌다'고 고백하는 엘라. 둘은 그렇게 친구가 되었고, 엘라는 더 이상 작은 무대를 전전하지 않게 되었다.

조선일보미술관에서는 '마릴린 먼로의 마지막 유혹전'을 열기도 했다. 화려했지만 그만큼 더 불행했던 할리우드 최고의 배우, 궁극적으로 그녀는 천진스런 순수방종의 여인으로 살다간 것이 아니었을까.

소나기가 한소끔 지나간 오후, 그녀를 기억하게 해주는 영화 〈7년 만의 외출〉을 다시 감상했다. 역시 난데없는 지하철역 통풍구 바람에 살랑살랑 새하얀 치맛자락이 하늘로 치솟으려다 내려앉는 아찔한 순간을 나 또한 만끽했다. 그래도 그녀이기에 아름다웠다. 두 손으로 살짝 치맛자락을 누르며 아이처럼 해맑게 웃던, 그 감각적인 섹시한 포즈는 분명 그녀만이 가진 낭만이며 특권인 듯싶었다. 지금도 그녀의 팝콘 터지듯한 하얀 웃음소리가 귓가에서 떠나질 않는다.

할리우드의 섹스심벌

1929년 TV의 등장으로 '섹스심벌' 배우들 전 세계적으로 각광받기 시작 사진과 전화기(1876) 등의 발명은 시·공간의 한계를 뛰어넘으며 사람들을 혼돈케 했던 혁명적인 것들이었는데, 특히 사진의 발명은 영화를 탄생시키는 데 결정적 역할을 해냈다. 프랑스의 뤼미에르 형제에 의해 세계 최초의 영화〈열차의 도착〉이 1895년 상영되고, 1929년 최초의 TV 방송이 이루어지며 본격적인 엔터테인먼트 산업이 대중들을 자극하기 시작한다.

이는 텔레비전의 발명과 수상기 보급 등으로 인해 더욱 확대되는데, 그 엔터테인먼트 산업에 있어 성인대중의 욕구를 자극하는 최고의 상품은 성性이었고 그 꽃은 섹스심벌이라 불리는 배우였다. 대량복제 시대가 되면서 성적인 이미지를 내세워 상품으로 팔기 시작했고, 초창기 여성 위주의 섹스심벌은 점차 그들의 사회참여가 많아지면서 남성 섹스심벌로 확대되기 시작했다.

할리우드 이전 **피카소와 헤밍웨이도 극찬했던 흑인무용수 조세핀 베이커**
할리우드는 아니지만 초창기 대표적인 여성으로는 파리의 수많은 여성들이 닮고 싶어했으며, 피카소로부터 "모두를 사로잡는 미소를 가진 여인" 헤밍웨이로부터 "세상에서 가장 아름다운 여인"이란 격찬을 받았던, 그러나 정작 태어난 미국에서는 조롱과 차별의 대상이었던 흑인무용수 조세핀 베이커(1906~1975)를 들 수 있다. 당시 인종차별이 심했던 상황에서도 피부색과 종교가 다른 전쟁고아 열두 명을 입양해서 가족처럼 함께 살았던 인류애적인 삶은 많은 사람들을 감동시켰다. 그밖에도 할리우드 최초의 섹스심벌로 일컬어지는 티더 배러(1885~1955), 90여 년이 지난 오늘날에도 패션 트렌드를 거론할 때 빼놓을 수 없는 '보브컷'을 퍼뜨린 다분히 모던한 매력을 풍기는 루이스 브룩스(1906~1985), 타이트한 여성스러운 복장과 짧은 헤어스타일, 창백한 피부와 작고 빨간 앵두입술로 그녀의 이름을 딴 메이크업 스타일을 유행시킨 클라라 보우(1905~1965) 등이 있고, 남성으로는 서른한 살로 요절했을 때 최초로 수많은 여성들이 집단 히스테리를 일으키며 그들의 영혼을 사로잡았던 루돌프 발렌티노(1895~1926)가 대표적이다.

1930년대 **유성영화의 개막과 함께 발산된 섹스심벌– 그레타 가르보와 마를렌 디트리히**
1930년대에 들면서 등장한 스타들로는 두 명의 육체파 금발 여배우 매리 제인 웨스트와 진 할로우, 그리고 남자로는 에롤 플린 등이 있으나, 그래도 대

표적인 배우는 할리우드 역사상 가장 신비스러운 배우로 기억하는 그레타 가르보(1905~1990)다.

스웨덴의 가난한 가정에서 태어나 14세 때 미장원에서 허드렛일을 하다 백화점 직원으로, 그리고 영화감독의 눈에 띄어 영화에 출연한다. 이듬해 할리우드로 건너간 그녀는 1920년대 무성영화에 출연했고, 30년대 들어서는 본격적으로 유성영화에 등장하는데, 대표작으로는 〈마타 하리〉〈그랜드 호텔〉〈크리스티나 여왕〉〈안나 카레니나〉〈카밀〉〈니노치카〉 등이 있다. 그녀는 1930년대 할리우드 최고의 여배우였으나, 별다른 설명도 이유도 없이 1941년 돌연 은퇴를 선언하고 이후 철저히 베일에 가려진 삶을 살았다. 은퇴 초기 빗발치는 섭외요청과 염문설에 휩싸이곤 했지만, 큰 소문 없이 조용히 살다가 1990년 뉴욕에서 사망했다.

한편, 그녀와 함께 1930년대를 양분했던 또 한 명의 스타는 히틀러의 구애를 일언지하에 거절해 화제를 낳았고 '세기의 각선미'라는 찬사를 들었던 '릴리 마를렌' 마를렌 디트리히(1901~1992)다. 스물한 살에 베를린 극장에서 배우로 데뷔하고, 스물둘에 결혼해 마리아라는 딸을 낳은 뒤 단역으로 종종 영화에 출연했던 그녀가 영화 스태프이던 남편 손에 이끌려 당대

▲ 마를렌 디트리히

최고의 독일감독 조셉 폰 슈턴버그에게 선을 보인다. 그리고 첫 번째 영화 〈푸른 천사〉에 캐스팅되면서 생애 전환점을 맞고, 이후 슈턴버그 감독과 함께 〈모로코〉를 비롯한 5개 작품에 출연하며 전성기를 구가한다. 감독이 만들어낸 그녀의 남장은 많은 여성들의 환호를 받았고, 특히 〈블론드 비너스〉에서 옷을 하나씩 벗어던지며 늘씬한 다리를 드러내는 댄서로 등장해 그녀의 트레이드마크인 '세기의 각선미'를 각인시키며 남녀 모두 좋아하는 신비로운 양성적 매력을 뿜어냈다. 디트리히는 히틀러의 구애와 조셉 P. 케네디와 존 F. 케네디 부자와의 관계, 헤밍웨이와 뜨거운 연애편지를 주고받는 사이였지만, 이렇다 할 스캔들을 남기지 않은 배우였다.

1940년대 영화 〈쇼생크 탈출〉에서 핀업 사진으로 등장한 리타 헤이워드의 성적 매력!

1940년대에는 레나 혼, 베로니카 레이크, 제인 러셀, 진 티어니 등도 있었지만 그 누구보다 독보적인 존재는 영화 〈쇼생크 탈출〉에서 인상적인 핀업 사진으로 등장했던 리타 헤이워드(1918~1987)다. 1940년대 최고의 핀업 걸이자 '사랑의 여신'이라는 별명을 가졌던 여배우. 천재감독 오손 웰즈와 결혼했었으며 1946년 원자폭탄 실험 때 그 폭탄에 그녀 사진을 붙이고 '리타'라고 불렀다는 이야기, 2차대전 당시 많은 병사들을 사진만으로도 위로(?)했다고 알려진 그녀는 왕족과의 결혼으로 화제를 뿌리기도 했다.

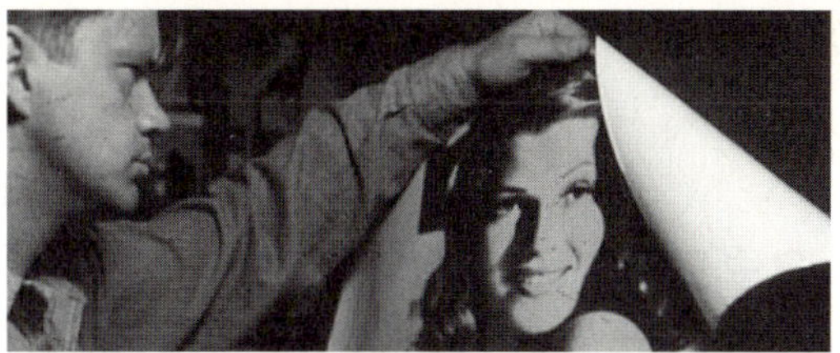

▲〈쇼생크 탈출〉에서 '리타 헤이워드' 사진을 바라보고 있는 팀 로빈스

▲조지 스티븐스 감독의 엘리자베스 테일러, 몽고메리 클리프트가 열연했던 영화 〈젊은이의 양지〉의 한 장면. 미국소설가 데오도어 드라이저의 작품 《아메리카의 비극》을 바탕으로 만든 영화로, 엘리자베스 테일러는 대부호의 딸이자 사교계의 꽃 '안젤라'로 열연하는데, 그녀의 오른쪽 뺨에 박혀 있는 검은 점이 섹시미를 자아낸다.

그러나 1950년대 들어 마릴린 먼로에게 최고의 자리를 내주고, 42세가 되어 찾아온 알츠하이머로 인해 조용히 은막에서 사라졌다. 대표작으로는 〈길다〉〈상하이에서 온 여인〉〈천사만이 날개를 가졌다〉 등이 있으며, 왕족과의 사이에서 태어난 쟈스민 칸 공주를 돌보며 여생을 보내다가 1987년 생을 마감했다. 사후 재산 중 일부는 알츠하이머 치료약 개발을 위한 기금에 기부되었다.

1950년대   엘리자베스 테일러, 베티 그레이블, 지나 롤로브리지다, 킴 노박, 마릴린 먼로로 이어지다

1950년대는 제2차 세계대전 후 강력해진 할리우드와 미국의 위력으로 수많은 스타들을 탄생시켰다. 무엇보다 미인의 대명사로 통했던 엘리자베스 테일러를 우선 들 수 있겠다. 당대 마릴린 먼로와는 다른 지적인 섹시미를 자랑한 엘리자베스 테일러는 연기력도 탁월하여, 1960년 〈버터필드 8〉과 1966년 〈누가 버지니아울프를 두려워하랴〉로 아카데미 여우주연상을 두 번이나 거머쥘 만큼 연기파 배우이며, 죽을 때까지 8번의 결혼을 하여 화제에 오르기도 했다. 그리고 핀업 걸로 유명했던 베티 그레이블, 이탈리아 출신으로 많은 히트작에 주연을

맡았던 지나 롤로브리지다, 젊은 나이에 교통사고로 사망한 금발의 육체파 제인 맨스필드, 영화 〈현기증〉에서 빛나는 연기를 펼쳤던 킴 노박, 스웨터걸이라는 별명이 붙었던 당대의 스타 라나 터너도 있지만, 섹스심벌이라는 단어와 이음동의어였던 마릴린 먼로는 그 전까지 존재하던 모든 여배우의 매력을 집적시킨 빛나는 보석이었다. 그녀가 쓰던 향수 '샤넬 No5', 헤어스타일과 표정, 몸짓 하나하나가 대중들을 열광시키는 촉매제이자 트렌드였으며 아이콘이었던 신화적 존재였다. 그녀 사후 많은 스타들의 이름 앞에 섹스심벌이란 호칭을 붙였지만, 모든 사람들이 생각하는 단 한 명의 섹스심벌 여인이 있다면, 그건 단연코 먼로일 것이다.

1960년대   엘비스 프레슬리와 염문을 뿌린 앤 마가렛에서 작품성에 승부를 걸었던 클라우디아 카르디날레까지

1960년대 대표적인 섹스심벌로는 미모와 연기력

▲ 1962년 〈비바 라스베가스〉에서 엘비스 프레슬리와 열연하는 앤 마가렛

을 겸비한 소피아 로렌과 앤 마가렛, 반전으로 상징되는 제인 폰다 등이 있었고, 많은 여배우와 염문을 뿌렸던 엘비스 프레슬리도 빼놓을 수 없다. 하지만 그 누구보다 당대의 대표적인 심벌은 개고기 발언으로 우리에게 알려진 브리짓 바르도다. BB라는 애칭으로 유명했던 그녀는 유복한 가정에서 태어나 심심풀이로 모델생활을 할 때 찍었던 〈엘르〉 화보가 로제 바딤의 눈에 띄어 1952년 데뷔한다. 그리고 1956년 영화 〈그리고 신은 여자를 창조했다〉로 신드롬을 일으키는데, 당시 이 영화를 본 사람들은 제목에 빗대어 '악마는 바르도를 창조했다'라고 했을 정도였다. 이후 장 뤽 고다르나 루이 말 같은 프랑스의 위대한 감독들과 작업을 하기도 했지만, 대부분은 그녀의 과감하고 거친 성격이 고스란히 드러나는 섹스어필 가득한 영화들이었다. 1973년 갑작스럽게 은퇴한 뒤로는 동물보호운동에 뛰어들었다. 거침없이 자신을 드러내는 데 솔직했던 대표적인 아이콘 바르도. 우리나라에선 월드컵을 앞두고 가진 손석희 교수와의 인터뷰에서 논리가 궁박해지자 일방적으로 전화를 끊어 화제가 되기도 했었다.

▲ 1968년 미국영화 〈원스 어폰 어 타임 인 더 웨스트〉에 출연 중인 클라우디아 카르디날레 영화음악의 대가 엔니오 모리코네가 음악을 맡은 이 영화의 주제곡 〈Jill's Theme〉는 너무도 아름답고 유명하다.

현재도 프랑스 극우파 정당의 열렬한 지지자로 열심히 활동하고 있다.

브리짓 바르도와 함께 60년대를 대표하는 스타는 바로 클라우디아 카르디날레. 튀니지 태생으로 소피아 로렌과 함께 이탈리아가 배출해낸 스타다. 그녀는 특히 당대 최고의 감독들과 작업을 한 것으로 유명한데 페데리코 펠리니 감독과 〈8과1/2〉, 세르지오 레오네 감독과 〈원스 어폰 어 타임 인 더 웨스트〉, 루키노 비스콘티 감독과 〈들고양이〉 등으로 세계적인 명성을 얻는다. 외모만으로 볼 때는 완벽한 섹스심벌이었으나 진정한 배우가 되길 원했던 듯, 난해하고 작품성에 승부를 거는 영화에 몰두했던 당당한 여배우다. 영화 〈쇼생크 탈출〉은 시대별로 대표적인 섹스심벌들을 차례로 배치하며 세월의 흐름을 표현하는데 첫 번째가 리타 헤이워드(1940), 두 번째가 마릴린 먼로(1950), 그리고 마지막으로 탈출 직전까지 완벽한 몸매의 소유자로 극찬을 받기도 했던 라켈 웰치 역시 1960년대를 대표하는 섹스심벌이다.

1970년대   성인잡지 및 포르노의 활성화에 따른 섹스심벌의 다양화, 재클린 비셋에서 파라 포셋에 이르기까지

할리우드와 미국 음악계가 전 세계를 상대로 영역을 확대하기 시작한 1970년대는 시대적 풍요로움으로 인해 전략이 다양화해지기 시작한다. 미국에서만 특화된 장르였던 B급 흑인영화계의 슈퍼스타 팸 그리어와 매력적인 이미지를 발산했던 재클린 비셋, 올리비아 뉴튼존, 남자배우로는 존 트라볼타, 버트 레이놀즈 그리고 스티브 맥퀸, 가수로는 우리나라에서도 전설의 공연으로 기억하는 클리프 리차드 등이 있다. 하지만 당시 대표적인 심벌로는 미녀삼총사로 유명했던 파라 포셋이 있다. 다만 1970년대는 그 풍요로움과 포르노 및 성인잡지 등의 활성화로 누군가 뚜렷하게 두각을 나타냈다기보다는 많은 스타들이 등장하고 사랑받은 시기였다.

1980년대   소피 마르소, 피비 케이츠, 브룩 쉴즈에서 마돈나에 이르기까지

◀1974년 미국영화 〈오리엔트 특급살인사건〉에서 안드레니 백작부인으로 나오는 재클린 비셋. 이 영화는 추리소설가 아가사 크리스티(1890~1976)의 1938년작 《오리엔트 특급살인》이 원작이다.

1980년대는 세계문화를 주도했던 할리우드와 미국 음악계 그리고 패션업계를 통해 많은 스타들이 꽃을 피운다. 모델들의 전성시대였던 당시 나오미 캠벨, 신디 크로퍼드, 린다 에반젤리스타, 클라우디아 쉬퍼 등이 각광을 받았다. 배우로는 풍만한 육체를 선보였던 보 데렉, 영화 〈보디히트〉의 빼어난 연기를 선보였던 캐슬린 터너, 무엇보다 80년대 중·고등학교를 다닌 사람들에게는 잊을 수 없는 3인방 소피 마르소, 피비 케이츠, 브룩 쉴즈 등과 남자로는 멜 깁슨, 미키 루크, 톰 크루즈 등 많은 스타들이 등장했다. 그러나 80년대를 평정한 아이콘은 마돈나였다. 그 거침없는 행동과 솔직함은 비디오 세대의 눈길을 사로잡았고, 그녀의 일거수일투족은 모두 뉴스가 된 시대였다. 최고의 무대를 선보였을 뿐 아니라 논란이 되는 가사로 노래를 불렀고, 힘들었을 때 찍었던 사진이 누드잡지에 실리는 등 거침없고 폭발적인 화제를 뿌렸다. 그러나 그녀의 음악은 전 세계인들의 사랑을 받아 대중적인 인기와 음악적인 면에서 모두 성공을 거둔 보기 드문 가수다. 마릴린 먼로 이후 전 세계적으로 가장 파괴적인 섹스심벌이었으며 아직도 무대에서 뛰어난 공연을 펼치고 있다.

1990년대로 접어들면서 매체의 다양화가 시도되고 비디오데크의 보급으로 더 많은 스타들을 양산했다. 그 중 남자로는 미소년 이미지로 전 세계의 수많은 여성팬을 양산했던 레오나르도 디카프리오가 있고, 여성으로는 파멜라 앤더슨과 세계적인 흥행작 〈원초적 본능〉의 샤론 스톤을 꼽을 수 있다.

제4장

죽어도 사랑이라 말하리라

모차르트가 사랑한 **콘스탄체**
보헤미안의 결정체, 쇼팽의 연인 **조르주 상드**
조각 속에 사랑을 묻었던 **카미유 클로델**
니체·릴케·프로이트를 사로잡았던 **루 살로메**
20세기 위대한 여성 철학자 **보부아르**
전설속으로 사라진 오페라의 여왕 **마리아 칼라스**
존 레논의 마지막 사랑, 전위예술가 **오노 요코**

모차르트의 아내 콘스탄체

콘스탄체 모차르트 (Constanze Mozart 1762~1842)

1762	현 독일 바덴뷔르템베르크에서 연주자인 아버지 프리돌린 베버의 셋째딸로 출생
1777	모차르트의 만하임 방문으로 콘스탄체와 첫 대면
1779	가족들과 함께 비엔나로 이주
1781	비엔나로 모차르트 이주
1782	모차르트와 결혼
1786	5월 1일, 빈의 부르크 극장에서 모차르트의 오페라 〈피가로의 결혼〉을 발표
1787	오페라 〈돈 조반니〉를 발표함. 베토벤이 모차르트를 방문하여 잠시 수업을 받던 시기이기도 함
1791	생계가 어려운 가운데 모차르트는 오페라 〈마술피리〉를 완성. 진혼곡 〈레퀴엠〉은 채 완성하지 못하고 12월 5일 사망 얼마 후 프란츠 쥐스마이어에 의해 〈레퀴엠〉이 완성됨
1792	어려운 생활의 콘스탄체는 왕에게 편지를 써서 연금을 획득함 모차르트의 전기를 쓰기 위한 기초작업을 시작함
1798	모차르트 사망 후 7년이 지나서야 콘스탄체는 비엔나 주재 덴마크 외교관 게오르크 폰 니센과 동거를 시작
1809	게오르크 폰 니센과 재혼 후, 코펜하겐에 거주
1824	잘츠부르크로 이주
1828	콘스탄체와 니센 부부의 공동작업으로 모차르트 전기를 발간
1830	남편 게오르크 폰 니센 사망 묘비에는 '모차르트 미망인의 남편'이라고 표기
1842	잘츠부르크에서 70세를 일기로 사망

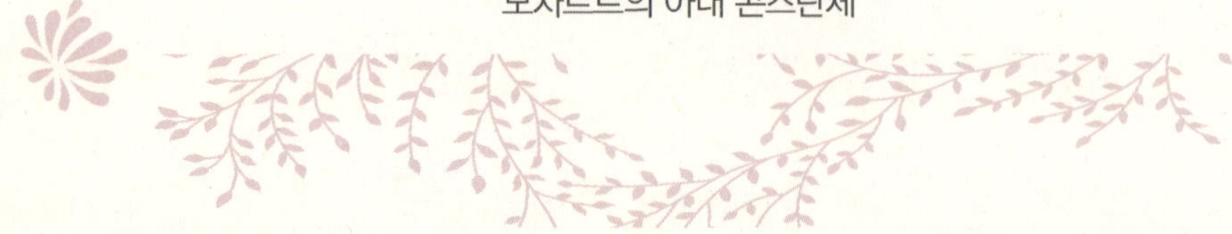

추운 날에는 탱고를!　　오선지에 새까맣게 걸린 악보만 봐도 지레 겁을 먹는 나의 클래식 취향은 다소 의외일지 모른다. 은밀히 말하자면 그것은 음악가들의 천재적 재능에 대한 부러움 때문이다. 그런데 무대가 아닌 평소 생활에서 보이는 그들의 기질은 참으로 유별나다. 일부 예외가 있긴 하지만, 어떤 식으로든 괴팍하고 난잡하기 이를 데 없다.

모차르트(1756~1791)도 다르지 않다. 그는 절대 예의란 것도 없고 경박했다. 사람들은 불가피한 상황을 만들지 않기 위해 은근슬쩍 그를 피해 다녔다. 다행히도 음악을 하는 무대에서만큼은 언제 그랬냐는 듯 전혀 딴사람이 된다. 감히 누구도 따를 수 없는 그 신들린 영감은 어디서 오는가. 하여 궁정음악가 살리에리(1750~1825)는 평생 그를 질투하며 열등감에 떨었다. 영화 〈아마데우스〉에서 우리도 함께 그를 위로하고 싶지 않았던가.

모차르트의 일대기를 그린 영화 〈아마데우스〉를 보면 그의 평범한 일상과 악상을 떠올릴 때의 모습은 자못 대조를 이룬다. 세상 물정 모르는 어린아이처럼 까르르 웃으며 경박하기 짝이 없는 목소리를 내는가 하면, 어느새 피아노 앞에 앉은 그는 미풍에 천상의 음악을 실어나르듯 순식간에 오선지에 악보를 그어댄다. 뿐만 아니라 모차르트의 아내 콘스탄체(1762~ 1842)도 줄곧 나쁜 여자로 표현되고 있다. 천박하고 낭비벽 심한 여자로 말이다. 이는 누구나 그녀를 악처로 기억하는 이유가 되리라.

당대의 최고음악가 살리에리를 비하시키고 콘스탄체를 악처로 몰아가는 것이 어떻게 가능한가. 아마도 영화이기에 가능한 것이 아닐까. 상상은 얼마든지 무한대로 뻗어갈 수 있는 거니까. 어쨌든 모차르트 말년의 궁핍했던 그 어려운 시기를 오롯이 떠안았던 사람은 다름 아닌 콘스탄체였다.

모차르트를 사랑하는 그녀만의 방식을 슬며시 찾아보았다. 다행히 그녀의 행실이 나쁘다고 할 만한 그 어떤 것도 찾지 못했다. 오히려 모차르트의 벌이가 시원찮았을 때 투정보다 고통을 함께한 양처였던 것이다. 이들이 경제에 아둔해 빚더미에 깔릴 지경이었지만 부부애는 남달랐다. 유난히 추운 겨울날, 난로에 넣을 장작이 없었을 때도 부부가 밤새 껴안고 춤추며 한기를 이겨냈다고 한다. 9년의 결혼생활 동안 여섯 명의 자녀를 두었으니, 부부 금슬이야 더 이상 말할 필요가 있겠는가.

그러면 왜 인정받는 유명 작곡가였던 모차르트가 이렇게 돈에 허덕여야 했을까? 두 가지 요인이 있었다. 우선 당시 모차르트는 고정수입이 아닌 후원금이나 공연이 있을 때만 수입이 생겼다. 궁정 소속이었을 때는 나름대로 안정된 생활을 했다. 그러나 당대의 빈 궁정음악가들이 벌인 음모에 모차르트는 번번이 일자리를 잃었다. 그의 천재적 음악성을 두려워하고 질시한 음악가들 때문이었다.

또 하나는 콘스탄체가 여섯 명의 아이를 낳으면서 몸이 극도로 쇠약해졌다는 사실이다. 하여 그는 아내를 특별히 챙기느라 부자들이 다니는 온천장에 자주 요양을 보냈고, 그로 인한 불편은 혼자 감수하거나 연주여행을 떠나곤 했다. 당연히 콘스탄체의 온천행에 따른 치료비와 약값 등에 많은 돈이 들었다. 그리고 자신의 여행에 든 경비도 만만치 않았으리라는 짐작이다.

▲1781년 5월, 고향 잘츠부르크를 떠나온 모차르트는 그가 사랑했던 알로이지아 베버의 집에서 다시 하숙 생활을 한다. 예견된 일이었을까. 모차르트는 그녀의 동생 콘스탄체를 사랑하게 된다. 그림은 요제프 랑게 (1751~1831)의 1782년작 〈모차르트의 부인 콘스탄체〉

하숙생 모차르트를 만나다　콘스탄체의 어머니 베버 부인은 빈에서 하숙집을 운영했다. 그녀는 딸 넷을 두었다. 모차르트가 연주 여행으로 빈에 왔을 때, 부인의 큰딸이자 콘스탄체의 언니인 오페라가수 알로이지아 베버를 알게 되었다. 연주를 할 때면 필히 오페라가수가 있어야 했는데 그녀가 이를 곧잘 해주었다. 모차르트의 곡을 제일 잘 소화했기에 그도 늘 만족해했다. 이로 인해 알로이지아와 좋은 감정을 키웠고, 결국 모차르트는 그녀를 열정적으로 사랑하게 되었다. 그러나 궁핍했던 그녀의 어머니는 딸이 돈 많은 남자에게 시집가길 원했다. 어린 알로이지아는 어머니의 뜻을 좇아 모차르트를 외면하고 돈 많은 희극배우 랭의 후처로 들어간다.

1781년 5월, 모차르트는 빈에 하숙집을 구했다. 고향 잘츠부르크를 아주 떠나온 것이다. 그를 걷어찬 알로이지아의 집이었으나 전부터 알던 곳이라 그리 정했다. 어쩜 예견된 일이었을까. 모차르트는 그가 사랑했던 알로이지아의 동생 콘스탄체를 사랑하게 된다.

그해 12월, 모차르트가 아버지에게 쓴 편지다. 네 딸 중 셋을 묘사할 때는 천박하고, 불성실하고, 심술궂고, 바람둥이 기질에다 천방지축이라 평을 하던 그가 콘스탄체에 대해 이야기할 때는 마치 딴사람이 된 양 신나게 써내려갔다. 사랑이 총총 박힌 칭찬 일색의 글이다.

"사랑스러운 '콘스탄체'는 집안일을 도맡아하며 다른 자매들 뒷바라지까지 하는 착한 성품은 물론, 총명하기까지 한 처녀이지요.

또한 그녀는 못생기진 않았지만 예쁘다고도 할 수 없는 외모를 지녔어요. 하지만 그녀의 반짝이는 검은 눈과 우아한 몸가짐은 정말 아름답지요. 세련되진 못해도 아주 소박하고 깔끔한 편인 데다 이 세상 누구보다 따뜻한 마음씨의 소유자랍니다. 아내와 어머니로서의 도리를 다하기에 모자람이 없는 현모양처감이고요. 더더욱 다행인 것은 낭비벽이 없다는 점이에요. 그리고 무엇보다 우리는 서로를 끔찍하게 사랑하고 있다는 것입니다.”

결국 아버지와 베버 부인의 완강한 반대에도 불구하고 두 사람은 서둘러서 결혼을 했다.

아버지의 사랑과 슬픈 소식　　모차르트에게 아버지의 헌신은 참으로 컸다. 그의 아버지 레오폴드 모차르트(1719~1787)는 바이올리니스트이자 궁정음악가였다. 그는 아들의 비범한 재능을 일찌감치 알아보고, 그 천재성을 키워주기 위해 어린 시절부터 마차를 타고 연주여행을 일삼았다.

그렇게 모차르트의 나이 여섯 살 때, 빈의 쇤브룬 궁 마리아 테레지아 여제 가족 앞에서 연주를 했다. 이 일은 어린 모차르트에게 음악에 대한 자신감을 심어주었고, 훗날 모차르트 연주의 후광이 되고도 남았다. 특별히 여제는 음악을 좋아했다. 빈이 유럽의 중심이자 음악도시로 도약하게 된 것도 순전히 이런 그녀의 취향 덕분이다. 황실에 궁정지휘자를 두었고, 음악회를 자주 열어 그들과 소통하면서 음악가들의 가계에도 큰 도움을 주었다. 하이든, 베토벤, 모차르트가 빈에 모여든 이유가 되겠다.

어쨌든 어린 모차르트는 여행을 하면서 만나게 된 자연의 빛과 소리, 특히 다양한 문화를 지닌 여러 음악을 두루 접할 수 있었다. 모차르트의 이러한 행보는 이십대 초반까지 계속되었다. 당대 음악가들 대부분이 평생 고향을 떠나지 못하고 눈을 감은 것에 비하면 엄청난 경험이자 자산이 되었다. 이에 클래식 평론가들도 그의 시공을 초월한 독특한 느낌의 연주가 이러한 보헤미안적 생활에서 나온다고 인정한 바 있다. 오스트리아, 독일, 이탈리아, 프랑스, 스위스 등지의 국경을 넘나들며 음악도시라면 안 가본 곳이 없을 정도다. 짧게는 몇 개월에서 길게는 2, 3년에 걸친 음악여행이 그의 일상이었으니 말이다.

잘츠부르크에서 슬픈 소식이 날아들었다. 아버지의 부음이었다. 그때 모차르트가 누나에게 보낸 편지를 보자.

"사랑하는 누나! 누나가 생활에 곤란을 겪는다면 이런 말을 할 필요도 없이 그동안 늘 생각해 온대로, 정말 기쁜 마음으로 누나에게 아버지가 남기신 모든 걸 주고 싶어. 하지만 지금 나는 아내와 아이를 부양해야 하는 입장이고, 누나한테는 별 필요 없겠지만 내게는 그것이 큰 도움이 될 것 같으니까 잘 생각해주길 바래."

1788년 무렵, 모차르트는 경제적 궁핍이 극에 달한다. 그가 교향곡 G단조를 작곡한 곳도 월세로 들었던 집이다. 가장으로서 그의 인생은 눈보라 휘몰아치는 혹독한 겨울이었다. 빈의 구시가지는 값이 비싸 있을 처지가 못 되니 교통이 좀 불편한 변두리로 이사했다. 이토록 경제적으로 비참한 시기에도 모차르트는 교향곡 39번, 40번, 41번을 또다시 세상에 내놓았고, 이는 모두 명곡으로 지금껏 온 인류의 사랑을 받고 있다. 참으로 존경스럽다. 그러나 아내인 콘스탄체의 입장에서 보면 존경심보다 연신 짓누르는 현실이 더 무거웠으리라. 어쩌면 현실에서 도망쳐버리고 싶지 않았을까.

▲콘스탄체가 악처였다? 일부에서는 콘스탄체를 낭비벽이 심하고 천재 모차르트를 돌보지 않은 매정한 여인으로 몰아붙이며 악처대열에 끼워넣기도 한다. 심지어 모차르트 사후, 그의 자필이 들어간 악보와 서한을 팔아 치우면서 돈 한 푼 더 받고자 그 악보를 둘로 나누어 팔았다는 비난까지 받았다. 그러나 최근 하나로 된 악보가 발견됨으로써 이것이 와전된 사실이었음이 밝혀졌다.

콘스탄체의 능력은 오히려 사후에 빛을 발한다. 궁핍한 생활 탓에 정신이 없을 법도 한데, 모차르트 추모음악회를 개최해 성공을 거둔 뒤 황제로부터 연금을 받게 된다. 이로 인해 과거 모차르트가 진 빚을 모두 갚았고, 두 아들을 프라하로 음악유학을 보낸다. 콘스탄체가 평소 모차르트를 흠모했던 게오르크 폰 니센과 재혼에 이른 것은 두 아들이 모두 장성한 이후였다. 아들 중 한 명은 자라서 음악교사가 되었고, 다른 한 명은 공무원으로 평범하게 살았다. 그러나 이들 모두 자식이 없었으니 모차르트의 후손은 아들 대에서 끊긴 셈이다. 콘스탄체는 재혼한 남편과 함께 모차르트의 전기를 출판하기에 이른다. 폰 니센이 얼마나 모차르트를 좋아했으면 그의 묘비에 '모차르트 미망인의 남편'이라고 기록했을까.

모차르트, 미완성 진혼곡 그 너머의 세상으로 떠나다　1791년 12월 5일, 그녀의 남편 모차르트가 숨을 거두었다. 미완성의 레퀴엠(라틴어로 안식을 뜻하는 진혼곡)은 정말 그의 숨통을 조였던 것일까. 모차르트는 아버지를 여읜 상실감이 상상도 할 수 없을 만큼 컸다. 그에게 아버지의 존재는 늘 든든한 스승이자 후원자였기에 더욱 그렇다. 하필이면 모차르트가 아버지의 환상에서 헤어나지 못하고 폐인처럼 나뒹굴 때 발제크 슈투파흐 백작이 찾아왔다. 그리고 자기 아내의 사망 1주기 추모를 위한 진혼곡을 의뢰했다. 그 곡을 만드는 동안, 검은 코트를 걸친 유령이 밤마다 모차르트를 붙들고 괴롭혔다. 심신이 허약해진 그는 작곡을 하는 내내 여기저기 혼령에 이끌려 다니다 쓰러졌다. 산 자와 죽은 자의 혼란 속에 갇혀 혼미해진 그가 진혼곡을 작곡하면서 점점 더 그 사념에 빠져들어 고통받았으리라. 끝내 모차르트는 레퀴엠을 다 완성하지 못하고 싸늘한 주검이 되었다.

마지막 겨울, 비바람에 에이는 슬픔　그해 빈의 겨울은 유난히 춥고 변덕스러웠다. 겨울해도 짧은 데다가 하루에도 수십 번씩 비와 진눈깨비와 눈이 번갈아 내렸다. 콘스탄체는 몸져눕고 몇 명의 친구들만이 마차를 따랐다. 그들마저 빈에 있는 생마르크스 공동묘지(베토벤과 슈베르트, 브람스 등 유명 음악가의 무덤이 보존되어 있는 곳) 입구에서 돌아와야만 했다. 상여꾼들에게 저지당해 묘지 안에는 들어가지도 못하고 발길을 돌렸다. 이렇듯 유족이며 지인들 누구하나 입회하지 않은 채 모차르트는 공동묘지 인부들에 의해 대여섯 구의 행려병자들과 함께 미리 파놓은 구덩이에 내던져졌다. 이 공동묘지란 것이 참으로 야속했다.

　말년에 모차르트는 힘든 가계를 꾸렸기에 그의 시신은 12월의 삭풍과 함께 그렇게 묻혔다. 장례식이랄 것도 없이 그의 주검은 콘스탄체와 결혼식을 올렸던 슈테판 성당 시신보관소에서 두어 시간 머물렀다. 이때 행려병자들과 함께 묻히게 된 모차르트는 무슨 생각을 했을까?

어쩌면 그가 진혼곡 레퀴엠을 완성하지 못한 것은 바로 요절할 자신에게 혼을 빼앗겨 미련을 둔 탓일 게다. 이 세상을 하직하리란 위대한 음악가의 마지막 여운 같은 것 말이다. 숨을 거둔 지 하루 만에 해치운 장례였으니, 그가 작곡하다 만 진혼곡의 잉크도 채 마르지 않았을 시각이 아닌가. 이같이 진정한 진혼곡을 위해 죽음을 넘나들며 친히 체득하려 했던 그였다.

정녕 콘스탄체는 이 참혹한 시련을 어찌해야 할까? 당장 어린 두 아들과 거리에 내몰리게 된 그녀의 신세도 참으로 딱하다.

그날 공동묘지는 한 치 앞도 가늠할 수 없는 안개에 휩싸였다고 했다. 그 하늘의 심사를 좀 알 것도 같다. 이 쓸쓸하고 비참한 광경을 누가 볼세라, 안개로 장막을 치고 하늘도 노심초사했던 모양이다. 막판에는 마구 비를 퍼부었다. 갑작스런 비바람으로 인부들도 급히 내려오는 바람에 그가 묻힌 장소는 더더욱 오리무중이 되었다고.

본디 인간의 삶이 불화를 품고 있기 때문인가? 인간이 천성적으로 만족하지 못하기 때문인가? 불화가 인간의 숙명이라면 결국 우리는 이 불화를 견뎌내야 한다. 그것은 완전해소가 불가능한 우리의 태생적 한계가 아니겠는가.

빈 시민들은 모차르트를 그렇게 보냈다. 일말의 동정심도 없이 무심했다. 그리곤 모차르트가 떠난 지 60년이 지난 지금에 와서야 자신들의 잘못을 뉘우쳤다. 허나 공동묘지에 이름도 없이 묻혔으니 어떻게 그를 찾을 수 있으리. 뒤늦게 당시 인부들이 대충 더듬

▲슈테판 성당 오스트리아의 수도 빈에 있는 대성당. 1147년 로마네스크 양식으로 건설되었으나 1258년 빈을 휩쓸던 대화재로 전소되었다. 1263년 보헤미아 왕에 의해 재건된 뒤, 1359년 합스부르크 왕가가 헐어버리고 고딕양식으로 개축했다. '빈의 혼'이라 부를 정도로 빈의 상징으로 꼽히며 공사기간이 무려 65년이나 걸린 거대한 사원이다. 성당 이름은 그리스도교 역사상 최초 순교자로 기록된 성인 슈테판에서 딴 것이다.

어 말한 애꿎은 자리에 천사조각상의 묘비를 세워놓긴 했다. 하여 시市에서는 세계 각국에서 밀려드는 관광객을 이곳으로 안내하니 쓸쓸함을 지울 수 없다. 그 흔한 묘비명도 없는 그곳을 지키고 서 있는 어린 천사의 갸우뚱한 표정이 의미심장하지만, 요절한 천재 의 묘지이기를 애써 바랄 뿐이다.

이 어처구니없는 일을 18세기 빈 사람들은 변명이라도 해야 할 것이다. 그는 살아생전 돈도 명예도 없이, 그 영광 누릴 후손 하나 남기지 못하고 떠났다. 콘스탄체는 아이를 여섯이나 낳았다. 그러 나 당시 영아 사망률이 60퍼센트였으니 겨우 아들 둘만 건질 수 있었다. 그렇게 살아남은 두 아들에게는 자식이 없었다. 결국 모 차르트 가문은 그 아들 대에서 끊긴 셈이다. 이리하여 오스트리아 에 모차르트의 후손은 없다. 비록 자신을 돌보지 못한 행복한 일 생은 아니었지만, 인류에게는 영원한 행복을 남겨준 그가 아닌가.

악성樂聖 베토벤과 시성詩聖 괴테는, "나는 죽는 날까지 모차르 트의 숭배자"라고 애틋한 고백을 했다. 쇼팽 역시 죽기 직전 피아 노를 연주해달라고 부탁하여 친구들이 쇼팽을 연주하려고 하자 "아니, 그보다 더 좋은 모차르트……"라고 말했고, 말러도 죽기 직전 무슨 생각에선지 "모차르트……"를 부르며 숨을 거두었다. 천재 과학자 아인슈타인도 "죽음이란 무엇인가?"라는 제자들의 질문에 "나에게 죽음이란 더 이상 모차르트를 들을 수 없는 것이 다"라고 대답했다. 한편, 《모차르트 평전》의 작가 필립 솔레르스 는 그의 죽음을 두고 이렇게 말했다.

"신은 우리에게 그를 보내주었다가 다시 데려갔다. 우리는 그를

▲모차르트 음악에서 '쾨헬' 작품번 호가 뜻하는 것은? 모차르트의 음악 에는 유독 자주 들리는 단어가 있다. 바로 쾨헬번호인데, 모차르트의 오페 라 〈마술피리〉는 620번이다. 흔히 대 문자 K 혹은 KV로 표기한다. 이는 생 전에 모차르트가 직접 붙인 것은 아니 고, 독일의 식물학자이자 음악학자인 루트비히 폰 쾨헬에 의해 처음 작성된 것이다. 음악가들이 작곡한 수많은 곡 들을 정리할 필요가 있었고, 무엇보다 곡 간의 혼동을 방지하기 위해서도 꽤 나 유용한 정리법이다.

보통 줄여서 Op.를 쓰는데 유명작곡가 들의 작품번호에는 정리한 사람의 이 름을 붙여 사용하곤 한다. 바흐나 하이 든도 본인이 작품번호를 붙이지 않았 으나 베토벤의 경우에는 주요 작품에 번호를 붙였다. 유명한 것으로는 바흐 협회에서 붙인 바흐의 작품번호 BWV, 독일음악학자 도이치가 붙인 슈베르 트의 작품번호 D, 음악학자 호보켄이 붙인 하이든의 작품번호 Hob(H), 베토 벤이 직접 붙이지 않은 곡에 붙어 있 는 WoO 등이 있다. 모차르트의 마지 막 쾨헬번호는 〈레퀴엠〉으로 626번이 다. 위의 앨범은 〈레퀴엠〉의 레퍼런스 칼 뵘 지휘, 필하모닉의 1971년 작품. 아래 그림은 〈레퀴엠〉을 작곡할 당시 모차르트의 모습을 담고 있다.

감당할 자격이 없었지만, 그는 우리를 다른 세계로 데려간다."

불멸의 사랑은 불후의 명곡을 남기고　모차르트는 두 여자를 사랑했는데, 콘스탄체의 언니 알로이지아로부터 실연을 당했다. 그래서였을까, 지극히 평범했던 콘스탄체를 향한 그의 사랑은 절대적이었던 것 같다. 사실 모차르트는 콘스탄체와 결혼한 후 안정적으로 작곡에 매달렸다. 그리고 연주회도 활발히 가졌다.

　모차르트는 스스로 '사랑받고 있는가?'에도 매우 민감했다. 그래서 종종 관중석이나 주변 사람들에게 "저를 사랑하세요?"라고 물어보곤 했단다. 사랑한다는 그 행복한 느낌으로 작곡도 연주도 술술 풀어갔다고 말이다. 한 번은 친지가 장난으로 "아니"라고 대답하자 어린 모차르트는 눈물을 글썽였다고 한다. 이는 일방적으로 받기만 하는 것이 아닌, 예컨대 그가 아버지에게 쓴 편지 말미에 "사랑하는 아버님께 천 번의 입맞춤을 보냅니다"라거나 아내 콘스탄체에게도 "백만 번, 십억 번" 하는 식이다. 이는 나이가 들어서도 크게 변하지 않았다니, 세간의 이야기대로 콘스탄체가 악녀였다면 어디 지쳐서 행복한 느낌으로 작곡과 연주를 해낼 수 있었을까.

　세계적인 작곡가들이 뛰어난 명곡을 작곡한 배경에는 다양한 형태의 사랑이 존재했을 터. 어쩌면 그 사랑에서 비롯된 고통도 필연적으로 감내해야 했느니. 그렇다면 그녀의 보이지 않는 사랑의 힘은 어떤가. 그녀가 나름대로 가정의 중심에 있었기에, 모차르트가 모든 것에 우선하여 음악을 할 수 있지 않았을까.

　35년의 짧은 생애에 6백여 곡을 작곡한 모차르트의 천재적 음악성은 그의 요절에도 아랑곳없이 오롯이 살아 있다. 모든 인류의 가슴 속에 면면히 흐르고 있다. 그 지난한 가난 속에서 동고동락한 콘스탄체에게도 애정 어린 시선이 필요할 때이다.

살리에리가 모차르트를 시기했는가?
당시 살리에리의 오페라 《타라레》가 《돈 조반니》보다 유명했다

피터 쉐퍼의 희곡에 바탕을 둔 영화 〈아마데우스〉로 인해 우리는 자칫 모차르트는 천재적인 작곡가이고, 살리에리는 그 천재의 그늘에 가려진 비운의 음악가로 여기기 쉽다. 그러나 사실상 모차르트의 죽음과 살리에리와는 직접적 연관이 없다고 보는 것이 정설이다.

살리에리의 오페라들은 18세기 후반 유럽사회를 뒤흔든 뛰어난 작품들이었고, 그의 오페라 《타라레》는 당시 모차르트의 작품 《돈 조반니》보다 인기가 높았다고 한다. 그렇다면 어떻게 영화 〈아마데우스〉가 가능했는가. 영화의 바탕이 된 문학작품이 있었는데, 그것은 1830년 푸슈킨이 쓴 희곡 《모차르트와 살리에리》였으며 림스키코르사코프 또한 1898년 오페라 《모차르트와 살리에리》를 쓰기도 했다. 특히 살리에리에 대한 허구가 지나치게 비약된 데에는 영화 〈아마데우스〉가 한몫을 했다. '살리에리가 모차르트의 재능을 시기한 끝에 모차르트에게 《레퀴엠》을 짓도록 사주하여 그를 죽음으로 몰고간다'는 극단의 이야기가 그 중심에 깔려 있던 것. 영화를 본 관객이라면 누구든 살리에리가 모차르트를 죽음으로 인도한 장본인이라 여길 것이다.

이렇게 가끔 우리는 픽션에 현혹되어 사실과 허

영화 〈아마데우스〉 1823년 눈보라치는 밤, 자살을 시도하다 실패한 노인이 수용소에 수감되고 한 신부가 그를 찾아오면서 이야기는 시작된다. 당시 노인은 과거를 회상하며 모차르트의 공연을 보곤 그 천재성에 감탄하여 심한 자괴감에 빠져드는데, 그 노인이 바로 궁정 음악장인 살리에리다. 이 영화는 모차르트의 음악을 둘러싼 천재작곡가 모차르트와, 끊임없이 노력하고 자신에게 작곡의 능력을 준 신께 경배하는 노력파 살리에리의 내면적 갈등을 다룬 수작이다. 1984년 개봉되어 작품상과 감독상, 남우주연상 등 아카데미 8개 부문을 휩쓸었다.

구를 혼동할 때가 있다. 그렇다면 이제 냉정히 당시로 돌아가서 헤아려볼 일이다. 과연 살리에리는, 또는 모차르트는 서로의 음악에 대해 얼마나 좋아했을까, 어떻게 생각하고 있었을까?

모차르트는 잘츠부르크에서 태어나 여섯 살 때 아버지를 따라 연주여행을 떠난다. 소년시절은 그렇게 '음악의 신동' 소리를 들으면서 파리 · 런던 · 암스테르담 등 유럽 각지를 떠돌며 음악을 연주한다. 그렇게 10년 정도를 떠돌다보니 어린 모차르트는 자주 병에 걸리기도 하지만, 이때의 여행을 통한 체험은 앞으로 그의 음악에 큰 밑거름으로 작용한다. 특히 1764년경 런던에서 만난 요한 크리스티안 바흐의 영향을 많이 받았으며, 그로부터 처음 교향곡 작곡법을 배우게 되었다. 또한 1772년 16세의 나이에 경험한 이탈리아 여행은 오스트리아인으로서의 음악관을 형성하는 데 결정적 영향을 주게 되는데, 그때 작곡한 대표곡이 〈알렐루야〉다.

당시 모차르트의 아버지 레오폴드는 그를 빈의 궁정악단에 취직시키려 했으나 실패하고, 결국 모차르트는 고향 잘츠부르크의 궁정음악가로 활동할 수밖에 없었다고 한다. 이때부터 약 7년간 모차르트는 잘츠부르크에 머물게 되는데, 이 시기 그는 오스트리아 음악가인 하이든 작품에 큰 영향을 받으며 빈고전파 음악의 토대를 만들었다. 그리고 운명의 전환점이 오는데, 1777년 어머니와 만하임을 거쳐 파리여행을 할 때 만하임에서 그의 마음을 사로잡은 여인이 있었으니 그녀가 바로 베버 가의 알로이지아다. 열렬한 연정을 느껴 구애를 하지만 결국 실패하고 타향에서 어머니마저 죽음을 맞는 비운을 겪은 모차르트는 1781년 스물다섯의 나이에 미련없이 잘츠부르크와 결별을 고한다. 이런 일련의 과정 속에서 〈플루트협주곡〉 〈바이올린협주곡〉 〈대관식 미사〉와 같은 많은 작품들이 탄생하게 된다.

빈으로 거처를 옮긴 후 모차르트는 잇따라 명작을 써내는데, 1782년 오페라 《후궁으로부터의 도주》가 완성되고, 같은 해 알로이지아 베버의 동생 콘스탄체와 결혼한다. 1786년 오페라 《피가로의 결혼》을 완성하여 성공을 거두고 1년 뒤 다시 대작 《돈 조반니》를 완성, 프라하에서 첫 공연을 성공적으로 마친다. 그러나 경제적으로는 여전히 궁핍했으며, 장남을 잃은 데다 3남마저 보내고 아버지 레오폴드까지 세상을 떠나는 잇단 슬픔 속에서 실의의 나날을 보낸다. 모차르트 본인 또한 몸이 점점 쇠약해지기 시작했으나, 이런 와중에도 작곡은 계속되었다. 1787년 〈현악 5중주〉는 이 무렵 만들어졌고, 이듬해 건강이 더욱 악화된 가운데서도 두 달 만에 3대 교향곡을 작곡해나갔다. 그리고 1791년 7월, 오페라 《마적》의 완성을 앞두고 낯선 남자로부터 〈레퀴엠〉 작곡을 의뢰받는다. 이때 모차르트는 어쩌면 자신의 죽음이 가까워오고 있음을 알고 있었을 것이다. 《마적》의 초연은 성공을 거두었으나 〈레퀴엠〉은 미완성인 채 모차르트는 35세를 일기로 세상을 뜬다.

그렇다면 살리에리는 어떠한가. 안토니오 살리에리는 1750년 이탈리아 레냐고(당시 오스트리아 영토)에서 부유한 상인의 아들로 태어났다. 유년기부터 음악적 재능을 보이며 바이올린과 하프시코드를 배웠고, 부모가 일찍 세상을 떠나자 베니스로 이사해 작곡가 조반니 바티스타 페세티로부터 화성악을 배웠다. 1766년부터 레오폴드 가스만을 만나 체계적인 음악교육을 받으며 비엔나 궁정으로도 초대된 살리에리는 당시 요제프 2세와도 알게 된다. 오페라와 실내악, 종교음악에 관련된 작곡을 하여 명성을 쌓아갔고, 1770년 오페라 《여류 문인들》, 1772년 《아르미다》를 상연하여 성공하며 그 능력을 널리 인정받아 1788년 궁정악장이 되었고, 1824년 죽을 때까지 그 지위에 있었다.

살리에리의 오페라들은 18세기 말 전 유럽에서 갈채를 받았으며 《마음에 든 유럽》 상연에 이어 1784년 글루크(1714~1787)와의 공동작품인 오페라 《다나이드》를 파리에서 상연해 성공을 거둔다. 2년 뒤 파리에서 초연된 오페라 《오라스》 역시 성공을 거두었으나, 이 무렵부터 글루크의 오페라 양식을 그대로 흡수하면서 창작의욕이 반감된 살리에리는 1804년을 끝으로 더 이상 오페라를 쓸 수 없게 되었다.

대신 후진양성에 힘썼는데 하이든, 베토벤과 친교를 맺으며 특히 베토벤에게 대위법을 가르치기도 했다. 베토벤이 그를 위해 1797년 〈피아노와 바이올린을 위한 세 곡의 소나타〉를 헌정했다는 얘기는 유명하다. 덧붙여서 모차르트 또한 1787년 빈에 머물 때 베토벤을 만났는데, 당시 교육비를 일절 받지 않고 그를 지도해준 적도 있다고 한다. 그렇다면 살리에리와 모차르트가 직접 대면한 적이 과연 없었겠는가.

살리에리와 모차르트가 작곡한 곡들을 비교해본다면 살리에리는 43곡에 이르는 오페라가 있고, 그 밖에 종교음악이나 기악곡도 다수 남겼지만 모차르트에 비견할 수는 없다. 이에 반해 모차르트는 오페라, 교향곡, 행진곡, 협주곡, 미사곡 등 총 장르에 걸쳐 무려 6백여 곡을 남기고 있다. 가히 살리에리와는 비교도 안 될 다작을 남긴 셈이다. 모차르트와 살리에리가 서로의 음악에 대해 어떻게 생각하고 있었는지는 여전히 의문이지만, 개성 넘치고 다양한 음악을 구사하던 모차르트가 궁정음악가이던 살리에리 음악을 그다지 좋아하지 않았으리라는 것은 미루어 짐작할 수 있다. 결국 모차르트도 가고 살리에리도 저세상으로 갔지만 그들의 음악만은 오롯이 남았다. 한마디로 "인생은 짧고 예술은 길다."

그대와 함께라면, 보헤미안 사랑의 결정체

쇼팽의 연인 **조르주 상드**

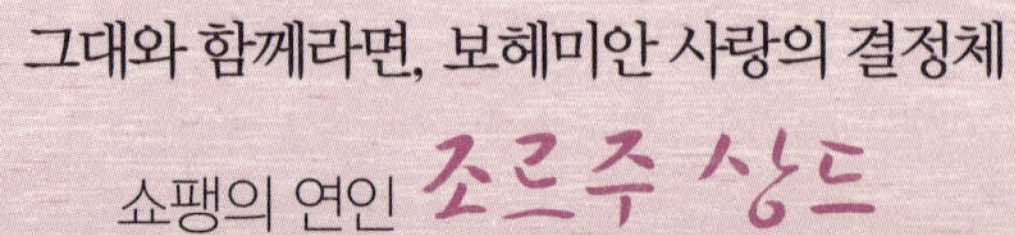

조루즈 상드 (George Sand 1804~1876) 본명 오로르 뒤팽(Aurore Dupin)

1804	7월 1일 모리스 뒤팽의 자녀로 파리에서 출생
1808	부친 사망, 노앙의 할머니 댁으로 이주
1822	할머니 사망. 카지밀 뒤드방 남작과 결혼
1823	아들 모리스 출산
1828	딸 소랑쥬 출산
1830	폴란드에서 바르샤바 봉기가 일어남. 쇼팽은 고국으로 가려 했으나 부친 만류로 빈에 잔류
1831	파리로 이주하여 줄 상드와 동거
1832	소설 《앵디아나》를 집필
1833	소설 《렐리아》를 발표. 알프레드 뮈세와 동거(~1835)
1834	뮈세는 희곡 〈판타지오〉〈사랑을 장난으로 하지 말아라〉 등을 발표
1835	뒤드방과 정식 이혼
1838	쇼팽과 동거(~1847)
1839	상드와 머물면서 쇼팽은 〈빗방울 전주곡〉〈마주르카〉 등을 작곡함
1842	인도주의적 사회소설 《콩쉬엘로Consuelo》를 발표
1846	전원소설 《마魔의 늪》을 발표
1848	2월혁명 발발로 중도적 군주제를 펴던 루이 필리프 왕이 영국으로 망명 상드는 소설 《기아 프랑수아》를 발표. 쇼팽은 마지막 콘서트를 개최하고 그해 10월 사망
1849	소설 《사랑의 요정》을 발표
1853	소설 《피리 부는 사람들의 무리》를 발표
1855	회상록 《내 생애의 역사》를 발표
1857	알프레드 드 뮈세 사망
1876	6월 7일 노앙에서 72세를 일기로 사망

그대와 함께라면, 보헤미안 사랑의 결정체

쇼팽의 연인 조르주 상드

▲쇼팽(1810~1849) 폴란드의 작곡가이자 피아니스트. 프랑스인 아버지와 폴란드인 어머니 사이에서 태어났다. 주요작품이 대부분 피아노곡으로, 피아노라는 악기를 통해 인간의 목소리와 같은 부드러운 멜로디를 노래하는 표현방법을 연구하여 악센트의 이동과 리듬의 고안, 화성상의 혁신과 음색변화, 3부형식을 발전시켜 개성적인 음악어법을 확립했다. 일생을 피아노곡 작곡에 전념했으며 즉흥곡, 녹턴, 마주르카, 왈츠, 폴로네이즈 등은 쇼팽이 개척한 피아노곡 형식이다. 특히 야상곡(녹턴)은 원래 존 필드가 창시한 것이나, 그가 1822년부터 1833년까지 파리에 체류하면서 쇼팽에게 영향을 주었고, 쇼팽은 여기서 진일보하여 독창적인 형식의 야상곡을 남겼다. 그 중 〈야상곡 제12번 G장조 작품 37〉은 쇼팽이 조르주 상드와 사랑에 빠져 파리에서 마요르카 섬으로 도피해 있던 1938년부터 1939년에 걸쳐 쓴 작품이다.

'드메 신드롬Demers syndrome'이란 말이 있다. 연상녀-연하남이 커플을 이루는 풍조를 이르는데, 19세기 초 파리에 살던 청년 드메가 조르주 상드를 비롯한 연상의 여인에게만 사랑을 고백하고 다녔다는 데서 유래한다. 요즘 우리 사회에서도 자주 볼 수 있는, 이제는 사회적 현상의 하나로 받아들여지고 있다.

드메 신드롬의 주인공 중 하나인 조르주 상드(1804~1876)는 시인 뮈세와 음악가 쇼팽의 전성기를 함께 한 여인이다. 당대의 도스토예프스키가 인정한 프랑스의 유명한 소설가이기도 했다. 근래 들어 상드는 가식과 위선을 모르는 자유분방한 성해방의 선각자로 재평가되기도 하지만, 정작 그녀 자신은 사랑을 하면서도 어떤 외로움에서 해방될 수 없었던 것일까? 의외로 사랑하는 사람을 뒤로하고 헤어질 때는 매몰찼다. 어쩌면 우리가 아는 헤픈 사랑의 주인공이라기보다 보헤미안적인 이방인이 아니었을까.

남장을 하고 살았으나 시인, 피아니스트, 조각가 등 예술가를 좋아하고 사랑할 때의 모습은 영락없는 여인이 아니었던가. 뮈세는 정신적으로 시름시름 앓는 것도 모자라 발작을 일으키며 그녀의 목을 조르기도 했으나 그런 충격 속에서도 정성껏 그를 간호했고, 쇼팽 또한 그녀를 만날 당시 이미 폐병을 앓고 있었기에 그의 요양과 각혈, 인근주민들의 퇴거명령까지 감수하며 곁을 지켰고, 무엇보다 그가 몇 주일씩 문을 걸어잠근 채 피아노를 두들겨대도 모성애적인 사랑으로 예술을 이해했다. 그런 사랑을 하며 자신의 소설도 완성했던 것이다. 하지만 불행하게도 지금껏 그녀의 문학사적 비중보다 사생활이 더 화제가 된 탓에, 수많은 작품들이 서점이나 필독서 목록에서 제외되어 세상 사람들이 읽을 수 없었다. 참으로 가슴 아픈 일이 아닐 수 없다.

조르주 상드의 탄생　조르주 상드는 그녀의 연인 쥘 상드의 이름에서 빌린 것으로 본명은 오로르 뒤팽이다. 아버지는 폴란드 왕실의 후예였고 어머니는 파리 빈민굴 새장수의 딸이었다고 한다. 그러니까 그녀는 정실부인이 아닌 후처 소생이다.

상드가 네 살 때 아버지가 갑자기 말에서 떨어지는 사고로 세상을 떠나자 할머니는 눈엣가시 같은 그녀의 어머니를 대번에 내쳤다. 이를테면 천한 어머니 손에서 손녀가 자라는 것이 못마땅해, 상속금 좀 챙겨주고 그 양육권과 상속권을 아예 포기시켰던 것이다.

그리하여 상드는 프랑스 중부의 시골마을 노앙에서 할머니 손에 자랐다. 다행히 그녀의 할머니는 음악과 예술에 조예가 깊었다. 덕분에 상드는 오르간, 클라비코드(16~18세기 초 유럽에서 하프시코드와 함께 널리 쓰였던 건반현악기), 하프 등의 연주도 배웠고 그림과 라틴어, 희랍어, 역사, 수학 외에 호머(BC 8세기경 《일리아스》와 《오디세이아》를 저술한 고대그리스 작가), 라신(1639~1699 《베레니스》 《이피제

▲**뮈세(1810~1857)** 프랑스의 시인, 소설가이자 극작가. 파리 태생으로 20세에 대담하고도 분방한 시집 《에스파냐와 이탈리아 이야기》를 발표하며 문단에 데뷔해 낭만파 시인으로서 사교계의 총아가 된다. 그러나 점차 낭만파 시에 한계를 느끼며 독자적 길을 걷는다. 1833년 여류작가 조르주 상드와 사랑에 빠졌으나 이듬해 헤어지고, 연애의 번뇌와 고통을 노래하며 시인으로 크게 성장한다. 한때 방탕한 생활을 하다가 30세를 넘긴 후부터는 재능이 쇠퇴하기 시작해, 1852년 아카데미 프랑세즈 회원이 되었으나 다시 일어서지 못하고 눈을 감았다. 분방한 상상력과 섬세한 감수성으로 항상 신선하고 솔직하게 사랑을 노래한 뮈세는 낭만파 시인 가운데 가장 시인다운 시인이라 일컬어진다.

니》《페드르》 등을 저술한 프랑스 작가), 몰리에르(1622~1673 《타르튀프》 《동 쥐앙》《인간 혐오자》 등을 저술한 극작가 겸 배우) 등의 작품들도 탐독할 수 있었다.

부모 없는 아이답지 않게 티 없이 맑은 아이로 자란 상드는 또래 아이들과 한적한 시골마을 노앙의 숲과 들판을 마구 뛰놀며 유년기를 보냈다. 16세 때는 수도원에 가서 교육도 받았는데, 수녀가 되고픈 마음이 있었으나 눈치 빠른 할머니가 서둘러 데려간 뒤 노앙의 영지를 물려주었다.

이때부터 그녀의 태도에 변화가 왔다. 남장을 즐겨하며 말 타고 사냥을 하는 등, 여자도 남자도 아닌 애매한 취향으로 자유분방해졌다. 하지만 그것도 잠시, 18세 때 할머니가 돌아가시자 이제 상드에게 피붙이라곤 어머니밖에 없잖은가. 그리하여 파리에 사는 어머니를 찾아가니, 그 동안의 그리움이 컸던 만큼 어머니도 더할 수 없이 좋아했다. 하지만 곧 딸에게서 시어머니의 모습을 발견한 그녀는 이유 없이 화를 내고 짜증내는 일이 많아져 더는 어머니와 함께 지낼 수가 없었다.

혼자는 외로워 둘이 되다　　그야말로 혼자가 된 상드는 길거리를 방황하다 언젠가 만났던 아버지의 친구 뒤프레시스 댁을 찾아갔다. 운 좋게도 그 댁에 머물게 된 상드는 음악회나 연극 모임에도 나갈 수 있었는데, 이때 만난 청년이 카지밀 뒤드방 남작(1804~1876)이다. 둘은 서로 사랑하여 1823년 9월 정식으로 결혼한다. 뒤드방 남작은 사생아이긴 해도 아주 부자였고 보기 드문

▲ **도스토예프스키(1821~1881)**
모스크바에서 태어난 러시아의 소설가. 1846년 첫 작품 《가난한 사람들》로 '제2의 고골리'라는 극찬을 받으며 화려하게 문단에 데뷔했다. 사회주의 일원으로 활동하다 1849년 체포되어 사형판결을 받은 후 총살형이 집행되기 직전 황제의 명으로 목숨을 건졌지만, 옴스크에서 1854년까지 유배생활을 했다. 이 체험을 바탕으로 《죽음의 집의 기록》을 펴냈다. 그밖의 《백치》 등의 작품에도 사형집행 직전의 심리묘사가 잘 나타나 있다. 1858년 페테르부르크로 돌아와 다시 문학활동에 전념했는데 이때부터 사회주의를 탈피하며 기독교적 인도주의자로 사상 변화를 겪는다. 그는 러시아문학의 최고 거장이자 20세기 소설에 큰 영향을 끼친 인물이다. 극단적이고 이질적인 인물의 뛰어난 심리묘사를 통해 인간에 대한 깊은 이해를 끌어내고 있다. 주요 작품으로 장편 《죄와 벌》《카라마조프가의 형제들》 등이 있다.

미남이었다. 하지만 그는 상드에게 무자비하고 무례했다. 노앙 영지의 오래된 나무들을 베어버리는가 하면 그녀가 애지중지하던 늙은 개와 앵무새마저 죽였다.

상드는 이런 그의 거친 야성을 가라앉히려 갖은 애를 썼으나 뜻대로 되지 않았다. 남편에 대한 환멸은 점차 무관심으로 변했고, 그녀는 오로지 아들과 파리의 친지들에게만 관심을 쏟았다. 이것이 화근이 되어 부부는 걸핏하면 싸웠고, 힘없는 그녀는 손찌검과 감시를 당하며 살았다.

이때 상드는 한 가지 사실을 깨달았다. "결혼이란 자기희생에 불과할 뿐이야." 결국 그녀는 요양을 핑계로 남편 곁을 떠났다. 파리에서 처녀시절 친구인 의학자 스테판과 젊은 법률가 드 세즈를 만나 함께 지내기도 했다. 이 무렵 상드는 딸 소랑쥬를 낳았다. 그리고 그녀가 남자친구들과 어울려 지낸다는 사실을 남편이 알게 되자, 상드는 이를 우정관계로 허락해달라고 정중히 요구했고, 남편 또한 나름대로 여색을 즐기고 있던 터라 애써 반대하지 않았다.

그러나 여전히 무료했고 어떤 해방구가 필요했던 상드는 그림과 소설 창작에 몰두했다. 왜 하필 그 문학마저 남자들의 전유물인가. 이때 그녀 앞에 미남청년 법학도 쥘 상드가 나타났다. 법학도인지 문학도인지 구분이 안 갈 정도의 박식함에 상드는 그와 시간가는 줄 모르고 토론하기 일쑤였다.

그러던 어느 날, 서랍을 정리하던 그녀는 '내가 죽은 후 펴보시오'라고 적혀 있는 봉투 하나를 발견했다. 다름 아닌 남편이 자신

▲ 음악과 예술에 조예가 깊은 할머니 밑에서 자란 상드는 어린 시절 오르간과 하프를 익히고, 라틴어와 희랍어, 역사와 수학 등을 배우며 호머에서 몰리에르에 이르기까지 고전과 현대를 넘나들며 다양한 독서를 즐기는 문학도로 성장할 수 있었다. 16세 때 수도원 교육을 받았다는 점이 흥미롭다.

을 저주하고 비방하는 내용이었다. 수취인도 명기하지 않은 것은 누구든 이 글을 보고 유포시켜 달라는 취지가 아니었겠는가. 그거야 다분히 주관적이니 그렇다 손치더라도, 자기를 타락한 여자로 취급한 것에 분노가 일었다. 상드는 당장 남편에게 달려가 "나에게 자유와 연금을 달라"고 했다. 헤어지자는 통고였다. 그리고 무작정 파리로 나왔다.

뮈세와의 만남　남편과 어린 자녀를 시골저택에 남겨둔 채 집을 나온 상드는 파리로 가서 전에 마음이 잘 통했던 줄 상드에게 전화했다. 그리고 오갈 데 없는 그녀를 반갑게 맞아준 그와 함께 생활했다. 1832년 상드는 생활비를 벌기 위해 친구의 권유로 《앵디아나》란 소설을 신문지상에 연재하게 된다. 4대에 걸친 조상들의 이야기로 서두가 시작되는 이 자전적인 소설은 출간되자마자 뜨는 바람에 그녀도 일약 유명인사가 되었다.

이때 필명으로 '조르주 상드'라는 남자이름을 슬쩍 디밀었던 것이 오늘날 우리가 알고 있는 그녀의 이름이 되고 말았단다. 어쩌면 남편과 자식을 버린 그녀로선 파리의 생활을 위해 여성에게 가해지는 제약으로부터 좀 자유로워지고 싶었던 모양이다. 사뭇 중절모에 남장을 하고 담배를 피우며 남자들과 대등하게 어울렸다. 그들과 함께 문학과 혁명을 논하면서 정열적으로 글을 썼다. 한편, 2년간 동거했던 줄 상드와는 헤어지게 된다. 그녀가 잠시 집을 비운 사이 다른 여자를 불러들였기 때문이다.

1833년 상드는 어느 만찬장에서 시인 뮈세를 만난다. 그는 아직 스물셋의 어린 나이임에도 술과 도박과 여자에 탐닉하며 스스로 번민 속을 헤매고 다녔다. 그런 자신을 알고도 어찌하지 못했던 것일까. 곧 자신의 안식처로 여섯 살 연상의 상드를 붙잡았다. 상드는 그를 거절했다. 하지만 그의 거듭되는 구애에 결국 허락하고 말았다.

얼마 후, 이미 병세가 깊었던 뮈세가 발작증세를 보였다. 그 충격으로 상드는 우울증에 걸렸다. 이를 벗어나볼 심산으로 두 사람은 함께 이탈리아로 여행을 떠난다. 그러나 이 여행은 그녀를 더 참담하게 만들었다. 앞서 상드는 출판사에서 선불을 받고 계약한 작품 때문에 베네치아의 호텔에서 집필을 하느라 여념이 없었는데, 뮈세는 호텔 밖 도박장에서 시간과 돈을 다 허비했다. 때문에 그녀가 뮈세를 심하게 나무라자 그는 반성은커녕 마구 대들기까지 했다. 그리곤 알코올중독과 정신이상으로 발작을 일으키고 드러누우니 상드는 그를 정성껏 간호할 수밖에.

그러나 병이 더욱 깊어진 그는 상드와 자신을 치료하던 주치의와의 관계를 의심하며, 느닷없이 달려들어 상드의 목을 조르는 등 그녀를 힘들게 했다. 어쩌면 공포와 피곤에 지친 상드는 그 의사에게 심적으로 도움을 받고 의지했는지도 모른다. 의사 또한 결코 의로운 사람은 아니었기에, 이런 그녀의 심리를 이용해 슬슬 장난을 걸어오기도 했으리라. 바로 그때 진짜 의식에서 깨어난 뮈세에게 들키고 만 것이다.

분을 못 이긴 그는 혼자서 파리로 돌아가버렸다. 결국 상드와 의사의 데이트를 도와준 꼴이다. 그녀는 의사와 만나면서도 뮈세의 안부가 궁금해 계속 편지를 보냈다. 아마도 누나나 어머니의 심정이 아니었을까. 그러나 편지는 번번이 뮈세에게 전해지지 못했다. 그를 간호하던 누이가 중간에서 가로챈 것이다. 어느 날 상드를 보러온 뮈세는 의사와 같이 외출하는 그녀를 보게 되

▲몸이 약했던 쇼팽은 조르주 상드의 보살핌 속에서 작곡에 전념할 수 있었다. 이 그림은 1830년 〈민중을 이끄는 자유의 여신〉을 그린 외젠 들라크루아(1798~1863)의 1838년 작품인 〈조르주 상드와 쇼팽의 초상〉이다. 그림 속에서 상드는 강아지 한 마리를 안고 있는데, 이 강아지의 귀여운 모습에 반한 상드가 어느 날 쇼팽에게 강아지가 빙빙 돌며 자기 꼬리를 잡으려 하는 모습을 음악으로 표현해달라고 부탁했고, 쇼팽은 재밌고도 익살스러운 〈강아지 왈츠〉 곡을 완성하여 상드에게 바쳤던 것이다.

고 또다시 한바탕 싸움이 벌어졌지만, 뮈세와의 끈끈한 정은 그 뒤로 2년간 더 이어졌다고. 오히려 그 의사가 먼저 바람처럼 떠났다고 한다.

쇼팽을 만나다　　상드가 피아노의 시인이라 불리는 쇼팽과 처음으로 만난 것은 뮈세와 결별한 이듬해다. 고향 노앙의 영지로 돌아온 상드는 살롱처럼 집을 개방해 지인들을 초대하곤 했다. 이때 리스트가 쇼팽을 데려오겠다고 하자 그녀는 근사한 피아노까지 갖춰놓았다.

　1838년 봄, 노앙의 영지는 평화롭고 격조가 있었다. 쇼팽이 피아노 앞에 앉아 즉석에서 곡을 만들어 연주했다. 그 잔잔한 선율은 드넓은 초원을 달려 삽시간에 그곳을 가득 채우니, 정녕 이곳에 음악의 신이 내린 듯했다. 그렇게 피아노 치는 쇼팽의 모습에 상드의 가슴은 쿵쾅거렸지만, 쇼팽은 첫인상이랄 것도 없이 그녀 자체가 싫었다. 남장에다 직설적인 그녀의 기질은 천성적으로 여린 그가 질색할 일이었다. 그런 줄도 모르고 상드는 쇼팽과 가깝게 지내고 싶다고 리스트에게 여러 차례 부탁을 했단다. 더불어 쇼팽을 그녀의 별장으로 초대까지 했는데, 그는 이마저도 불쾌해했던 모양이다.

　그런 그녀에게 기회가 왔다. 쇼팽이 약혼자였던 마리아와 헤어져 힘들어한다는 소식을 들은 것이다. 상드는 즉시 파리로 달려가 그를 위로해주었다. 지쳐 있던 쇼팽은 어느 정도 그녀에게 의지하고 싶었던 것일까. 그는 특별히 싫은 내색을 하지 않았다. 이렇듯

▲남장을 한 상드의 모습

1830년대 위풍당당하게 중절모에 남장을 하고 담배 피우며 거리를 활보하는 당대의 문호들과 어깨를 나란히 했던 조르주 상드. 우리는 흔히 그녀를 쇼팽의 연인으로 기억하지만 도스토예프스키, 뮈세, 발자크, 플로베르 등 당대의 대작가들이 그녀의 작품을 높이 평가했음에 주목할 필요가 있다.

서른여섯의 상드는 여섯 살 연하의 쇼팽을 보자마자 사랑하게 되었지만, 당시 결핵에 걸린 쇼팽의 건강은 상상 이상이었다. 어쩔 수 없이 상드는 요양차 그와 함께 지중해의 마요르카 섬으로 여행을 떠났다. 하지만 쇼팽의 병세는 쉽게 호전되지 않았고, 현지인들마저 전염병이라며 방을 비워달라고 요구해 수도원으로 거처를 옮겨야 했다. 그런데도 쇼팽이 작곡한 대부분의 〈마주르카〉와 〈녹턴〉〈빗방울 전주곡〉 등은 이때 완성되었다.

이렇게 그들은 스페인의 마요르카와 프로방스의 마르세유를 거쳐 상드의 별장인 노앙 저택에서 약 10년 동안 함께 살았다. 쇼팽은 상드의 조용한 이 별장을 무척 좋아한 듯하다. 노앙에 와서야 비로소 안정을 찾았고 이곳 사람들도 편안한 모습의 쇼팽을 응원하기도 했다. 이에 한결 기분이 좋아진 그는 상드를 '나의 주인'이라 부르며 찬양해 마지않았다.

"맑은 나의 음악은 그녀 덕분이며 내가 지치고 고독할 때 그녀의 눈길이, 그녀의 애무가, 그녀의 미소가 있다면 나는 그녀를 위해서만 살고 싶다"고도 했다.

이 무렵 상드도 쇼팽을 헌신적으로 보살폈다. 그의 건강을 위해 성생활도 마다하고, 늘 그를 향해 촉각을 곤두세웠다. 따라서 쇼팽은 어머니 같은 여인 상드의 보살핌 덕분에 수많은 명곡을 탄생시킬 수 있었지만, 반대로 그녀는 서서히 지쳐갔다. 자기도 모르는 상실감을 안고 쇼팽한테서 달아나고 있었는지도 모른다. 상드가 냉혹한 이별을 택한 데에는 딸의 배우자를 두고 쇼팽과 신경전을 벌인 것도 한몫했을 것이다. 그래도 편지 한 통으로 영원한 이

▲조르주 상드의 만년의 모습
13세 연하의 청년조각가 알렉상드르 망소와 사랑에 빠졌으나 그마저 죽고 나자 상드는 시골의 노앙 저택에 머물며 작품활동을 하다가 72세로 생을 마감한다.

별을 고하다니, 누구도 못 믿을 것이 사랑이던가.

쇼팽을 곁에서 지켜본 상드는 그에 대해 이렇게 얘기하고 있다. "가엾은 대예술가는 사람들이 멀리하는 환자였다. 그는 완전히 절망에 빠져 있었다. 그는 각혈을 하며 자기의 환상에 불안하게 동요했으며 그것을 극복하지 못했다. 정신이 들면 억지로 크게 웃어젖히며 작곡한 숭고함을 연주했다. 그것은 거의 무의식에 가까운 고독과 애수와 공포에 사로잡혀 심장이 찢어질 듯 에이는 마음으로 작곡한 것이었는데, 때때로 미친 듯이 피아노를 쳐대곤 했었다."

예컨대 촉수가 예민한 예술가의 사랑은 고통이다. 더구나 쇼팽은 누나와 여동생, 어머니 등 여자들 속에서만 자라 여성적이고 소심한 성격에다 건강마저 위협받고 있었으니, 다소 억척스런 상드가 아니었으면 그 고독을 어찌 이겨낼 수 있었으랴. 하여 그의 고집스런 연주세계 또한 그녀로 인해 소통되고 채워졌다고 해도 과언이 아닐 것이다. 쇼팽이 눈을 감는 순간까지 자신을 버리고 다른 사랑을 찾아 떠난 상드를 그리워한 것은 어쩌면 둘의 사랑이 이토록 지독했기 때문이리라.

조르주 상드의 만년　과연 쇼팽에게 지친 상드는 어디에 머물렀는가. 따지고 보면 그녀의 매순간은 어떤 식으로든 다 지독한 사랑이었다. 결국 상처받을 줄 알면서도 늘 새로운 사랑을 시작했던 그녀의 남성편력 역시 사랑에 대한 욕심 때문만은 아닌 듯하다. 시대와 나이를 초월한 자유분방한 연애를 했으되, 실제로 어떤 희

▲《사랑의 요정》 1849년 작품. 상드가 파리를 떠나 노앙의 시골별장에 머물면서 집필했던 연작소설 《삼[麻] 두드리기 야화》 중 1권이다. 프랑스 중부 베리 지방의 중농 집안에서 태어난 쌍둥이형제 시르방과 랭드리. 이들은 쌍둥이끼리의 신비한 애정을 나누며 자란다. 또한 마법사 노파의 손녀딸로 태어난 프티 파데트란 여자아이가 등장하는데, 그녀는 고아처럼 외롭게 자라지만 마침내 랭드리와 결혼하고, 선천적인 약골로 늘 앓기만 하던 형 시르방도 건강해져 훌륭한 군인이 된다. 등장인물이 모두 시골 농부다운 소박한 사람들로, 상드 특유의 풍경묘사가 인상적인 작품이다. 말년에 접어든 상드의 인간상과 연애관이 담긴 책이 아닐까 싶다.

생이 요구되는 모성애적인 사랑이 더 많지 않았던가.

쇼팽과 이별한 그녀는 열세 살 연하의 청년조각가 알렉상드르 망소와 사랑에 빠졌다. 항간에는 그녀 아들의 친구라는 얘기도 있으나 확인할 길이 없다. 마치 상드가 그동안 뿌린 사랑과 헌신의 보상이라도 받듯, 그는 상드의 마지막 연인으로서 그녀에게 지고지순한 사랑을 바쳤다. 늘 그녀를 기쁘게 했다. 그런데 다정도 병이라고. 예순한 살의 상드를 두고 마흔여덟밖에 안 된 망소마저 병이 나더니 그만 저세상으로 떠나버렸다.

그후 상드는 노앙 저택에서 허무한 마음을 줄담배로 달래며 《사랑의 요정》을 비롯한 뛰어난 작품을 몇 편 더 쓰기도 했으나 더 이상 사랑은 하지 않았다. 그리고 망소가 죽고 난 11년 후 그녀도 이승을 떠나 그의 곁으로 갔다. 진정 그녀의 독자라면 책에 대한 관심만큼 저자에 대한 관심도 클 것이다. 160여 년 전 여류작가의 그 어떤 생각과 보헤미안적인 사랑에 대한 답도 그녀의 소설에 고스란히 녹아들었을 터, 직접 책방에 가서 그녀를 만나보고 싶은 그런 날이다.

사랑이 조각 속에서 흐느낌으로 묻어난다

로댕을 사랑한 **카미유 클로델**

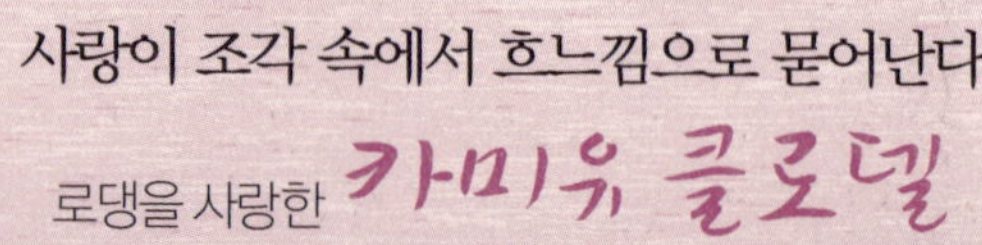

카미유 클로델 (Camille Claudel 1864~1943)

1864	12월 8일 루이 클로델의 장녀로 프랑스 북동부 페르 안 다르드노와에서 출생
1870	아버지의 전근으로 전 가족 바흐르로 이주 *은행원이던 아버지의 전근이 잦아
	1876년에는 노앙 쉴 세느로, 1879년에는 바시로 가족들이 이주한다. 노앙 쉴 세느에서
	처음으로 조각을 시작했고 이 시기에 어곳 출신인 알프레드 부쉐를 만난 것으로 알려짐
1880	로댕 〈생각하는 사람〉을 제작
1881	엄마와 카미유 그리고 남동생 폴과 나이 어린 여동생과 파리로 이주
	카미유의 조각을 본 알프레드 부쉐가 에콜 드 보자르 학교장에게
	추천하지만 여성이 입학할 수 없다는 규정 때문에
	아카데미 콜라로시에 입학하여 정식으로 조각 기초수업을 받음
1883	알프레드 부쉐가 이탈리아로 가면서 로댕에게 제자들을 부탁함
	로댕과 첫 만남이 이루어짐. 당시 로댕은 〈지옥의 문〉 (1880~미완성)을
	작업 중이었음. 로댕의 아틀리에에서 로댕의 조수와 모델을
1884	겸하며 연인 관계를 유지함
1886	로댕은 카미유를 모델로 〈키스〉를 제작
1887	로댕의 〈칼레의 시민〉 〈지옥의 문〉 등 작업에 참여
1888	프랑스 예술가 살롱전에서 카미유는 그녀의 작품 〈사쿤탈라〉로 최고상을 받음
1889	〈기도하는 사람〉을 제작
1893	로댕과 결별. 카미유 클로델의 첫 번째 전시회가 열림. 〈왈츠〉를 제작
1895	로댕, 〈칼레의 시민〉을 완성
1897	샹 드 마르스 살롱전에 〈뜬소문〉 출품하여 호평받음
1899	살롱전에 〈Cloto〉를 출품하나 도난당함. 카미유는 로댕의 짓이라고 비난함
1904	〈플루트 연주자〉를 제작
1905	작품전시회에서 정신병이 유발되며 자신의 많은 작품을 파괴함
1913	재정적, 정신적 지지자였던 부친이 사망하면서 약 10일 후에 요양원으로 보내짐
1914	제1차 세계대전 발발. 로댕은 부인과 런던으로 피난하고 카미유는
	몽드베르그 수용소로 이송됨
1917	2월 로댕은 로즈 뵈레와 결혼. 그리고 2주 만에 로즈 뵈레 사망. 11월 로댕 사망
1943	10월 19일 몽드베르그 수용소에서 79세로 사망

사랑이 조각 속에서 느느낌으로 묻어난다

로댕을 사랑한 카미유 클로델

▲1883년 조각가로서 타고난 재능과 아름다운 용모를 지닌 19세의 카미유 클로델을 보자 로댕은 첫눈에 반한다. 둘은 스승과 제자, 작가와 모델, 또는 공동제작자로서 24년의 나이차를 극복하고 연인관계로 발전한다.

우리 속담에 '여자 팔자는 뒤웅박 팔자'란 말이 있다. 여자의 운명은 남편에게 매인 것이나 다름없다는 뜻이다. 그러니까 여자는 어떤 남자를 만나 시집가느냐에 따라 귀해지기도 하고 천해지기도 한다는 것. 남성 우월주의의 대표적인 이야기가 아닐 수 없다. 물론 과거 역사에 나타난 숱한 여인들의 삶을 볼 때 크게 틀린 말은 아니지만, 그렇다고 흔쾌히 받아들이기도 힘들다. 왠지 여자들의 순종을 은근슬쩍 강요하는 감도 없잖아 슬프기도 하다.

이것은 비단 우리나라만이 아니라 문명이 훨씬 앞섰다는 유럽 여타 지역도 크게 다르지 않았다. 이 원시적인 성차별은 없어져야 하나 그 법을 만들고 누리던 남자들이 나설 리가 없잖은가. 하여 선구자적 여인들이 반항 아닌 반항을 하다 엄청난 사회적 비난과 수모를 겪는 일이 예사로 있어왔다. 그야말로 무시무시한 폭력이 아닌가.

카미유 클로델(1864~1943)도 그 시대의 남성 우월주의에 항거한 여인 중 한 사람이라고 보면 맞을 것이다. 알려진 대로 그녀는 근대조각의 시조로 불리는 그의 스승 로댕(1840~1917)을 만나 불같이 사랑하다 버림받는다. 문득, 모파상의 소설 《여자의 일생》에 나오는 '잔느'가 떠오른다. 순전히 한 남자로 인해 그 일생이 뒤죽박죽되어서일 것이다. 그러니까 카미유는 조각에 대한 원대한 꿈과 로댕을 향한 사랑, 이 둘 다 실패하게 되자 실의에 빠져 하루아침에 그 잔느에 버금가는 고단한 주인공이 되어 명예스럽지 못한 세계사에 이름을 남긴 여인이다.

인생의 서막, 로댕을 만나다　　카미유는 고집이 좀 세긴 해도 똑똑하고 예뻤다. 특히 어려서부터 조각예술에 남다른 재능을 보였다. 때는 바야흐로 남자들만 교육받을 수 있었던 시절인지라, 감히 여자인 그녀는 아카데미 같은 곳에 들어갈 수조차 없었다. 딱히 길이 있다면 기성 조각가 밑에서 허드렛일을 하며 어깨너머로 배우는 수밖에. 어떻게 해서든 조각을 배우고 싶었던 그녀는 무작정 짐을 꾸려 유명한 조각가 로댕을 찾아 파리로 갔다.

　1883년, 한창 잘 나가던 마흔셋의 로댕은 익히 소문난 바람둥이였으니 열아홉의 뛰어난 미모와 재능을 갖춘 그녀에게 첫눈에 반했다. 로댕은 남자들만이 할 수 있던 조수 자리에 이례적으로 그녀를 기용했다. 카미유는 빠른 눈치와 예술적 감각으로 그의 전시회 출품작 준비를 도왔다. 〈지옥의 문〉〈칼레의 시민〉 등 로댕의 유명한 작품은 그녀의 뛰어난 재능이 보태져 전시회를 성공적으로 이끌었다. 특히 마무리 과정에서 손발의 표정을 섬세하게 조각해 로댕에게 많은 힘이 됐다. 또한 로댕의 요구에 의해 아름다운 조각품의 모델이 되기도 했다. 당연히 그녀는 로댕의 작품세계에 지대한 영향을 미치게 된다. 이후 두 사람은 스승과 제자, 작가와 모델, 또는 로댕의 작품제작에 참여한 공동제작자로서 24년의 나이차를 극복하고 연인관계로 발전한다. 그 무렵 다소 침체기에 빠져 있던 로댕은 뜻밖에 총명한 그녀를 만나 사랑하게 되면서 그의 창조적 영감마저 뜨겁게 불타올랐다. 이를 계기로 두 사람은 경쟁적으로 많은 작품을 만들었다.

▲1888년경 카미유가 조각한 로댕상. 그 옆은 로댕이 조각한 로즈 뵈레의 조각상. 1916년 로댕은 건강이 악화되며 뇌졸중으로 쓰러지자, 자신의 아들을 낳아준 로즈 뵈레와 이듬해 2월 결혼식을 올린다. 그리고 2주 만에 로즈 뵈레는 숨을 거두고, 그해 11월 로댕도 죽음을 맞이한다. 아래의 조각상은 1886~1889년 로댕이 깊은 생각에 잠긴 카미유의 얼굴을 묘사한 〈사색〉. 카미유는 1893년 로댕과 헤어진 뒤 1914년 정신병원에 수용되었고, 로댕 사후 26년간을 더 그곳에 갇혀 지내다 1943년 숨을 거둔다.

이렇듯 로댕은 카미유를 사랑하면서도 오랜 반려자인 로즈 뵈레(농촌에서 상경해 재봉사로 일하던 중 스무 살에 로댕을 만나 모델이 됨)를 곁에 두고 있었다. 이 사실을 알게 된 카미유 가족들이 그녀의 마음을 돌리기 위해 부단히 노력했지만 소용없었다. 마침내 그들은 카미유를 가족으로 인정하지 않겠다며 의절을 선언했고, 그녀는 집에서 쫓겨나 일체의 사회생활마저 접고 오직 로댕과 조각에 모든 정열과 사랑을 바쳤다.

하지만 그녀도 차츰 로댕에게서 받는 사랑이 하나가 아닌, 둘로 나누어진다는 사실에 견디기 힘들어졌다. 결국 두 사람의 예술적 경쟁과 질투심은 그들의 삶에 방해가 되고, 이로 인해 다툼도 잦아진다. 카미유는 자신의 재능을 펼치고 싶은 욕망도 컸지만, 그보다 로댕의 숨겨진 여인으로 사는 것이 죽도록 싫었다. 그 불륜의 관계가 견딜 수 없이 괴로웠던 것이다. 로댕의 아들을 앞세운 로즈 뵈레의 질투심으로 그녀에게 가해지는 수모도 참기 힘들었다. 온전히 자신만의 남자로 있어주길 바라는 마음에 로즈와 정리해줄 것을 거듭 요구했지만 그는 거절했다. 그야말로 로댕은 가난한 시절 자신에게 헌신적이었던 로즈를 버릴 수 없었던 것이다.

우유부단한 그의 모습에 카미유의 실망도 컸지만 그렇다고 쉬 떠날 수도 없었다. 여전히 그를 사랑하고 있었기 때문이다. 그 사랑을 독차지할 때까지 기다릴 참이었다. 하지만 그런 다짐도 시간이 흐르면서 점점 퇴색되어 그녀를 힘들게 할 뿐이었다. 불같이 타올랐던 사랑은 원망과 미움으로 변해가니, 그 상처가 더 커지기 전에 로댕 곁을 떠나기로 결심한다.

인생 2막, 홀로서기　카미유가 원했던 것은 로댕의 아내가 되어 그를 맘껏 사랑하고 예술적 동반자가 되는 것이었다. 그런 그녀가 로댕의 곁에선 결코 홀로 설 수 없다는 것을 깨닫는다. 결국 그녀는 로댕을 만난 지 10년째 되는 1893년, 그의 작업실을 박차고 나왔다. 여봐란듯이 홀로 서야 한다. 카미유는 차분히 조각에만 매달린다. 로댕과의 공동작업을 통해 갈고닦은 실력을 바탕으로 전시회를 열어, 일차적으로는 세인들의 관심을 받으며 홀로서기에 성공하는 듯했다.

그런데 1899년(35세), 그녀의 야심작인 대리석 작품을 전시회 도중 도난당하자 심적 균형을 잃고 피해망상에 사로잡힌다. 카미유는 로댕의 음모라 여겨 그를 비난하며 영원히 그에게서 멀어진다. 그리고 다시 주변 사람들의 권고에 힘입어 작품 13점을 전시했으나 세상으로부터 외면당한다. 재능이야 이미 어느 정도 입증되었지만, 로댕과 헤어진 그녀를 바라보는 세인들의 관점은 달랐다. 예술가가 아닌, 그저 로댕의 조수였거나 그에 종속된 하나의 매개체 정도로만 보았던 것이다. 그것은 사회적 편견이라는 벽이었다. 물론 그 당시 남존여비男尊女卑 사상도 분명 있었을 것이다. 카미유가 어떻게 해볼 수 없는 시대의 벽, 이 버거운 벽과 마주한 그녀는 또 다시 절망할 수밖에 없었다. 로댕이라는 거목에서 잘려나간 그녀는 아무것도 아니라는 뜻으로 해석되었으니 말이다.

예상치 못한 일에 치밀어오르는 화를 참을 수 없었던 그녀. 이때 자기가 애써 만든 작품의 대부분을 집어던져 버린다. 카미유의 작품이 몇 점 남아 있지 않은 것은 바로 이 때문이다. 현실에 크게

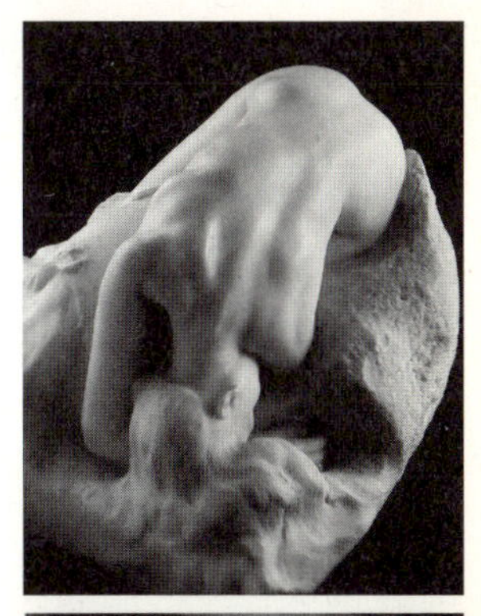

▲1889년 로댕의 작품 〈다나이드〉에서 카미유는 그리스신화에 등장하는, 아버지 명에 의해 남편을 살해한 딸이 지옥에서 영원히 채워지지 않는 물병을 채우고 있는 모습을 적극 표현해낸다. 이 작품에서 로댕의 손길에 의해 카미유의 곡선미가 더욱 고혹적으로 되살아나고 있다.
아래는 1884년 〈지옥의 문〉의 일부로 조각된 〈무릎 꿇은 목신의 요정〉으로 이 또한 카미유가 모델이 되어준 작품이다. 마치 카미유가 로댕을 향해 "나는 당신의 영원한 사랑의 포로"임을 선언하듯 자세를 취하고 있다.

▲1888년 카미유 클로델이 석고작품으로 남긴 〈샤쿤탈라〉. 그 아래는 로댕의 1901~1904년작 〈영원한 우상〉. 두 작품 모두 사랑으로 충만된 남녀의 모습이 닮아 있다. 1890년경 카미유는 〈밀단을 진 소녀〉를 남기는데, 같은 해 로댕도 카미유의 작품과 흡사한 〈갈라테아〉를 완성한다. 한편, 세계 10대 유력 신문인 〈인터내셔널 헤럴드 트리뷴〉은 카미유의 작품 〈생각하는 남자〉에서 로댕의 〈생각하는 사람〉이 착안되었던 것은 아닌지 의혹을 제기하기도 했다.

절망하고 작품활동에 대한 의지는 물론, 살아야 할 의욕마저 완전히 상실해버렸다. 피해망상에 시달리며 이웃과도 잘 지내지 못했고 의심과 정서불안도 극에 달했다. 무기력한 우울증에 시달렸다. 감당할 수 없는 배신감에 심신이 피폐해져 술을 마시고 로댕의 집에 찾아가 돌을 던지며 악을 쓰다가 정신이 이상해졌다.

아버지와 남동생의 도움으로 근근이 생활을 이어가던 카미유는 급기야 동생 폴(1868~1955 시인 겸 극작가로 22세에 외무고시에 합격하여 46년간 외교관 생활을 했음)의 설득으로 요양원에 입원했다. 그리고 1년 후, 그녀 나이 50세 때 제1차 세계대전 발발로 앙김의 몽드베르그 수용소로 이송되어 눈을 감을 때까지 무려 30년 동안 바깥 세상을 보지 못한 채 정신병원에서 지냈다고 한다.

인생 3막, 정신병동　카미유의 인생은 크게 3막극으로 요약할 수 있다. 1막은 로댕과의 행복했던 순간, 2막은 로댕을 떠나 홀로 서기 위해 몸부림쳤던 처절한 삶의 순간, 그리고 30년 동안 정신병원에서 보낸 비운의 순간으로 말이다.

염세주의 독일의 철학자 쇼펜하우어(1788~1860)의 말을 빌자면 "삶은 고통의 연속이다. 우리가 누리는 행복은 잠시 동안의 고통의 부재不在일 뿐이다." 그렇듯 삶이 반드시 행복하게 끝날 수는 없지만, 카미유의 삶은 고통의 연속이었다. 로댕의 배신에 정신적인 충격으로 시작된 방황은 날이 갈수록 깊은 수렁 속으로 빠져들며 헤어날 줄을 몰랐다.

흔히 사랑에는 국경도 없고 나이도 없다고들 한다. 그럼에도 두 사람의 사랑에는 어딘지 미심쩍은 데가 많다. 카미유는 왜 로댕을 사랑했을까? 혹시 엘렉트라 콤플렉스(딸이 아버지에게 애정을 품고 어머니를 경쟁자로 인식하여 반감을 갖는 경향을 가리키는 정신분석학 용어)가 아니었을까? 로댕을 통해 그와 비슷한 감정을 느꼈을지도 모르는 일이다. 자신도 사회적으로 남자와 같아지려는, 그래서 남자와 자신을 같은 선상에 놓고 싶었던 것이라면 너무 억지가 될까? 어쩌면 로댕의 사회적 지위와 그의 화려한 이력에 대한 집착도 배제할 순 없으리라. 물론 카미유의 사랑을 폄하하자는 것은 아니다. 실제로 그녀가 1891년 로댕에게 보낸 편지 중 "선생님이 여기 있다고 믿어보려 옷을 다 벗고 잠이 들지만, 눈을 떠보면 현실은 더 이상 꿈과 같지 않아요. 더 이상 나를 배신하면 안 돼요"라는 대목을 보면, 정말 로댕을 사랑한 한 여인의 절박함이 읽혀진다.

그러면 로댕은 카미유를 진심으로 사랑했던 걸까? 다만 그녀의 젊음을 탐닉했던 것일까? 더불어 그녀의 재능을 이용했던 것일까? 일단 결별이야 그렇다 손치더라도 카미유가 정신병으로 떠돌이생활을 할 때, 로댕은 그녀의 재활을 돕기 위해 지인들에게 추천서를 보내는 등 딴은 애를 썼다지만 전시적인 행동이 아니었나 하는 것이다. 동시에 그녀가 성공하길 바라진 않았을 거라는 의문도 늘 따라다닌다. 왜냐면 사회적으로 막강한 파워를 가진 예술가로서 그가 진정 그녀를 사랑했다면, 무려 30년의 세월을 그녀가 정신병원에서 보내도록 내버려둘 수 있느냐는 것이다. 게다가 카미유의 천재성을 안 로댕은 그녀와 공동작업을 하면서 그 재능을 알게 모르게 가로채다보니, 그녀가 자신과 같은 위치에 올라서는 것 자체를 꺼렸을지 모른다. 그녀의 정신병원행을 일부러는 아닐지라도 그저 수수방관한 것은 아닌지, 온갖 의문들이 수그러들지 않으니 말이다.

어찌되었건 카미유가 자기 일에 너무 열중한 나머지 고지식하게 로댕을 사랑했다는 것을 전제로 한다면, 로댕에 대한 증오는 그녀의 또 다른 사랑의 모습이 아닐

▲1914년 몽드베르그 수용소로 보내진 카미유는 남동생 폴에게 퇴원을 요구하며 "네 누나가 감옥에 갇혀 있음을 잊지 마라…"라는 간곡한 편지를 보내기도 했지만, 결국 그녀는 가족과 세상의 무관심 속에서 1943년 사망하게 된다. 사진은 몽드베르그 병원에서 60세를 넘긴 카미유의 모습이다.

▲영화 〈카미유 클로델〉 카미유 클로델의 비극적 삶과 예술을 담은 영화가 1988년 제작되어 세간의 화제를 모았다. 영화 〈카미유 클로델〉은 화제만큼 작품성도 뛰어나 1989년 베를린 국제영화제에서 카미유 역을 맡았던 프랑스 여배우 이자벨 아자니가 여우주연상을 받았다. 19세기 당시 남성 중심의 사회에서 어떻게 한 여성 예술가의 삶이 무너지는지 밀도있게 그린 이 영화에서 이자벨은 예술에 대한 열정과 광기, 로댕에 대한 사랑과 분노로 점철된 삶을 살다간 카미유 역을 훌륭히 소화해내, 보는 이로 하여금 카미유의 삶 속으로 빨려들도록 유도하고 있다.

까. 로댕이 카미유에게 보낸 편지를 보면, "솔직히 너를 잊을 수 있을 거라 믿은 순간들이 있다. 그러나 그것도 잠시뿐, 나는 너의 끔찍한 힘을 느낀다. 너를 보지 못하면 끔찍한 광기가 시작된다. 나는 더 이상 작업을 하지 않는다"라며 그녀에 대한 뜨거운 사랑을 전하고 있다. 아울러 "전람회가 끝나면 우리는 이탈리아로 떠나 여섯 달 동안 머무를 것이며, 마드무아젤 카미유는 나의 아내가 될 것이다"라면서 그녀에게 더없는 사랑을 고백하고 있다. 물론 그것이 순간적인 사랑을 전한 것일 뿐, 로댕의 본심이 아니라면 더 할 말은 없어진다. 왜냐하면 이 절절한 고백을 로댕은 아주 쉽게 깨고 그녀를 버렸기 때문이다.

1914년 어느 날, 카미유 클로델은 갑자기 무장된 간호사들 손에 이끌려 마차에 실린 채 몽드베르그 수용소로 보내진다. 가족들마저 그녀를 정신병원에 보내놓고 무려 30년간 병원에서 쓸쓸히 생을 마칠 때까지 세상과 담을 쌓게 만들었다는 점은 다소 이해하기 쉽지 않은 대목이다. 사료에 따르면 가족과의 불화로 정신병원에 수용됐다고 하는데, 과연 그녀가 단순히 가족과의 불화만으로 그렇게 되었을까? 병원에서 카미유가 남동생 폴에게 쓴 편지를 보면 "로댕과 미술품 상인들이 나를 정신병원으로 납치했고 내 평생의 작품을 빼앗아간 뒤 감옥에 가뒀다"라든가 "악마 같은 로댕은 내가 예술가로서 비상하여 자기보다 더 명성을 떨치게 되지 않을까 하는 생각뿐이다"라는 등 로댕에 대한 비난 일색이다. 동생 폴에 의해 정신병원에 수용되었다면, 어찌 그에게 보내는 편지에다 이런 말을 쓸 수 있겠는가.

카미유는 한 사람의 예술가로서 존재하고 싶어했다. 하지만 그 시대는 한 여성의 재능과 넘치는 활력을 수용하기에는 많은 한계가 있었다. 그녀는 시대의 희생자다. 특히 로댕의 사회적 권력은 이미 예술 그 이상이었고, 믿을 수 없는 얘기지만 로댕은 카미유의 재능에 대한 원초적인 두려움마저 가지고 있었던 것 같다.

그래서 카미유의 인생은 그 자체가 슬픔이라고들 말한다. 시대를 앞서간 이의 슬픔, 여성이기 때문에 짊어져야 할 슬픔, 온갖 사회적 편견과 소문에 대한 슬픔이 그것이다. 천재였지만 너무나 고지식하고 실리적이지 못했던 그녀의 삶은 비극적인 여성예술가의 초상이 되었다.

파리의 로댕박물관(로댕이 죽기 전까지 작업실로 쓴 건물)에 가면 한쪽 귀퉁이에 몇 점 안 되는(본인이 다 집어던져 버려서) 카미유의 작품을 볼 수 있다. 그리고 그 인물들의 포즈나 표정들이 대부분 그녀의 실제 심상心像을 대변한다는 느낌을 지울 수 없다. 로댕을 향한 사랑과 이상 앞에서 시름에 겨워하는 내면의 표현은 그녀 자신에 대한 연민으로 보였다. 그 탓인지 사람들은 그녀의 작품 앞에서 쉬 발길을 돌리지 못한다. 놀라운 사실은 카미유의 〈밀단을 진 소녀〉와 로댕의 〈갈라테아〉처럼 이 시기에 만든 그들의 일부 작품들은 서로 너무나 닮아 있다. 이로 미루어보건대 로댕은 그녀보다 자신의 사회적 지위와 명성을 더 크게 생각했던 것 같다. 로댕이 비겁하다는 비난을 감수하면서까지 그토록 카미유와 거리를 두려했던 이유가 되지 않을까.

사정이 이러할진대, 그 후대들은 기어코 로댕과 카미유의 애상을 조각조각 붙여가며 사실보다 부풀려 세상에 회자시키고 있었다. 문득 그것은 어느 누구를 위함도 아닌 세상 사람들을 박물관으로 불러모으기 위한 상술일지도 모른다는 생각에 이르자, 이것이 나만의 기우이기를 바라며 총총 발길을 돌렸다.

로댕의 〈지옥의 문〉 그리고 〈생각하는 사람〉
'단테의 《신곡》에서 아이디어를 얻다'

1871년 프랑스 정부는 파리 중심가에 세계 최고의 공예미술관을 짓기로 하고, 그 입구를 장식할 조각상을 로댕에게 의뢰한다. 이에 로댕은 1880년부터 본격적인 구상에 나선다. 르네상스 시대의 조각가 로렌초 기베르티(1378~1455)가 〈천국의 문〉을 묘사했다면, 로댕은 죄의 업보로 지옥에 떨어지는 인간의 고통을 〈지옥의 문〉에 담아낸다. 지옥을 구체적으로 표현하기 위해 단테의 《신곡》 '지옥편'을 적극 도입하는데, 정확한 표현과 섬세한 묘사를 위해 로댕은 이 글을 수없이 읽고 스케치했다고 한다.

〈지옥의 문〉에서 벼랑 끝 중심에 턱을 괴고 앉아 타락에 빠진 인간군상을 지켜보고 있는 〈생각하는 사람〉이 《신곡》의 저자 단테를 두고 묘사한 것이란다. 로댕은 이 작품에 대해 다음과 같이 말했다. "바위에 벌거벗고 앉아, 발은 밑으로 모으고, 주먹은 입가에 괴고, 그는 꿈을 꾼다. 이제 그는 더 이상 몽상가가 아니라 창조자가 되는 것이다." 그리고 《신곡》 '지옥편'에는 다음과 같은 말이 새겨져 있다. "여기 들어오는 자는 희망을 버릴지어다." 이 문구처럼 로댕은 지옥에 떨어지기 직전, 본능적 쾌락과 탐욕에 눈먼 인간의 모습을 〈지옥의 문〉에 담고 있다. 조각상마다 하나같이 고통에 신음하는 모습

인데, 그 중 〈파올로와 프란체스카〉라는 작품은 13세기 젊고 잘생긴 시동생 파올로에 반한 프란체스카의 불륜의 현장을 묘사한 것이고, 〈우골리나와 그의 아이들〉은 전쟁에서 먹을 것이 없자 자기 아이들의 시체를 먹고 마지막 생존자로 남은 아버지의 참혹한 모습을 담고 있다.

1884년 제작된 〈무릎 꿇은 목신의 요정〉에서는 남자에게 저항없이 굴복하는 여인의 모습이 담겨 있으며, 육욕죄를 지고 형벌을 받은 남자를 등에 업고 도주하는 여인의 모습이 담긴 〈달아나는 사람〉에서는 끝없는 애욕의 굴레에서 벗어나지 못하는 인간의 비애가 담겨 있다. 로댕은 이 작품에서 젊은 남자의 얼굴을 '슬픔의 머리'라 불렀다고 한다.

이렇듯 〈지옥의 문〉에는 많은 작품들이 등장하는데, 1881년 카미유 클로델과 인연을 맺으면서 본격화된 이 작업은 무려 2백여 명의 군상이 등장하는 초대형 조각품이었으나, 미술관 신축계획이 무산되고 카미유와도 중도에 이별하는 가운데 끝내 완성되지 못했다. 만년에 로댕은 파리의 비롱 호텔에서 작업을 했는데 1916년 자신의 전 작품을 국가에 기증하고, 같은 해 이 호텔은 〈로댕미술관〉으로 발족된다. 그로부터 1년 후인 1917년 로댕은 사망하기에 이른다.

루 살로메

루 살로메 (Lou Andreas-Salomé 1861~1937)

1861	2월 12일 러시아 상트페테르부르크에서 5남 1녀 중 막내딸로 출생
1879	스위스 취리히 대학에 입학하나 곧 자퇴
1882	철학자 파울 레와 만남, 그의 청혼 거절. 파울 레의 소개로 니체를 만남
1883	니체의 초인사상이 담긴 《차라투스트라는 이렇게 말했다》가 출간(~1884)됨
1887	괴팅겐 대학 교수인 프리드리히–카를 안드레아스와 결혼
1897	라이너 마리아 릴케와 만나 동거를 시작함
1900	니체 사망, 프로이트의 정신분석학서인 《꿈의 해석》이 출간
1901	릴케와 화가 클라라 베스트호프가 결혼. 파울 레 자살
1909	릴케의 유일한 장편소설 《말테의 수기》가 출간
1911	바이마르에서 열린 국제정신분석학회(IPA) 대회에서 프로이트를 만남
1912	빈에 정착
1914	제1차 세계대전 발발
1926	릴케 사망
1928	루 살로메 자신이 기록한 《라이너 마리아 릴케》를 발표
1931	《프로이트에 대한 감사》의 글을 발표
1937	2월 5일 독일 괴팅겐에서 요독증에 걸려 76세로 사망
1939	지그문트 프로이트 런던에서 사망

이별할 때 우리는 가장 사랑한다

사랑의 화신 루 살로메

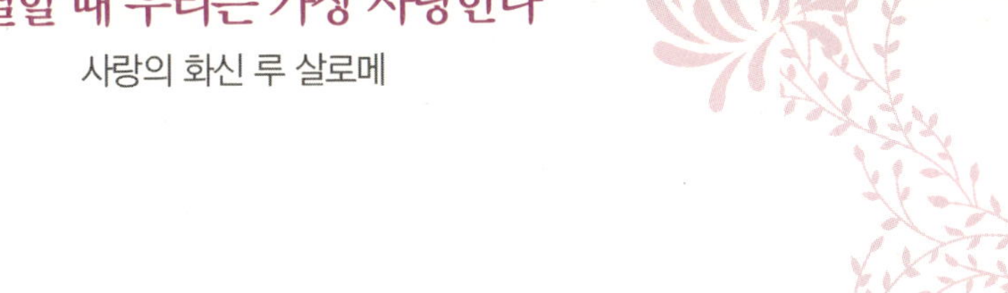

모든 예술가는 그를 이해하는 소수의 사람에게 속하는 즐거운 유산이다. 루 살로메(1861~1937) 역시 **니체,** 릴케, 프로이트 등 당대 최고의 천재들을 맹신하게 한 마력의 소유자로 남았다. 어쩌다 그들의 청혼에 동의하지 않아 실연의 나락으로 빠뜨리기도 했지만, 천상의 눈으로 본다면 서로가 동등하지 않을까. 살로메를 팜므파탈로 낙인찍은 군중들의 조소는 그들의 일방적인 구애를 잘 알지 못하는 데서 비롯되지 않았을까. 아마 그래서였을 것이다.

그렇다면 세인들에게 알려진 것과 다른, 루 살로메 자신이 향한 삶은 무엇인가. 다른 누구도 보지 못하는 어떤 오묘한 세계, 그것이 그녀를 한 곳에 정착하지 못하도록 에워싸고 있었던 것만은 분명하다. 세인들에게 남성 편력가로 알려진 살로메의 베일에 싸인 모습은 의외로 단순하고 명료하다고 볼 수 있다. 인생의 회로애락을 있는 그대로 받아들일 줄 아는, 그러면서 자신이 세운 원칙은 일관성 있고 세심하게 견지해나갔다. 질투나 소유욕으로 거짓말하지 않았다. 일체의 거짓행동도 없었다. 이를테면 상대방을 사랑하고 있다거나 혹은 그렇지 않다는 뜻을 확실하게 전달하고 솔직하게 행동했다. 결과적으로 그녀는 예술가의 창작혼을 자극

▲니체(1844~1900) 19세기 독일의 철학자이자 음악가, 시인. 종교와 도덕 및 당대의 문화, 철학 그리고 과학에 대한 비평을 썼고, 특유의 문체를 사용하여 경구에 대한 자신의 기호를 드러냈다. 그의 영향력은 철학과 철학을 넘어서는 다른 영역에도 실질적으로 남아 있는데, 특히 실존주의와 포스트모더니즘에서 그러하다.

니체는 불후의 명작 《차라투스트라는 이렇게 말했다》에서 '힘에의 의지'를 바탕으로 초인이 되기 위해선 낙타, 사자, 아이의 세 단계 변화를 거쳐야 한다고 강조했다. 여기서 낙타는 인내를 뜻하고, 사자는 고난을 돌파하는 정신이며, 아이는 삶을 창조하는 순수한 정신을 뜻한다. 또한 영원회귀성에 대해 다음처럼 언급하고 있다.

"만물은 가고 만물은 되돌아온다. 존재의 바퀴는 영원히 돈다. 만물은 죽으며 다시 꽃피우고 존재의 해는 영원히 달린다. 만물은 헤어지고 다시 만난다. 존재의 반지는 영원히 자신에게 충실하다. 모든 순간에 존재가 시작된다. 중심은 도처에 있다. 영원의 길은 굽어 있다."

▲1861년 러시아 최고위급 군인 집안의 5남 1녀 중 막내딸로 태어난 루 살로메. 보통 계집아이들과는 달리 고집스럽고 남을 의식하지 않는 행동으로 주위 사람들을 놀라게 했다. 사진은 1877년 당시의 루 살로메.

▲취리히 대학에 들어간 루 살로메는 각혈까지 할 정도로 신학, 철학, 예술사 공부에 전념한다. 사진의 모습은 20대 초반의 루 살로메.

한 정령인 동시에, 화려한 팜므파탈이 아닌 문학평론가이자 정신분석 학자였다고 말이다.

루 안드레아스 살로메는 1861년 러시아 상트페테르부르크에서 태어났다. 아버지 구스타프 폰 살로메는 군인으로 최고지위에 올라 있었고 위로는 다섯 명의 오빠가 있었다. 아버지가 황제를 가까이 모시는 장군이었으니 부유하기도 하려니와, 그녀의 아버지가 57세에 낳은 고명딸이라 금지옥엽으로 키웠다. 하지만 자라면서 그녀는 점점 특유의 기질을 드러냈다. 보통 귀족가문의 여자아이들이 즐기는 화려한 드레스나 보석은 물론 파티 같은 일에 전혀 흥미를 보이지 않았다. 당연히 귀족학교의 수업도 시시하고 재미없어 받는 둥 마는 둥했다.

큰 키에 날렵한 몸매, 약간 튀어나온 넓은 이마, 깊고 빛나는 눈은 타고난 지성이랄까, 그 자태만으로도 돋보였다. 더욱이 남을 의식하지 않는 거침없는 태도는 보는 이의 혼을 빼놓곤 했다. 살로메가 처음 청혼을 받은 것은 열여덟 살 때다. 마흔둘의 유부남이었던 황실교사는 처자식을 버릴 결심까지 하고 그녀에게 청혼했다. 하지만 살로메의 관심은 더 많은 공부를 하는 것이었기에 정중히 거절했다. 당시 유럽에서 유일하게 여성이 갈 수 있었던 스위스 취리히 대학에 진학할 마음만으로도 바빴다.

당신은 어느 별에서 왔지요?　　살로메는 취리히 대학에서 신학과 철학, 예술사 공부에 열중하다 건강을 잃었다. 각혈까지 하게 된 그녀는 이탈리아 로마로 휴양을 갔다. 그곳에서 철학자 **파울 레**를 만난다. 둘은 로마거리를 쏘다니며 철학과 신학과 예술을 논했다. 그러던 어느 날, 레가 살로메에게 사랑을 고백했다. 하지만 그녀는 아직 사랑에 관심 없다고 잘라 말한다. 대신 남자 한 명을 더 들여 셋이 함께 공동생활을 하는 것은 괜찮다고 허락했다.

이때 레가 스승인 니체를 소개한다. 살로메보다 16년 연상이려니와 여자들이 한사코 싫어하는 니체인지라 안전하단 속셈이었다. 그러니까 니체는 서른일곱, 레는 서른둘, 살로메는 스물한 살이었다. 아무렴, 니체는 그녀를 만나지 말았어야 했다.

미련한 니체는 그녀와의 첫 만남에서 "우리가 어느 별에서 내려와 여기서 만나게 되었지요?"라는 말과 함께 꿈결처럼 살로메에게 빠져들었다. 그가 건넨 이 첫인사는 세인들에게 일파만파로 번져, 꿈같은 연인을 두고 더러 떠올리는 유명한 말이 되고 말았다. 아닌 게 아니라 니체는 정말 꿈을 꾸고 있었다. 어쩌다 그녀와 함께 산에 올랐던 일을 두고 "내 생애 가장 황홀한 꿈이었다"고 뒷날 고백하기도 했다. 실제로 그는 살로메를 자기 별장으로 초청해 한 달을 같이 보내기도 했다. 그 탓인지 레가 시름시름 앓았다. 살로메는 레와 함께 살았지만 청혼은 거절하고 동거한 지 2년 만에 헤어졌다. 가까이서 지켜본 레가 너무 나약했던 것이다. 그리고 존경은 하지만 사랑하지 않는 니체의 청혼도 거절했다.

니체는 그 충격과 분노를 책 속에 풀어놓았다. 그래서 열흘 만에 탈고한 책이 《차라투스트라는 이렇게 말했다》이다. 물론 이 책은 2년 이상의 집필기간(1883~1885)이 걸렸던 작품으로, 니체의 중심사상인 초인(超人 인류의 존재에 정당성을 부여하는 뛰어난 인간), 권

▲니체는 파울 레를 통해 루 살로메를 만나게 된다. 당시 니체는 그녀보다 16년 연상이었다. 살로메는 비록 니체의 청혼을 거절했지만, 니체는 자신의 삶을 돌아보며 "루 살로메와 둘이 산에 올랐던 그 순간이 내 생애에서 가장 황홀한 꿈이었다"고 뒷날 고백했다. 사진은 루체른 공원에서 루 살로메와 파울 레, 니체가 함께 찍은 모습이다.

력에의 의지 등에 대한 내용이 충실히 담겨 있다. 그러나 살로메와 헤어진 충격이 채 가시기 전에 쓰인 작품이라선지 남자들에게 충고하기를 잊지 않는다. "여자에게 갈 때는 채찍 갖고 가는 것을 잊지 말라"고 말이다. 그의 실의失意를 알 만도 하다. 그리고 얼마 뒤 니체는 정신착란에 빠져 십여 년을 광기 속에서 헤매다가 여생을 마쳤다.

▲파울 레(1849~1901) 니체의 친구이자 철학자. 파울 레는 살로메를 보자 첫눈에 반해 청혼했다. 그러나 살로메가 일언지하에 거절하여 치명적인 상처를 받았다. 당시 그는 서른둘이었고 살로메는 스물한 살이었다. 실연을 당하고 세상만사가 싫어진 그는 사회활동을 모두 접고 고향으로 돌아갔고, 그 곳에서 살로메의 결혼소식을 듣게 된다. 청혼을 거절한 지 불과 3개월 후였다. 파울 레는 살로메와 즐겨 찾던 라인 강변 로렐라이 언덕에서 투신자살했다.

안드레아스와 결혼하다   레와 헤어져 베를린에서 하숙생활을 하던 그녀에게 새 남자가 생겼다. 외국에서 강사로 근근이 살아가던 마흔한 살의 안드레아스는 보통남자들과 좀 다른 과격한 성격의 소유자였다. 자기와 결혼해주지 않으면 자살하겠다며 가슴에 칼을 꽂고 쓰러지는 난동을 피워 얼결에 살로메는 결혼을 허락하고 말았다. 그녀 나이 26세 때였다. 안드레아스는 57세가 되어서야 괴팅겐 대학 교수가 되었으니, 살로메는 그의 용기를 높이 샀던 것이리라. 두 사람의 결혼생활은 안드레아스가 그녀의 사생활에 아무런 간섭을 하지 않는다는 조건 아래 43년간 이어졌다. 대신 살로메는 마리라는 하녀를 데려다 남편의 실제 아내노릇을 하도록 해주었다. 살로메의 결혼소식을 접한 레는 4년 동안 넋이 나간 채 이리저리 떠돌다 그녀와 정답던 시절 함께 올랐던 산에서 투신자살했다.

살로메의 남성편력은 결혼을 하고부터 시작된다. 바람기가 발동했다기보다 많은 지성인들이 귀신에 홀린 듯 그녀에게 매달렸다. 그리고 대부분이 파멸의 길을 걷는 동시에 불후의 명작을 남졌다. 그녀가 부른 사랑의 열병은 창조적 영감을 안겨준 영혼의 뮤즈라고나 할까. 의사인 사벨리와 피넬레스, 신문편집자 레테부어 등과 함께 여행을 다니며 인생을 논하던 살로메도 어느덧 서른여섯의 중년에 접어들고 있었다.

나의 누이여, 나의 신부여!　　루 살로메가 서른여섯 되던 해, 뮌헨 대학에 다니며 시를 발표하던 문학청년 릴케를 만난다. 당시 그는 불과 스물두 살. 어느 문인의 집에 초청되어 갔던 날이었다. 첫눈에 반한 릴케는 살로메에게 계속 편지를 보냈다. "저는 기도하는 심정으로만 당신을 보았습니다. 저는 당신 앞에 무릎 꿇을 수 있으면 좋겠다는 심정으로만 당신을 열망했습니다."

　세계 문학사상 가장 고매한 정신의 소유자로 불리던 릴케마저 그녀를 평생 잊지 못하고 흠모한다. 그는 살로메 부부가 처음으로 가는 러시아 여행에도 따라갔다. 이후 두 번에 걸친 러시아 여행에서 릴케가 얻은 영감은 그의 시작詩作에 일대 파란을 일으킨다. 두 사람 사이에 오간 편지만도 릴케 사후 4백 쪽이 넘는 책으로 출간될 정도였다.

　원래 살로메는 정신적 애인과 육체적 애인을 따로 구분해 사귀었다.. 그런데 릴케에게만은 좀 특별했다. 거의 4년간을 누이이자 연인으로 그의 곁에 있었다. 결혼한 그녀가 열네 살 연하의 무명 시인 릴케의 실제적인 아내나 다름없었다. 살로메는 릴케가 자신에게 최초의 육체적 실재였다는 사실을 고백했다. 이토록 위험하고도 신비한 마성의 그녀는 릴케에게 결별을 통고했다. 그의 천재

▲루 살로메가 36세 때 뮌헨 대학에 다니며 시를 쓰던 문학도 릴케를 만나 운명적 사랑에 빠진다. 훗날 살로메와 릴케 사이에 오간 편지들은 4백 쪽이 넘는 책으로 완성되어 출간되기도 했다. 릴케는 그녀에 대한 애끓는 연정의 마음을 '루 살로메'라는 시에 잘 표현했다.

내 눈을 감기세요
난 당신을 볼 수 있어요
내 귀를 막으세요
난 그대 음성을 들을 수 있어요
말이 없어도 당신에게 갈 수 있고
입이 없어도 당신을 부를 수 있답니다
(중략)
만약 당신이 내 머리마저 불태운다면
난 그대를 내 피 속에 실어 나르렵니다

성이 이미 세인들에게 알려졌음에도 너무 자기에게 의지하는 것이 부담스러웠다. 릴케의 문학적 성숙을 위해 살로메는 그의 곁을 떠나기로 작정한 것이다.

한편, 릴케는 그녀를 만나기 전에도 연상의 가정교사와 사랑에 빠진 적이 있었다. 이처럼 평생 여러 여인들의 배려 속에서 작품활동을 했지만, 그에게 가장 큰 영향을 준 여인은 루 살로메였다. 그녀를 향한 릴케의 사랑도 격정과 비극 그 자체였다. 릴케는 장미가시에 찔려 죽는 순간까지도 이별은 했으되 가슴 속에서 그녀를 지우지 못했다.

훗날, 릴케는 클라라란 여자와 결혼했다. 그의 유별난 장미사랑은 이때부터 시작된다. 릴케는 손수 장미를 심어 가꾸고, 그 향취에 매료되고 사색하느라 거의 정원에서 살다시피 했다. 어느 날 친구가 그의 집에 미모의 이집트 여인들을 데려와 소개해줬다. 이때 그 여인들에게 장미꽃을 꺾어 바치려다 그만 가시에 손가락이 찔리고 말았다. 장미를 너무 좋아한 것이 화근이었을까? 사랑의 열정이, 식지 않는 가슴이, 손가락이, 붉은 피를 뚝뚝 흘렸다.

더욱이 그는 장미를 찬미하는 시를 수도 없이 썼다. 뿐만 아니라 죽기 1년 전에는 자신의 죽음을 예감했는지 유언장과 묘비명을 직접 써놓기도 했는데, 그 묘비 곁에도 장미가 핀다. 당연히 그의 영구차는 그가 좋아했던 장미꽃으로 수를 놓았고 묘비마저 넝쿨장미로 휘감아, 어쩌면 낭만적인 그가 깊은 잠을 자기에 충분했으리라. "장미 / 오, 순수한 모순 / 그렇게 많은 눈꺼풀 아래 / 누구의 잠도 되지 않는 기쁨."

어쩌면 릴케는 루 살로메를 잊지 못하고 그녀 대신 장미를 품었던 게 아닐까. 장미가시에 찔려 사경을 헤매면서도, 그에게 살로메는 이별할 수 없는 누이이자 지워지지 않는 신부였기에 말이다. 릴케는 숨을 거두기 전에도 살로메가 보고 싶어 주변사람들에게 호소했다. "나의 그 무엇이 마음에 들지 않았는지 살로메에게 좀 물어봐 주십시오."

아무렴, 그 누가 대답할 수 있었으랴. 살로메도 릴케가 클라라와 결혼하고, 자기에게 버림받은 '레'마저 산에서 투신하자 크게 상심한 나머지 심장병으로 앓아눕는다. 그 때문에 옛 애인 피넬레스를 찾아간 살로메. 그에게 치료받으면서 두 사람의 애정관계가 회복되어 아기까지 생겼다. 당연히 아빠가 될 꿈에 부푼 피넬레스가 청혼을 했다. 하지만 그녀는 단호했다. 남편 안드레아스와 이혼할 뜻이 없음을 밝힌 살로메의 심중엔 무엇이 있었을까.

▲1926년 릴케도 죽고, 1930년 남편 안드레아스도 사망한 뒤 점점 건강이 나빠지던 살로메는 깊은 고독 속에 잠기다 1937년 1월 요독증으로 세상을 뜬다. 자신이 죽으면 화장해서 뜰에 뿌려달라고 유언했지만, 그녀의 유골은 남편 안드레아스 무덤 속에 나란히 묻히게 되었다.

내 멜로디에 당신이 부여한 높은 옥타브　　살로메는 남자들과 함께 있는 것을 즐겼음에도 결코 그들에게 얽매이기 싫어했다. 남자들이 원하는 것에 신경 쓰기보다 온전히 자신의 창작활동을 통해 경제적 사회적 지위를 확대해나갔다. 자유로운 영혼과 자유로운 현실을 원했던 것이다. 그러니 남성이나 가족의 굴레에 연연할 수가 없다. 때마침 기존 도덕과 관습에서 탈피하고자 자아를 추구하는 여성들이 대두되던 시기이기도 했다. 남성들만이 하던 학문에 뛰어들거나 혹은 예술가가 되는 길을 찾았다. 자유연애는 이들이 던진 도전장인 셈이다.

▲프로이트(1856~1939) 오스트리아의 신경과 의사로 정신분석의 창시자. 히스테리 환자를 관찰하고 최면술을 행하며 인간의 마음에는 무의식이 존재한다고 했다. 꿈·착각·해학과 같은 정신심리에도 연구를 확대하여 심층심리학을 확립했다. 주요 저서로 《꿈의 해석》(1900)이 있다.
프로이트의 정신분석학의 핵심은 리비도(성충동)에 대한 이론이다. 벌거벗는 꿈, 사람이 죽는 꿈, 시험 보는 꿈 등은 모두 유아기의 체험, 그것도 성충동에 근거를 두고 있는 것으로 본다. 한편 유아기에 이러한 성적 콤플렉스를 극복하지 못하면 '노이로제 증세'로 이어지기 쉽다고. 33번의 구강암 수술을 받으면서도 그의 '리비도 연구'는 계속되었다. 인간 심연의 밑바닥에 있는 '원초아'와 '초자아'를 정신과정의 핵심으로 보았던 프로이트. 그는 최초의 정신분석 학자이자 위대한 사상가였음에 분명하다.

또한 그녀의 궁극적인 관심은 '생의 근원'이었다. 문학에서 그 해답을 찾지 못한 살로메는 지적 갈증으로 여행길에 올랐다. 그녀가 50세 되던 해 철학자 **프로이트**를 만나 그의 제자가 된 이유다. 이후 프로이트와 각별한 우정을 쌓아나갔다. 그녀야말로 사랑과 지성의 탐닉자였다.

궁극적으로 살로메는 성性에 대해 인간의 본능이자 더 나아가 인간의 가장 귀한 욕구이며 성애性愛와 예술적 창조, 종교적 열정은 생명력의 서로 다른 측면일 뿐이라고 파악했다. 때문에 여러 남성들과 사랑을 나누며 그들을 정신적으로 고양시키기도 했지만 때론 황폐하게 만들기도 했다. 정신과의사 비에레와의 사랑도 그렇다. 그는 단지 살로메와 프로이트 사이를 잇는 징검다리 역할을 했을 뿐이다. 프로이트는 자신의 제자 타우스크가 살로메를 짝사랑하다 자살했는데도, 그녀에게 연인이며 후원자로서의 역할을 평생토록 유지했다. 생활하는 데 부족함이 없도록 지속적인 도움도 주었다. 실제로 프로이트의 서재에는 살로메의 사진이 늘 걸려 있었다.

그녀는 남편이 죽고 7년 뒤 76세를 일기로 세상을 떠났다. 결혼을 하고도 자유로이 떠돌았던 그녀가 이따금씩 남편을 찾았던 만큼 죽어서도 남편 곁으로 돌아갔다. 남을 의식하지 않는, 그래서 너무나 오랫동안 외로웠으리라. 어쩌면 홀로 서기 위한 외로움, 피부 깊숙이 파고드는 여성의 수치심과 대치해온 삶이었으리라. 자유를 향한 고군분투 말이다.

보부아르

시몬 드 보부아르 (Simone de Beauvoir 1908~1986)

1908	1월 9일 조르주 드 보부아르와 프랑수아즈 브라쇠르의 자녀로 파리에서 출생
1914	제1차 세계대전 발발
1925	바칼로레아 시험 통과. 이후 파리 가톨릭사립대학(Institut Catholique)에서 수학
	세인트마리 학교(Institut Sainte-Marie)에서 문학과 언어학 수학
1928	소르본 대학에서 철학 전공
1929	소르본에서 라이프니츠에 대해 발표. 모리스 메를로 퐁티와 클로드 레비스트로스와
	함께 수학함. 장 폴 사르트르와 함께 철학교사 자격시험을 통과
	사르트르와 계약결혼을 시작함
1931	보부아르는 마르세유에, 사르트르는 르 아브르에 철학교사로 임명
1933	루앙으로 이주(~1937)
1938	사르트르의 실존주의 소설 《구토》를 발표
1943	소설 처녀작 《초대받은 여자》를 발표
1944	실존주의 윤리학 논문 《피루스와 키네아스》를 발표
1945	소설 《타인의 피》를 발표. 사르트르, 메를로 퐁티와 함께 정치적 잡지
	〈현대 Les Temps Modernes〉 창간을 주도. 사망 직전까지 편집장 역임
1949	비평서 《제2의 성》을 출간
1954	소설 《레 망다랭》을 출간하여 콩쿠르상 수상
1960	사르트르와 더불어 알제리 민족해방운동에 앞장서며 '121인 선언'을 발표
1964	사르트르, 노벨상 수상을 거부
1971	낙태허용을 주장하는 '343인 선언'에 나섬
1972	자서전 《결국》을 발표
1973	사르트르, 반 실명상태가 되어 저작활동 중단
1974	프랑스에서 낙태가 합법화됨
1980	장 폴 사르트르 사망
1981	산문집 《작별의 의식》 출간, 출판 전 사르트르가 읽지 않은 유일한 책
1986	4월 14일 폐렴으로 파리에서 78세를 일기로 사망

여자는 태어나는 것이 아니라 만들어지는 것

철학과 사랑에 빠진 보부아르

생각의 탄생　여섯 살 때부터 시몬느 드 보부아르(1908~1986)의 꿈은 유명작가가 되는 것이었다. 그런데 21세기가 기억하는 보부아르는 어떤가. 장 폴 사르트르(1905~1980)와 함께 20세기 중반 세계를 풍미했던 실존주의 철학의 큰 별로 전해진다. 실제로 그녀의 철학과 문학에 대한 지적 편력은 그 시대 여성으로서 감히 넘볼 수 없는 고지를 마구 넘나들었던 유일무이한 존재였다. 따라서 사람들은 그녀의 삶이 정신이상자처럼 유별나다고 생각했다. 그것은 단지 여자라는 이유, 그리고 그 여성성이 복잡하게 얽혀들기 때문이기도 했다. 하지만 그녀는 조금도 흔들리지 않았다. 오로지 자신의 철학적 신념으로만 삶을 이끌어갔다. 소설가와 극작가로 진로를 열며 그에 버금가는 열린 논객이 되었다. 더 나아가 여성문제와 정치적 억압에 저항하는 맹렬한 운동권 지식인임을 자처했다.

▲6세 때 보부아르의 꿈은 유명작가가 되는 것이었다. 그래서일까, 사색에 잠겨 있는 그녀의 이 사진 한 장은 앞으로 대작가가 될 보부아르를 예감케 한다.

계약결혼　1929년 보부아르는 그녀의 정체성에 결정적 영향을 준 꿈의 동반자이자 자신의 반쪽 장 폴 사르트르를 만났다. 두 사람은 꽤 까다로운 철학교사 시험을 통과하고 2차시험 준비를 하면서 만나 **계약결혼**을 한다. 곧 그들의 관계는 세상 사람들에게 충분한 흥밋거리가 되었다.

"나의 생애에는 하나의 '필연적인 사랑'이 존재하며 그것은 바로 보부아르와의 사랑이다. 하지만 혹 있을지도 모를 '우연적인 사랑'도 할 수 있다. 우리는 서로에게 모든 것을 말할 것이다. 이는 보부아르에게도 똑같이 적용된다."

계약결혼 전 사르트르가 보부아르에게 동의를 구한 결혼계약서 내용이다. 구체적으로 일부일처제를 거부하며 두 사람 이외의 다른 사람과도 성적인 관계를 열어두겠다는 뜻이다. 이를 두고 평자들은 미심쩍은 바를 지울 수 없었다. 보부아르와의 합의에서 나온 것이라기보다 그가 제시한 계약서에 그녀가 동의할 수밖에 없었다고 말이다. 실제 사르트르는 '결혼함으로써 오는 구속의 두려움'을 가지고 있었던 듯하다. 그녀도 이런 그의 행동을 대강 눈치로 알 수 있었지만, 아마도 보부아르는 그를 떠나보낼 용기가 없었던 게 아니었을까. 따라서 보부아르가 그의 곁에 머무르고 싶었으니, 그 자유를 얼마간 보장해주어야 했다는 말이다. 동시에 그녀가 사르트르에게 요구했을지도 모르는 똑같은 자유가 그녀에게도 주어졌다. 아무리 그렇더라도 이 서약을 평생 지키며 산다는 것은 참으로 어려운 일이 아니겠는가. 놀랍게도 보부아르와 사르트르는 생을 마치는 그날까지 허름한 호텔 아래위층을 전전하면서까지 이 약속을 그대로 지켜냈다. 결코 결혼도, 동거도, 집안일을 나누어 한 적도, 아이를 낳은 적도 없다. 그러면서 평생 계약의 끈을 놓지 않고 생의 고락을 함께 나눴다.

▲**계약결혼** 자유의지적 사랑을 실천한 실존주의 철학의 거장 사르트르와 보부아르의 '계약결혼'은 1930년대 당시 일대 파문을 일으킨다. 결코 결혼도 동거도 하지 않고 아이도 낳지 않으며, 계약기간 동안 다른 남자와 혹은 여자와 애인이 되는 것도 허용하며 사는 것, 그것이 가능할까. 처음에는 2년간의 계약결혼이었지만 그뒤 30세까지 늘렸으며, 이후로는 종신계약이나 마찬가지로 지속되었다. 50여 년 동안 보부아르는 사르트르와 평생 계약의 끈을 놓지 않고 그에게 헌신했다. 그러나 1997년 파리에서 보부아르의 편지(그녀의 또 다른 연인인 미국작가 넬슨 알그렌에게 보낸 것)가 공개되어 화제가 되기도 했는데, 내용인즉 "사르트르는 내가 관계한 첫 남자이며, 20여 년 동안 모든 것을 다 해주었지만 섹스엔 그다지 관심이 없었다"고 한다.

그녀의 속정　둘은 파리 몽파르나스 거리 '생 제르맹 데 프레' 카페에서 거의 시간을 보냈다. 그곳에서 늘 토론하고 글을 쓰고, 서로의 원고를 읽어주고 밥을 시켜먹으며 사랑을 했다. 그것도 사르트르가 원고 쓸 일이 있을 때는 어김없이 보부아르가 달려와서 함께 작업했다. 그녀를 거치지 않고 책을 낸 일이 없을 정도였다. 그만큼 사르트르는 그녀를 믿었고, 그녀는 진정으로 그를 도왔다. 그런 살가운 사이임에도 보부아르나 사르트르 곁에 사랑하는 사람이 생기면 초조한 심정을 드러내기보다 흔쾌히 연인으로 인정해주고 가족처럼 모여 지내기도 했다.

　그와 그녀의 이런 속정은 요란하지 않게 이어졌다. 단언하건대 두 사람의 연緣은 그 누구도 끊지 못했다. 마음이 초조하고 일이 잘 풀리지 않을 때, 원고를 정리하고 책을 낼 때, 철학과 신념이 다른 일로 번민할 때도 주저하지 않고 서로를 찾았다. 심지어 연인과 함께 서로를 찾기도 했다. 한번은 보부아르가 미국에서 사귄 친구랑 브라질을 여행하며 밀월을 즐기고 있을 때였다. 사르트르가 책을 써야 한다고 전화하자 그녀는 곧장 달려왔다. 그 연인을 끔찍이 사랑했는데도 말이다. 그리고 사르트르의 원고와 자료 찾는 일을 도우며 같이 지냈다. 보부아르의 연인은 그들의 작업실로 찾아와 차라리 결혼을 해버리자고 졸랐다고 한다.

　하긴 보부아르와 사르트르야 서로의 애정행각을 이해해준다는 조건으로 계약을 했다지만, 이런 경우 제삼자는 어찌해야 하는가. 미리 계약결혼을 했다고 밝혔겠지만 실제로 문제가 전혀 없을 수는 없다. 그런저런 일들을 포함하여 뭔가 답답할 때 보부아르는

▲**사르트르–보부아르 광장**

이 거리에서 가장 유명한 곳은 생 제르맹 데 프레 성당. 600년에 지어진 것으로 파리에서 가장 오래된 성당 건축물이다. 그 맞은편에는 살아생전 사르트르와 보부아르가 자주 다니던 카페로, 카페 레 뒤마고와 그 옆의 카페 드 플로르가 있다. 파리 시는 이 성당과 카페 사이의 작은 광장을 사르트르–보부아르 광장으로 명명했다. 20세기 중반 카페문화를 꽃피우는 데 결정적 역할을 했던 곳이 바로 이 거리의 카페들이며, 이곳을 사랑했던 것은 이들 두 사람뿐만 아니라 에밀 졸라, 오스카 와일드, 알베르 카뮈, 헤밍웨이 등 당대 지식인들과 실존주의 철학자들도 많다. 파리를 방문한다면 꼭 한번 들러볼 만한 곳이다.

▲《제2의 성》과 《레 망다랭》《제2의 성》은 1949년 프랑스에서 출간된 보부아르의 여성론으로, 훗날 여성운동의 이론적 토대가 된 것은 물론 당시의 시대상황으로 볼 때 혁명적이기까지 했다. 한편, 소설 《레 망다랭》은 제2차 세계대전 이후 교육받은 '고급관료'의 지위에서 벗어나 정치적 행동주의에 참여하려는 지식인들의 노력을 연대기 형식으로 그리고 있다. 이는 영혼의 동반자 사르트르의 기본 철학개념인 '앙가주망(t=사회참여)'과 일맥상통하는 주제로, 그들은 현실참여를 필요로 하는 곳에 소홀히 하지 않았다. 그녀는 이 소설로 1954년 콩쿠르상을 수상했다.

소설을 썼다. 이 집필을 겸한 피난처는 보부아르에게 가장 좋은 여행지이기도 했다. 그녀의 삶이 시차를 둔 이기적인 것이었다 해도, 이런 삶 자체를 피하지 않고 소설 속에 그대로 옮겨놓았으리라. 보부아르의 글 대부분이 그렇게 씌어졌다.

내 가장 소중한 작품은 내 인생이다　　그랬다. 그녀의 작품이 곧 그녀가 살아 움직인 증거이자 실천적 행동이니만큼, 그 책은 그녀의 정열이면서 인생이었다. 특히 책 속에서 보부아르가 이야기를 진행시키는 방법은 행위의 한 형태인 대화다. 그녀는 작품《제2의 성》과 《레 망다랭》에서 세밀하고도 깊이 있게 여성의 본질을 탐구하면서 실제 여성들의 역할과 그 주어진 삶의 단계에 따른 특성들, 그리고 여성의 성性문제까지 괴기스럽게 탐사했다. 사뭇 긍정적인 여주인공이 없다. 왜 그럴까?

원래 이 사회는 남성이 만들었다는 것에 그녀는 주목한다. 따라서 체계적이고 권위주의적 성향의 남성이 만들어낸 사회가 유동적이며 감성이 자유로운 여성에게 맞지 않는 것은 당연하다고. 결국 보부아르가 뽑아든 핵심내용은 "여성은 태어나는 것이 아니라 여성으로 만들어진다"는 것이었다. 이 유명한 구절은 지금껏 그녀를 대변한다. 그리고 초기 여성운동을 펼치던 페미니스트들에게도 큰 힘이 되었다.

보부아르와 사르트르는 서로 자유롭고 열린 관계를 지향했기에 그녀는 연인 알그렌, 란츠만, 그리고 실비 르 봉 같은 여성들과도 말년을 허허롭지 않게 보냈다. 그러니 보부아르를 지속적으로 지켜보지 않았다면 편협적인 판단을 하는 것도 무리는 아니다. 개개인의 관심분야에 따라서 충분히 다르게 볼 수밖에 없다. 보부아르 자신이 그 어떤 오해도 개의치 않았고, 어디까지나 사회적 중재자로서 그 범주를 넘나들었다. 마치 자신의 모든 것을 보여주지 않으면 그 자신이 아무 일도 하지 못한다는 신념에서 그리한 것도 같다. 그러다보니 미친 여자 취급은 물론 페미니스트, 레즈비언, 부도덕한, 기인으로까지 묘사당하기 일쑤였다. 그 당시 사람들 또한 예사로이 보아넘길 수 있는 문제는 아니었으리라. 하지만 그녀는 여자로서 보기 드문 자서전을 어느 정도 마무리하면서 당당히 말했다. "내 가장 소중한 작품은 내 인생이다"라고.

지금쯤 파리 몽파르나스 역 테제베가 내달린 꽁무니에 마로니에 꽃이 한창이겠다. 낮게 깔린 안개비 탓일까. 사르트르와 보부아르가 죽치던 카페에 가서 차라도 한 잔 마시고 싶은 날이다.

▲시몬느의 또다른 사랑, 미국작가 넬슨 알그렌 1947년 보부아르는 미국의 초청을 받아 강연여행을 하던 중, 미국소설가 넬슨 알그렌을 만나 첫눈에 사랑에 빠지고 만다. 둘의 사랑은 무려 20여 년간 지속되었고, 그들이 헤어진 1964년까지 수백 통 이상의 편지를 주고받았다고 한다. 한국에서는 열림원에서 《연애편지》라는 제목으로 출간되기도 했는데, 보부아르가 넬슨에게 보낸 편지 중 304통을 담은 내용이란다. 이 편지를 통해 그녀는 알그렌을 '나의 남편'으로 여겼던 것으로 알려졌다. 한때 두 사람은 결혼에 대한 열망을 갖고 있기도 했으나 결국 헤어지기에 이른다. 서로가 머물고 있는 자리를 떠날 수 없었기 때문이리라.

영혼의 동반자_행동하는 양심과 완벽한 한 쌍

사르트르 철학의 핵심은 '사회참여=앙가주망'이다. 인간은 매 순간 적극적인 선택을 통해 자신의 가치와 미래를 직접 설계하는 존재이기 때문이다. 따라서 우리는 사회에 치열하게 동참하여 자신의 실존과 시시각각 마주해야 한다. 그런 사르트르의 행동하는 양심은 그 존재를 수시로 위협받기도 했다. '전문시위(데모)꾼'으로 불렸던 그는 알제리 전쟁 당시 프랑스에 반대해 알제리 해방을 지지했다. 그리고 '알제리 전쟁을 불복종할 권리'를 표방한 '121인 선언'에 서명했다. 이에 재향군인회는 곧 그를 불복종죄로 체포하라며 압력을 가했는데, 볼테르(관용의 상징적 지식인)를 체포할 수 없었다"는 드골 장군 덕분에 기소를 면했지만 그의 집에는 폭탄테러가 이어졌다. 두 사람은 '낙태선언 343인 선언' 당시에도 함께 서명했다. 그리고 '우리시대의 가장 완벽한 인간'이라며 체 게바라를 칭송하고 그를 만날 때도 함께했다. 두 사람의 계약결혼이 51년간 이어졌다는 것도 그들을 영혼의 동반자로 칭하는 데 거부감이 없을 것이다.

20세기 실존주의 철학의 창시자 '사르트르를 알고 싶은가'
사르트르의 대표작 《구토》와 《자유의 길》에서 그 해답을 구하다

▲사르트르의 《자유의 길》

사르트르가 1945~1949년 집필한 대하소설 《자유의 길》 총 4부가 구성되어 있고 제1부 〈철날 무렵〉, 제2부 〈유예猶豫〉, 제3부 〈영혼 속의 죽음〉, 제4부 〈마지막 기회〉 중 1절 '기묘한 우정'으로 이루어진 미완성 소설이다. 제2차 세계대전 발발을 전후로 하여 수세에 몰린 프랑스 군의 급물결을 타고 벌어지는 각양각색의 인간상을 담아낸 '실존적 자유'의 궤적을 담아낸 수작이다.

사르트르는 제2차 세계대전 당시 프랑스 군에 복무하다 전쟁포로가 된 적이 있었다. 이것이 그의 실존주의 철학의 바탕이 된 좋은 경험이었을 것이다. 독일철학을 공부한 것도 이때였다고 하니 말이다. 사르트르의 실존주의 철학을 이해하는 데 도움이 되는 2권의 책이 있다. 《구토》와 《자유의 길》이 그것인데, 우선 1938년 출간된 《구토》를 짚어본다.

철학교사인 로캉탱은 사르트르의 분신과 같은 존재로, 이 작품을 통해 실존주의 철학의 실체가 무엇인지 독자와 함께 고민하도록 유도한다. 로캉탱은 자신의 존재를 확인시켜준 세계가 자신을 벗어나 존재했던 적이 한 번도 없음을 깨닫는 순간 처음 구토를 경험한다. 그뒤로 자신이 경험하는 모든 것에 두려움을 느끼게 되는데, 본문에는 다음과 같이 언급되고 있다. "세계가 존재하지 않은 때는 없었다. 나를 기분 나쁘게 한 것은 그것이다. 물론 그 흐물거리는 유충이 존재하는 데 그 어떤 이유가 필요한 것도 아니다. 그러나 그것이 존재하지 않는다는 것 또한 불가능한 일이었다. 허무한 나의 머릿속에 있는 관념은 광대무변한 세계를 떠돌아 존재하는 관념에 불과하다. 그 허무는 존재 이전에는 없었다."

자신이 존재하기 전에는 '신이 있다, 없다'를 논할 수 없듯이 허무 또한 자신의 존재를 통해서만 느껴질 수 있는 무형의 언어이다보니, 이 모든 모순을 어느 순간 '부조리'에 귀착시킨다고 한들 독자는 이에 수긍할 수밖에 없다. 이를 본문에서는 다음과 같이 언급한다.

"나는 존재의 열쇠를, 구토의 열쇠를, 그리고 나 자신의 생활의 열쇠를 발견했다는 것을 알았다. 이 모든 것은 부조리로 귀착한다. 부조리 역시 말이다. 나는 말과 싸운다.

나는 거기서 사물을 만지작거리곤 했다."

《구토》에서 자기 존재의 실체를 확인해나가는 로캉탱의 모습은 치열하다. 다음은 주체적인 나란 존재의 자유의지적 선택이란 무엇인가, 떠올리게 하는 대화다. 어느 날, 한 학생이 자신의 진로에 대해 사르트르에게 상담한다.

"지금 저는 프랑스 군에 자원입대를 해야 할지, 아니면 집에 머물면서 어머니를 돌봐드려야 할지 선택의 기로에 놓여 있습니다."

그러자 사르트르는 다음과 같이 충고한다.

"너는 자유로우니, 너 자신이 네 삶을 만들어나가지 않으면 안 된다."

즉, 과거 경험자들의 선험적 사례나 규칙이 그 학생에게 정확한 방법을 제시해줄 수 없음을 알고 있던 사르트르는 실존적 측면에서 나 자신의 생각을 세상 중심에 세우고, 나 자신이 주체적으로 세상을 향해 나아갈 것을 권하고 있는 것이다.

그러나 사르트르가 말하는 '실존의 자유' 모습이 어떤 때는 일그러져 있다. 그의 소설 《자유의 길》에서 이렇게 '자유'가 언급되고 있다.

"나에게는 지킬 것이라곤 아무것도 없네. 무슨 자랑스러운 생활을 하고 있는 것도 아니고, 또 동전 한 푼의 재산도 없어. 내 자유란 것도 그런 거지. 다만 나를 무겁게 내리누를 뿐일세. 벌써 몇 해 전부터 아무런 쓸모없는 자유를 간직해왔단 말이지. 어떤 확신이라도 있으면, 단번에 이 같은 자유와 교환하고 싶은 생각이 간절하네."

이 부분에서 사르트르는 인간의 불안에 대해 암묵적으로 말하고 있다. 자신의 중심을 지배하고 있을 자유가 어느 순간 무겁게 자신의 삶을 누르고 있는 부분을 포착하고 있다.

사르트르 또한 강조했다, '자유'에는 '책임'이 따른다고. 신도 부정하고, 기존 윤리와 도덕, 질서를 벗어난 자신의 자유의지에 따른 주체적 삶을 살아간다는 것이 정말 가능한 일인가. 사르트르는 사실 이 두 작품을 통해서 진정한 자유의지의 행동, 주체적인 실존의 확립이 얼마나 어려운지 보여주고 있는 것이다.

사랑도 오페라도 전설에 묻은
마리아 칼라스
"오나시스여, 돌아와주오!"

마리아 칼라스 (Maria Callas 1923~1977)

1923	12월 2일 미국 뉴욕에 거주했던 게오르그 칼로게로풀로스와
	에반겔리아 드리트리아디스 사이에서 출생
1937	그리스의 아테네 국립음악원에 입학
1939	제2차 세계대전 발발
1942	주페의 보카치오에서 작은 역을 맡아 상업무대에 데뷔함
1945	미국행, 당시 그리스에서 56개 역을 소화해냄
1946	툴리오 세라핀의 제의로 베로나에서 〈라 조콘다〉 공연
	베로나에서 조반니 바티스타 메네기니를 만남
	메네기니는 후원 프로그램을 제안하여 칼라스의 수락을 얻어냄
1949	메네기니와 결혼. 빈첸초 벨리니의 〈청교도I Puritani〉에서
	엘비라 역을 소화해내 격찬받음
1951	오페라 〈아이다〉의 주역 레나타 테발디의 대체가수로 라 스칼라에 데뷔
	이후, 1957년까지 최고 전성기를 구가함
1958	파리공연 중 아리스토틀 소크라테스 오나시스와 첫 만남이 이루어짐
1959	오나시스는 자신의 호화 선상에 메네기니 부부를 초대함
1960	오나시스와 밀월관계를 유지함
1964	프랑코 제피렐리의 설득으로 코벤트가든에서 〈토스카〉로 복귀
1965	영국 코벤트가든에서 갈라콘서트를 끝으로 잠정적 은퇴선언
1966	미국시민권을 포기하고, 그리스 국적을 취득함
1968	오나시스와 재클린 케네디가 결혼함
1971	주세페 디 스테파노와 뉴욕 줄리아드 음악원에서 마스터 클래스를 개최함
1973	주세페 디 스테파노와 전 세계투어(~1974)를 실시함
1974	일본 삿포로에서 마지막 공연을 함
1975	오나시스 사망
1977	9월 16일 54세를 일기로 파리에서 사망

오나시스여, 돌아와주오!

사랑도 오페라도 전설에 묻은 마리아 칼라스

마리아 칼라스(1923~1977)의 얼굴은 강하면서 고혹적이다. 빼어난 미모의 오페라 가수로 20세기를 대표하는 그녀의 노래는 더더욱 강하고 매혹적이다. 스테레오 기술이 등장하지 않았던 1950년대 모노시대의 아쉬움이나 결핍을 싹 씻어주는 그 목소리야말로 칼라스만이 가진 진기록이 되었다. 지금껏 누구도 깨지 못한 진정한 오페라의 전설이 되고 있다.

그러나 이런 호사스런 이력에 반해 칼라스의 사생활은 평탄치 않았다. 이성적이지 못한 처신은 갖가지 일화와 함께 전 세계 신문잡지를 장식하는 등, 언제나 대중과 언론의 중심에 있었다. 그야말로 칼라스 자신이 연기했던 오페라의 주인공 같은 드라마틱한 삶을 살다갔다.

그런 그녀가 세상을 떠난 지도 어언 30여 년이 넘었지만 우리 곁에 여전히 건재하는, 금세기 최고 성악의 여신으로 살아 있다. 이는 무대에서 보여준 그녀의 열정과 진정한 예술혼 때문일 것이다. 그녀는 베르디 오페라의 비올레타, 도니제티 오페라의 루치아, 벨리니 오페라의 여사제 노르마, 비제의 오페라 중 정열의 여인 카르멘을 연기해 위대한 **소프라노의 산**이 되었다. 후대의 수많은 성악가들

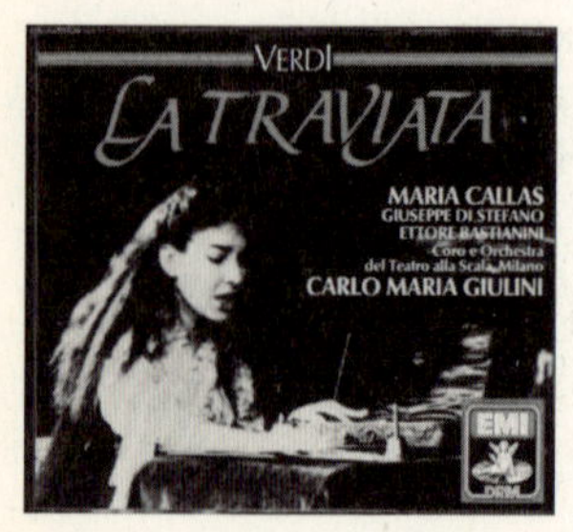

▲오페라의 산, 그녀가 가장 사랑했던 배역은? 〈노르마〉에서 여사제 '노르마', 그리고 〈메데아〉의 '메데아' 역이었다고 전해온다. 그녀를 '오페라의 산'이라 칭하는 이유는 여러 역할을 소화해낸 것뿐 아니라 그녀만의 드라마틱한 카리스마 때문이다. 21세기인 현재까지도 그녀처럼 다양한 레퍼토리와 비교할 만한 디바는 없다. 특히 작품마다 내뿜는 드라마틱하고 카리스마 넘치는 울림은 60년이 지난 지금에도 여전히 사랑받고 있다.

사진은 EMI에서 출시된 〈라 트라비아타〉 음반을 장식하고 있는 마리아 칼라스의 모습.

이 이들을 연기했지만 늘 칼라스와 비교되곤 했다. 그녀의 깊고도 낮은 울림과 당당하면서도 짙은 우수, 애틋한 서정을 담아내는 그 열정과 목소리는 칼라스가 여신으로 존재하는 이유다.

성악가의 길　마리아 칼라스의 어머니 에반겔리아는 그리스인으로 부유한 집안에서 태어났다. 그녀는 성악가가 되고자 했으나 집안의 강력한 반대로 꿈을 포기해야 했다. 어머니의 결혼생활은 순탄치 못했다. 칼라스의 부모는 미국으로 이주했고, 그곳에서 마리아 칼라스가 둘째딸로 태어났다. 칼라스의 탄생은 축복받지 못했다. 아들을 바라던 부모의 기대를 저버리고 딸로 태어난 데다가, 어릴 적부터 유난히 뚱뚱하여 예쁘고 날씬한 언니와 늘 비교당하며 무관심 속에 자랐다. 더구나 어머니는 결혼생활이 순조롭지 않아서인지 잘 웃지도 않았다. 그녀가 부드러운 미소를 보인 것은 칼라스가 노래를 할 때뿐이었다. 어린 칼라스는 어머니의 웃는 모습이 보고 싶었고, 무엇보다 그녀의 인정을 받기 위해 열심히 노래연습을 했다.

칼라스가 열세 살 되던 해, 마침내 딸의 재능을 인정한 어머니는 그녀를 떠나온 고국 그리스로 보낸다. 자신이 그토록 이루고 싶었던 꿈을 딸을 통해 이루기 위해서였다. 어머니는 곧장 그리스에 있는 친정 남동생에게 부탁하여 칼라스를 아테네 국립음악원에 입학시킨다. 칼라스는 그곳에서 성악에 대한 기초를 닦고 스페인의 성악가 **엘비라 데 이달고**에게 교육받으며 쑥쑥 성장해나간다. 아직 어린 나이임에도 어머니의 바람대로 성악에 타고난 끼를 보였던 그녀는 오페라 무대에도 오르면서 성악가로 거듭나고 있었다.

▲**엘비라 데 이달고와 페루치오 쿠지나티** 마리아 칼라스의 첫 스승. 그녀의 음색과 가창력을 제대로 파악하여 노래의 테크닉을 가르치고 음악세계를 열어주었다(위). 그러나 그녀의 레퍼토리를 확장시키고 그것이 가능하게 했던, 그녀 자신이 존경한다고 공공연하게 말했던 스승은 아레나 극장의 오페라 코치 페루치오 쿠지나티였다(아래).

▲조반니 바티스타 메네기니(1896~
1981) 그를 한마디로 '칼라스의 발명
가'라고 한다. 부유한 이탈리아의 사업
가로 칼라스를 후원하며 매니저로, 새
로운 음악으로, 결혼으로 정서적 안정
을 주었던 점을 높이 평가한 발언이다.
둘의 결혼생활은 파경을 맞았지만, 그
녀 사후에도 메네기니는 의리를 지켰
다. 생전 회고록 집필을 요구받을 때마
다 칼라스는 "나에 관해서 무엇이든 알
고 있는 단 한 사람, 남편만이 쓸 수 있
습니다"라고 말했다. 메네기니는 백지
수표도 거절했었지만, 악의적인 오류
를 바로잡기 위해 결국 《나의 아내 마
리아 칼라스》를 세상에 내놓는다.

▶빈첸초 벨리니(1801~1835)와
〈청교도〉 유려한 선율로 유명한 이탈
리아의 오페라 작곡가 빈첸초 벨리니.
그는 도니체티, 로시니와 함께 벨칸토
오페라의 중심적인 작곡가로 평가되며
베르디와 푸치니에게 영향을 미쳤다.
그의 마지막 작품 〈청교도〉는 1835년
1월 24일, 파리 초연 당시 대성공을 거
두었다. 극 중 아리아로 〈아 사랑스런
그대여, 그대에게 사랑을〉〈그대의 부
드러운 목소리가 나를 불렀다〉가 유
명하다.

메네기니, 그리고 사랑　그 무렵 유럽은 온통 전쟁의 공포에 휩싸였다. 때문에 칼라스는 어머니와 이혼하고 미국에 홀로 남은 아버지 곁으로 돌아와 활동하려고 하지만, 미국은 쉽게 그녀를 받아주지 않았다. 어쩌다 얻어걸리는 배역도 거의 존재조차 느낄 수 없는 단역 정도에 불과했다. 그 견딜 수 없는 현실을 뒤로하고 다시 이탈리아로 돌아온 칼라스. 그러나 노래하고자 하는 그녀의 의지는 대단했다.

칼라스의 진정한 데뷔무대였던 베로나 공연을 통해 그녀는 이탈리아의 사업가 조반니 바티스타 메네기니를 만난다. 쉰 살이 훨씬 넘은 갑부 메네기니는 칼라스의 노래실력에 감탄해 마지않았다. 뿐만 아니라 매니저를 자처하고 나섰다. 칼라스를 더없이 자상하게 챙겨주는가 하면, 당시 그녀에게 절실했던 금전적인 문제까지 해결해주었다. 그의 이런 정성으로 칼라스는 서른 살이나 더 많은 메네기니를 사랑하게 되었고, 동거를 거쳐 그와 결혼했다. 덕분에 칼라스는 오로지 노래에만 정열을 쏟을 수 있었다. 친구도 없고 가족의 사랑도 받지 못했던 그녀가 메네기니의 헌신적인 사랑으로 무대에서도 최고의 매너와 기량을 발휘하게 된다.

베로나 데뷔 이후, 빈첸초 벨리니의 〈청교도〉에서 예정에 없던 주인공 엘비라의 대역代役을 사흘 연습으로 열연하여, 이탈리아 오페라 역사를 후끈 달구며 '오페라의 여신'이란 극찬을 받았다. 이를 계기로 기회는 이어졌다.

세계 최고의 오페라 무대인 라 스칼라에서 프리마돈나로 이름을 드날리던 레나타 테발디가 갑자기 병이 나자 〈아이다〉 역을 맡을 수 없게 되었다. 유럽 오페라 세계에서 가장 까다롭다고 정평이 난 스칼라 극장의 관객을 상대로 과연 누가 이 공백을 채워줄 수 있으리. 콧대 높기로 유명한 극장이지만 공연을 중단할 수는 없는 노릇. 그리하여 칼라스에게 불쑥 대역을 청하게 된다.

그녀의 진가를 발휘할 수 있는 호기였다. 칼라스는 이 한 번의 공연으로 라 스칼라 극장의 청중을 완전히 압도한다. 이로써 프리마돈나 자리를 꿰차는 칼라스. 테발디는 그대로 스칼라에서 밀려난다. 당시 그곳 객석에는 아르투로 토스카니니, 카를로 마리아 줄리니(1914~2005) 같은 대지휘자들뿐 아니라 연출가이자 영화감독 루카노, 칼라스에게 연기를 지도한 바 있는 비스콘티도 자리하고 있었다.

아마도 칼라스 인생을 통틀어 가장 행복한 시기가 아니었을까. 그녀에게 남은 것은 이제 세계 곳곳에 널려 있는 오페라 무대를 정복하는 것뿐이다. 런던, 파리, 뉴욕, 브라질, 아르헨티나에 이르기까지 최고의 무대를 하나하나 섭렵했다. 그녀가 가는 곳마다 광적인 팬들의 열광과 응원이 넘쳤다. 90킬로그램의 육중한 몸을 다이어트로 28킬로그램이나 줄인 것도 이 무렵이다.

오나시스, 돌아와주오! 1958년 파리 오페라극장 공연 때 칼라스는 그리스의 선박왕 오나시스를 만난다. 당시 그는 객석에서 칼라스의 노래하는 모습을 지켜보다 매료된다. 그리고 오나시스 특유의 구애작전에 나선다. 선박왕답게 자신의 호화 유람선에 칼라스 부부를 초대해 3주 동안 항해를 한 것이다. 그러나 이 만남은 그

▲**라 스칼라 극장** 이탈리아 밀라노에 위치한 세계에서 가장 유명한 오페라 극장 중 하나. 이곳은 1778년 8월 3일 살리에리의 작품공연과 함께 개장되었다. 그밖의 유명한 극장으로는 오스트리아의 빈 국립오페라극장, 영국의 코벤트가든, 러시아의 볼쇼이극장, 프랑스의 파리오페라극장, 미국의 메트로폴리탄오페라극장과 카네기홀, 호주의 오페라하우스, 아르헨티나의 떼아뜨로 꼴론 등이 있다.

▶**레나타 테발디(1922~2004)** 1950~60년대를 대표하는 당대 최고의 소프라노 가수 마리아 칼라스와 라이벌로 부추긴 것은 언론의 탓이 컸다. 기존의 정통을 계승한 테발디와 그것을 자신만의 독창적인 스타일로 만든 칼라스는 무엇보다 서로의 표현방식이 확연히 달랐다.

▶**파리 오페라극장** 프랑스 파리 9구에 있는 오페라극장. 프랑스 유명 건축가 샤를 가르니에가 설계한 건물로 신바로크 양식에 의해 화려하게 지어졌다. 1875년 개장했다.

녀를 끝없는 나락으로 빠트리는 대사건이 된다. 오나시스의 구애
작전에 칼라스는 앞뒤도 살피지 못한 채 속절없이 넘어갔기 때문
이다. 그를 만나면서 그녀의 절대적인 후원자이자 매니저, 그리고
남편이었던 메네기니와 10년에 걸친 결혼생활마저 파탄이 났다.

이후, 오나시스와 어울려 다니느라 그녀는 오페라 무대에서 점
점 멀어지고 있었다. 최고의 패션 아이콘이자 매스컴이 주목하는
황금빛 목소리의 소유자 칼라스는 찾아볼 수 없게 되었다. 그녀는
자신의 모든 시간과 열정을 오나시스에게 쏟아부으며 오페라 무
대에서 누리지 못했던 상류사회의 달콤함에 빠져버린다. 정녕 그
녀는 오페라를 등질 만큼, 아니 그토록 헌신적인 사랑을 받아온 메
네기니를 버릴 수 있을 만큼 오나시스가 좋았단 말인가. 갈고닦지
않는 목소리는 점점 쇠퇴의 길을 걸어 1960년대에 들면서 그녀의
시대도 저물고 있었다.

노래도 사랑도 그녀에게서 멀어지고　　두 사람의 사랑은 그리 오래가
지 않았다. 영원히 그녀 곁에 머물러줄 것 같던 오나시스는 어느새
존 F. 케네디(1917~1963)의 부인 재클린 케네디(1929~1994)를 맘에
두고, 그들 부부를 초호화 선상만찬에 초대한다. 역시나 재클린의
환심을 사고자 고가의 드레스와 보석을 선물하며 접근하기 시작
했다. 우연일까. 그해 11월, 케네디가 불의의 총격으로 졸지에 세
상을 떠나고 만다. 그녀에게 접근하기 위해 절치부심하던 오나시
스는 이제 노골적인 구애에 나섰다. 지적이고 이성적이던 재클린
이 아니었던가. 그런데 그의 열렬한 구애와 선물공세에는 다른 여

인들과 별반 다르지 않았던 것 같다. 1968년 케네디 대통령의 미망인 재클린 여사는 미국 국민들을 전혀 예기치 못한 충격 속에 빠트린 채, 선박왕 오나시스와 세기의 결혼식을 올린다.

이 믿지 못할 소식에 칼라스도 속수무책이었다. 그녀는 마지막까지 포기하지 않은 채 자기에게 돌아와달라고 오나시스에게 애원했다. 바야흐로 오나시스는 칼라스를 잊어버린 듯했지만, 그녀는 1966년 미국시민권을 포기하고 다시 그리스 국적을 가짐으로써 메네기니와의 결혼까지 무효화시키려 했다. 그럼에도 불구하고 오나시스는 칼라스를 매몰차게 버렸다. 이 모든 사실이 그녀가 무대에서 자주 연기하던 비련의 주인공 역할에 불과하다면 좋으련만!

일찍이 서머셋 모옴은 말했다. "사랑의 비극은 죽음이나 이별이 아니다. 두 사람 중 어느 한 쪽이 이미 상대방을 사랑하지 않게 된 날이 왔을 때이다." 칼라스 역시 남편 메네기니를 버린 자업자득이랄까. 안타깝지만 현실이니 받아들여야 한다. 그녀의 이 좌절은 오래도록 지속되었다. 수렁이란 한번 빠지면 걷잡을 수 없이 빨려들어 위험하다. 결국 그녀의 목소리에 이상이 생겼고, 이에 따른 공연취소에 빗발치는 여론의 몰매를 고스란히 맞아야 했다. 더불어 그토록 원하던 아이를 가졌으나 오나시스가 외면하는 바람에 유산을 하게 되자 그 충격으로 자살기도까지 하기에 이른다.

1947년 〈라 조콘다〉로 데뷔한 이래 13년간의 칼라스 시대가 서서히 막을 내리고 있었다. 이제 그녀를 무대에서 끌어내리는 일은 시간문제가 아니었으랴.

▲루키노 비스콘티(1906~1976)
이탈리아의 영화감독. 네오 리얼리즘을 표방했던 1942년 영화 〈강박관념〉으로 데뷔했다. 초기 리얼리즘 계열의 대표작 〈대지는 흔들린다〉 등을 발표했으며 후기로 가면서 탐미주의적인 경향을 보였고, 말년의 〈베니스에서의 죽음〉 등은 크게 호평을 받았다. 오페라 감독과 연극연출을 병행하기도 했다. 사진은 〈베니스에서의 죽음〉 포스터의 일부분.

▲아리스토틀 오나시스(1906~1975)
제2차 세계대전을 계기로 해운왕국을 구축해 큰돈을 벌었던 그리스 국적의 선박왕. 1946년, 그리스 선박업주의 딸과 결혼했으나 1960년 이혼한 후 마리아 칼라스와 깊은 관계를 유지했고, 같은 시기 존 F. 케네디 미 대통령 부부와 친하게 지냈다. 케네디 사망 후 미망인 재클린과 1968년 재혼했으나 이 결혼을 오나시스는 무척 후회했다고. 결국 그는 1975년 파리 부근에서 폐렴 합병증으로 사망하고, 엄청난 상속금을 받은 재클린은 출판업에 뛰어들면서 다시 화려하게 미국으로 복귀한다.

전설이 되어버린 마리아 칼라스 재기를 위해 겨우 몸을 추스른 칼라스는 영화 〈메데아〉에도 출연하고 1971년과 72년에는 뉴욕 맨해튼의 세계적인 공연예술학교 줄리아드 음악원에서 활동한다. 이듬해에는 옛 동료이자 연인이면서 친구인 주세페 디 스테파노와 함께 그의 딸 치료비를 마련하기 위해 전 세계를 돌며 순회공연도 했다. 그러나 이것을 마지막으로 일체 사람들과의 관계를 끊고 파리에서 은둔생활에 들어갔다.

태어날 때부터 부모에게도 환영받지 못한 그녀는 노래로 성공한 후 끊임없이 돈을 요구하는 어머니와의 갈등 끝에 의절하고 소식조차 모르고 지냈다. 이제 지칠 대로 지친 그녀였지만 맘 편히 찾아가서 쉴 곳조차 없었다. 1975년 오나시스가 죽고 2년 뒤 9월, 파리의 어느 허름한 아파트에서 심한 고독과 공허감을 이기지 못한 칼라스는 수면제 과다복용으로 숨을 거두었다. 그녀의 나이 54세였다.

그러나 칼라스의 명연기와 울림은 워낙 파장이 커서, 수많은 음악팬들에게 아직도 그녀는 현재 진행형이다. 오페라 마니아층도 그녀 때문에 만들어졌다. 오랜 관록과 단아한 자태에서 뿜어져나오는 그 아름다움은 노래와 자연스럽게 연결된다. 오페라 무대의 여신으로 군림하며 수많은 청중에게 감동을 선사했던 그녀였지만, 한 여인으로 살아가기엔 사랑의 상처가 너무도 깊었다. 빗나간 운명처럼, 마치 드라마 속 여주인공처럼 고단한 삶을 살았지만, 치열하게 불태운 예술혼은 금세기뿐 아니라 다음 세기에도 이어질 그녀만의 신화가 되었다.

희귀 난치병을 앓았던 거장
클라라 하스킬과 재클린 뒤 프레

20세기 기록매체의 발전은 문화분야에 있어 비약적인 발전과 대중화를 이루었다. 특히, 음악분야도 예외는 아니어서 2011년에 1950년대 마리아 칼라스의 노래를 생생하게 감상할 수 있다는 점에서 시공간의 한계를 뛰어넘게 한 20세기 과학의 발전에 고마움을 느낀다. 칼라스는 누구도 넘보지 못할 사랑을 대중에게 받았지만, 정작 자신의 삶에서는 그리 행복하지 못했다. 마찬가지로 대중에게 잊을 수 없는 감동을 주었지만, 개인적으로 결코 행복한 삶을 살다갔다고 단언할 수 없는 위대한 음악가 두사람을 여기 소개한다.

모차르트의 재림, 클라라 하스킬 (1895~1960)

"신을 위해 모차르트를 연주한다"는 찬사를 받았던 루마니아 태생의 피아니스트. 어린 시절 그녀의 천재성을 증명하는 에피소드 중 하나는 6세 때 모차르트의 피아노소나타 한 악장을 단번에 듣고 완벽하게 재연한 것도 모자라, 전혀 다른 조로 바꿔 연주했던 믿지 못할 일화가 있다. 아름다운 외모와 천재성이 돋보이던 소녀는 유럽과 미국의 무대에서 격찬을 받는 등, 그때까지 그녀의 삶은 완벽해보였다.

하지만 신은 하스킬에게 모든 것을 허락하지는 않았다. 18세가 되어 '다중경화증'이라는 생소한 병에 걸려 인생의 가장 큰 위기를 맞았고, 그것은 죽는 날까지 그녀를 괴롭힌다. 신경계통의 질병으로, 쉽게 말해 뼈와 근육이 붙거나 세포끼리 붙는 불치의 병이며 현재도 그 치료제는 개발되지 않았고 주로 여성에게 발병한다. 절정의 기량에 도달했어야 할 무렵, 하스킬은 4년간 깁스를 한 채 병치레를 해야 했다. 게다가 그 후유증으로 그녀의 미모는 푸석푸석한 흰 머리에 마귀할멈 같은 추한 모습으로 변모했다. 누가 봐도 그녀는 20대로 보이지 않았다.

언제 끝날지 모르는 공백기, 무려 7년이란 세월 동안 그녀가 함께했던 것은 고양이와 바이올린과 피아노였다. 그리고 12년 만인 1921년, 하스킬은 모차르트를 시작으로 재기에 성공한다. 이후 파블로 카잘스와 같은 당대 최고 연주자들과 활발한 연주활동을 펼친다.

당시에도 그녀의 천재성을 보여주는 일화가 있는데, 스위스에서 연주하기로 한 블라디미르 호로비츠가 제때 오지 않자 불안해진 지휘자로부터 급하게 대역을 부탁받았다. 당시 하스킬은 리스트의

<피아노 협주곡 1번>을 하루 만에 암기했고, 더욱 놀라운 사실은 피아노만 외운 것이 아니라 오케스트라 악보 전체를 외워서 연주했다고 한다. 그런 그녀를 유럽 음악계에선 '모차르트의 모차르트'라고 불렀다. 하지만 즐거움도 잠시, 곧이어 제2차 세계대전을 맞이한다.

유대인이었던 그녀는 남프랑스의 마르세유로 피신하는데, 이 과정에서 뇌졸중을 일으키고 실명의 위기도 닥치는 등 수차례 어려운 고비를 가까스로 넘긴다. 어쩌면 일찍 죽었을지도 모르는 몸이지만 항상 구사일생으로 살아나곤 했던 그 사실에 대해 하스킬은 진심으로 감사해했다고 한다.

일찍부터 일류 음악가들과 활동했으나 그녀 특유의 수줍음과 겸손함 때문에 최초의 레코드 녹음은 꽤 늦은 나이인 52세, 1947년이 되어서야 이루어졌다. "청소부나 되었다면 좋았을 것을, 청소하는 것 외엔 무엇 하나 몸에 익힌 게 없으니……"라며 수줍어하던 하스킬은 당대의 대가들보다 신예로 떠오르던 젊은 바이올리니스트 아르투르 그뤼미오와 호흡을 맞췄다. 평론가들은 재능이 좀 부족하거나 덜 수줍어했다면 훨씬 더 많은 음반을 녹음했을 거라는 데 동의했다고 한다. 당시 녹음한 모차르트와 베토벤 음반들은 세기를 넘어선 지금도 레퍼런스 위치를 굳건히 지키고 있을 만큼 완벽에 가깝다고 칭송받는다.

1960년 12월 하스킬은 파리에서 그뤼미오와 함께 연주회를 가진 후, 다음 공연을 위해 벨기에의 브뤼셀로 갔다. 그러나 기차역에서 계단을 구른 그녀는 병원으로 옮겨졌고 잠시 의식을 찾았을 때, 파리에서 달려온 동생에게 마지막 말을 남기고 눈을 감았다. "내일 공연은 힘들 것 같구나. 그뤼미오 씨에게 죄송하다고 전해주렴……." 그녀의 나이 66세였다.

천재는 천재를 알아본다고 했던가. 찰리 채플린은 이런 말을 했다. "나는 살면서 진정 천재라고 말할 수 있는 사람을 세 명 만났다. 한 사람은 아인슈타인이었으며, 한 사람은 처칠이었다. 그리고 나머지 한 사람, 누구보다도 현격히 차이나는 두뇌의 소유자는 바로 클라라 하스킬이었다."

마지막으로 그녀는 자신의 위태로웠던 삶에 대해 이렇게 말하곤 했다. "나는 항상 벼랑 모서리에 서 있었어요. 그러나 머리카락 한 올 차이로 인해 한 번도 벼랑 아래로 굴러 떨어지진 않았지요. 그래요, 그건 신의 도우심이었습니다."

◀ 들어볼 만한 하스킬의 음반
클라라 하스킬의 피아노 연주로 들어볼 만한 음반은 바이올리니스트 아르투르 그뤼미오와 함께 연주한 《모차르트의 피아노와 바이올린을 위한 네 개의 소나타》와 《베토벤의 바이올린 소나타》 그리고 《모차르트의 피아노 협주곡 13&20》

'눈물의 재클린' 재클린 뒤 프레

누구보다 호쾌하고 활달한 연주를 보여줬던 20세기의 가장 뛰어난 첼리스트 중 한 사람. 재클린 뒤 프레(1945~1987) 이전과 이후를 살펴봤을 때 그 누구도 그녀만큼 뛰어난 재능을 가지고 활발한 활동을 펼친 여류 첼리스트는 없었다. 하지만 그녀의 인생은 여느 예술가들처럼 자신의 훌륭한 재능을 맘껏 뽐내며 영광의 세월만을 살았던 것은 결코 아니다. 모두에게 사랑과 환호를 받았던 영광의 시간만큼 불치병에 걸려 외로움과 고통 속에 신음했던 세월도 길었다. 영광과 좌절, 사랑과 배신이 교차하는 눈물 나는 삶을 살았던 그녀, 재클린 뒤 프레. 언제 들어도 가슴 찡한 그녀의 드라마틱한 삶을 들여다본다.

아버지는 옥스퍼드 대학의 교수였고 어머니는 피아니스트였던 매우 유복한 가정에서 성장했다. 언니 힐러리는 어릴 적부터 플루트를 배웠으며, 재클린은 언니보다 더 돋보이고 싶은 마음에 첼로를 시작했다고 한다. 그녀가 재능을 보이자 직접 악보를 만들어주는 등 본격적으로 교육을 시키는데, 유복한 환경 탓에 파블로 카잘스나 로스트로포비치 같은 좋은 스승들에게 사사했다.

1960년 런던에서 데뷔하여 1965년 4월 7일, 로열 페스티벌 홀에서 존 바비롤리가 지휘하는 할레 오케스트라와 협연한 사람은 20세의 신예 첼리스트 재클린. 연주곡은 그때까지만 해도 세상에 잘 알려지지 않았던 엘가의 첼로협주곡. 공연장의 관객은 환희에 휩싸였고, 첼로의 거장 파블로 카잘스를 눈물짓게 했다는 불멸의 공연, 명연주였다.

'작곡가 자신에게도 축복일 연주' '내 생애의 꿈' 등 다음날 그녀의 공연은 언론의 대대적인 호평을 받으며 화려한 서막을 올린다. 19세기 당시 활약하던 국민작곡가 엘가 이후 이렇다 할 스타가 없던 클래식 음악계에서 떠오른 별이었다. 곧이어 그녀는 뉴욕공연을 시작으로 세계적인 명성을 얻으며 당시 떠오르던 신예 클라우디오 아바도, 주빈 메타, 다니엘 바렌보임, 이자크 펄먼, 핀커스 주커만 등과 함께 연주하여 음악팬들의 사랑을 받았다.

그러던 재클린은 다니엘 바렌보임과 전격적인 결혼을 발표한다. 그녀의 나이 22세. 각광받고 있던 피아니스트였지만 키 작고 볼품없는 유대인이었던 바렌보임을 그녀의 부모도 영국의 많은 팬들도 달가워하지 않았다. 심지어 '영국의 장미와 이스라엘 선인장의 어울리지 않는 결합'이라고까지 표현할 정도였다. 당시 재클린의 별명은 활짝 웃는 모습 덕에 '스마일리smily' 혹은 '영국의 장미'라고 불리고 있었으니 말이다. 그들이 처음 집에 함께 온 날을 언니 힐러리는 '마치 막내동생을 데리고 온 모습'같았다고 회고하고 있다.

그러나 결혼식은 거행되고 두 사람은 행복해 보

이는 듯했다. 하지만 당시를 회고한 언니의 말에 의하면, 바렌보임의 성공을 향한 끝없는 야망과 열정은 재클린을 힘들게 했고 심한 스트레스를 안겨주었다고 한다. 심지어 재클린은 우울증에 걸려 상습적으로 약을 복용해야 했고, 이를 참지 못한 바렌보임이 정신병원에 입원시키려 하자 재클린은 언니에게 살려달라고 울면서 전화까지 했다는 일화가 전해진다. 미루어 짐작건대 그녀의 삶이 행복하진 않았을 것이다. 하지만 더 큰 일이 닥쳤다. 하스킬을 괴롭혔던 다중경화증이 그녀 나이 27세 되던 해에 강타했다. 재클린은 결국 걷지 못하다가 휠체어를 거쳐 마침내 침대에 의지하는 생활을 시작한다.

한창때의 나이에 고통 속에서 신음하던 그녀를 무엇보다 괴롭힌 것은 다름 아닌 남편 바렌보임의 처신. 그녀 곁을 지켜준 것은 친언니와 가족이었고, 바렌보임은 세계적인 명성을 쌓아가며 딴살림을 차리고 있었던 것이다. 재클린의 고통은 1987년 죽기 전까지 계속된다. 비록 연주를 할 순 없었지만 음악적인 열정만큼은 누구보다 컸기에 후진양성에 심혈을 기울였고, 그 공로를 인정받아 1978년 솔포드 대학에서 명예박사 학위를 수여받기도 했다.

그러나 1987년 가을, 찬바람을 맞아 폐렴에 걸리면서 급기야 의식을 잃고 말았다. 언니 힐러리는 바렌보임에게 급히 연락을 취했다. 파리에서 피아니스트와 딴살림을 차리고 있던 그는 황급히 달려왔고, 영국을 넘어 전 세계 음악팬들에게 아낌없는 사랑을 받았던 '영국의 장미'는 바렌보임이 지켜보는 앞에서 조용히 숨을 거두었다.

본격적인 활동기간은 클라라 하스킬보다 훨씬 적은 6년이었으나, 다양한 곡을 두루 연주하며 많은 음반을 남기고 간 재클린. 하이든에서 엘가에 이르기까지 웬만한 첼로협주곡은 모두 남겼고, 특히 죽은 아내를 생각하며 만들었다는 엘가의 첼로협주곡과 그녀의 연주는 절묘하게 맞아떨어져 더 큰 감흥을 자아낸다. 〈재클린의 눈물〉이란 오펜바흐의 아름답고 슬픈 첼로곡이 있는데, 여기서 재클린은 바로 재클린 뒤 프레를 말한다. 사실 오펜바흐는 훨씬 이전 사람이라 정확히 말한다면 그녀를 위해 쓴 것은 아니다. 미발표곡으로 있던 것을 베르너 토마스라는 첼리스트가 발굴해낸 곡으로, 그가 재클린 뒤 프레를 기리며 〈재클린의 눈물〉이라는 제목으로 헌정했다고 한다.

◀재클린 뒤 프레의 첼로 연주로 들어볼 만한 음반 1965년 '존 바비롤리 챔버 오케스트라'와 협연한 음반 《엘가의 첼로협주곡》이 있고, 다니엘 바렌보임이 지휘하는 잉글리시 챔버 오케스트라의 《하이든의 첼로협주곡》, 《보케리니의 첼로협주곡》, 다니엘 바렌보임이 지휘한 시카고 심포니 오케스트라의 《드보르작의 첼로협주곡》 등이 있다.

War is over

레논과 요코의 사랑을 이어준 〈못박기 회화〉

오노 요코

 (小野洋子 Ono Yoko 1933~)

1933	2월 18일 일본 도쿄, 왕가의 일족인 오노 에이스케와 야스다 그룹 창립자의 손녀인 오노 이소코 사이에서 출생
1934	부친의 근무지를 따라 샌프란시스코로 이주
1937	일본으로 귀국, 명문 가쿠슈인에 입학
1940	존 레논 출생
1951	왕족학교 졸업, 가큐슈인 대학 철학과 입학
1952	학교 자퇴 후 가족들을 따라 뉴욕으로 이주, 사라 로렌스 대학에 입학
1956	작곡가 이치야나기 토시와 결혼
1962	이치야나기 토시와 이혼하고 영화제작자 안소니 콕스와 결혼함 이혼수속 실수로 결혼이 무효가 되는 바람에 자살소동을 벌이며 정신병원에 입원하기도 함
1963	안소니 콕스와 정식 결혼하여 딸 교코 출산
1964	비틀즈 데뷔
1966	런던의 인디카 갤러리에서 작품을 전시하던 중 존 레논과 첫 만남이 이루어짐
1969	존 레논과 결혼. 베트남전 반전시위에 가담하여 존 레논과 함께 퍼포먼스를 펼침
1970	비틀즈 공식해체 선언 〈존 레논/플래스틱 오노 밴드John Lennon/Plastic Ono Band〉를 발표
1976	존 레논, 양육을 위해 은퇴를 선언
1980	〈더블 판타지Double Fantasy〉 앨범 발표 후, 12월 8일 뉴욕에서 존 레논 피살됨
2001	국제예술비평가상 수상, 40주년 회고전 〈YES YOKO ONO〉 뉴욕에서 개최
2008	영국과 독일에서 대규모 회고전을 가짐
2009	베니스 비엔날레에서 황금사자상 수상
2010	존 레논 탄생 70주년 기념 대규모 공연을 펼침

War is over

레논과 요코를 이어준 〈못박기 회화〉

1966년 11월 9일, 전위예술가 오노 요코小野洋子는 런던 인디카 갤러리에서 전시회 준비를 하고 있었다. 이 갤러리는 유명한 아티스트들이 자주 드나드는 곳이다. **존 레논**도 친구의 소개로 일반인 공개에 앞서 갖는 이 프리뷰 전시회를 찾았다가 오노 요코를 만나 운명적인 사랑을 하게 된다. 그가 전시회 하루 전에 구경을 간 것은 그를 알아보는 팬들을 피해서 조용히 감상하고자 했을 터이지만, 행인지 불행인지 오노 요코도 그를 알아보지 못했다. 그녀가 전 세계적인 록그룹 '비틀즈'를 모를 리 없지만, 그 맴버들의 면면은 다 기억하지 못했던 모양이다.

▲ 1969년 베트남전이 한창일 때 네덜란드 암스테르담의 한 호텔에서 있었던 그들의 반전평화 시위 겸 퍼포먼스 'Bed-In for Peace'

▶ **존 레논(1940~1980)** 비틀즈의 창립 멤버로서 세계적 명성을 얻은 영국의 록음악가, 가수, 작곡가이자 평화운동가. 폴 매카트니와의 공동작곡을 통해 "로큰롤 역사상 가장 인기있는 음악을 썼다"는 평가를 받는다. 또한 영국 싱글차트에서 폴 매카트니에 이어 두 번째로 가장 성공한 작곡가로 올라 있다.

비틀즈의 리더 존 레논 1960년대는 **비틀즈**의 세상이라고 해도 과언이 아니다. 비틀즈는 당대 **로큰롤**의 제왕으로 군림했던 엘비스 프레슬리(1935~1977)의 인기를 뒤엎을 정도로 대단했다. 이 어마어마한 비틀즈 그룹의 중심에 존 레논이 있었다. 그가 비틀즈를 이끄는 리더였다. 데뷔하기가 무섭게 가파른 인기의 견인차 역할을 했던 그의 예능이력은 불우한 환경 속에서 이뤄낸 것이라 더 위대하다고 할 수 있다.

존 레논이 태어났을 무렵, 그의 부모는 이혼을 했다. 레논의 어머니는 그를 이모에게 떠맡기고 재혼을 했다. 그가 열일곱 살 되던 해 그 어머니마저 교통사고로 세상을 떠나자 레논은 슬며시 이모집을 나온다. 모든 것을 스스로 해결하고 싶어서였을 것이다. 그것은 외로움과 부대끼면서 현실과 싸우는 일이었다.

어느 날, 방황하던 그 앞에 엘비스 프레슬리가 나타났다. 우연히 보게 된 그의 공연에 넋이 나가 "옳거니!" 하고 쾌재를 부른 레논. 태어나서 처음 느껴본 기분이었으리라. 그대로 한달음에 달려가 기타를 사고 혼자서 음악공부를 시작한 레논은 노래와 연주, 그것에 붙들려 외로움도 잊고 지냈다. 그러구러 정규수업을 빼먹는 일이 잦아졌고, 당시 유행하던 기타를 치는 것이 그의 유일한 낙이 되었다. 덕분에 그가 기웃거린 곳은 늘 음악에 허기진 아이들이 모이는 시끄럽고 허름한 창고 같은 데였다. 한동안 이 음악창고를 들락거리다 아예 기타와 함께 그곳에 둥지를 튼 레논은 비슷한 취향을 가진 또래 악동들을 모아 쿼리멘Quarrymen이란 밴드를 결성하기에 이른다. 그러나 이는 음악성보다 음악에 대한 관심과 열정을 함께한 동료들의 모임에 불과한지라 그 의도는 좋았지만 실력면에서는 엉성하기 짝이 없었다. 레논은 팀을 정비하여 새 또래를 영입하고 음악성을 좀 더 갈고 다듬어 '비틀즈'란 그룹명으로 첫 앨범을 내놓았다.

그리고 오래지 않아 평범한 시골소년 존 레논이 이끈 비틀즈는 영국을 간단히 접수해버렸다. 내친 김에 엘비스 프레슬리의 나라 미국까지 건너가, 누구도 넘지 못하던 그의 아성에 당당히 도전

▲**비틀즈** 1962년 영국의 리버풀에서 결성되었다가 1970년 해산된 전설적인 록그룹. 존 레논(리드보컬, 기타), 폴 매카트니(리드보컬, 베이스), 조지 해리슨(하모니보컬, 기타), 링고 스타(하모니보컬, 드럼) 4명의 멤버로 구성되었다. 로큰롤 역사에 있어 이정표이자 기념비적인 그룹이다.

▶**로큰롤** 1950년대 중반 필 헤일리, 엘비스 프레슬리 등이 만든 음악. 흑인의 리듬과 블루스를 모방하고 컨트리, 웨스턴 음악을 섞어 만들었다. 몸을 흔드는 식으로 춤을 추는 데서 'rock and roll'이라 이름 붙여졌다.

하여 전 세계 대중음악계를 평정해버린 것이다. 로큰롤의 원조였던 엘비스 프레슬리의 독무대 미국에서 영국의 비틀즈로 그 흐름을 완전히 바꾸어놓고 말았다.

이들의 노래는 앨범이 나오기가 무섭게 히트를 쳤다. 그런데 존 레논, 그는 어찌된 영문인지 대중들의 함성소리를 듣고도 진정 행복하다는 화답을 하지 못했다. 비틀즈의 인기가 치솟을수록 자신이 서 있는 그곳이 낯설어질 뿐이었다.

간혹 우리는 수많은 군중 속에서 더 지독한 고독을 느낄 때가 있다. 그랬다. 존 레논의 음악은 승승장구 성공가도를 달렸지만, 정녕 그의 허전한 가슴은 쉽사리 채워지지 않고 있었다. 생각해보니 그는 성장기에 사랑을 받고 자란 기억이 별로 없다. 그 탓일까? 레논은 급작스런 대중들의 인기와 사랑을 덥석 받아들이지 못했던 모양이다. 시간이 갈수록 부와 명예, 매스컴의 관심에 지치기 시작했고 그룹 비틀즈 역시 음악을 넘어 거대한 사업체로 변모하고 있었다. 물론 팬들의 열광 속에 사는 것이 싫진 않았지만, 언제나 그들을 의식해야 하는 삶이 공허하기도 했다. 아무도 모르는 곳에 숨어버리고 싶었다. 자신도 모르게 형성된 함정에 빠져들고 있었던 것이다.

기어이 레논은 한 개인, 혹은 뮤지션으로서 자신의 존재에 대한 근원적인 의문으로 방황한다. 그러던 어느 날 친구와 함께 들른 한 갤러리에서 이런 그의 허기진 마음을 관통한 한 줄기 빛을 만났으니 그에게 있어 운명의 여인 오노 요코, 그녀의 작품 〈Yes〉였다.

행위예술가 오노 요코　그녀는 1933년 2월 일본 도쿄에서 태어났다. 넉넉한 환경에서 예술에 조예가 깊은 부모로부터 음악과 미술 등 수준 높은 예능교육을 받고 자란 요코는 19세 되던 해 가족과 함께 모두 뉴욕으로 이주했다. 그리고 미국에서 대학(사라로렌스 칼리지)을 마치자 곧바로 평소 동경하던 전위예술계에 뛰어들었다.

▶전위前衛 예술가 프랑스어로는 아방가르드라고 하며 앞서간다는 뜻. 전통적인 기법에 따르지 않고 선구적이고 실험적인 창작을 시도하는 예술가를 말한다. 당시의 전위예술가들은 1915년에 일어난 다다이즘Dadaism을 따르며 1950년대에 새로운 다다이즘을 표방했던 네오다다이즘 계열의 화가와 음악가, 행위예술가, 설치미술가 등의 전 방위적 예술가를 지칭한다.

전위예술가, 다시 말해 설치미술가인 그녀의 전시회는 참 이색적이다. 전시공간에 관람객들이 즉흥적으로 다양한 생각을 이입移入할 수 있는 몇 가지 일상 소품들만 준비해둘 뿐이다. 그 대신 다양한 생각들을 나눠갖는 장으로서 관객들을 참여시키는 일종의 실험형태의 개념미술이라 할 수 있다. 거의 내버려둔 공간과 사물, 그리고 나머지 여백이 다 관객들 몫이다.

그 중 요코의 〈못박기 회화〉라는 작품을 보면, 벽에다 판자를 붙여놓고 그 옆에 망치와 못을 놔둔 것이 전부다. 관객들로 하여금 그 판자에 마음껏 못을 박아볼 수 있도록 만든 장치다. 그녀의 전시회를 가본 적이 없어서, 아니 이런 작품을 주제로 전시회를 여는 것이 가능하다는 사실도 모르고 살았다는 것이 조금은 슬펐다. 사실 책을 통해 본 요코의 작품에 대한 첫 인상이 썩 좋은 편은 아니었다. 생뚱맞게 그것도 따뜻한 맛이라곤 찾아볼 수 없는 삭막한 소품 몇 가지 썰렁하게 갖다놓고 작품이라니, '도대체 왜 이리 성의가 없는가?'라고 의문을 품은 게 전부다.

그런데 이제 오노 요코가 의도하는 예술을 어느 정도 가슴으로 느낄 수 있다. 바로 지금이 그녀의 작품에 내 감정을 실어 몰입할 수 있는 적기임을 깨달았기 때문이다. 마치 나와 그녀가 대면하고 있는 듯한 기분이다. 꿈인가, 나도 모르게 슬그머니 그녀의 전시회장에 서 있다. 내친 김에 책에서 사진만 보고 상상하던 것을 실천하기 위해서다. 거듭 말하지만 작품은 판자와 못, 그리고 망치만 준비해놓았을 뿐이다. 그 판자의 귀퉁이든 가운데든, 또 못을 한 개만 박든 여러 개를 박든 그냥 보기만 하든 모두 마음이 시키는 대로 하면 된다. 나는 가운데쯤에 큰 못을 하나 박고, 대각선으로 무질서하게 작은 못을 대중없이 박을 참이다.

예술이란 그리 유별난 게 아니며, 그저 날마다 우리 주변에서 일어나는 아주 사소한 일상이 아닌가 생각하니 가슴이 뭉클해진다. 굳이 작가가 의도하는 것을 캐내야 할 필요도 없이 그냥 편안히 느끼면 되는 것. 어쩌다 아무런 마무리가 안 된 작품이 내게 말을 건다면 어떻게 한다? 그 작품 앞에서 망연히 스치는 생각, 그리고 관객들의 동참에 의해 작품이 완성된다는 차원으로 이해해도 무리는 없을 것이다. 나는 잠시 감염된 요코 바이러스를 퇴치(?)하기 위해 가상공간에 머물다 사뿐히 돌아왔다.

요코와 레논, 서로의 반쪽 영혼을 만나다 요코와 레논의 사랑을 이어준 〈Yes〉라는 작품 이야기를 그녀의 사전에서 빼놓을 수야 없잖은가. 운명적인 스토리를 지녔으나 작품은 단순하기 이를 데 없다. 천장에다 조그마한 글씨를 써놓고 사다리와 돋보기를 준비해놓았을 뿐이다. 관람형태도 사람마다 다를 수밖에 없다. 천장의 글씨가 궁금한 관객들은 사다리를 타고 올라가서 돋보기로 보면 된다. 거기에는 아주 간결하게 'Yes'라고 적혀 있다. '예스'를 보고 느끼는 감정도 모두 다를 것이다. 존 레논은 이 긍정적 의미의 〈Yes〉라는 작품을 보자마자 곧바로 눈이 휘둥그레졌다. 호기심 많은 그는 이 작품 앞에서 망설이지 않고 사다리를 타고 올라갔고, 돋보기를 통해 'Yes'를 발견했다.

신통한 일은 레논이 그 '예스'를 발견한 순간, 어떤 힘에 이끌린 듯 이루 말할 수 없이 평온해졌다는 것이다. 더불어 그가 비틀즈의 리더로서 눈부신 성공을 하고도 채워지지 않던 그 원인 모를 공허감을 싹 없애주었다고 하니 운명의 기운이 이미 그를 포박한 것이리라! 일순간에 지극히 긍정적으로 세상을 바라보게 되다니,

누구도 믿으려 들지 않는 그런 경험에 스스로도 꽤 충격적이었다고 한다.

이어서 그 〈못박기 회화〉 작품을 본 레논이 '한번 해보고 싶다'는 뜻을 비치자 "아직 전시회 오픈 전이니 내일 와서 해보라"며 거절하는 요코. 그의 얼굴에 실망한 기색이 역력했다. "그럼, 5실링을 내고 못을 박아보라"고 권하자 레논은 대뜸 "그럼 내가 눈에 보이지 않는 5실링을 낼 테니, 당신은 내가 상상의 못을 박도록 허락하면 된다"며 못 박는 시늉을 해보였다.

순간, 요코는 자기와 똑같은 생각을 하는 사람을 만났다고 생각했고, 훗날 레논도 "우리가 진짜로 만난 순간이었죠. 서로에 대해 아무것도 알지 못하는 우리의 눈이 서로에게 멈추었는데, 그녀도 그걸 느끼고 나도 그걸 느꼈습니다"라는 고백을 했다. 이는 누구도 자신들을 분리해선 안 된다는 일침이었던 것도 같다. 그들의 운명적 사랑은 이렇게 시작되었다. 당시 오노 요코는 서른셋, 존 레논은 스물여섯이었고 둘 다 배우자와 자녀를 둔 기혼자였지만 서로의 생각과 행동, 의지가하나 되는 혼연일체渾然一體를 막을 순 없었다고. 그러면서 레논은 "우리는 '영혼을 나눈 자'이며 비로소 반쪽 영혼을 찾아냈다"고 기뻐했다.

레논은 첫 부인과 아들, 비틀즈의 리더, 그 어마어마한 것들을 다 내놓고 요코에게로 온다. 그의 숱한 방황을 끝내는 순간이다. 레논은 그의 명곡 〈이매진〉에서 "천국도 지옥도 없고 국가와 종교도 없으며 탐욕도 소유도 없는 세상"을 갈망했다고 노래하고 있다. 삶에 있어서 그 어떤 선도 긋지 않는 자유로운 영혼, 곧 내일보다 오늘을 사는 '참여 예술가'로 기꺼이 변신한다. 조금의 망설임도 없이 요코의 작품세계로 빨려들었단 말이다. 둘의 지향점인 예술과 사랑에 서로 미혹됐던만큼 어설픈 벽 같은 것은 애초부터 없었다. 레논은 스스럼없이 그녀의 내면을 만지고 스며들었다. 이렇게 변한 그를 보고 세상 사람들은 무단히 요코를 비난했다. 특히 레논의 광적인 팬들은 흑색머리를 늘어뜨린 못생긴 일본잡귀, 그 마녀 때문이라고 마구 돌팔매질을 해댔다. 그러나 레논은 크게 개의치 않았다. 대신 그녀 옆에 꼭 붙어다녔다. 행위예술, 퍼포먼스, 음악활동이나 반전운동도 늘 그녀와 함께했다. 어쩌면 요코를 향한 레논의 사랑은 멈추는 기능을 상실한 것도 같았다.

사랑은 이해의 또 다른 이름이다　　이런 그들도 잠시 별거를 했던 적이 있다. 요코를 비난하는 팬들로부터 그녀를 지켜주기 위해 늘 그림자 경호를 자처하며 반전운동을 하던 그가 차츰 지쳐갔다. 레논은 마약과 술에 빠졌고, 요코는 자신의 예술가적 자존심에 금이 갔다. 원래 요코는 전위예술가라는 자부심과 아울러 자유로운 영혼이었다. 하지만 레논이 워낙 유명했기에 그와 살게 되면서 도통 사생활이 없었다. 혼자 조용히 생각할 수 있는 자기 시간과 공간을 내준 것까지는 참을 만했으나, 자신에게 늘 붙어다니는 '존 레논의 부인'이란 꼬리표는 영 마뜩치 않았다. 할 수만 있으면 그것으로부터 잠시라도 벗어나고 싶었다.

　1973년 요코와 레논은 별거에 들어간다. 당시 레논은 마약과 알코올중독으로 거의 폐인 상태였으니 더더욱 떨어져 지낼 필요를 느낀 것이다. 이때 요코는 그들 부부의 비서로 일하던 젊은 중국계 여성 메이 팡과 레논이 가까이 지내는 것을 알고서, 남편을 홀로 두면 위험할 것 같아 그녀를 딸려 보냈다. 요코는 여전히 뉴욕에서 예술활동을 하고 레논과 메이 팡은 LA에서 동거를 시작했다. 겉으로는 태연한 척했지만 항시 마음을 놓지 못한 요코는 매일 전화통에 매달려 메이 팡에게 레논의 안부를 물었다고 한다.

▲**이매진** 존 레논은 비틀즈 활동 당시 오노 요코와 함께 〈Unfinished Music No. 1: Two Virgins〉 〈Unfinished Music No. 2: Life with the Lions〉 등의 실험적인 음반을 발표하기도 했다. 그는 비틀즈 해체 이후 10년 동안 총 8장 정도의 앨범을 발표했는데, 〈이매진〉은 〈존 레논 / 플래스틱 오노 밴드〉 〈더블 판타지〉와 더불어 그가 낸 3편의 걸작앨범에 속한다. 당시 이 노래는 빌보드 차트 3위를 기록했으며, 캄보디아의 학살사건을 다룬 영화 〈킬링 필드〉의 마지막 부분에 실려 사람들에게 전쟁의 참혹함을 상기시키기도 했다.

결국 둘은 서로 떨어져 지낼 수 없다는 사실을 깨닫고 별거 1년 반 만에 다시 합친다. 그토록 고대했던 아이도 낳았다. 요코가 마흔둘 늦은 나이에 얻은 아들 '션'이다. 그가 태어난 10월 9일은 레논의 서른다섯 번째 생일이었다. 레논은 션과 함께 하기 위해 모든 활동을 접고 가사를 전담하겠다고 나섰다. 아무래도 그가 어릴 때 부모의 사랑을 못 받고 자란 탓에 아들과 얼굴을 맞대며 모종의 기쁨을 누리고 싶었던 모양이다.

장르 간 경계 허물기　아직도 존 레논이 대단하고 존경스러운 것은 비틀즈의 맴버이자 리더여서일까? 절대로 그렇지 않다. 당시 그가 누릴 수 있었던 각종 부와 안정적인 지위를 다 뿌리치고 또 다른 세계의 음악적 실험과 함께 반전, 비폭력 평화시위를 계속 실천해나갔기 때문이다.

그 배경에는 늘 요코가 있었다. 그녀는 예술장르 간의 경계를 허물려던 플럭서스 운동의 초창기 맴버로서 설치미술과 영화제작, 그리고 프로그레시브, 일렉트로니카 음악에 많은 영향을 미친 예술가다. 이들 레논과 요코는 모든 예술을 공유했고, 부부가 된 후의 작품은 대부분 둘이서 공동작업으로 이룬 것이다.

내밀한 그녀의 예술세계를 파고들면 들수록 그 속에 분명히 레논이 드러나고, 역시 레논의 깊은 안목과 그에 따른 실천적 삶을 이해할 수 있게 된다. 그리고 그녀와 예술적 온도를 같이 했던 레논 또한 이해할 수 있다. 최근 들어 오노 요코가 재평가 받는 이유가 되겠다. 결과적으로 요코는 닫힌 사람들로부터의 비난과 질책

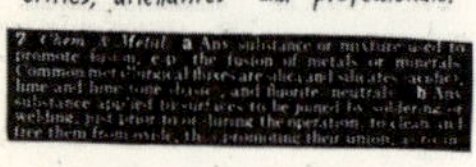

▲플럭서스Fluxus 1960년대에 일어난 규범적이고 국제적인 전위예술 운동으로 작곡가와 디자이너 그리고 비주얼 아티스트 등 장르 간의 융합을 시도했다. '특히 도시계획, 비주얼 아트, 건축, 디자인, 음악 등의 분야에서 활발한 움직임을 보였다. '움직임', '흐름'을 뜻하는 라틴어에서 유래했으며 조지 마키우나스가 1962년 음악회 초청장에 처음 사용하면서 알려지기 시작했다. 1984년 1월 1일 자정, 전 세계에 방영되어 반향을 일으켰던 고 백남준(1932~2006)의 〈굿모닝 미스터 오웰, 1984〉은 플럭서스 아티스트들이 참여해 화제를 모았다. 이 운동을 주도한 인물로는 존 케이지, 요셉 보이스, 르네 블록, 샬롯 무어만, 백남준, 오노 요코 등을 들 수 있다. 사진은 1963년 플럭서스 선언문(manifesto).

을 감수하면서 사회적 소수자小數者를 늘 화두에 두고 예술을 하되, 몸소 실천하는 방식을 고집했던 것이다. 평생을 개념미술인 행위예술가, 설치미술가, 혹은 반전운동가로 살았다. 일부에서는 1970년 비틀즈의 해체요인을 전적으로 오노 요코 탓으로 돌리고 있지만, 레논 스스로 그룹을 떠났으며 요코와 결합한 레논이 얼마나 그녀를 아끼고 사랑했는지, 이를 입증할 증거들은 헤아릴 수 없이 많다. "난 늘 '예술가 여성'을 만나 사랑에 빠지는 꿈을 꾸어왔다. 나와 예술적 상승을 공유할 수 있는 여자 말이다. 요코가 바로 그런 여자였다!" 레논은 그녀와의 만남을 통해 보다 실험적인 다양한 음악활동을 하며 비틀즈 때와는 또 다른 자기세계를 펼칠 수 있는 계기가 되었다는 그런 말이다.

레논의 죽음과 남겨진 요코　요코의 간곡한 권유로 아들과 집안일에 빠져 있던 레논은 음악활동을 재개했다. 그러나 첫 작품이자 마지막 정규앨범이 된 〈더블 판타지〉가 세간의 비난을 받자 많은 상처를 받았다. 하지만 곧 다양한 음악활동을 기획했다. 다시 슬럼프에 빠져 지낼 수는 없었다. 그러던 차에 느닷없는 일이 벌어졌다. 1980년 12월 8일 밤, 앨범홍보 활동을 마치고 집으로 돌아오던 중 한 열성팬이 쏜 총에 맞아 어이없게 세상을 떠난 것이다.

　마흔의 문턱에 선 레논의 뜻하지 않은 사망소식은 전 세계 음악 팬들에게 엄청난 충격을 주었다. 온 세계 이목이 집중된 가운데 레논의 시신이 화장된 날, 요코는 남편 레논을 위한 묵념을 제안했다. 12월 14일 일요일, 전 세계적으로 십 분간 묵념을 올렸다.

▲**프로그레시브** '진보적인, 혁신적인'이란 뜻으로 음악에서 기존 대중음악의 한계를 벗어난 실험적인 음악을 통칭한다. 다만, 오노 요코의 음악은 전위예술의 연장선상에 있었던 다분히 '실험음악'이었으며 '아트록'이라는 통칭으로 부르는 '프로그레시브 록' 장르와는 구별된다. 사진은 킹 크림슨의 기념비적 데뷔앨범 〈In the court of Crimson King〉이다.

▲**일렉트로니카** 신디사이저를 기초로 한 음악장르. 록, 힙합 등 다른 음악을 전자적으로 믹스해서 만든 고유의 장르다. 세부 장르로는 테크노, 트랜스, 하우스, 하드코어 등으로 나뉘며 가장 큰 음악적 특징은 비트가 주가 된다는 것. 반복적인 비트의 변화와 그 위에 멜로디 라인을 조화롭게 얹어 표현해내는데, 주로 클럽과 유럽에서 폭넓은 인기를 얻고 있다. 사진은 대표적인 그룹 프로디지의 〈The Fat of the Land〉 앨범이다.

▲Walking on Thin Ice 1981년 발표된 곡으로 오노 요코가 부른 댄스곡. 원래는 그녀와 레논이 1980년 8월 녹음하기로 했으나 미뤄졌다가 레논 사망 당일 녹음한 곡이다.

그렇게 요코를 미워하던 팬들도 처음으로 그녀의 제안을 순순히 받아들였다. 애석하게도 그를 잃고 나니 대중들은 요코의 예술을 사랑하고 인정해주기 시작했다. 그가 죽은 날 밤 녹음한 요코의 〈Walking on Thin Ice〉는 대성공을 거두었다. 그녀가 만든 곡 중 대중적으로 널리 사랑받은 유일한 곡이 되었다. 레논의 곁에 있던 요코를 악마나 요괴로 치부하던 사람들이 그가 세상을 떠나자 비로소 요코의 작품을 받아들였다. 아마도 그녀의 작품 속에서 레논을 추억하고자 했을 터이다. 요코의 작품과 활동들은 레논이 그녀를 지켜주기라도 하듯, 점차 대중들 사이로 스며들었다. 그 옛날 요코가 세상 사람들의 따가운 시선에도 아랑곳하지 않고 자기 일에 매진할 수 있었던 것도, 이런 보이지 않는 레논의 힘이 작용한 것이 아니었으랴!

아무렴, 요코도 자신의 작품에 기여한 레논의 영향을 절실히 느꼈을 법하다. 올해 79세인 오노 요코, 그녀는 레논이 세상을 떠난 지 30년이 넘은 지금까지도 존 레논 재단을 운영하며 남편추모사업을 계속하고 있다.

존 레논, 그가 남긴 프로필은 단 한 줄이지만 그 속에 많은 뜻을 담고 있다. "1940년 10월 9일 출생. 1966년 오노 요코를 만남." 비틀즈의 맴버로 세상을 떠들썩하게 했던 운명적 사랑의 대표주자 레논이 일본인 아내 요코와의 만남에 얼마나 큰 비중을 두었는지 가늠할 수 있는 대목이다. 레논이 품은 거대한 두 가지 큰 축은 오노와 세계평화였다. 그만큼 두 사람은 모든 것을 함께 나누었고, 인생의 의미를 서로에게서 찾고 누렸다고 할 수 있다.

비틀즈 해산의 원인들

20세기 세계 대중음악사에 있어 찬란히 뜬 별이 있다면 그건 바로 비틀즈다. 전 세계적인 히트곡을 속출하며 수많은 기록을 양산했고, 다른 뮤지션들에게 지대한 영향을 주었으며, 그들이 사회적으로 끼친 파급력으로 볼 때 비틀즈 자체가 문화혁명이었다. 1960년 정식으로 결성된 비틀즈는 다섯 번째 멤버라 불렸던 매니저 브라이언 엡스타인에 의해 1962년 첫 싱글 〈Love Me Do / P.S I Love You〉를 내고, 이듬해인 1963년 데뷔앨범 〈Please Please Me〉를 발표하며 화려하게 등장한다. 이후 이들의 활동은 각종 기록을 만들어내며 12장의 스튜디오 정규앨범을 끝으로 화려한 막을 내린다. 그들의 해산에 관해서는 여러 가지 말들이 많지만, 그 중 설득력 있는 원인 몇 가지를 추려본다.

멤버들 간의 불화, 특히 존 레논 VS 폴 매카트니

모든 그룹이 결성 당시에는 영원할 것 같지만, 멤버들 간의 관계가 그렇게 효율적으로 유지되기엔 인간의 특성상 힘들다고 보는 게 정설일 것이다. 그룹 데프 레파드Def Leppard처럼 특이한 경우(드러머가 교통사고로 한쪽 팔을 잃자 발로 스틱을 칠 수 있는 장치를 개발, 그가 익숙해질 때까지 기다려서 마침내 앨범을 발매했다)도 있으나 보통은 그렇지 않다. 초

창기 비틀즈의 결속력은 세월이 흐르면서 점점 느슨해지더니 어느새 불화의 전조를 보이고 있었다.

그들의 걸작앨범 〈The Beatles〉 일명 〈White album〉을 녹음하던 당시, 드러머 링고 스타는 2주간 팀을 이탈해 있었다. 때문에 이 앨범의 드럼은 폴이 직접 맡았고, 결국 세 명이 가까스로 설득한 끝에 링고 스타는 다시 복귀했지만 앙금은 여전히 남아 있었다. 당시 링고 스타는 스튜디오에서 앨범제작을 위한 녹음에 전념하다보니 라이브 투어시절 느꼈던 위상과 달리, 상대적 박탈감에 시달렸을 것이다.

또한 폴은 팀의 결속을 위해 홍보용 영상을 라이브 TV쇼로 만들자는 제안을 내고 어렵게 멤버들을 설득시키지만, 연습도중 조지 해리슨의 기타를 문제 삼아 그가 다시 팀을 이탈하는 사태가 벌어진다. 그뒤 조지가 어렵사리 내건 복귀조건은 앨범에 전

넘하자는 것이었고, 결국 TV쇼는 취소된다.

참고로 리더가 한 명인 경우, 그 팀은 멤버가 변하는 경우는 있어도 그리 쉽게 해체되지는 않는다. 그러나 비틀즈에는 스타일이 서로 다른 두 명의 리더가 존재하면서 지속적으로 불편한 관계를 야기시켰다. 그들은 많은 곡을 함께 만들어낸 위대한 불멸의 커플이었지만, 점차 다른 목소리를 내기 시작했다.

폴의 공식적인 해체선언 이후 존은 그를 헐뜯었고 언론을 통해 계속 비난하자, 폴은 자신의 두 번째 솔로앨범 〈RAM〉의 재킷에서 양(존)의 귀를 잡아당기는 사진을 집어넣는다. 존 역시 기다렸다는 듯 자신의 2집 앨범 〈IMAGINE〉에서 돼지(폴)의 귀를 잡아당기는 사진을 이용해 폴의 약을 올렸고, 수록곡 〈How do you sleep〉에서 한층 강도 높게 폴을 비꼬는 등, 두 사람의 관계는 존이 죽기 직전까지 계속되었다.

비틀즈를 발굴한 브라이언 새뮤얼 엡스타인 사망

비틀즈의 다섯 번째 멤버로 당시 무명이던 그들을 발굴해 초창기 성공의 포문을 연 가장 큰 공로자는 누가 뭐라 해도 엡스타인(1934~1967)이다. 그의 안목은 보란듯이 적중하여 마침내 영국출신 록가수들이 미국이나 캐나다 등지에서 성공을 거두는 '브리티시 인베이전'으로 이어졌다. 비틀즈는 엡스타인

이라는 균형의 추가 있어 한쪽으로 기울어지지 않았으며, 그의 사망 이전에는 존이 많은 주도권을 가졌던 것으로 보인다.

하지만 1967년 수면제 과다복용으로 엡스타인이 사망하자 그 역할을 폴이 맡게 되었으니, 그는 사업적인 면에서 뿐만 아니라 음악적으로도 주도권을 행사하기에 이른다. 앞서 존이 다소 우위에 있었으나 사업적인 일을 병행하는 폴의 역할이 점점 커지면서 그룹의 구심점은 폴로 옮겨갔다. 그렇다고 폴이 여러 가지 일을 동시에 모두 잘할 순 없었고, 더욱이 엡스타인처럼 해낼 수는 없었다. 만약 당시 비틀즈를 리드해갈 만한 거물 매니저를 만났더라면, 그후의 상황은 달라졌을지 모른다. 하지만 그들은 이미 타의 추종을 불허하는 거물이 되어 있었다.

오노 요코의 등장　　모든 그룹들 역시 사람이 하는 일인지라 여기에는 불문율 같은 것이 존재한다. 비틀즈에 있어서는 녹음 스튜디오에 그 어떤 누구도 데려오지 않는다는 게 원칙이었고, 부인들은 멤버들끼리 가족처럼 잘 지냈지만 음악적으로는 철저하게 침묵으로 일관했다. 그 불문율을 깨트린 인물이 바로 오노 요코다. 그녀가 스튜디오에 나타난 것만으로도 놀라운 일인데, 음악에 대해서까지 간섭하고 나서자 다른 멤버들이 노골적으로 거부감을 드러냈다. 이러한 불협화음이 멤버들 간의 관계를 껄끄럽게 했다. 가뜩이나 복잡한 상황에서 동양여

자까지 끼어들어 멋대로 룰을 어기는 일이 발생하니 말이다.

여기엔 당시 상황을 좀 살펴볼 필요도 있다. 1960년대 중반, 영국이란 나라에서도 여자가 그렇게 나대는(?) 꼴을 좋게 볼 사람은 별로 없었다. 게다가 동양인에 대한 인종주의적 시각이 적용되지 않았다고 볼 수 없는 분위기, 그리고 자유롭고 파격적인 예술가로서 그녀가 펼치는 활동상은 '마녀'로 불리기 좋은 조건들이었음에 분명하다. 존은 오노를 만나 위대한 뮤지션에서 혁명가로 탈바꿈했다. 하지만 팬들의 생각은 달라, 요코가 그를 혼자 독차지한 것도 모자라 자신들이 그렇게 사랑했던 비틀즈마저 해산시켰다며 그녀를 공공의 적으로 여겼다.

혼란에 빠진 애플 레코드사와 앨런 클라인의 등장

비틀즈는 성공한 뒤 애플 레코드사를 설립한다. 후일 스티브 잡스의 애플사와 오랫동안 소송이 있었던 회사다. 1960년대 말이 되면서 재정적으로 문제가 생기기 시작했는데, 이때 나타난 인물이 바로 앨런 클라인이다.

존은 요코와 함께 앨런 클라인을 만나고, 그가 이 위기의 가장 적임자라고 생각하며 그를 추천한다. 한편, 폴은 당시 사귀던 여자친구인 린다의 아버지에게 조언을 구하고, 린다의 형제를 적임자로 추천한다. 이때 폴이 독선적이라고 생각했던 조지와 링고는 존이 추천한 앨런 클라인의 손을 들어주

고, 결국 그가 정식으로 애플 레코드의 재정에 관련된 일을 맡아보게 된다. 그러나 이 일은 멤버들 간에 불화를 일으켜 거의 회복불능 상태에 빠지고 말았다. 폴은 그들의 걸작이자 마지막 녹음앨범 〈Abbey Road〉에 그를 비난하는 노래를 만들기도 했는데 제목은 〈You Never Give Me Your Money〉, 굳이 해석하자면 '당신은 결코 나에게 돈을 주지 않을 거야.'

그들이 마지막으로 녹음한 앨범은 〈Abbey Road〉이지만, 마지막으로 발매한 정규앨범은 〈Let It Be〉였다. 원래는 1969년 초에 늘 함께했던 조지 마틴에 의해 프로듀싱된 음반이었으나, 멤버들은 이 앨범이 만족스럽지 않아 무기한 연기했고, 결국에는 마지막 작업자인 필 스펙터가 이를 완성한다.

한편, 폴 매카트니는 스펙터가 몇몇 노래에 덧입힌 편집에 큰 불만을 드러냈는데, 특히 〈The Long and Winding Road〉에 대해 그 감정이 극에 달했다. 간소한 피아노 발라드로 편집되길 원했으나 과도한 오케스트레이션으로 오버더빙을 한 것이다. 급기야 발매저지 계획마저 무산되자 결국 폴은 1970년 4월 10일 앨범발매를 앞두고 비틀즈 해체를 공식선언한다. 이로써 역사상 전무후무한 기록과 사회적·문화적 영향력을 가졌던 세기의 그룹 비틀즈는 기록으로만 남게 되었다.

【ㄱ】

《갈리아 전기》 카이사르 지음, 김한영 옮김, 사이

《강희제》 조너선 D. 스펜스 지음, 이준갑 옮김, 이산

《교양 세계사》 동서역사연구회 지음, 우물이있는집

《구토》 사르트르 지음, 방곤 옮김, 문예출판사

《귀족의 은밀한 사생활》 이지은, 지안

《그리스·로마 신화》 이윤기 지음, 웅진지식하우스

《꿈의 해석》 프로이트 지음, 조대경 옮김, 서울대출판부

【ㄴ】

《나나무스꾸리 자서전》 나나무스꾸리 지음,
양진아 옮김, 문학세계사

《나의 누이여 나의 신부여》 H. F. 페터스 지음, 이상옥 옮김
미래세대

《내밀한 열정의 고백 마리아 칼라스》 앤 에드워드 지음,
김선형 옮김, 해냄

《내 가장 소중한 작품은 내 인생이다》
디터 분더리히 지음, 여진 옮김, 투멘

【ㄷ】

《다이아몬드 목걸이 사건과 마리 앙투아네트 신화》
주명철 지음, 책세상

《달과 6펜스》 서머싯 몸 지음, 송무 옮김, 민음사

《대위의 딸》 푸슈킨 지음, 이철 옮김, 신원문화사

《동 쥐앙》 몰리에르 지음, 이화숙 옮김, 기린원

【ㄹ】

《라틴아메리카 영원한 위기의 정치. 경제》
이성형 지음, 역사비평사

《레니 리펜슈탈, 금지된 열정》 오드리 설킬드 지음,
허진 옮김, 마티

《로마인의 흥망성쇠 원인론》 몽테스키 외 지음,
박광순 옮김, 범우사

《로즈메리의 아기》 아이라 레빈 지음, 공보경 옮김, 황금가지

《루 살로메-자유로운 여자 이야기》 프랑수아즈 지루 지음,
함유선 옮김 , 해냄

【ㅁ】

《마녀의 한다스》 요네 하나마리, 이현진 옮김, 마음산책

《마리 앙투아네트 베르사유의 장미》 슈테판 츠바이크 지음,
박광자·전영애 옮김, 청미래

《마릴린 먼로, My Story》 마릴린 먼로 지음, 이현정 옮김, 해냄

《마지막 파라오 클레오파트라》 마르탱 콜라 지음,
임헌 옮김, 해냄

《마크 트웨인 여행기》 마크 트웨인 지음, 박미선 옮김, 범우사

《맹자》 맹자 지음, 차주환 옮김, 범우사

《맹자집주》 성백효 지음, 전통문화연구회

《모차르트 평전》 필립 솔레르스 지음, 김남주 옮김, 효형출판

《무측천 평전》 조문윤 외 지음, 김택중 외 옮김, 책과함께

《미모의 역사》 아서 마윅 지음, 채은진 옮김, 말글빛냄

【ㅂ】

《바바리안의 유럽 침략》 존 배그넬 베리 지음, 김성균 옮김,
우물이있는집

《밤이 가장 깊어질 때》 발트라우트 레빈 지음,
두행숙 옮김, 아일랜드

《보부아르 보부아르》 클로딘 몽테유 지음,
서정미 옮김, 실천문학사

《보부아르와 사르트르 천국에서 지옥까지》
헤이젤 로울리 지음, 김선형 옮김, 해냄

《브라질에서 온 소년들》 아이라 레빈 지음, 김효설 옮김, 시작

《빈이 사랑한 천재들》 조성관 지음, 열대림

【ㅅ】

《사기》 사마천 지음, 이성규 옮김, 서울대출판부

《사랑과 욕망의 해바라기》 유리 니콜라예비치 베젤랸스키
지음, 이명자 옮김, 범우사

《삼국지》 진수 지음, 김원중 옮김, 민음사

《상식 밖의 세계사》 안효상 지음, 새길

《서양사》 안병직·이영석·이영림 지음. 책세상

《서양 생활사》 김복래 지음, 안티쿠스

《세계사 특종 50선》 이효성 지음, 지경사

《세계지리문명사전100》 장보람 지음, 계림북스

《세일즈맨의 죽음》 아서 밀러 지음, 강유나 옮김, 민음사

《쇼팽의 연인 조르주 상드 소설집》 조르주 상드 지음,
박현석 옮김, 동해

《스페이드의 여왕》 푸슈킨 지음, 석영중 옮김,
고려대학교출판부

《스페인 내전》 앤터니 비버 지음, 김원중 옮김, 교양인

《시몬 드 보부아르 익숙한 타자》 우르술라 티드 지음,
우수진 옮김, 앨피

《시몬 드 보부아르의 연애편지》
시몬 드 보부아르 지음, 이정순 옮김, 열림원

《시학》 아리스토텔레스 지음, 천병희 옮김, 문예출판사

《신성로마제국》 기쿠치 요시오 지음, 이경덕 옮김, 다른세상

《신통기》 헤시오도스 지음, 천병희 옮김, 한길사

《신화, 사랑을 이야기하다》 최복현 지음, 이른아침

《신화 속 인생, 인생 속 신화》 이영임 지음, 열대림

【ㅇ】

《아나바시스》 크세노폰 지음, 천병희 옮김, 단국대학교출판부

《아메리카의 비극》 데오도어 드라이저 지음,

반광식 옮김, 일신서적

《악녀대전》 기류 미사오 지음, 정재관 옮김, 반디

《안나 카레니나》 톨스토이 지음, 윤우섭 옮김, 작가정신(개정판)

《안네의 일기》 안네 프랑크 지음, 홍경호 옮김, 문학사상사

《알렉산드로스 대왕》 니코스 카잔차키스 지음, 민승남 옮김,
열린책들

《역사의 오류》 베른트 잉그마르 구트베를레트 지음,
이지영 옮김, 열음사

《엽기 세계사》 이성주 지음, 추수밭

《에밀》 루소 지음, 김중현 옮김, 한길사

《에비타 페론》 알리시아 두호브네 오르띠스 지음,
박지연 옮김, 홍익출판사

《에우티프론, 소크라테스의 변론, 크리톤, 파이돈》 플라톤
지음, 박종현 옮김, 서광사 * 플라톤의 네 대화편이 수록되어 있음

《엘리자베스1세》 앨리슨 위어 지음, 하연희 옮김, 루비박스

《여름의 마지막 장미》 발트라우트 레빈 지음,
두행숙 옮김, 아일랜드

《여왕의 시대》 바이하이진 지음, 김문주 옮김, 미래의창

《여왕의 연인 1,2》 필리파 그레고리 지음, 윤은진 옮김,
현대문화센타

《영원한 국모 마리아 테레지아》 오영옥 지음 , 나남출판

《예브게니 오네긴》 푸슈킨 지음, 석영중 옮김, 열린책들

《오노 요코-마녀에서 예술가로》 클라우스 휘브너 지음,
장혜경 옮김, 솔출판사

《오리엔트 특급살인》 애거서 크리스티 지음,
신영희 옮김, 황금가지

《오월의 밤》 뮈세 지음, 김미성 옮김, 책세상

《워털루1815》 제프리 우텐 지음, 김홍래 옮김, 플래닛미디어

《웰스의 세계문학사》 H.G.웰스 지음, 지명관 옮김, 가람기획

《유럽질서의 이해》 김계동 외 지음, 오름출판사

《유혹의 역사》 잉겔로레 에버펠트 지음, 강희진 옮김, 미래의창

《위대한 열정》 도미니크 보나 지음, 박명숙 옮김, 아트북스

《인간 혐오자》 몰리에르 지음, 이경의 옮김, 지식을만드는지식

《인간불평등 기원론/사회계약론》 장 자크 루소 지음,
최석기 옮김, 동서문화사

《인간의 굴레에서》 서머싯 몸 지음, 송무 옮김, 민음사

《인생의 일곱 계단》 에드워드 멘델슨 지음,
김정미 옮김, 에코와서재

《일리아스》《오디세이아》 호메로스 지음, 천병희 옮김, 숲

《잉카 최후의 날》 킴 매쿼리 지음, 최유나 옮김, 옥당

【ㅈ】

《잔혹》 콜린 윌슨 지음, 황종호 옮김, 하서출판사

《짝짓기의 심리학》 이인식 지음, 고즈윈

《재미있는 파리 역사 산책》 김복래 지음, 북폴리오

《정관정요》 오긍 지음, 김원중 옮김, 글항아리

《제왕 중의 제왕 당태종 이세민》 황충호 지음, 아이필드

《제2의 성》 보부아르 지음, 조홍식 옮김, 을유문화사

《조르주 상드의 편지(보급판)》 조르주 상드 지음,
이재희 옮김 , 지식을만드는지식

《죄와 벌》 도스토예프스키 지음, 홍대화 옮김, 열린책들

《줄리어스 시저》 셰익스피어 지음, 김종환 옮김, 지만지

【ㅊ】

《차라투스트라는 이렇게 말했다》 니체 지음, 정동호 옮김,
책세상

《천일의 앤 불린》 필리파 그레고리 지음, 허윤 옮김,
현대문화센타

《측천무후》 샨사 지음, 이상해 옮김, 현대문학

《측천무후》 도야마 군지 지음, 박정임 옮김,
정동준 감수, 페이퍼로드

【ㅋ】

《카라마조프가의 형제들》 도스토예프스키 지음,
김연경 옮김, 민음사

《카미유 클로델》 카미유 클로델 지음, 김이선 옮김, 마음산책

《카트린 드 메디치-검은 베일 속의 백합》 장 오리외 지음,
이재형 옮김, 들녘

《커플》 바르바라 지히터만 지음, 박의춘 옮김, 해냄

《콜럼버스》 피에르 마르크 지음, 김라합 옮김, 비룡소

【ㅍ】

《페드르》 장 라신 지음, 송민숙 옮김, 지식을만드는지식

《표트르 대제(러시아를 일으킨 리더십)》
제임스 크라크라프트 지음, 이주엽 옮김, 살림

《푸슈킨 선집 : 희곡 · 서사시 편》 푸슈킨 지음,
최선 옮김, 민음사

《풀리지 않은 세계의 불가사의》 콜린 윌슨 지음,
황종호 옮김, 하서출판사

《플루타르코스 영웅전》 플루타르코스 지음,
천병희 옮김, 도서출판 숲

【ㅎ】

《하얀 길 위의 릴케》 루 안드레아스 살로메 지음,
김상영 옮김, 모티브

《헨리 8세》 셰익스피어 지음, 신정옥 옮김, 전예원

《화상석 속의 신화와 역사》 전호태 지음, 소와당